U0629670

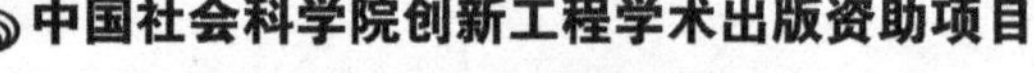
中国社会科学院创新工程学术出版资助项目

国家社科基金重大特别委托项目
西南边疆历史与现状综合研究项目 · 档案文献系列

民国时期西南边疆档案资料汇编

云南广西综合卷目录总集 · 图文精粹

中国第二历史档案馆◎编

SSAP 社会科学文献出版社
SOCIAL SCIENCES ACADEMIC PRESS (CHINA)

图书在版编目(CIP)数据

民国时期西南边疆档案资料汇编. 云南广西综合卷目录总集：图文精粹 / 中国第二历史档案馆编. —北京：社会科学文献出版社，2014. 12
（西南边疆历史与现状综合研究项目. 档案文献系列）
ISBN 978-7-5097-6746-7

Ⅰ. ①民… Ⅱ. ①中… Ⅲ. ①边疆地区-历史档案-档案资料-汇编-云南省-民国 ②边疆地区-历史档案-档案资料-汇编-广西-民国 Ⅳ. ①K297

中国版本图书馆CIP数据核字（2014）第262212号

西南边疆历史与现状综合研究项目 · 档案文献系列
民国时期西南边疆档案资料汇编　云南广西综合卷目录总集 · 图文精粹

编　　者 / 中国第二历史档案馆

出 版 人 / 谢寿光
项目统筹 / 宋月华　李建廷
责任编辑 / 李建廷

出　　版 / 社会科学文献出版社 · 人文分社（010）59367215
地址：北京市北三环中路甲29号院华龙大厦　邮编：100029
网址：www.ssap.com.cn
发　　行 / 市场营销中心（010）59367081　59367090
读者服务中心（010）59367028
印　　装 / 北京京华虎彩印刷有限公司

规　　格 / 开　本：787mm×1092mm 1/16
印　张：30.75　幅　数：492
版　　次 / 2014年12月第1版　2014年12月第1次印刷
书　　号 / ISBN 978-7-5097-6746-7
定　　价 / 880.00元

『西南边疆历史与现状综合研究项目·档案文献系列』

编委会

名誉主任　江蓝生

主　　任　马大正

副 主 任　晋保平

成　　员（按姓氏笔画排序）

马大正　方　铁　方素梅　吕余生

刘晖春　刘楠来　江蓝生　孙宏开

李世愉　李国强　李斌城　杨　群

宋月华　张振鹍　周建新　贺圣达

晋保平

云南广西综合卷编委会

主　编　曹必宏

副主编　戚如高　胡震亚

编　委　文俊雄　王俊明　沈　岚　蒋　梅
　　　　刘楠楠

总 序

『西南边疆历史与现状综合研究项目』（以下简称『西南边疆项目』）为国家社科基金重大特别委托项目，由全国哲学社会科学规划办公室委托中国社会科学院科研局组织管理。『西南边疆项目』设『西南边疆历史与现状综合研究项目·研究系列』和『西南边疆历史与现状综合研究项目·档案文献系列』（以下简称『西南边疆档案文献系列』），对课题中优秀者分别列入上述系列予以出版。

档案文献是学术研究赖以进行、得以深化的基础，研究工作如无包括档案文献在内的资料的支撑就如无源之水，如无新资料的发现和补充，学术研究想要有所创新也将可遇而不可求。因此，包括档案文献在内的新资料的系统发掘与整理，实乃深化研究的第一要务。诚如当代著名历史学家戴逸教授所言：『编史要务，首在采集史料，广搜确证，以为依据，必借此史料，乃能窥见历史陈迹。故史料为历史研究之基础，研究者必须积累大量史料，勤于梳理，善于分析，去粗取精，去伪存真，由此及彼，由表及里，进行科学之抽象，上升为理性之认识，才能洞察过去，认识历史规律。史料之于历史研究，犹如水之于鱼，空气之于鸟，水涸则鱼逝，气盈则鸟飞。历史科学之辉煌殿堂必须岿然耸立于丰富、确凿、可靠之史料基础上，不能构建于虚无缥缈之中。』

西南边疆研究课题涵盖面很广，其中包括从古至今历代政府对西南边疆治理、西南区域地方史与民族史等内容，也包括西南边疆地区与内地、与境外区域的政治、经济、文化关系史研究，还涉及古代中国疆域理论、中国边疆学等研究领域，同时与当代西南边疆面临的理论和实践问题密切相关。面对如此众多的研究内容，而西南边疆有关的档案文献尚存在多与散，疏于整理的现状，收集整理任务十分繁重。『西南边疆项目』专家委员会在项目启动之始即决定着手组织对云南、广西两省区民国时期的档案进行整理，同时又对云南、广西历代文献进行有选择的整理、汇编，以及口述史料的收集，形成了一批具有较高学术质量的档案文献资料整理成果，并成为『西南边疆档案文献系列』的选题。我们期待

『西南边疆档案文献系列』成果的面世，能为西南边疆学术研究深化提供新的、有价值的第一手资料。

自二〇〇八年正式启动以来，中国社会科学院党组高度重视『西南边疆项目』的组织工作，中国社会科学院原副院长、『西南边疆项目』领导小组组长江蓝生同志对项目的有序开展一直给予悉心指导。项目实施过程中，还得到中共中央宣传部、全国哲学社会科学规划办公室、云南省委宣传部、广西壮族自治区党委宣传部、云南省哲学社会科学规划办公室、广西壮族自治区哲学社会科学规划办公室，以及云南、广西两省区档案局（馆）、高校和科研机构领导、专家学者的大力支持与参与，在此一并深表敬意和谢意。

『西南边疆档案文献系列』由社会科学文献出版社出版，社会科学文献出版社领导对社会科学研究事业的大力支持，编辑人员严谨求实的工作作风，一贯为学人称道，值此『西南边疆档案文献系列』付梓面世之际，谨致以由衷的谢意。

『西南边疆档案文献系列』编委会

二〇一三年五月

出版说明

《民国时期西南边疆档案资料汇编·云南广西综合卷》（以下简称《云南广西综合卷》），是国家社科基金重大特别委托项目『西南边疆历史与现状综合研究项目·档案文献系列』的成果之一。《云南广西综合卷》共九十八卷，从中国第二历史档案馆所藏民国档案中精心选辑而成，分为云南政务、云南军事、云南教育、云南经济、云南海关、云南盐务、广西政务七个部分，涉及民国时期云南、广西地方政权更替、政府机构设置与运作，地方法规之制定、实施及修订，历年政府工作规划之制定与实施，历年政府工作报告、省政府及主要职能部门会议记录等，以及军事活动、经济状况、文化教育、社会变迁等诸多内容。

为方便读者总览全书，专门编辑一卷《民国时期西南边疆档案资料汇编·云南广西综合卷目录总集·图文精粹》，把九十八卷各卷档案文献目录汇编成一册，集中展示这批档案的内容特征，为阅读者提供索引。同时选取部分档案文献，用原色影印方式，保持档案纸张、笔迹、印章等文献的原貌，为读者了解全书及从形式特征方面鉴赏历史文献原貌，提供管窥之便。

目录

目录总集

图文精粹

目录总集

第一卷至第九十八卷目录

第一卷

政府报告

一 云南省政府年度工作计划暨政绩比较表

（一）云南省政府为检送民国三十一年行政计划致经济部函（1942.7.7）

（二）经济部为云南省政府呈交民国三十一年度工作计划等与行政院秘书处往来文书（1942.7.17–1942.7.31）

行政院秘书处致经济部通知单（1942.7.17）

经济部致行政院秘书处公函稿（1942.7.31）

（三）云南省政府为审核民国三十一年工作计划与行政院往来函（1942.9–1943.7.3）

行政院秘书处致内政部笺函（1942.9）

行政院秘书处致内政部公函稿（1942.10.19）

云南省政府致内政部咨（1943.7.3）

（四）云南省政府民国三十一年政绩比较表

（五）云南盐务管理局为呈送民国三十一年政绩比较表与盐务总局往来电（1943.1.6–1943.4.6）

云南盐务管理局致盐务总局电文单（1943.1.6）

云南盐务管理局致盐务总局代电（1943.1.8）

云南盐务管理局致盐务总局电文单（1943.1.8）

云南盐务管理局致盐务总局电文单（1943.1.13）

云南盐务管理局致盐务总局电文单（1943.3.13）

盐务总局致云南盐务管理局电（1943.3.19）

云南盐务管理局致盐务总局代电（1943.4.6）

（六）经济部关于核复云南省民国三十一年政绩比较表与行政院秘书处往来函件（1944.1.10–1944.2.1）

行政院秘书处致经济部总务司通知单（1944.1.10）

经济部各司复核意见（1944.1.12–1944.1.23）

经济部致行政院秘书处、云南省政府公函（1944.2.1）

（七）行政院为函送云南省政府民国三十二年行政计划及民国三十年政绩比较表与国防最高委员会秘书厅往来公函（1944.7.14–1944.7.20）

行政院致国防最高委员会公函（1944.7.14）（上）

第二卷

行政院致国防最高委员会公函（1944.7.14）（下）

国防最高委员会秘书厅致中央设计局党政考核会、行政院公函稿（1944.7.20）

（八）云南省政府民国三十六年度工作计划

二　云南省政府暨所属机构各类报告

（一）云南省政府为呈送民国二十年一、二、三月份行政报告与行政院往来文书（1932.5.31–1932.10.11）

云南省政府致行政院呈（1932.5.31）

行政院致云南省政府指令稿（1932.8.23）

云南省政府致行政院呈（1932.10.11）

（二）云南省政府为呈送民国二十一年四、五、六月份行政报告与行政院往来文书（1933.6.15–1933.7.13）

云南省政府致行政院呈（1933.6.15）

行政院致云南省政府指令稿（1933.7.13）

第三卷

（三）云南省政府为呈送民国二十一年七、八、九月份行政报告与行政院往来文书（1933.8.31–1933. 9.30）

云南省政府致行政院呈（1933.8.31）

行政院致云南省政府指令稿（1933.9.30）

（四）云南省政府为呈送民国二十一年十、十一、十二月份行政报告与行政院往来文书（1933.9.19–1933.10.27）

云南省政府致行政院呈（1933.9.19）

行政院致云南省政府指令稿（1933.10.27）

（五）云南省政府为咨送民国二十四年一、二、三月份行政报告与财政部往来文书（1936.9.29–1937.1.6）

云南省政府致财政部咨（1936.9.29）

财政部税务署致本部秘书处函（1936.11.17）

财政部盐务署致本部秘书处函（1936.11.28）

财政部致云南省政府稿（1937.1.6）

（六）云南省政府为咨送民国二十四年四至十二月份行政报告与财政部往来文书（1937.6.21–1938.4.11）

云南省政府致财政部咨（1937.6.21）

云南省政府致财政部咨（1937.8.13）

云南省政府致财政部咨（1937.10.20）

云南省政府致财政部咨（1937.10.25）

财政部致云南省政府咨稿（1937.11.5）

财政部致云南省政府咨稿（1938.3.24）（上）

第四卷

财政部致云南省政府咨稿（1938.3.24）（下）

财政部致云南省政府咨稿（1938.4.11）

（七）云南省政府为呈送民国二十五年一至四月份行政报告与行政院秘书处往来文书（1937.10.28–1938.3.15）

行政院秘书处致财政部函（1937.10.28）

行政院秘书处致财政部函（1937.11.16）

财政部税务署致本部秘书处函（1938.2.12）

财政部税务署致本部秘书处函（1938.2.12）

财政部钱币司致本部秘书处函（1938.2.16）

财政部盐政司致本部秘书处函（1938.3.4）

财政部赋税司致本部秘书处函（1938.3.15）

（八）云南省政府为检送民国二十五年五月份工作报告与经济部往来文书（1938.6.13–1938.7.6）

云南省政府致经济部咨（1938.6.13）

经济部致云南省政府咨（1938.7.6）

（九）云南省政府为咨送民国二十五年六月至二十六年三月工作报告与经济部往来文书（1938.12.29–1939.3.30）

（二十五年六、七、八月份工作报告中 37–38、51–52、62、77、101–102 页缺失，59–60、103–104 原件页数重复但内容不同）

云南省政府致经济部咨（1938.12.29）（上）

第五卷

第六卷

（二一）内政部为检核云南省政府施政报告乙丙二项致行政院秘书处公函稿（1946.8.5）

（二二）云南省民政厅为呈报半年来施政经过概况致行政院呈（1946.10.26）

第七卷

（二三）云南省民政厅为召开行政会议情形及呈报行政会议记录与内政部往来文书（1946.11.19–1947.6.24）

云南省民政厅致内政部呈（1946.11.19）

内政部致云南省民政厅指令稿（1946.12.12）

云南省民政厅致内政部呈（1947.1.15）

内政部禁烟委员会致民政司函（1947.2.6）

内政部致云南省民政厅指令稿（1947.3.8）

云南省民政厅致内政部呈（1947.5.19）

内政部致云南省民政厅指令稿（1947.6.24）

（二四）云南省政府为检送内政工作总报告书等地方资料致内政部代电（1946.12.18）

（二五）云南省政府民国三十六年一月至六月工作报告

（二六）云南省政府为检送该省民国三十七年上半年工作报告致行政院秘书处函电（1948.9.29–1948.11）

云南省政府致行政院代电（1948.9.29）

云南省政府致行政院呈（1948.11）（上）

第八卷

云南省政府致行政院呈（1948.11）（下）

（二七）交通部、财政部等各部为核复云南省政府民国三十七年上半年工作报告意见与行政院秘书处往来函件（1948.12.23–1949.1.15）

行政院秘书处致交通部函（1948.12.23）

交通部致云南省政府、行政院秘书处公函稿（1948.12.24）

交通部致行政院秘书处公函（1948.12.26）
地政部致行政院秘书处公函（1948.12.30）
农林部致行政院秘书处公函（1948.12.30）
国防部致行政院秘书处代电（1948.12.31）
水利部致行政院秘书处公函（1948.1.6）
财政部致行政院秘书处公函（1949.1.8）
教育部致行政院秘书处公函（1949.1.12）
粮食部致行政院秘书处公函（1949.1.13）
交通部致行政院秘书处公函（1949.1.15）
交通部致行政院秘书处公函（1949.1.15）

地方参议会

（一）云南省政府为请另行铸发富宁县参议会印信致内政部函（1937.9.9–1937.10.20）
云南省政府致内政部咨（1937.9.9）
内政部致行政院呈（1937.10.20）

（二）云南省政府为该省参议会原支经费移作整顿团队费用事与行政院、内政部等往来函（1937.10.26–1938.1.27）
云南省政府致内政部咨（1937.10.26）
内政部致行政院呈、云南省政府咨（1937.10.30）
行政院致内政部指令（1937.12.13）
行政院致内政部训令（1937.12.31）
行政院致内政部训令（1938.1.13）
内政部致云南省政府咨（1938.1.27）

（三）行政院、内政部关于云南省富宁县参议会大印缴销事往来文书（1938.1.14–1938.1.27）
行政院致内政部训令（1938.1.14）
内政部致云南省政府咨稿（1938.1.27）

（四）云南省临时参议会第二次大会会议记录（1940.2编印）

（五）云南省临时参议会为该参议会开会、休会等事宜与财政部等往来文书（1941.1.4–1941.8.31）
云南省临时参议会致财政部等快邮代电（1941.1.4）
云南省临时参议会致财政部代电（1941.1.15）
云南省临时参议会致财政部代电（1941.8.19）
云南省临时参议会致财政部代电（1941.8.31）

（六）云南省临时参议会秘书处为呈报第四次大会会议记录与财政部往来文书（1941.9.2–1942.2.13）

云南省临时参议会秘书处致财政部函（1941.9.2）

财政部税务署致该部秘书处函（1941.12.6）

财政部国库署致该部秘书处公函（1941.12.16）

财政部钱币司致该部秘书处函（1942.1.3）

财政部赋税司致该部秘书处函（1942.1.18）

财政部盐政司致该部秘书处笺函（1942.2.2）

财政部秘书处签注（1942.2.6）

财政部致云南省临时参议会秘书处代电稿、云南省政府咨稿（1942.2.13）

（七）云南省临时参议会电报各部该会第六次大会休会日期（1942.3）

（八）云南省临时参议会秘书处为呈报第五次大会会议记录致财政部函（1942.10.12）

（九）云南省政府为呈送成立各县市临时参议会情形、规程及分期实行表与内政部往来文书（1942.12.28–1944.4.18）

云南省政府致内政部咨（1942.12.28）

云南省政府致内政部咨（1943.1.20）

内政部致行政院呈稿、云南省政府代电稿（1943.1.22）

行政院致内政部训令（1943.1.22）

内政部致云南省政府公函（1943.2.9）

内政部致云南省政府公函（1943.3.13）

云南省政府致内政部咨（1943.11.3）

内政部致行政院呈稿（1943.12.23）

行政院致内政部指令（1944.3.21）

内政部致云南省政府公函（1944.4.18）

第九卷

（一〇）内政部、云南省政府为盐丰县临时参议会呈请救济水灾案往来函电（1943.8.8–1944.4.19）

盐丰县临时参议会致内政部呈（1943.8.8）

内政部致云南盐丰县临时参议会、云南省政府代电稿（1943.9.25）

云南省政府致内政部咨（1944.4.19）

盐务总局致云南盐务管理局代电稿（1944.8.2）

盐务总局办致邓健飞函稿（1944.8.10）

盐务总局所属签呈稿（1944.8.11）

云南盐务管理局致盐务总局代电（1944.8.17）

邓健飞致盐务总局总办函（1944.8.19）

盐务总局运销处签呈稿附邓健飞函二件（1944.9.4）

盐务总局致财政部代电稿（1944.9.5）

财政部致盐务总局指令（1944.9.19）

盐务总局致云南盐务管理局代电稿（1944.9.29）

云南盐务管理局致盐务总局代电（1944.11.16）

盐务总局致财政部、云南盐务管理局代电稿（1944.12.7）

（二〇）外汇管理委员会为云南省参政会建议救济云南省出口产品意见与钱币司往来文书（1944.9.20–1944.10.14）

外汇管理委员会致钱币司公函（1944.9.20）

外汇管理委员会致钱币司函（1944.10.9）

钱币司致外汇管理委员会函（1944.10.14）

（二一）云南省临时参议会第二届第一次大会会议记录（云南省临时参议会秘书处编印）（1944.10）（上）

第十卷

（二二）云南省临时参议会第二届第一次大会会议记录（云南省临时参议会秘书处编印）（1944.10）（下）

（二三）云南省临时参议会第二届第二次大会会议记录（云南省临时参议会秘书处编印）（1944.10）

（二四）云南省政府为检送正副议长姓名及县参议员名册与内政部往来文书（1944.11.3–1944.12.25）

云南省政府致内政部公函（1944.11.3）

云南省临时参议会致重庆各部代电（1944.12.11）

民政部致云南省政府公函稿（1944.12.25）

第十一卷

第十二卷

第十三卷

（五三）云南省政府为各级民意机关成立情形、选举参议员情形等与内政部往来文书（1945.12.8–1946.10.7）

云南省政府致内政部咨（1945.12.8）

行政院秘书处致内政部公函（1945.12.27）

云南省政府致内政部咨（1945.12.27）

云南省民政厅致内政部代电（1946.4）

云南省政府致内政部咨（1946.5.30）

内政部致云南省民政厅代电稿、行政院呈稿（1946.7.25）

内政部致云南省政府公函稿（1946.10.7）

（五四）云南省政府为成立省参议会情形致内政部代电（1946.5）

（五五）云南省政府为省参议会建议肃清官僚资本与行政院秘书处往来文书（1946.8.10–1946.9.19）

行政院秘书处致财政部通知（1946.8.10）

财政部致行政院秘书处公函（1946.9.19）

（五六）云南省政府为建议请收回公立学校校长不得兼任参议员之规定一案与内政部往来文书（1946.7.3–1946.10.11）

云南省政府致内政部咨（1946.7.3）

内政部致云南省政府公函稿（1946.10.11）

（五七）云南省缅宁县参议会第一届第二次常会会议记录（1946.7）

（五八）云南省政府为建立民意机关情形与内政部往来文书（1946.5.31–1946.9.16）

云南省政府致内政部代电（1946.5.31）

内政部致云南省政府电稿（1946.9.16）

（五九）云南省政府为该省杨青田参议员提议改进基层自治制度一案与内政部往来文书（1946.8.8–1946.10.11）

云南省政府致内政部咨（1946.8.8）

内政部致云南省政府代电稿（1946.10.11）

（六〇）云南省路南县参议会为会务无法处理情形与内政部往来文书（1946.8.21–1946.10.1）

云南省路南县参议会致内政部代电（1946.8.21）

内政部致云南省路南县参议会代电稿（1946.10.1）

（六一）云南省云和县参议会为响应永嘉县参议会请提高县参议会职权一案与内政部往来文书（1946.8.29–1946.10.24）

云和县参议会致内政部代电（1946.8.29）

内政部致云和县参议会代电稿（1946.10.24）

（六二）内政部、农林部等为云南省政府呈准省参议会咨请善后救济总署滇西办事处拨给物资经费成立腾龙沿边垦务局相关办理情形往来文书（1946.10.17–1947.1.16）

行政院致内政部通知（1946.10.17）

内政部致农林部公函稿（1947.1.9）

农林部致内政部公函（1947.1.16）

（六三）云南省政府为盛恩霈递补参议员事与内政部往来文书（1946.10.19–1946.11.7）

云南省政府致内政部咨（1946.10.19）

内政部致云南省政府代电稿（1946.11.7）

（六四）云南省参议会第一届第二次会议汇报（1946.10）

（六五）云南省永胜县参议会第五次常务会议会议录（1946）

（六六）云南省政府为报昆明县参议会议长改选经过情形与内政部往来文书（1946.12.24–1947.1.16）

云南省政府致内政部咨（1946.12.24）

内政部致云南省政府公函稿（1947.1.16）

（六七）云南省顺宁县参议会第一届第二次大会会议记录（1947.2）

（六八）云南省政府为各市参议会休会期间设置驻委会与内政部往来文书（1947.3.20–1947.6.25）

云南省政府致内政部公函（1947.3.20）

内政部致云南省政府公函稿（1947.4.18）

云南省政府致内政部代电（1947.6.21）

昆明市参议会致内政部代电（1947.6.25）

（六九）云南省屏边县参议会第一届第三次大会会议汇编（1947.4）

（七〇）云南省泸水设治局参议会第一届第一次大会会议记录（1947.4）

（七一）云南省政府为报佛海县参议会参议员选举办理情形致内政部咨（1947.5.28）

（七二）云南省云龙县参议会第三次常会会议记录（1947.5）

第十四卷

（七三）云南砚山县参议会第一届第三次大会会议记录（1947.6）

（七四）云南省政府为咨报佛海县补选议长等情形与内政部往来文书（1947.6.30–1947.9.3）

云南省政府致内政部咨（1947.6.30）

内政部致云南省政府代电稿（1947.9.3）

（七五）云南省政府为咨报丽江县补选参议会副议长情形与内政部往来文书（1947.7.10–1947.8.4）

云南省政府致内政部咨（1947.7.10）

内政部致云南省政府代电稿（1947.8.4）

（七六）云南省兰坪县参议会第一届第四次常会会议记录报告书（1947.7.18）

（七七）云南省政府为呈报景谷县参议员增选情形致内政部公函（1947.7.11）

（七八）云南省马关县参议会第一届第四次常会会议记录（1947.7.31）

（七九）云南省玉溪县参议会第二届第二次常会会议记录（1947.7）

（八〇）云南省澄江县参议会第四次常会议决各案汇编报告书（1947.7）

（八一）云南省永平县参议会第一届第三次大会会议纪实（1947.6）

（八二）云南省文山县参议会第一届第五次常务会记录（1947.7）

（八三）云南省永善县参议会第一届第二次常会会议记录（1947.7）

（八四）云南省富民县参议会第二届第一次常会会议记录（1947.8.5）

（八五）云南省永仁县参议会第一届第一次常会记录（1947.8）

（八六）云南省洱源县参议会第四次常会议记录（1947.8）

（八七）云南省西畴县参议会第一届第七次大会议记录（1947.8）

（八八）云南省政府为呈报镇康县选举参议会情形致内政部咨（1947.8.11）

（八九）云南省绥江县参议会第一届第五期常会开会记录（1947.9.4）

（九〇）云南省大关县参议会第一届第一次议决案清册（1947.10）

（九一）云南省富益县参议会第一届参议会会议记录（1947.9）

（九二）云南省开远县参议会第一届第五次常会会议记录（1947.10）

（九三）云南省昌宁县参议会第七次常务会议录（1947.10）

（九四）云南省姚安县第一届参议会第一次常会会议记录（1947.10）

（九五）云南省政府为河口、麻栗坡两对汛督办区依法不得设立参议会致内政部代电（1947.11.3）

（九六）云南省政府为呈送洱源等县市局参议会会议记录及清单致内政部代电（1947.11.27）

（九七）云南省威信县参议会第一届第六次大会报告书（1947.6）

（九八）行政院秘书处为云南省参议会请饬云南盐管局出席该会事致财政部、盐务总局函件（1949.1）

（九九）云南省参议会为请将省境内征收国税划归省库收用与行政院、财政部往来代电（1949.1.25–1949.6.21）

云南省参议会致行政院代电（1949.1.25）

财政部致云南省参议会代电稿（1949.6.21）

第十五卷

政务推进

一　滇情概览
（一）李修云南通志之羁摩志（1937.11.6）
（二）普思沿边调查报告及实业调查报告（1939.10.5）
（三）云南西部僰夷民族之概况（1939）
（四）财政部关于审核崔永楫等呈报之《云南垦区调查报告书》致内政部公函（1940.2.3）
（五）外交部为国立清华大学教授吴泽霖等组织滇西调查团事致教育部公函（1943.5.5）
（六）滇西丽江么些六村调查研究（1944.6）
（七）滇西考古报告（1945.6）
（八）云南省各县市自然及人文概况调查表（1947–1948）
保山县自然及人文概况调查表
广通县自然及人文概况调查主要项目
剑川县自然及人文概况
新平县自然及人文概况调查主要项目
凤仪县自然及人文概况调查主要项目
路南县自然及人文概况志
寻甸县自然及人文概况调查主要项目
昭通县自然及人文概况调查表
昆明县自然及人文概况调查表
思茅县自然及人文概况调查书
陆良县自然及人文环境概况调查情形
晋宁县自然及人文概况调查主项目
峨山县自然及人文概况调查表
鲁甸县自然及人文概况调查报告书
维西县自然及人文概况调查
牟定县自然及人文概况
易门县自然及人文概况调查主要项目
宁洱县自然及人文概况调查报告
各县（市局）自然及人文概况主要项目
宜良县自然及人文概况调查主要项目
腾冲县自然及人文概况调查主要项目
开远县自然及人文概况调查主要项目
个旧县自然及人文概况调查主要项目

第十六卷

行政院秘书处致内政部函（1943.5.29）

内政部致行政院公函（1943.6.12）

云南省政府致内政部公函（1943.6.21）

行政院秘书处致内政部函（1943.7.1）

内政部致云南省政府公函（1943.7.27）

行政院致内政部通知单（1944.2.7）

财政部致内政部公函（1944.2.22）

内政部致行政院秘书处公函（1944.2.27）

行政院秘书处致内政部公函（1944.2.28）

行政院秘书处致内政部公函（1944.3.3）

内政部致云南省政府公函（1944.5.2）

云南省政府致内政部咨（1944.7.26）

内政部致云南省政府、财政部公函稿（1944.8.19）

财政部致内政部公函（1944.8.28）

云南省政府致内政部咨（1945.1.5）

云南省政府致内政部咨（1945.1.25）

内政部致行政院秘书处、财政部、云南省政府公函稿（1945.3.9）

财政部致内政部函（1945.3.14）

行政院秘书处致内政部公函（1945.3.24）

云南省政府致内政部咨（1945.11.22）

云南省政府致内政部咨（1945.12.26）

财政部致内政部函（1946.1.4）

行政院秘书处致内政部公函（1946.1.15）

内政部致行政院秘书处、财政部、云南省政府公函稿（1946.2.7）

财政部致内政部公函（1946.3.9）

行政院秘书处致内政部公函（1946.4.20）

内政部致云南省政府公函稿（1946.4.27）

行政院致内政部通知单（1946.5.22）

云南省政府致内政部咨（1946.5）

内政部致云南省政府公函稿（1946.6.18）

财政部致内政部公函（1946.7.18）

内政部致云南省政府公函稿（1946.7.24）

云南省政府致内政部咨（1946.7.29）

内政部致行政院秘书处、财政部、云南省政府公函稿（1946.12.2）

行政院秘书处致内政部公函（1946.12.12）

云南省政府致内政部咨（1947.3.24）

行政院致内政部通知单（1947.4.7）

内政部致行政院秘书处、财政部、云南省政府公函稿（1947.4.18）

财政部致内政部公函（1947.5.5）

行政院秘书处致内政部公函（1947.5.10）

（二）内政部为云南省民政厅呈请核发民国三十三年省级保甲经费并增加省级户政经费事与云南省民政厅、财政部、行政院往来文书（1943.12.3–1944.5.6）

云南省民政厅致内政部呈（1943.12.3）

内政部致行政院呈稿、财政部公函稿、云南省民政厅指令稿（1944.1.10）

行政院致内政部指令（1944.2.2）

财政部致内政部公函（1944.2.25）

内政部致云南省民政厅训令稿（1944.5.6）

（三）云南省政府遵令具报办理地方自治情形与内政部往来函电（1944.12.12–1946.2.26）

云南省政府致内政部代电（1944.12.12）

云南省政府致内政部公函（1945.2.3）

云南省政府致内政部代电（1945.5.2）

云南省政府致内政部公函（1945.5.14）

内政部致云南省政府代电稿（1945.7.27）

云南省政府致内政部代电（1945.12.21）

内政部致云南省政府代电稿（1946.2.26）

（四）云南省第五区行政督察专员公署关于收到民国三十二年各省实施新县治及地方自治成绩报告提要致内政部民政司公函（1945.1.23）

（五）云南省政府检送推行地方自治县市局数及所辖乡镇保数与成立各级民意机关情形一览表致内政部代电（1945.7.3）

（六）云南省政府就该省推行地方自治关于实施国民教育之难点致内政部代电（1945.8.24）

（七）云南省政府检送该省民国三十三年推行地方自治成绩年报表致内政部咨（1945.9.29）

第十七卷

（八）云南省立昆华女子中学请求提供地方自治实施方案草案等参考资料致内政部函（1945.10.2）

（九）云南省政府为临时参议会参议员苏鸿纲等提议请确立乡镇财政以巩固自治基础等事与内政部、财政部往来文书（1945.12.13–1946.4.30）

云南省政府致内政部咨（1945.12.13）

财政部致云南省政府公函稿（1946.1.12）

内政部致云南省政府、财政部公函稿（1946.4.30）

（一〇）云南省政府为检送推行地方自治之利弊得失及改善意见致内政部咨（1946.1.21–1946.4.25）

云南省政府致内政部咨（1946.1.21）

云南省政府致内政部咨（1946.3.1）

云南省政府致内政部咨（1946.3.18）

云南省政府致内政部咨（1946.3.20）

云南省政府致内政部咨（1946.4.25）

（一一）云南省政府为检送地方自治最低标准及成绩并报表致内政部咨（1946.1.29–1946.7.12）

云南省政府致内政部咨（1946.1.29）

云南省政府致内政部咨（1946.4.3）

云南省政府致内政部咨（1946.5.6）

云南省政府致内政部咨（1946.7.12）

（一二）云南省政府关于呈报姚安、盐兴等县地方自治工作最低标准成绩表致内政部咨（1946.2.27）

（一三）行政院秘书处抄送云南省各县地方自治及各级民意机关设置情形致内政部函（1946.3.22）

（一四）云南省政府关于检送该省办理各重要城市土地测量成绩表致内政部咨（1946.4.15）

（一五）云南省政府为报禄丰等七县地方自治最低标准成绩表致内政部咨（1946.5.3）

（一六）云南省政府为报办理民国三十五年自治经费情形致内政部咨（1946.5.23）

（一七）云南省政府检送永仁、腾冲等八县地方自治最低标准成绩表与内政部往来咨函（1946.6.17–1946.10.2）

云南省政府致内政部咨（1946.6.17）

内政部致云南省政府公函稿（1946.10.2）

（一八）云南省政府关于检送地方自治实施概况表及年报表致内政部咨（1947.1.11）

三　县制、区划

（一）内政部为请令行川、滇等省府拟订都市计划与行政院往来文书（1939.8.8–1939.8.18）

内政部致行政院呈（1939.8.8）

行政院致内政部指令（1939.8.18）

（二）中国国民党中央执行委员会社会部为查云南省龙川等县是否新成立事与内政部往来函（1939.8.15–1939.9.4）

中国国民党中央执行委员会社会部致内政部公函（1939.8.15）

内政部致中国国民党中央执行委员会社会部公函（1939.9.4）

（三）云南省政府为民政厅拟具解决梁河事复善后方案致民政厅训令（1939.12.6）

（四）云南省政府为办理该省县各级组织纲要实施计划情形与行政院秘书处、内政部往来公函（1940.5.30–1941.6.11）

云南省政府致内政部咨（1940.5.30）

行政院致内政部训令（1940.7.13）

行政院致内政部通知（1940.7.15）

内政部致云南省政府咨稿、行政院呈稿（1940.7.28）

内政部致行政院秘书处公函稿（1940.8.3）

行政院致内政部通知（1941.1.28）

内政部致行政院秘书处公函稿（1941.2.15）

行政院秘书处致内政部函（1941.3.1）

云南省政府致内政部咨（1941.4.30）

内政部致云南省政府咨稿（1941.6.11）

（五）行政院秘书处为云南省政府呈复办理调整地方行政机构及县长兼职事致内政部通知（1940.9.7）

（六）云南省政府为检送云南省各县县政府办事规则与内政部往来函（1941.1.18–1941.3.11）

云南省政府致内政部咨（1941.1.18）

内政部致云南省政府咨（1941.3.11）

（七）云南省政府为咨送云南省各县市局对汛保民大会组织章程等件致内政部咨（1941.8.29）

（八）云南省政府为送该本省各县政府办事规则与内政部往来文书（1943.5.22–1943.6.18）

云南省政府致内政部咨（1943.5.22）

内政部致云南省政府公函稿（1943.6.18）

（九）云南省政府为检送施行新县制利弊总检讨及县各级组织纲要实施情形与内政部往来文书（1943.5.22–1947.2.15）

云南省政府致内政部公函（1943.5.22）

云南省政府致内政部公函（1943.5.31）

云南省政府致内政部咨（1943.9.25）

云南省政府致内政部咨（1943.10.14）

云南省第一区行政督察专员公署致内政部呈（1943.10.26）

内政部致云南省政府公函稿（1943.11.8）

内政部致云南省第一区行政督察专员公署指令稿（1944.1.20）

行政院致内政部通知（1944.8.9）

内政部致行政院秘书处公函稿（1944.9.27）

行政院秘书处致内政部公函（1944.10.9）

云南省政府致内政部咨（1946.11.28）

内政部禁烟委员会致民政司函（1947.1.15）

内政部致行政院呈稿（1947.1.21）

内政部致行政院秘书处公函稿（1947.2.15）

（一〇）云南省政府为检送各县房捐、营业牌照税及使用牌照税三种征收章程与内政部往来文书（1943.7.12–1943.8.25）

云南省政府致内政部咨（1943.7.12）

内政部致云南省政府公函稿（1943.8.25）

（一一）云南省政府为填报与考核实施新县制成绩有关之各项表册事致内政部函（1944.4.28–1944.7）

云南省政府致内政部函（1944.4.28）

第十八卷

云南省政府致内政部公函（1944.7）

（一二）云南省政府为咨送该省各县属举办联保连坐切结实施等办法与内政部往来函（1944.10.13–1944.12.12）

云南省政府致内政部咨（1944.10.13）

内政部致云南省政府公函稿（1944.12.12）

（一三）行政院秘书处为金汉鼎建议缩小云南省区划事与内政部往来文书（1945.12.12–1945.12.29）

内政部编审处致民政司函（1945.12.12）

内政部致行政院秘书处公函稿（1945.12.29）

（一四）云南省政府为李国源建议将芒市等处改设县治事致内政部咨（1945.12.20）

（一五）云南省政府抄送云南省第二区行政督察专员公署组织规程暨办事细则与内政部往来文书（1946.3.27–1946.10.9）

云南省政府致内政部咨（1946.3.27）

内政部致云南省政府公函稿（1946.10.9）

（一六）行政院秘书处为云南省警备总司令部拟呈滇西土司制度改革建议与内政部、国防部等往来文书（1947.1.6–1947.2.26）

国防部致内政部代电（1947.1.6）

行政院致内政部通知（1947.2.5）

内政部致行政院秘书处、国防部公函稿（1947.2.26）

（一七）云南省政府咨送该省各区行政督察专员公署及区保安司令部合并及组织编制表与行政院、内政部等往来文书（1947.2.12–1948.3.3）

云南省政府致内政部公函（1947.2.12）

国防部致内政部代电（1947.2.25）

内政部致行政院呈稿（1947.2.27）

内政部致云南省保安司令部公函稿（1947.3.6）

行政院致内政部指令（1947.3.17）

内政部致云南省政府公函稿（1947.3.28）

行政院致内政部通知（1948.1.24）

内政部致行政院秘书处公函稿（1948.3.3）

四　保甲、户口

（一）云南省政府为报办理民力统制进度情形与内政部往来咨（1937.11.19–1938.6.10）

云南省政府致内政部咨（1937.11.19）

内政部致云南省政府咨稿（1938.5.13）

云南省政府致内政部咨（1938.6.10）

（二）行政院为函送请政府速筹增加云南省人口提案致内政部训令（1939.11.9）

（三）云南省政府秘书处统计室为检送《云南省各市县局户口统计表》等与内政部统计处往来函（1941.5.27–1941.6.11）

云南省政府秘书处统计室致内政部统计处函（1941.5.27）

内政部统计处致云南省政府秘书处统计室笺函（1941.6.3）

云南省政府秘书处统计室致内政部统计处函（1941.6.11）

（四）云南省政府为拟订县保甲户口编查办法施行细则与内政部往来文书（1942.10.20–1942.11.14）

云南省政府致内政部咨（1942.10.20）

内政部致云南省政府公函稿（1942.11.14）

（五）云南省政府为修正该省县保甲户口编查办法施行细则与内政部往来文书（1944.10.13–1944.12.30）

云南省政府致内政部咨（1944.10.13）

内政部致云南省政府公函稿（1944.12.30）

（六）云南省政府为送该省各县属保甲规约实施办法与内政部往来文书（1944.10.17–1944.11.27）

云南省政府致内政部咨（1944.10.17）

内政部致云南省政府公函稿（1944.11.27）

（七）云南省政府为呈拟选举保甲长办法分期完成表及实施步骤与内政部往来代电（1947.1.13–1947.2.7）

云南省政府致内政部代电（1947.1.13）

内政部致云南省政府代电稿（1947.2.7）

五　赈济及其他

（一）行政院秘书处为抄送云南开发之意见与内政部、赈济委员会等往来文书（1938.7.1–1938.7.28）

行政院秘书处致内政部函（1938.7.1）

内政部致行政院秘书处公函稿，经济部、赈济委员会咨稿（1938.7.15）

振济委员会致内政部函（1938.7.28）

（二）内政部为咨何文元视察云南省报告书与振济委员会往来文书（1939.8.5–1939.9.7）

内政部秘书室致民政司函（1939.8.5）

内政部致振济委员会咨稿（1939.8.24）

振济委员会致内政部快邮代电（1939.9.7）

（三）内政部礼俗司为检寄云南省政府表忠牌给与规则等致云南省民政厅司函（1939.8）

（四）行政院、内政部为云南省主席龙云重申禁止规定日期外宴会案往来文书（1939.12）

行政院致内政部训令（1939.12.5 收）

内政部致行政院训令稿（1939.12.15）

（五）行政院为会商救济云南米荒办法案致教育部函件（1940.3.11–1940.3.14）

行政院致教育部等通知单（1940.3.11）

行政院致教育部令（1940.3.14）

（六）行政院秘书处、内政部、财政部、经济部核示赈务委员会所拟个旧锡矿工人苦状及救济办法相关文件（1940.5.30–1941.6.6）

行政院致内政部通知（1940.5.30）

内政部致经济部咨稿（1940.6.19）

财政部致内政部咨（1940.8.17）

内政部致行政院呈稿（1940.9.5）

内政部致行政院秘书处公函稿（1940.9.25）

行政院秘书处致内政部笺函（1941.6.6）

（七）云南省政府为转报云栖儿童教养院章程名册等备案事与内政部往来咨（1940.8.7–1940.9.18）

云南省政府致内政部咨（1940.8.7）

内政部致云南省政府咨稿（1940.9.18）

（八）内政部等关于赈济云南丽江县雹灾的有关文件（1941.12.8–1942.3.14）

云南省政府致内政部咨（1941.12.8）

内政部致振济委员会、云南省政府咨稿（1942.1.14）

内政部致云南省政府咨稿（1942.3.14）

（九）内政部关于云南省政府咨请除高粱照常酿酒外其余杂粮一律禁酿与行政院往来文书（1942.11.19–1942.12.25）

云南省政府致内政部咨（1942.11.19）

内政部致行政院呈（1942.12.4）

行政院致内政部指令（1942.12.11）

内政部致云南省政府公函稿（1942.12.25）

（一〇）云南通海县长李璋关于呈送查禁社会神权迷信工作报告表与内政部往来呈令（1942.12.31–1943.4.3）

云南通海县县长李璋致内政部呈（1942.12.31）

内政部致云南通海县政府指令稿（1943.4.3）

（一一）云南省政府、内政部为陆良县俞款屏、周凤瑞等呈报灾情请拨款救济事往来函电（1943.10.31–1944.1.22）

云南省陆良县民众代表致内政部呈（1943.10.31）

云南省陆良县民众代表俞款屏等致内政部电（1943.11）

内政部致云南陆良县民俞款屏等批稿、云南省政府公函稿（1943.12.9）

内政部致云南陆良县民俞款屏等批稿、云南省政府公函稿（1943.12.17）

云南省政府致内政部公函（1944.1.22）

（一二）云南省政府为检送各市县被灾情形致内政部咨（1944.6.14）

（一三）云南省政府为检送各市县局被轰炸及未被轰炸灾情调查表统计表与内政部往来函（1944.9.4–1945.1.31）

云南省政府致内政部咨（1944.9.4）

内政部致云南省政府公函稿（1944.11.9）

云南省政府致内政部函（1945.1.31）

（一四）宪政实施协进会关于云南省虐婢等不良风俗与内政部等往来函（1945.3.19–1945.6.26）

宪政实施协进会致内政部公函（1945.3.19）

内政部致云南省政府、宪政实施协进会公函稿（1945.5.30）

云南省政府致内政部公函（1945.6.26）

（一五）内政部关于云南省府电请速筹有效办法防治滇边瘟疫与卫生署往来函（1945.7.31–1945.8.7）

内政部致卫生署公函稿（1945.7.31）

卫生署致内政部公函（1945.8.7）

（一六）云南省政府为报告该省水灾灾情与内政部往来电（1945.9–1945.10.17）

云南省政府致内政部电（1945.9）

内政部致云南省政府代电稿（1945.10.17）

（一七）内政部关于审核云南省政府呈报该省救济失业流民各项办法有关文件（1945.12.1–1945.12.17）

行政院致内政部通知单（1945.12.1）

内政部致行政院秘书处公函稿（1945.12.17）

（一八）内政部为云南省政府电转龙陵县呈请救灾案与善后救济总署的往来代电（1946.2–1946.6.7）

云南省政府致内政部代电（1946.2）

内政部致云南省政府、善后救济总署代电稿（1946.5.3）

善后救济总署致内政部代电（1946.6.7）

第十九卷 军事教育与军事训练

一 国民军训

（一）云南省民国二十六年度四、五、六、八、十、十一、十二月份社会军事教育工作报告（1937.5.13–1938.3.10）

（二）云南省民国二十七年二月至四月份社会军事教育工作报告（1938.3.30–1938.6.7）

（三）云南省国民军事训练处民国二十七年六月份社会军事教育及战时国民军训七、九、十、十二月份工作报告（1938.7.22–1939.2.4）

（四）云南省国民军事训练处战时国民军训民国二十八年一至九月份工作报告（1939.4.1–1940.1.19）

（五）云南省国民军事训练处战时国民军训民国二十八年度十二月份工作报告（1940.4.4）

（六）云南省国民军事训练处战时国民军训民国二十九年度一月份工作报告（1940.4.4）

二　壮丁训练

（一）行政院秘书处为云南省政府呈送该省壮丁训练一览表与内政部、军政部往来文书（1937.3.2–1937.4.14）

行政院秘书处致内政部函（1937.3.2）

行政院秘书处致军政部公函（1937.3.8）

军政部致行政院秘书处公函（1937.3.9）

训练总监部致内政部咨（1937.3.9）

内政部致军政部咨（1937.3.19）

军政部致内政部公函（1937.3.24）

内政部、军政部致行政院呈（1937.3.27）

内政部致军政部公函（1937.3.27）

行政院致内政部指令（1937.4.6）

内政部致军政部公函（1937.4.14）

（二）内政部为李蕴奇等电请抄发阵亡将士姓名略历事致云南剑川县政府训令（1946.3.6）

（三）行政院秘书处、内政部关于云南省第七区专署增设军事科与云南省政府往来文书（1943.1.16–1943.4.9）

行政院秘书处致内政部通知单（1943.1.16）

内政部致行政院秘书处公函（1943.2.3）

行政院秘书处致内政部笺函（1943.4.9）

（四）云南省政府为呈送游击区域调查表与内政部往来文书（1942.11.26–1946.5.27）

云南省政府致内政部咨（1942.11.26）

内政部致云南省政府代电（1942.12.30）

云南省政府致内政部代电（1944.12.29）

云南省政府致内政部公函（1945.9.18）

内政部致云南省政府公函（1945.10.23）

云南省政府致内政部咨（1946.5.27）

第二十卷

（七）云南省军管区政治部为呈报民国三十年一月份学校军训工作报告致教育部呈（1941.3.5）

（八）云南省军管区政治部为呈报民国二十九年九至十二月份学校军训报告与教育部往来函（1941.4.15–1941.5.15）

云南省军管区政治部致教育部呈（1941.4.15）

教育部致云南省军管区政治部指令稿（1941.5.15）

（九）云南省军管区政治部为呈报民国三十年二月份学校军训工作报告与教育部、云南省教育厅往来函（1941.6–1941.8.22）

云南省军管区政治部致教育部呈（1941.6）

教育部致云南省军管区政治部指令稿、云南省教育厅训令稿（1941.8.22）

（一〇）云南省军管区政治部为呈报民国三十年三月份学校军训工作报告与教育部往来函（1941.6.30–1941.8.22）

云南省军管区政治部致教育部呈（1941.6.30）

教育部致云南省军管区政治部指令稿（1941.8.22）

（一一）云南省军管区政治部为呈报民国三十年四月份学校军训工作报告致教育部呈（1941.7.21）

（一二）云南省军管区政治部为呈报民国三十年五月份学校军训工作致教育部呈（1941.7）

（一三）云南省军管区政治部为呈报民国三十年六月份学校军训工作报告致教育部呈（1941.8.30）

（一四）军政部为送云南各师区司令、副司令姓名、驻地表致教育部公函（1941.12.21）

（一五）云南省军管区司令部为呈报民国三十年十一月份学校军训工作报告与教育部往来函（1942.1.31–1942.3.26）

云南省军管区司令部致教育部呈（1942.1.31）

教育部致云南省军管区司令部指令稿（1942.3.26）

（一六）云南省军管区司令部等为呈报民国三十年十二月份学校军训工作报告等与教育部往来函件（1942.3–1942.5.13）

云南省军管区司令部致教育部呈（1942.3）

教育部致云南省军管区编练处代电稿（1942.5.13）

（一七）云南省军管区司令部为呈送民国三十一年五月份军训工作报告及上学期军训工作计划与教育部往来代电（1942.7.10–1942.10.15）

云南省军管区司令部致教育部代电（1942.7.10）

教育部致云南省军管区司令部代电稿（1942.10.15）

军队活动

（一）陆军第二军民国三十二年五月份阵中日记（1943.5）

（二）陆军第五十二军民国三十一年六月份阵中日记（1942.6）（上）

第二十一卷

（三）陆军第五十二军民国三十一年六月份阵中日记（1942.6）（下）

（四）陆军第五十二军民国三十一年七月份阵中日记（1942.7）

（五）陆军第五十二军民国三十一年八月份阵中日记（1942.8）

（六）陆军第五十二军民国三十一年十月份阵中日记（1942.10）

（七）陆军第五十二军民国三十一年十一月份阵中日记（1942.11）

（八）陆军第五十二军民国三十一年十二月份阵中日记（1942.12）（上）

第二十二卷

（九）陆军第五十二军民国三十一年十二月份阵中日记（1942.12）（下）

（一〇）陆军第五十二军民国三十二年一月份阵中日记（1943.1）

（一一）陆军第五十二军民国三十二年二月份阵中日记（1943.2）

（一二）陆军第五十二军民国三十二年三月份阵中日记（1943.3）

（一三）陆军第五十二军民国三十二年四月份阵中日记（1943.4）

（一四）陆军第五十二军民国三十二年五月份阵中日记（1943.5）

（一五）陆军第五十二军民国三十二年六月份阵中日记（1943.6）

（一六）陆军第五十二军民国三十二年七月份阵中日记（1943.7）

（一七）陆军第五十二军民国三十二年八月份阵中日记（1943.8）

第二十三卷

（一八）陆军第五十二军民国三十二年九月份阵中日记（1943.9）

（一九）陆军第五十二军民国三十二年十月份阵中日记（1943.10）

（二〇）陆军第五十二军民国三十二年十一月份阵中日记（1943.11）

（二一）陆军第五十二军民国三十二年十二月份阵中日记（1943.12）

（二二）陆军第五十二军民国三十三年一月份阵中日记（1944.1）

（二三）陆军第五十二军民国三十三年二月份阵中日记（1944.2）

（二四）陆军第五十二军民国三十三年三月份阵中日记（1944.3）

第二十四卷

（二五）陆军第五十二军民国三十三年四月份阵中日记（1944.4）

第二十五卷

第二十六卷

（四一）陆军第五十二军民国三十四年七月份阵中日记（1945.7）

（四二）陆军第五十二军民国三十四年八月份阵中日记（1945.8）

（四三）陆军第五十三军民国三十二年十份阵中日记（1944.1）

（四四）陆军第五十三军民国三十三年五月份阵中日记（1944.5）

（四五）陆军第五十三军民国三十三年六月份阵中日记（1944.6）

（四六）陆军第五十三军民国三十三年七月份阵中日记（1944.7）

（四七）陆军第五十三军民国三十三年八月份阵中日记（1944.8）

（四八）陆军第五十三军民国三十三年九月份阵中日记（1944.9）

（四九）陆军第五十三军民国三十三年十月份阵中日记（1944.10）

（五〇）陆军第五十三军民国三十三年十一月份阵中日记（1944.11）

（五一）陆军第五十三军民国三十三年十二月份阵中日记（1944.12）

（五二）陆军第五十三军民国三十四年一月份阵中日记（1945.1）

（五三）陆军第五十三军民国三十四年二月份阵中日记（1945.2）

第二十七卷

总　类

（一）云南省教育厅为呈送该省义务教育委员会组织规程与教育部往来文书（1935.8.5–1937.10.22）

云南省教育厅致教育部呈（1935.8.5）

教育部致云南省教育厅指令稿（1935.9.3）

云南省教育厅致教育部呈（1937.9.27）

教育部致云南省教育厅指令稿（1937.10.22）

（二）云南省教育厅为呈报云南省民国二十五年度上学期实施失学民众补习教育概况调查表致教育部呈（1937.7.31）

（三）云南省教育厅为呈报民国二十六年度实施民众补习教育计划暨民国二十六年度民校课本分配一览表致教育部呈（1937.8.3）

（四）教育部为云南省民国二十六年度政府实施失学民众补习教育计划一事致云南省教育厅指令稿（1937.8.12）

（五）云南省教育厅为呈报云南省民国二十五年度实施失学民众补习教育经过情形致教育部呈（1937.10.21）

（六）教育部关于云南省呈报之民国二十五年度实施失学民众补习教育经过详情一事致云南省教育厅指令稿（1937.10.30）

（七）国民政府军事委员会政治部关于云南省各校教官他调及离职日期表致教育部咨（1938.6.27）

（八）云南省教育厅为呈报民国二十六年度失学民众补习教育成绩报告及民国二十七年度计划致教育部呈（1938.8.30）

（九）教育部关于云南省呈送民国二十六年度失学民众补习教育成绩报告及民国二十七年度计划致云南省教育厅指令稿（1938.9.22）

（一〇）国立北平图书馆请拨专款购置图书致教育部呈（1938.12.5）

（一一）云南省教育厅为推进战时民教计划之实施问题及预发补助费事由致教育部呈（1938.12.10）

（一二）教育部为国立北平图书馆请拨专款购置中文图籍事致国立北平图书馆指令稿（1938.12.17）

（一三）教育部为云南省战时民教实施计划及补给补助费一事之核示意见致云南省教育厅之指令稿（1938.12.22）

（一四）教育部西南边疆教育考察团编东兰、凤山、天峨三县联立国民中学教育情况（1939）

（一五）云南省教育厅卫生教育委员会工作报告书（1939）

（一六）国民党中央执行委员会社会部关于审查西南民族俗用虫兽偏旁命名修正原则一案致教育部公函（1939.4.17）

（一七）教育部边疆教育委员会拟西南边疆教育考察团简章（1939.4.18）

（一八）教育部边疆教育委员会关于西南边疆教育考察团人选选择标准及人选预拟文件（1939.4.18）

（一九）云南国民军事训练处为填报该省高中以上各学校军事教官助教调查表致教育部呈（1939.5.6）

（二〇）云南省教育厅社会教育司为呈报云南省会第二期战时民众学校结束情形致教育部呈（1939.5.16）

（二一）云南省教育厅为呈报云南省民国二十八年度失学民众补习教育计划草案致教育部呈（1939.5.24）

（二二）云南省教育厅为呈报云南省民国二十七年度实施失学民众补习教育成绩报告表致教育部呈（1939.5.31）

（二三）西南边疆教育考察团编昭通县开辟新城门及新市场计划书（1939.6）

（二四）教育部为民国二十八年度失学民众补习教育计划事由致云南省教育厅指令稿（1939.6.11）

（二五）教育部为云南省会第二期战时民校结束情形致云南省教育厅之指令稿（1939.6.11）

（二六）教育部为云南省民国二十七年度实施失学民教成绩报告致云南省教育厅之指令稿（1939.6.21）

（二七）国立中央研究院阳朔工作分站为推荐中国科学社生物研究所研究员倪达书参加西南边疆教育考察团并附暂定计划书致教育部边疆教育委员会秘书处函（1939.6.21）

（二八）交通部全国公路总管理处严德一为参加西南边疆教育考察团并请告知详情致教育部边疆教育委员会秘书处王文萱函（1939.6.21）

（二九）教育部边疆教育委员会为重拟西南边疆教育考察团团员名单及简历致教育部部长次长签呈（1939.6.29）

（三〇）国立中央研究院历史语言研究所研究员凌纯声为不能参加西南边疆教育考察团致教育部边疆教育委员会函（1939.6.29）

（三一）教育部为聘严德一、倪达书为西南边疆教育考察团团员致严德一、倪达书聘函稿（1939.7.8）

（三二）国立编译馆陈可忠、郑鹤声关于委派国立编译馆编辑葛毅卿、职员赵纯孝两人参加西南边疆考察团一事致郭莲峰函（1939.7.8）

（三三）国立编译馆拟派葛毅卿、赵纯孝二人参加西南边疆教育考察团致教育部蒙藏教育司函（1939.7.8）

（三四）教育部边疆教育委员会第三次修订西南边疆教育考察团团员名单及略历致教育部部长次长签呈（1939.7.12）

（三五）教育部为派郭莲峰、葛毅卿等为西南边疆教育考察团团员并附简章致郭莲峰等笺函稿（1939.7.20）

（三六）教育部派郭莲峰等为西南边疆教育考察团团员及助理并指派郭莲峰为团长致郭莲峰等部令稿（1939.7.20）

（三七）国立编译馆编辑葛毅卿请求参加西南边疆教育考察团致教育部电（1939.7.26）

（三八）昆明教育厅为回复教育部关于战教各期入学及毕业人数致教育部电（1939.7.25）

（三九）教育部关于请查西南民族俗用虫兽偏旁命名修正原则一案致中央社会部公函稿（1939.7.26）

（四〇）西南边疆教育考察团团长郭莲峰为呈送西南边疆教育考察团路线图等文件致教育部呈（1939.7.29）

（四一）西南边疆教育考察团郭莲峰等为报告由渝抵叙情形致教育部代电（1939.8.8）

（四二）教育部为西南边疆教育考察团前呈路线图等文件准予备案一事致西南边疆教育考察团指令稿（1939.8.12）

（四三）西南边疆教育考察团团长郭莲峰报告八月二十一日抵达昭通二十五日赴石门坎后转往昆明情形致教育部电（1939.8.22）

（四四）西南边疆教育考察团郭莲峰等八人考察滇黔桂三省边疆教育工作日记簿（1939.8.1–1940.3.6）

（四五）教育部为请审查西南民族俗用虫兽偏旁命名修正原则一案致中央社会部公函稿（1939.8.7）

（四六）教育部西南边教考查团迤南组工作日记（1939.8.15）

（四七）云南省教育厅为呈报云南省社教分区设施纲要致教育部呈（1939.8.28）

（四八）行政院为禁止滥用苗夷猺猓獞以及少数民族等名称一案致教育部训令（1939.8.30）

（四九）云南省会泽县教育情况（1939.9）

（五〇）云南省昭通县教育情况（1939.9）

（五一）国立西南师范学校教职员一览及该校筹办计划草案

（五二）教育部为云南省社会教育分区实施纲要修正一事致云南省教育厅指令稿（1939.9.27）

第二十八卷

（五三）云南省教育厅为呈报云南省昆明县战时民校各期统计表致教育部呈（1939.9.30）

（五四）云南保山县教育情况（1939.10.25）

（五五）云南大理县教育情况（1939.10）

（五六）云南腾冲县教育情况（1939.10）

（五七）西南边疆教育考察团团长郭莲峰为陈报因云南省水灾路阻延期出发工作致教育部代电（1939.10.1）

（五八）西南边疆教育考察团团长郭莲峰为出发转往广西一事致教育部电（1939.10.5）

（五九）西南边疆教育考察团为十月二十九日抵达腾冲十二月初东返一事致教育部电（1939.11.2）

（六〇）云南省潞西、莲山、户撒三设治局教育情况（1939.11.3）

（六一）云南省梁河设治局教育情况（1939.11.6）

（六二）云南省盈江设治局教育情况（1939.11.8）

（六三）西南边疆教育考察团团长郭莲峰关于十一月二日抵达文山十二日赴砚山后转入广西一事致教育部电（1939.11.10）

（六四）云南省陇川县教育情况（1939.11.15）

（六五）云南省猛卯设治局教育情况（1939.11）

（六六）云南西部之边疆夷民教育（1939.12.6）

（六七）云南省边教行政手抄本（1940）

（六八）国民党中央执行委员会社会部为社会部开会修正西南少数民族俗用虫兽偏旁命名一案致教育部公函（1940.1.13）

（六九）教育部参事为中央社会部对西南少数民族俗用虫兽偏旁之最后修订案致教育部签呈（1940.1.19）

（七〇）国民党中央执行委员会社会部为检送商讨改正西南少数民族命名谈话会记录一案致教育部公函（1940.1.22）

（七一）教育部关于中央社会部函送商讨修正西南少数民族虫兽偏旁命名之谈话会记录一案致各省教育厅等通令、中央图书杂志审查委员会等笺函、中央社会部公函（1940.2.6）

（七二）民国二十九年二月十八日为龙云拨款救济昆明国立各大学学生事会商记录（1940.2.18）

（七三）云南省教育厅为举办战时民众继续教育事由致教育部呈（1940.3.7）

（七四）教育部为举办战时民众继续教育一案致云南省教育厅之指令稿（1940.3.28）

（七五）云南省教育厅为呈报第三期战时民校毕业一览表与教育部往来文书（1940.4.30–1940.6.19）

云南省教育厅致教育部呈（1940.4.30）

教育部致云南省教育厅指令稿（1940.6.19）

（七六）云南省教育厅为呈报云南省社会教育行政机构及行政人员调查表致教育部呈（1940.6.12）

（七七）行政院秘书处关于云南省县各级组织纲要实施计划和内政部核转青海省县政府组织规程及宁夏省县政府组织规程审查之通知单（1940.6.25）

（七八）云南省教育厅为呈送民国二十八年度实施成年失学民众补习教育暨战时民众补习教育成绩报告表致教育部呈（1940.6.25）

（七九）云南省教育厅为呈报第二年战时民教实施计划纲要及组织推行情形等与教育部往来文书（1940.6.27–1940.7.31）

云南省教育厅致教育部呈（1940.6.27）

教育部致云南省教育厅指令稿（1940.7.31）

（八〇）教育部为云南省呈送之民国二十八年度实施成年失学民教暨战时民教成绩报告致云南省教育厅指令稿（1940.7.12）

（八一）行政院院长为同意按审查意见办理云南省县各级组织纲要实施计划致教育部训令（1940.7.13）

（八二）云南省教育厅为呈报昆明县办理战时民校经过情形与教育部往来文书（1940.7.16–1940.8.15）

云南省教育厅致教育部呈（1940.7.16）

教育部所属各司签呈（1940.7）

教育部致云南省教育厅指令稿（1940.8.15）

（八三）云南省教育厅关于教育部汇发云南省兼办社会教育成绩优良各校补助费一案致教育部呈（1940.8.6）

（八四）云南省教育厅为组织该省国民教育委员会拟具简章等事呈请鉴核与教育部往来文书（1940.9.6–1941.10.16）

云南省教育厅致教育部呈（1940.9.6）

教育部致云南省教育厅指令稿（1940.10.7）

教育部致云南省教育厅指令稿（1940.10.24）

云南省教育厅致教育部呈（1940.9.30）

云南省教育厅致教育厅呈（1941.9.19）

教育部致云南省教育厅指令稿（1941.10.16）

（八五）行政院为云南省政府呈复办理调整地方行政院及县长兼职案致教育部通知单（1940.9.7）

（八六）云南省教育厅为呈报该省国民教育师资训练四年计划办理情形致教育部呈（1940.9.11）

（八七）云南省教育厅为奉令限制并严格考察甄别各省市举办之国教师资短期训练班学生经行令据报备与教育部往来文书（1940.9.24–1940.10.17）

云南省教育厅致教育部呈（1940.9.24）

教育部致云南省教育厅指令稿（1940.10.17）

（八八）行政院为改正西南少数民族原有命名致教育部训令（1940.10.11）

第二十九卷

（八九）云南省教育厅为呈报云南省国民教育师资训练四年计划致教育部呈及指令（1940.11.8）

（九〇）西南边疆教育考察团团长郭莲峰呈送西南边疆教育考察团报告书原稿致教育部呈及教育部处理该报告与各方往来文件（1940.11.16）

（九一）行政院秘书处抄送云南省政府呈报遵令办理该省县各级组织纲要实施计划情形由致教育部通知单（1941.1.28）

（九二）行政院秘书处核办西南边教考察团对滇黔桂边区政教设施总建议案与内政部、云南省政府等往来文书（1941.2.16–1941.5.19）

行政院秘书处致内政部通知单（1941.2.16）

内政部致行政院呈稿（1941.4.11）

内政部致云南省政府咨稿（1941.4.11）

行政院致内政部指令（1941.5.10）

云南省政府致内政部咨（1941.5.19）

（九三）国民政府军事委员会军训部关于试用军事看护教官杨嘉锋等四名女生见习成绩及分配情形致教育部公函（1941.3.6）

（九四）云南省教育厅上报该省各校兼办社会教育工作成绩报告表致教育部代电（1941.5.14）

（九五）龙发甲请增发视察旅费二千元致教育部部长陈立夫代电（1941.10.16）

（九六）教育部关于视察员龙发甲视察寻甸县时违法失职一案致云南省教育厅及视察员龙发甲训令稿（1941.12.19）

（九七）西南边教考察团拟《第一部　边疆政治》（1941）

（九八）西南边教考察团拟《第二部　边疆经济》（1941）

第三十卷

（九九）西南边教考察团拟《第三部　西南边胞民俗》（1941）

（一〇〇）西南边胞《语文报告》（1941）

（一〇一）教育部西南边教考察团：《边教困难问题及改进意见》（1941）

（一〇二）教育部西南边教考察团简章、各组分路考察办法、要点等文件汇编（1941）

（一〇三）教育部西南边教考察团之考察日记简表（1941）

（一〇四）云南省政府实施边地教育三年计划（1941）

（一〇五）云南省教育厅为发给视导人员手册事与教育部往来呈令（1942.3.3–1942.3.20）

云南省教育厅致教育部呈（1942.3.3）

教育部致云南省教育厅指令稿（1942.3.20）

（一〇六）云南省教育厅为呈报办理民教部情形及拟具各项办法事与教育部往来文书（1942.3.31–1942.4.24）

云南省教育厅致教育部呈（1942.3.31）

教育部致云南省教育厅指令稿（1942.4.24）

（一〇七）云南教育厅为呈报该省境内语文具有特殊性质地方调查表与教育部往来文书（1942.4.14–1942.4.24）

云南省教育厅致教育部呈（1942.4.14）

教育部致云南省等教育厅训令稿（1942.4.24）

（一〇八）国民政府军事委员会军训部为云南省各校军事训练教官助教任免报告表致教育部公函（1942.4.22）

（一〇九）中央图书杂志审查委员会为修正民族称谓问题与教育部往来文书（1942.5.22–1942.6.11）

中央图书杂志审查委员会致教育部公函（1942.5.22）

教育部致中央图书杂志审查委员会公函稿（1942.6.11）

（一一〇）云南省军管区司令部为请免予举办云南省军管区国民兵运动会与教育部往来文书（1942.6.22–1942.7.18）

云南省军管区司令部致教育部代电（1942.6.22）

教育部致云南省军管区司令部、军政部代电稿（1942.7.18）

（一一一）中央图书杂志审查委员会为呈报云南省民国三十一年五月份言论动向报告致教育部公函（1942.8.21）

第三十一卷

（一一二）三民主义青年团昆明青年夏令营为检送该夏令营学生成绩总册致教育部公函（1942.9.1）

（一一三）中央图书杂志审查委员会为呈报云南省民国三十一年六月份言论动向报告一案致教育部公函（1942.10.13）

（一一四）云南省教育厅为编制民国三十二年度教育经费概算时从宽计列科学馆经费致教育部呈（1942.11.11）

（一一五）昆明市教育概况表（1942.12.31）

（一一六）昆明县教育工作（1942）

（一一七）云南省教育厅编印《三十一年云南教育简报》（1942）

（一一八）秦瓒庵先生七十四自述（1942）

（一一九）云南省教育厅民国三十年度国民教育督导报告提要（1943.1）

（一二〇）云南省教育厅民国三十年度社会教育督导报告提要（1943.1）

（一二一）云南省教育厅民国三十年度中等教育督导报告提要（1943.1）

（一二二）云南省教育厅民国三十一年度国民教育督导报告提要（1943.1）

（一二三）云南省教育厅民国三十一年度社会教育督导报告提要（1943.1）

（一二四）云南省教育厅民国三十一年度中等教育督导报告提要（1943.1）

（一二五）云南省教育厅为呈报云南省国民教育师资短期训练计划及民国三十二年度实施办法与教育部往来文书（1943.1.8–1943.2.25）

教育部致云南省教育厅指令稿（1943.1.8）

云南省教育厅致教育部呈（1943.2.25）

（一二六）云南省教育厅为呈报民国三十年暨民国三十一年督导人员视察报告与教育部往来文书（1943.1.23–1943.7.13）

教育部致云南省教育厅指令稿（1943.1.23）

云南省教育厅致教育部呈（1943.7.13）

（一二七）云南省教育厅为请核示该省国民教育示范区实施纲要等与教育部往来文书（1943.5.13–1944.10.14）

云南省教育厅致教育部呈（1943.5.13）

教育部致云南省教育厅指令稿（1943.6.24）

云南省教育厅致教育部呈（1943.12.8）

教育部致云南省教育厅指令稿（1944.1.6）

云南省教育厅致教育部代电（1944.1.19）

教育部致云南省教育厅指令稿（1944.2.9）

云南省教育厅致教育部呈（1944.7.11）

教育部致云南省教育厅指令稿（1944.8.8）

云南省教育厅致教育部呈（1944.9.27）

教育部致云南省教育厅指令稿（1944.10.14）

（一二八）云南省教育厅为呈复民国三十二年上半年度办理国民教育师资短期训练实施情形与教育部往来文书（1943.10.19–1943.11.20）

云南省教育厅致教育部呈（1943.10.19）

教育部致云南省教育厅指令稿（1943.11.20）

（一二九）云南省教育厅为呈报云南省民国三十二年上半年度办理成年失学民众补习教育情形及各县失学民众人数及分期入学民众人数与教育部往来文书（1943.10.21–1943.11.23）

云南省教育厅致教育部呈（1943.10.21）

教育部致云南省教育厅指令稿（1943.11.23）

（一三〇）云南省教育厅为办理改进云南省教育情形一案致教育部呈（1943.10.30）

（一三一）教育部为奉谕核复云南省民国三十一年度政绩比较表复请查照转陈事致行政院秘书处公函稿（1944.1.21）

（一三二）云南省教育厅为造报该省民国三十一学年度国教中教社教视导报告与教育部往来文书（1944.2.2–1944.4.4）

云南省教育厅致教育部呈（1944.2.2）

教育部致云南省教育厅指令（1944.4.4）

（一三三）云南省教育厅为呈复调整国民教育师资工作办理情形与教育部往来文书（1944.2.5–1944.3.3）

云南省教育厅致教育部呈（1944.2.5）

教育部致云南省教育厅指令稿（1944.3.3）

（一三四）云南省教育厅为呈报云南省教育行政史略与教育部往来文书（1944.2.10–1944.4.15）

云南省教育厅致教育部呈（1944.2.10）

云南省教育厅致教育部代电（1944.3.27）

教育部致云南省教育厅指令稿（1944.4.15）

（一三五）云南省教育厅为呈报民国三十三年度教育视导计划与教育部往来文书（1944.2.26–1944.3.25）

云南省教育厅致教育部呈（1944.2.26）

教育部致云南省教育厅指令稿（1944.3.25）

（一三六）云南省教育厅为呈报该省民国三十二年度办理国民教育师资短期训练情形与教育部往来文书（1944.3.31–1944.6.29）

云南省教育厅致教育部呈（1944.3.31）

教育部致云南省教育厅指令稿（1944.5.9）

云南省教育厅致教育部代电稿（1944.5.22）

教育部致云南省教育厅指令稿（1944.6.29）

（一三七）云南省教育厅为请鉴核《云南省各师范学校辅导地方教育工作之合作与联系办法》致教育部呈（1944.4.14）

（一三八）云南省教育厅为补报该省民国三十二年度办理国民教育师资训练班情形与教育部往来文书（1944.6.3–1944.6.28）

云南省教育厅致教育部呈（1944.6.3）

教育部致云南省教育厅指令稿（1944.6.28）

（一三九）云南省教育厅为呈报民国三十三年度一至九月份工作报告及工作进度表与教育部往来文书（1944.11.13–1944.12.30）

云南省教育厅致教育部呈（1944.11.13）（上）

第三十二卷

云南省教育厅致教育部呈（1944.11.13）（下）

教育部致云南省教育厅指令稿（1944.12.30）

（一四〇）云南省教育厅为呈报民国三十四年度教育视导计划与教育部往来文书（1945.3.17–1945.4.13）

云南省教育厅致教育部呈（1945.3.17）

教育部致云南省教育厅指令稿（1945.4.13）

（一四一）云南省教育厅为呈报民国三十三年十至十二月份工作报告致教育部呈（1945.3.17）

（一四二）云南省政府为救济、收容及安插湘桂陷区来滇员生办法致教育部代电（1945.4.7）

（一四三）中央图书杂志审查委员会为送民国三十四年度一至四月份云南省文化动态报告致教育部笺函（1945.4.30）

（一四四）云南省教育厅为呈送普及失学民众识字教育实施计划与教育部往来文书（1945.5.22–1945.6.13）

云南省教育厅致教育部代电（1945.5.22）

教育部致云南省教育厅指令稿（1945.6.13）

（一四五）云南省教育厅为呈报云南省马关等县体育场及运动会概况表致教育部呈（1945.5.30）

（一四六）云南省教育厅为补呈民国三十三年十至十二月份工作报告各要点致教育部呈（1945.6.22）

第三十三卷

教育部致云南省教育厅指令稿（1947.5.7）

（一六〇）云南省教育厅为呈请迅予指拨复员军官佐转业教育行政人员候差费与教育部往来文书（1947.9.6–1947.10.28）

云南省教育厅致教育部呈（1947.9.6）

行政院致教育部通知单（1947.10.28）

（一六一）云南省教育厅为呈报民国三十六年度一至六月份工作报告与教育部往来文书（1947.10.16–1947.11.25）

云南省教育厅致教育部呈（1947.10.16）（上）

第三十四卷

云南省教育厅致教育部呈（1947.10.16）（下）

教育部致云南省教育厅指令稿（1947.11.25）

（一六二）云南省建水县教育设施概况表（1947.12.22）

（一六三）云南省民国三十六年度教育工作计划

（一六四）云南省教育厅为转呈兰坪县请于县设立师资训练班与教育部往来文书（1948.10.2–1948.10.23）

云南省教育厅致教育部呈（1948.10.2）

教育部致云南省教育厅指令稿（1948.10.23）

（一六五）云南省教育厅为据呈邑绅龙开甲捐资兴学祈核奖等情致教育部呈（1948.10.9）

（一六六）云南省教育厅为更正严鹤松捐资兴学表致教育部呈（1948.10.19）

（一六七）云南省教育厅为呈送大理县民严燮成捐资兴学事实表据请核奖呈教育部（1948.12.9）

（一六八）云南省政府民国三十七年度教育工作计划

（一六九）云南省边教实施概况报告

（一七〇）滇川边区巴㖔凉山设学计划纲要草案

（一七一）西南边民教育推进计划草案

（一七二）云南省教育厅为转报捐资兴学证件祈鉴核给奖致教育部呈（1949.2.5）

第三十五卷

视察报告

（一）教育部为视察员呈报视察滇黔两省教育情形与云南省教育厅等往来文书

（1938.8.18–1941.8.22）

视察员郑通和致教育部呈（1938.8.18）

教育部致云南省教育厅训令（1938.10.8）

视察员蒋振致教育部呈（1939.6.20）

教育部致视察员郎奎第部令（1939.10.6）

视察员李超英、郎奎第致教育部呈（1939.11.4）

云南省教育厅致教育部呈（1940.1.10）

视察员彭百川致教育部呈（1940.8.5）

会计处致教育部签呈（1940.9.9）

教育部致视察员彭百川指令稿（1940.9.4）

视察员赵祥麟致教育部签呈（1941.8.22）

（二）督学徐瑞祥拟具之《云南省中等教育视察总报告》暨教育部签具意见（1943.2.12）

（三）督学郎奎第为呈报云南省各级教育视察报告致教育部签呈暨签注意见（1943）

（四）督学徐瑞祥拟具《昆明教育厅督学视察各校报告提要》暨包维新等签具意见（1943）

第三十六卷

（五）教育部督学杨予秀拟制《云南省中等教育视察总报告》暨相关科室笺注意见（1944.10.27）

（六）云南教育视察报告（1946）

（七）教育部为据督学呈送云南省教育视察报告应饬改进各点核示知照致云南省教育厅训令稿（1947.5.3）

（八）督学黄曾樾等为呈报视察云南省地方教育报告致教育部呈（1948.3.10）

初等教育

（一）修订昆明县小学乡土教材（1937）

（二）云南省教育厅为呈报拟定云南省小学教育研究会组织规程等与教育部往来函件（1938.6.18–1938.8.1）

云南省教育厅致教育部呈（1938.6.18）

教育部致云南省教育厅指令稿（1938.8.1）

（三）云南省教育厅为继续举办小学教员暑期讲习会事致教育部呈（1938.7.11）

（四）云南省教育厅为呈送云南省民国二十六年份小学教员暑期讲习会情形一览表致教育部呈（1938.7.20）

第三十七卷

（五）云南省教育厅为呈报办理民国二十七年、二十八年小学教员暑期讲习会情形等与教育部往来函件（1939.7.5–1939.7.28）

云南省教育厅致教育部呈（1939.7.5）

云南省教育厅致教育部呈（1939.7.5）

教育部致云南省教育厅指令稿（1939.7.28）

教育部致云南省教育厅指令稿（1939.7.28）

（六）云南省教育厅为呈报全省小学教员总登记各情形与教育部往来文书（1940.9.25–1940.11.16）

云南省教育厅致教育部呈（1940.9.25）

教育部致云南省教育厅指令稿（1940.11.16）

（七）云南省教育厅为订定检定小学教员各项规则与教育部往来文书（1940.11.23–1941.6.10）

云南省教育厅致教育部呈（1940.11.23）

教育部致云南省教育厅指令稿（1941.2.12）

云南省教育厅致教育部呈（1941.5.6）

云南省教育厅致教育部呈（1941.5.15）

教育部致云南省教育厅指令稿（1941.5.26）

教育部致云南省教育厅指令稿（1941.6.10）

（八）云南省教育厅为呈报云南省小学教员暑期训练等事宜与教育部往来函件（1941.7.2–1948.4.30）

云南省教育厅致教育部呈（1941.7.2）

教育部致云南省教育厅指令稿（1941.7.26）

云南省教育厅致教育部呈（1941.8.9）

教育部致云南省教育厅指令稿（1941.8.23）

云南省教育厅致教育部呈（1941.10.4）

云南省教育厅致教育部呈（1941.11.8）
教育部致云南省教育厅指令稿（1941.11.10）
云南省教育厅致教育部呈（1941.12.29）
教育部致云南省教育厅指令稿（1942.1.26）
云南省教育厅致教育部呈（1942.4.9）
教育部致云南省教育厅指令稿（1942.4.27）
云南省教育厅致教育部呈（1942.7.2）
教育部致云南省教育厅指令稿（1942.7.24）
云南省教育厅致教育部代电（1942.10.24）
教育部致云南省教育厅代电稿（1942.11.9）
云南省教育厅致教育部呈（1942.11.24）
教育部致云南省教育厅指令稿（1942.12.25）
云南省政府致教育部咨（1943.5.11）
云南省教育厅致教育部呈（1943.6.2）
云南省教育厅致教育部呈（1943.6.23）
教育部致云南省教育厅指令稿（1943.6.29）
教育部致云南省教育厅指令稿（1943.7.26）
云南省教育厅致教育部代电（1943.7.27）
云南省教育厅致教育部快邮代电（1943.9.30）
云南省教育厅致教育部呈（1943.12.17）
教育部致云南省教育厅指令稿（1944.1.10）
云南省教育厅致教育部呈（1944.3.28）
教育部致云南省教育厅指令稿（1944.4.22）
云南省教育厅致教育部呈（1944.10.20）
教育部致云南省教育厅指令稿（1944.10.30）
教育部致云南省教育厅指令稿（1944.11.13）
云南省教育厅致教育部代电（1944.11.25）
云南省教育厅致教育部呈（1944.12.23）
云南省教育厅致教育部呈（1945.5.7）
教育部致云南省教育厅指令稿（1945.5.31）
云南省教育厅致教育部呈（1945.7.30）
教育部致云南省教育厅指令稿（1945.8.27）
云南省教育厅致教育部代电（1945.10.11）
云南省教育厅致教育部呈（1945.11.21）
云南省教育厅致教育部呈（1946.2.12）
教育部致云南省教育厅指令稿（1946.3.9）
云南省教育厅致教育部呈（1946.6.12）
教育部致云南省教育厅指令稿（1946.7.30）

云南省教育厅致教育部呈（1946.10.22）

云南省教育厅致教育部呈（1947.3.24）

教育部致云南省教育厅指令稿（1947.4.15）

云南省教育厅致教育部代电（1947.5.12）

云南省教育厅致教育部代电（1947.5.21）

教育部致云南省教育厅代电稿（1947.6.10）

云南省教育厅致教育部呈（1948.2.25）

教育部致云南省教育厅指令稿（1948.3.22）

云南省教育厅致教育部呈（1948.4.17）

教育部致云南省教育厅指令稿（1948.4.30）

（九）云南省教育厅为呈报优良小学教员审查委员会章程及审查标准、成绩考查标准等与教育部往来文书（1941.9.9–1941.12.18）

云南省教育厅致教育部呈（1941.9.9）

教育部致云南省教育厅指令稿（1941.10.3）

云南省教育厅致教育部呈（1941.11.27）

教育部致云南省教育厅指令稿（1941.12.18）

（一〇）云南省教育厅为检定小学教员委员会成立情形与教育部往来文书（1941.9.24–1941.10.25）

云南省教育厅致教育部呈（1941.9.24）

云南省教育厅致教育部呈（1941.9.30）

教育部致云南省教育厅指令稿（1941.10.16）

教育部致云南省教育厅指令稿（1941.10.25）

（一一）云南省教育厅为呈报民国三十二年度办理小学教员无试验检定情形与教育部往来文书（1944.5.10–1944.6.7）

云南省教育厅致教育部呈（1944.5.10）

教育部致云南省教育厅指令稿（1944.6.7）

（一二）云南省教育厅为办理小学教员总登记拟订实施细则与教育部往来文书（1945.12.21–1946.10.26）

云南省教育厅致教育部呈（1945.12.21）

教育部致云南省教育厅指令稿（1946.1.23）

云南省教育厅致教育部呈（1946.10.26）

二　师范

（二）云南省教育厅为呈报视察员视察该省情形致教育部呈（1943.9.9）

（三）云南省教育厅为呈送该省各师范学校地方教育指导员资历表与教育部往来文书

（1943.11.23–1944.1.11）

云南省教育厅致教育部呈（1943.11.23）

教育部致云南省教育厅指令稿（1944.1.11）

（四）云南省教育厅为转请酌增师范学校视导费致教育部呈（1944.1.8）

（五）云南省教育厅为呈报省立昆华师范等六校辅导地方教育检讨报告表致教育部呈（1944.5.15）

（六）云南省立镇南师范学校为呈报中心学校国民学校概况表等与教育部往来函件（1944.6.20–1944.9.5）

云南省立镇南师范学校致教育部呈（1944.6.20）

教育部致云南省教育厅训令稿、教育部国民司致云南省立镇南师范学校函稿（1944.9.5）

（七）云南省教育厅为呈复该省各类师范学校应行辅导范围等与教育部往来文书（1944.10.5–1944.11.16）

云南省教育厅致教育部呈（1944.10.5）

教育部致云南省教育厅代电稿（1944.11.16）

（八）云南省立镇南师范学校为呈报该校附属小学国民教育研究会情形与教育部往来文书

（1945.4.30–1945.8.17）

云南省立镇南师范学校致教育部呈（1945.4.30）

教育部致云南省立镇南师范学校代电稿（1945.8.17）

（九）云南省教育厅为呈送该省民国三十六年度各师范学校视导县市国民教育计划与教育部往来文书

（1947.2.22–1947.3.25）

云南省教育厅致教育部呈（1947.2.22）

教育部致云南省教育厅指令稿（1947.3.25）

（一〇）教育部为云南国民教育实验区实验研究委员会组织规程、辅导工程计划纲要致云南省教育厅、国立昆明师范学院指令稿（1947.6.20）

（一一）云南省教育厅为转呈国立丽江师范学校补送辅导地方教育检讨报告表等事与教育部往来文书

（1947.12.11–1948.1.14）

云南省教育厅致教育部呈（1947.12.11）

教育部致云南省教育厅指令稿（1948.1.14）

（一二）云南省教育厅为呈报国民学校内容设施情形及示范学校调查表致教育部呈（1948.4.1）

（一三）云南省立武定师范学校师范教育运动周工作报告

第三十九卷

（一四）云南省教育厅为呈报私立福滇高级护士职业学校校董会开办立案等应报表册致教育部呈（1948.4.6）

专科以上学校教育

（一）云南大学为呈报该校矿冶系设计委员会会议记录与教育部往来文书（1938.10.2–1938.11.30）

云南大学致教育部呈（1938.10.2）

教育部致云南大学指令稿（1938.11.30）

（二）云南大学为呈送该校经费、决算表等审核事与教育部等往来函电（1939.1.8–1940.12.3）

云南省政府致教育部咨（1939.1.8）

云南大学致教育部呈（1939.2.28）

教育部致云南大学指令稿（1939.4.19）

教育部致云南大学代电稿（1940.2.28）

云南大学致教育部呈（1940.12.3）

（三）云南大学采矿冶金系主任张正平呈送教育部该系第二次工作进行状况报告等（1939.7）

（四）云南大学先修班保送免试升学学生志愿书（1939.8.2）

（五）云南大学造报民国二十七年度七月至十二月份支付预算书（1939.10.7）

（六）教育部、云南大学为据录取标准核复云南大学民国二十八年度补招新生录取名单等情往来函电（1939.12.5–1939.12.22）

云南大学致教育部呈（1939.12.5）

教育部所属签呈（1939.12.14）

教育部致云南大学代电稿（1939.12.22）

（七）汤惠荪为呈请核准增加云南大学农学院预算签呈暨教育部复函（1939.12.25–1940.1.29）

（八）伍纯武呈送教育部云南大学训导处工作报告（1939.12.28）

（九）昆明国立专科以上学校战区贫寒学生膳食合作委员会为呈报办理昆明市学生膳食合作经过致教育部呈暨教育部所属签呈（1940.9.10–1941.3.7）

（一〇）云南大学为呈送校务行政计划等与教育部往来文书（1940.9.13–1941.7.21）

云南大学致教育部呈（1940.9.13）

教育部致云南大学指令稿（1940.9.30）

云南大学致教育部呈（1940.11.29）

教育部致云南大学指令稿（1940.12.24）

云南大学致教育部呈（1941.1.11）

教育部致云南大学指令稿（1941.1.19）

云南大学致教育部呈（1941.4.18）

云南大学致教育部呈（1941.6.24）

教育部致云南大学指令稿（1941.7.21）

（一一）云南大学为呈报该校收容战区借读生情形及简章致教育部呈（1940.10.24）

（一二）云南大学为呈报该校民国二十九年度补招新生录取名单、成绩册等致教育部呈（1940.11.16）

（一三）云南大学为呈报该校民国二十九年度上学期补招新生试题与教育部往来函件（1940.11.29–1941.1.22）

云南大学致教育部呈（1940.11.29）

教育部致云南大学指令稿（1941.1.22）

（一四）昆明国立专科以上学校战区贫寒学生膳食合作委员会第一次会议记录（1940.1.17）

（一五）云南大学为呈报该校社会学系边疆建设研究计划及报告书并请增加补助费事与教育部往来文书（1941.2.24–1941.5.26）

云南大学致教育部呈（1941.2.24）

教育部所属签条暨报告审查意见（1941.5.10）

教育部致云南大学指令稿（1941.5.26）

（一六）云南大学校长熊庆来关于增加教职员津贴与教育部往来函件（1941.4.12–1941.5.15）

熊庆来致教育部函（1941.4.12）

教育部致熊庆来笺函稿（1941.5.15）

（一七）云南大学为呈报该校民国三十年度招生简章草案等与教育部往来函件（1941.4.30–1941.5.14）

云南大学致教育部呈（1941.4.30）

教育部致云南大学指令稿（1941.5.14）

（一八）昆明国立专科以上学校战区贫寒学生膳食合作委员会为呈送蔬菜园艺场工作概况表等件与教育部往来函件（1941.5.15–1942.1.2）

昆明国立专科以上学校战区贫寒学生膳食合作委员会致教育部呈（1941.5.15）

教育部致昆明国立专科以上学校战区贫寒学生膳食合作委员会训令稿（1942.1.2）

（一九）云南大学民国三十年度新生入学考试各科试题（1941.7）

（二〇）云南大学为该校院系分散、各地公文不能如期办理事与教育部往来函件（1941.8.20–1941.9.24）

云南大学致教育部呈（1941.8.20）

教育部致云南大学指令稿（1941.9.24）

（二一）云南大学社会学系为呈请补助该系边疆教育研究经费事与教育部往来函件（1941.10–1941.12.3）

云南大学社会学系致教育部呈（1941.10）

教育部致云南大学训令稿（1941.12.3）

第四十卷

（二二）教育部核办云南大学民国三十年、三十一年空袭救济费预算分配与主计处、审计部及云南大学往来文书（1941.12.5–1942.4.28）

云南大学致教育部呈（1941.12.5）

云南大学致教育部呈（1941.12.5）

教育部致主计处与审计部公函稿、云南大学指令稿（1942.1.6）

教育部致主计处与审计部公函稿、云南大学指令稿（1942.1.6）

审计部致教育部公函（1942.1.23）

审计部致教育部公函（1942.1.23）

云南大学致教育部呈（1942.2.11）

教育部致审计部公函稿（1942.2.16）

教育部致云南大学训令稿（1942.2.18）

教育部致审计部公函稿（1942.4.28）

（二三）云南大学为呈报该校特设采矿专修科民国三十年度第二学期招生简章与教育部往来函电（1942.1.9–1942.1.24）

云南大学致教育部呈（1942.1.9）

教育部致云南大学电稿（1942.1.24）

（二四）中央政治学校为检送方青儒考察肃州、大理两校情形报告与教育部往来函件（1942.2.10–1942.2.19）

中央政治学校致教育部公函（1942.2.10）

教育部致中央政治学校公函稿（1942.2.19）

（二五）云南大学为报告该校学潮平息情形与教育部往来函件（1942.3.11–1942.4.13）

云南大学致教育部呈（1942.3.11）

教育部致云南大学校长熊庆来笺函稿（1942.4.13）

（二六）云南大学为呈报惩处煽动风潮学生之情形与教育部往来函件（1942.3.28–1942.4.21）

云南大学致教育部呈（1942.3.28）

教育部致云南大学指令稿（1942.4.21）

（二七）云南大学会计主任路祖焘为呈送该校民国二十九年及民国三十年度岁出款决算表致教育部电（1942.5.19）

（二八）云南大学为呈报该校民国三十一年度招生简章及招收转学生简章与教育部往来函件（1942.7.28–1942.9.2）

云南大学致教育部呈（1942.7.28）

教育部致云南大学指令稿（1942.9.2）

（二九）云南大学为呈送该校应支非常时期特别办公费人员姓名清册与教育部往来函件（1942.11.24–1943.1.11）

云南大学致教育部呈（1942.11.24）

教育部所属签呈（1942.12）

教育部致云南大学指令稿（1943.1.11）

（三〇）云南大学为呈送该校社会学系边疆建设研究工作经过报告、经费预算分配表事与教育部往来文书（1942.12.5–1942.12.30）

云南大学致教育部呈（1942.12.5）

教育部致云南大学指令稿（1942.12.30）

（三一）云南大学为呈送康藏印缅边区调查计划及用费预算事与教育部往来文书（1943.6.9–1943.7.10）

云南大学致教育部呈（1943.6.9）

教育部致云南大学指令稿（1943.7.10）

（三二）云南大学全体教授关于改善待遇与教育部往来函电（1943.7.14–1943.8.11）

云南大学致教育部呈（1943.7.14）

教育部致云南大学代电稿（1943.8.11）

（三三）云南大学为呈送民国三十二年度招生简章及招收转学生简章与教育部往来函电（1943.7.15–1943.8.7）

云南大学致教育部呈（1943.7.15）

教育部致云南大学电稿（1943.8.7）

（三四）云南大学为呈送民国三十二年度第一学期特设蚕桑专修科招生简章与教育部往来函（1943.10.6–1943.12.14）

云南大学致教育部呈（1943.10.6）

教育部致云南大学指令稿（1943.12.14）

（三五）教育部核办云南大学呈请增加民国三十三年度各项经费事与云南大学往来文书（1944.3.7–1945.1.15）

云南大学致教育部呈（1944.3.7）

云南大学致教育部呈（1944.5.20）

教育部所属签呈（1944.6.13）

教育部致云南大学代电稿（1944.6.21）

云南大学致教育部呈（1944.12.1）

云南大学致教育部签呈（1944.12.19–1944.12.22）

教育部致云南大学代电稿、行政院呈稿（1945.1.15）

（三六）云南大学为呈送本校医学院各学类主任名册与教育部往来文书（1944.3.17–1944.5.9）

云南大学致教育部呈（1944.3.17）

教育部致云南大学指令稿（1944.5.9）

（三七）云南大学为呈送民国三十三年度招考新生及转学生简章致教育部呈（1944.6.17）

（三八）云南大学为呈报经费稽核委员会委员名单事与教育部往来函件（1944.6.21–1944.7.28）

云南大学致教育部呈（1944.6.21）

教育部致云南大学指令稿（1944.7.28）

（三九）云南大学为招收采矿、蚕桑两专修科新生事宜与教育部往来函电（1945.1.26–1945.4.23）

云南大学致教育部呈（1945.1.26）

教育部致云南大学代电稿（1945.2.26）

云南大学致教育部公函（1945.3.22）

教育部致云南大学代电稿（1945.4.23）

（四〇）中执会调查统计局为抄报西南联大教授第一次时事演讲专报之情报致教育部函（1945.4.17）

（四一）云南省政府为教育厅呈复查报学生活动案致教育部公函（1945.8.10）

（四二）郑忠华为函送云南省党部有关闻一多等鼓动西南联大及云南大学学生运动的密报抄件致教育部函暨教育部高等司签呈（1945.8.18–1945.10.5）

（四三）中国国民党贵州省执委会为检送西南联大全体学生对国是意见致中执会呈（1945.8.25）

（四四）云南省立英语专科学校概况（1947）

（四五）云南大学民国三十六年度招考新生报名单（1947）

（四六）云南大学为呈报该校注册组发生火警情形致教育部函（1949.2.28）

（四七）云南大学为呈报该校讲师助教会等停教罢工情形致教育部呈（1949.5.6）

社会教育

（一）云南省教育厅为呈报昆华民教馆工作概况致教育部呈（1937.11.15）

第四十一卷

教育部致云南省政府咨稿（1940.7.12）

（一〇）教育部为提示云南省社会教育改进要点与云南省教育厅等往来文书（1941.8.22–1941.9.12）

视察员赵祥麟致教育部签呈（1941.8.22）

教育部致云南省教育厅训令稿（1941.9.12）

（一一）云南省楚雄县民教馆为呈报民国三十年度九月份工作月报表致教育部社会教育司呈（1941.10.24）

（一二）教育部为云南省省立昆华民众教育馆馆长何少诚应予传令嘉奖案与云南省教育厅等往来文书（1942.11.18–1942.12.19）

视察员郎奎第致教育部签呈（1942.11.18）

社会司致教育部签呈（1942.12.5）

教育部致云南省教育厅训令稿（1942.12.19）

（一三）云南省教育厅民国三十一学年度国民教育视导报告（1943.2.9）

（一四）云南省教育厅为呈报举办社教扩大运动周工作报告及收支计算单据等情致教育部呈（1943.4.13）

（一五）云南省教育厅为编报民国三十一年度电化教育工作报告致教育部呈（1943.4.21）

（一六）云南省教育厅报送修正电教组织通则并民国三十二年度施教概况表致教育部呈（1943.8.17）

（一七）教育部为核示云南省教育厅电化教育巡回工作队组织通则事致云南省教育厅指令稿（1943.11.10）

（一八）云南省教育厅为举办音乐、戏剧及电化教育人员训练班并请发补助费事与教育部往来文书（1943.11.24–1944.1.8）

云南省教育厅致教育部呈（1943.11.24）

教育部所属签呈（1943.12）

教育部致云南省教育厅指令稿（1944.1.8）

（一九）云南省教育厅为呈报昆明县民国三十四年度国民教育示范情形致教育部呈（1945.12.22）

（二〇）云南省教育厅为呈复各校民国三十三学年度办理社会教育工作报告及民国三十四年学年度工作计划汇请鉴核致教育部呈（1946.4.18）

（二一）云南省教育厅为呈报昆明县民国三十五年度国教示范区工作要项及进程致教育部呈（1946.8.23）

（二二）云南省立昆华图书馆工作报告（1946）

（二三）云南省教育厅为填报该省民众教育馆一览表与教育部往来文书（1947.1.13–1947.5.10）

云南省教育厅致教育部呈（1947.1.13）

教育部致云南省教育厅指令稿（1947.2.13）

云南省教育厅致教育部呈（1947.4.17）

教育部致云南省教育厅指令稿（1947.5.10）

（二四）云南省教育厅为呈报优良民教馆名册及奖励办法致教育部呈（1947.2.17）

（二五）云南省教育厅为呈送昆华民教馆等事业推进计划等件致教育部代电（1947.8.30）

（二六）云南省教育厅为民教馆呈报设备事业费预算表致教育部呈（1947.8.30）

（二七）云南省立昆华图书馆工作报告（1947.1–1947.11）

（二八）云南省教育厅为呈报修正国民学校教员检定施行细则及检定委员会组织规程与教育部往来文件（1948.1.8–1948.1.30）

云南省教育厅致教育部呈（1948.1.8）

教育部致云南省教育厅指令稿（1948.1.30）

（二九）云南省教育厅为呈送国教实验区民国三十七年度实施计划及补助费预算分配事致教育部代电（1948.6.22）

（三〇）云南社会教育概况（民国二十一年至民国三十六年）（1948）

（三一）云南省社会教育（民国三十六年度年鉴社教部分）（1948）

（三二）云南省立志舟图书馆工作概况

第四十二卷

财　政

（一）云南省政府与财政部等关于存盐缓税一案往来文书（1937.5.26–1937.7.3）

云南省政府致财政部咨（1937.5.26）

财政部致云南省政府咨稿、云南盐运使训令稿、盐务总局指令稿（1937.7.3）

（二）严仁庚拟《云南之财政》（1939.12）

（三）内政部为办理云南省龙陵、保山、永平间地方粮食问题等事与军事委员会及云南省政府往来文书（1942.5.21–1943.1.26）

国民政府军事委员会致内政部代电（1942.5.21）

内政部致军事委员会、云南省政府代电稿（1942.6.12）

云南省政府致内政部咨（1942.7.9）

内政部致军事委员会代电稿（1942.8.10）

军事委员会致内政部代电（1942.8.30）

内政部致范执中等批稿（1942.12.21）

内政部致云南省政府代电稿（1942.12.22）

云南省政府致内政部代电（1943.1.26）

（四）财政部为昆明市参议员曾昭德等提议修正战时税法案致云南省政府等公函（1946.1.11–1946.2.28）

财政部直接税署致盐政局公函（1946.1.11）

财政部致云南省政府公函稿（1946.2.28）

预决算

（一）行政院秘书处为核议云南省民国二十八年地方普通营业概算意见与财政部、内政部往来文书（1940.4.4–1940.4.23）

行政院秘书处致内政部通知单（1940.4.4）

内政部卫生署致民政司函（1940.4.13）

民政司、警政司签示意见（1940.4.15–1940.4.16）

内政部致行政院呈稿（1940.4.23）

（二）内政部为云南省民国三十一年概算情形致行政院呈稿（1941.11.6）

第四十三卷

（三）行政院秘书处为抄送财政部审核云南省民国三十一年度岁出概算意见致内政部函（1941.12.23）

（四）财政部为审核云南省民国三十一年度各县市局收支预算表与行政院往来文书（1942.10.12–1942.11.24）

行政院秘书处致内政部笺函（1942.10.12）

内政部致财政部公函稿、行政院呈稿（1942.11.4）

行政院致内政部指令（1942.11.24）

（五）云南省各市局县民国三十一年度收支预算表

（六）云南盐务管理局关于民国三十二年度推进本区各项建设工程办法概算章则致盐务总局呈（1943.2.25）

（七）行政院为抄发云南省民国三十二年度岁出单位概算审查会记录等致内政部训令（1943.4.9）

（八）云南省为补送民国二十八年至民国三十年省级财政预算书等与内政部往来文书（1943.6.25–1943.8.10）

云南省政府致内政部公函（1943.6.25）

内政部致云南省政府公函稿（1943.8.10）

（九）云南盐务管理局为云南民国三十二年度造林概算与盐务总局往来代电（1943.8.6–1943.9.10）

云南盐务管理局致盐务总局代电（1943.8.6）

盐务总局致云南盐务管理局代电稿（1943.9.10）

（一〇）云南盐务管理局为修正民国三十二年度推进本区各项建设工程办法概算与盐务总局往来函电（1943.9.3–1944.2.26）

云南盐务管理局致盐务总局呈（1943.9.3）

盐务总局致云南盐务管理局代电稿（1943.9.6）

盐务总局致云南盐务管理局指令稿（1944.2.26）

（一一）行政院秘书处为检送云南省民国三十三年度岁出预算总表、提案等致各部门通知单（1943.12.18）

（一二）刘燧昌关于出席行政院云南省民国三十三年度预算案审查会议报告（1943.12.28）

（一三）云南省民国三十三年度县市岁入岁出总预算书

（一四）行政院抄发民国三十一年度国家普通岁出云南省预算书训令（1944.4.14）

（一五）云南省政府为呈送该省民国三十三年度营建行政计划及经费概算表与内政部往来文书（1944.8.15–1945.6.15）

云南省政府致内政部咨（1944.8.15）

内政部致行政院呈稿、云南省政府公函稿（1944.9.6）

行政院致内政部指令（1944.10.9）

内政部致云南省政府公函稿（1944.10.18）

内政部致云南省政府公函（1945.3.1）

内政部致行政院呈稿（1945.4）

行政院致内政部指令（1945.5.7）

内政部致云南省政府公函稿（1945.6.15）

（一六）行政院为核定云南省各县市民国三十二年度预算书与财政部往来文书（1944.9.9–1945.3.12）

财政部致内政部公函（1944.9.9）

内政部致财政部公函稿（1944.12.30）

财政部致内政部公函（1945.1.26）

内政部致行政院秘书处、财政部公函稿（1945.2.28）

行政院秘书处致内政部公函（1945.3.12）

（一七）行政院关于审核云南省民国三十二年度各县市局岁入岁出总预算案与内政部、财政部往来函稿（1945.1.6–1945.1.13）

行政院秘书处致内政部公函（1945.1.6）

内政部致行政院秘书处、财政部公函稿（1945.1.13）

（一八）内政部关于云南省民国三十三年度岁出单位预算书审核意见

（一九）云南省政府为检送民国三十三年度岁入岁出总预算与内政部往来文书（1945.1.28–1945.6.30）

云南省政府致内政部咨（1945.1.28）

行政院秘书处致内政部通知（1945.3.9）

内政部致行政院秘书处公函（1945.4.7）

财政部致内政部公函（1945.4.21）

内政部致行政院秘书处、财政部公函稿（1945.6.12）

内政部致云南省政府公函稿（1945.6.16）

行政院秘书处致内政部公函（1945.6.30）

第四十四卷

（二〇）云南省政府为检送该省各县市区局民国三十四年度收支预算表与内政部往来文书（1945.12.31–1946.6.1）

内政部致云南省政府咨（1945.12.31）

行政院秘书处致内政部通知单（1946.1.21）

内政部致行政院秘书处、财政部、云南省政府公函稿（1946.2.25）

财政部致内政部公函（1946.3.16）

行政院秘书处致内政部公函（1946.6.1）

（二一）行政院为检送云南省民国三十五年度岁出单位预算审查意见及审定总计表、提要表致内政部训令（1946.3）

（二二）云南省政府为检送民国三十五年度岁入岁出总预算书与内政部往来文书（1947.7.12–1948.1.16）

云南省政府致内政部公函（1947.7.12）

内政部致云南省政府、行政院秘书处、财政部公函（1947.9.1）

内政部所属各科签条（1947.12.30–1948.1.16）

（二三）财政部为核查云南省民国三十六年度各县市局地方总预算致云南省政府、行政院秘书处、财政部函稿（1948.1.28）

（二四）云南省民国三十六年度各县市局地方总预算书汇编

第四十五卷

工矿实业

（一）经济部工矿调整处为滇省扩充纱厂设立水泥厂事宜与经济部等往来函（1938.5.3–1938.5.18）

经济部致工矿调整处训令（1938.5.3）

工矿调整处致富滇银行便函（1938.5.18）

（二）经济部工矿调整处关于派员赴滇洽商工矿调整事宜与云南省政府等往来函电（1938.5.19–1938.6.7）

林继庸致经济部电（1938.5.19）

工矿调整处致云南省政府电稿（1938.5.20）

工矿调整处致富滇银行电稿（1938.5.20）

工矿调整处致林继庸电稿（1938.5.20）

龙云致经济部电（1938.5.24）

林继庸致工矿调整处电（1938.5.25）

林继庸致经济部电（1938.5.28）

林继庸致经济部电（1938.5.29）

工矿调整处致林继庸电稿（1938.5.31）

工矿调整处致林继庸电稿（1938.5.31）

林继庸致经济部电（1938.6.1）

经济部致富滇银行电（1938.6.4）

云南省政府致经济部电（1938.6.7）

（三）经济部工矿调整处为大中华橡胶厂在滇设厂相关事宜与大中华橡胶厂、交通部、经济部等往来文书（1939.4.17–1939.7.14）

工矿调整处致汪泰经译转缪云台电稿（1939.4.17）

缪嘉铭致经济部电（1939.4.19）

经济部致工矿调整处训令（1939.4.19）

工矿调整处电稿（1939.4.21）

工矿调整处电稿（1939.4.23）

工矿调整处致大中华橡胶厂电稿（1939.4.25）

工矿调整处笺文稿（1939.4.26）

工矿调整处致大中华橡胶厂指令稿（1939.4.26）

工矿调整处致交通部代电稿（1939.4）

工矿调整处致经济部呈稿（1939.4）

工矿调整处电（1939.5.1）

经济部致工矿调整处训令（1939.5.8）

工矿调整处笺函（1939.5.9）

工矿调整处电稿（1939.5.15）

工矿调整处致大中华橡胶厂笺函稿（1939.5.19）

经济部致工矿调整处训令（1939.5.20）

工矿调整处致交通部代电稿（1939.5.27）

工矿调整处便函稿（1939.5.29）

工矿调整处致大中华橡胶厂、交通部等电稿、代电稿（1939.5.29）

工矿调整处电文（1939.5.31）

工矿调整处电文（1939.6.1）

工矿调整处电文（1939.6.1）

交通部致工矿调整处代电（1939.6.4）

工矿调整处电文（1939.6.14）

交通部致工矿调整处代电（1939.6.14）

工矿调整处致交通部、大中华橡胶厂、富滇新银行代电稿（1939.6.28）

工矿调整处致交通部、大中华橡胶厂、富滇新银行代电稿（1939.7.1）

工矿调整处致交通部、大中华橡胶厂、富滇新银行代电稿（1939.7.6）

工矿调整处电文（1939.7.14）

（四）资源委员会技术室、经济研究室为云南工矿补充调查计划及预算核示致主任委员、副主任委员签呈（1940.3.29）

（五）云南工矿调查概述（1940.10）

（六）云南迤西十三县之煤矿业简报（1940.10）

（七）云南迤南之煤矿业简报（1940.10）

（八）滇中区之盐业（1940.10）

（九）云南剑川县乔后之盐矿业（1940）

（一〇）经济部工矿调整处为送云南五金厂签订购货合同副本事与该处材料库往来文书（1941.1.7–1941.1.13）

经济部工矿调整处材料库致经济部工矿调整处呈（1941.1.7）

经济部工矿调整处致经济部工矿调整处材料库指令稿（1941.1.13）

（一一）经济部、云南省建设厅等部门为云南、贵州省工矿业技术员缓役审查委员会成立等事往来文书（1941.9.30–1945.5.14）

经济部工矿调整处致经济部呈（1941.9.30）

经济部致经济部工矿调整处指令稿（1941.10.11）

经济部致资源委员会昆明办事处代电稿（1941.11.1）

云南省工矿业技术员工缓役审查委员会致经济部呈（1942.1）

经济部致云南省工矿业技术员工缓役审查委员会指令稿（1942.1.16）

云南建设厅致经济部呈（1942.1.23）

经济部致云南省建设厅指令稿（1942.2.12）

云南省工矿业技术员工缓役审查委员会致经济部呈（1943.4.16）

云南省工矿业技术员工缓役审查委员会致经济部呈（1943.4.30）

云南省工矿业技术员工缓役审查委员会致经济部呈（1943.5.31）

经济部致云南省建设厅训令稿（1943.6.25）

云南省工矿业技术员工缓役委员会致经济部快邮代电（1943.8.18）

云南省建设厅致经济部呈（1943.9.7）

经济部致军政部公函稿（1943.9.9）

云南省建设厅致经济部呈（1943.9.14）

云南省建设厅致经济部代电（1943.9.17）

军政部致经济部公函（1943.9.30）

经济部致云南省建设厅代电稿（1943.10.2）

经济部致云南省建设厅指令稿（1943.10.15）

经济部致云南省建设厅训令稿（1943.10.15）

经济部工矿调整处致经济部呈（1944.3.1）

云南省建设厅致经济部呈（1945.4.23）

经济部致云南省建设厅指令稿（1945.5.14）

（一二）农林部为核议云南昆嵩实验垦区计划及办事处组织通则致内政部函（1942.12.10）

（一三）经济部工矿调整处西南区办事处为准全国工业协会云南省分会举办云南工矿展览会请补助十万元事与经济部工矿调整处往来文书（1944.5.30–1944.7.21）

经济部工矿调整处西南区办事处致经济部工矿调整处呈（1944.5.30）

经济部工矿调整处致西南区办事处电稿（1944.6.7）

经济部工矿调整处西南区办事处致经济部工矿调整处呈（1944.6.9）

经济部工矿调整处签呈（1944.7.6）

经济部工矿调整处致经济部工矿调整处西南区办事处指令稿（1944.7.20）

经济部工矿调整处财务组致材料库函稿（1944.7.21）

第四十六卷

（一四）云南盐务管理局、盐务总局等为云南省政府暨省物价管制委员会等建议变更滇区销盐制度案往来函电（1944.8.2–1944.12.18）

云南盐务管理局致盐务总局代电（1944.8.2）

云南盐务管理局致盐务总局代电（1944.8.9）

盐务总局致云南盐务管理局代电稿（1944.8.16）

盐务总局致财政部、云南盐务管理局代电稿（1944.8.22）

盐务总局致财政部密代电稿（1944.9.4）

云南盐务管理局致盐务总局代电（1944.9.19）

财政部致盐务总局代电（1944.10.9）

盐政司致盐务总局笺函（1944.10.16）

盐务总局致云南盐务管理局代电稿（1944.10.17）

盐务总局致云南省物价管制委员会、财政部、云南盐务管理局代电稿（1944.10.26）

财政部致盐务总局代电（1944.12.5）

盐务总局致云南盐务管理局代电稿（1944.12.18）

（一五）云南省建设厅为改正公司登记须知与经济部往来函件（1944.10.14–1945.1.9）

经济部商业司致总务司函（1944.10.14）

经济部致云南省建设厅指令稿（1944.11.6）

云南省建设厅致经济部呈（1944.12.5）

经济部商业司致总务司函（1944.12.28）

经济部致云南省建设厅指令稿（1945.1.9）

（一六）云南迤西金沙江沿岸之沙金矿业简报

（一七）云南滇池西岸之铁矿业

（一八）云南武禄罗之矿业

（一九）云南一平浪之煤矿业

（二〇）云南永胜之瓷业

（二一）云南盐矿业及盐务

第四十七卷

交通运输、建造业等

（一）云南省政府为检送云南全省建筑公路征工规则等与内政部往来文书（1936.5.15–1936.6.15）

云南省政府致内政部会函（1936.5.15）

内政部致云南省政府会函（1936.6.15）

（二）四川省政府为函送川滇铁路测勘总报告书与内政部往来文书（1938.6.9–1938.7.1）

四川省政府致内政部公函（1938.6.9）

内政部致四川省政府公函稿（1938.7.1）

（三）经济部工矿调整处等为交通部驮运管理所试办轮运转渝及运价情形接洽事宜往来函件（1939.5.1–1939.5.31）

交通部驮运管理所昆明办事处致工矿调整处笺函（1939.5.1）

工矿调整处致昆明材料库训令稿（1939.5.31）

（四）李荃荪为呈报接洽运输事宜及调查川滇东路情形致经济部工矿调整处呈（1939.6.21–1939.6.28）

（五）工矿调整处张兹闿为赴滇越等处视查材料运输情形事竣返渝等情致处长签呈（1939.8.7）

（六）经济部为转知外交部与缅方交涉减低铁路运价及豁免过境税经过暨结果情形与财政部、工矿调整处等往来函件（1940.1.2–1940.3.7）

经济部致工矿调整处训令（1940.1.2）

财政部致经济部工矿调整处代电（1940.3.7）

（七）汪泰经为呈报滇缅运输情形报告致经济部呈（1940.4.5）

（八）经济部及所属为开会讨论该部民国二十九年五月份滇越铁路运输吨位分配事宜往来函件（1940.4.25–1940.5.10）

经济部致工矿调整处训令（1940.4.25）

工矿调整处所属签呈（1940.4.27）

经济部致工矿调整处训令（1940.5.4）

经济部工矿调整处致汪泰经等训令稿（1940.5.10）

（九）经济部工矿调整处等为民国二十九年五月份由滇越铁路进口材料关于川滇东路运输事宜往来函（1940.5.8–1940.5.10）

经济部致工矿调整处训令（1940.5.8）

工矿调整处材料库致汪泰经笺函（1940.5.10）

（一〇）经济部、工矿调整处等为函送滇越路拟运物资名称数量列表事往来函电（1940.5.10–1940.5.14）

经济部致工矿调整处代电（1940.5.10）

工矿调整处致经济部代电稿（1940.5.11）

工矿调整处材料库致郭可诠笺函稿（1940.5.14）

（一一）经济部工矿调整处为呈复出席运输统制局会议情形与经济部往来公函（1940.5.17–1940.5.30）

经济部致工矿调整处训令（1940.5.17）

熊祖同致工矿调整处签呈（1940.5.18）

工矿调整处致经济部呈稿（1940.5.30）

（一二）经济部商业司、工矿调整处为开会商讨滇越路运输问题往来函件（1940.6.3–1940.6.18）

经济部商业司致工矿调整处笺函（1940.6.3）

李荃荪致工矿调整处签呈（1940.6.5）

工矿调整处致经济部呈稿（1940.6.15）

工矿调整处材料库致郭可诠笺稿（1940.6.18）

（一三）经济部为英缅禁运物资内运事宜与工矿调整处、财政部等往来函电（1940.6.28–1940.11.8）

经济部致工矿调整处训令（1940.6.28）

工矿调整处材料库致汪泰经笺稿（1940.6.29）

经济部致工矿调整处训令（1940.7.31）

财政部致工矿调整处代电（1940.8.3）

经济部致工矿调整处训令（1940.8.15）

经济部致工矿调整处训令（1940.8.21）

经济部致工矿调整处代电（1940.10.15）

经济部致工矿调整处代电（1940.10.21）

经济部致工矿调整处代电（1940.10.21）

经济部致工矿调整处代电（1940.11.8）

（一四）贸易委员会为函送向外购料及运输问题谈话会记录致工矿调整处笺（1940.7.19）

（一五）汪泰经为报告滇缅路器材运输事项与工矿调整处往来函件（1940.8.22–1940.9.6）

汪泰经致工矿调整处报告（1940.8.22）

汪泰经致工矿调整处报告（1940.8.28）

熊祖同致工矿调整处签呈（1940.9.5）

工矿调整处致汪泰经笺稿（1940.9.6）

（一六）经济部为越南海关引用处理入境货物条例与工矿调整处等往来函（1940.9.6–1940.9.9）

经济部致工矿调整处训令（1940.9.6）

工矿调整处材料库致郭可诠笺稿（1940.9.9）

（一七）经济部为卡车由缅装载非禁品入华准带汽油事与工矿调整处等往来函（1940.10.7–1940.10.9）

经济部致工矿调整处训令（1940.10.7）

工矿调整处致汪泰经训令稿（1940.10.9）

（一八）经济部为滇缅公路车运注意事项与工矿调整处等往来函电（1940.10.16–1940.10.21）

工矿调整处致经济部代电（1940.10.16）

工矿调整处致经济部呈稿（1940.10.21）

（一九）经济部为滇缅路部分路段车辆通行须知及附近物资应迅速迁移与工矿调整处等往来函电（1940.10.30–1940.11.1）

工矿调整处致经济部代电（1940.10.30）

工矿调整处致经济部代电（1940.10.30）

工矿调整处致材料库训令稿（1940.11.1）

工矿调整处致材料库训令稿（1940.11.1）

（二〇）经济部为滇缅路抢运军品期展延事与工矿调整处等往来函电（1940.10.26–1940.11.21）

工矿调整处致经济部代电（1940.10.26）

工矿调整处致材料库等训令稿（1940.10.29）

工矿调整处致经济部代电（1940.11.21）

（二一）经济部工矿调整处为拨供重庆电厂急需材料启运请发证沿车事宜致运输统制局等公函（1940.11.30）

工矿调整处致运输统制局公函稿（1940.11.30）

工矿调整处致公路运输总局公函稿（1940.11.30）

工矿调整处致盛令杰训令稿（1940.11.30）

（二二）经济部为各机关派驻代表归并西南运输处集中办公与工矿调整处往来函电（1940.11.27–1940.11.29）

经济部致工矿调整处代电（1940.11.27）

工矿调整处致汪泰经训令稿（1940.11.29）

第四十八卷

（二三）经济部为滇缅路商车统制事宜与工矿调整处等往来函电（1940.11.2–1941.1.23）
经济部致工矿调整处训令（1940.11.2）
工矿调整处致材料库汪泰经训令稿（1940.11.6）
经济部致工矿调整处代电（1940.11.6）
工矿调整处致材料库训令稿（1940.11.9）
经济部致工矿调整处代电（1941.1.18）
工矿调整处致材料库训令稿（1941.1.23）

（二四）经济部为滇缅路防空设备及夜间行车案与工矿调整处等往来函电（1940.12.5–1940.12.13）
经济部致工矿调整处代电（1940.12.5）
工矿调整处致材料库训令稿（1940.12.13）

（二五）运输统制局为嘱将车辆牌号电局事与工矿调整处往来函电（1940.12.8–1940.12.12）
运输统制局致工矿调整处代电（1940.12.8）
工矿调整处材料库致盛今杰笺稿（1940.12.12）

（二六）工矿调整处为呈送西南运输处谈话会记录及各机关代表集中办公实施办法草案与经济部往来文书（1940.12.21–1941.2.1））
经济部致工矿调整处呈（1940.12.21）
工矿调整处致经济部呈稿（1941.1.4）
工矿调整处致材料库主任汪泰经等训令（1941.2.1）

（二七）经济部为滇缅路行车应切实改善与工矿调整处等往来函电（1940.12.26–1940.12.28）
经济部致工矿调整处代电（1940.12.26）
工矿调整处致材料库训令稿（1940.12.28）

（二八）工矿调整处呈请由缅内运物资免税放行的有关文书（1941.4.23–1942.1.12）
经济部致财政部咨（1941.4.23）
财政部致云南区税务局训令稿、致经济部咨稿（1941.5.9）
经济部致财政部咨（1941.6.24）
财政部致经济部咨稿、云南区税务局训令稿（1941.7.7）

云南省政府致内政部公函（1943.5.6）

内政部致云南省政府公函稿（1943.6.1）

云南省政府致内政部快邮代电（1943.8.30）

云南省政府致内政部咨（1943.9.25）

行政院致内政部指令（1943.10.1）

云南省政府致内政部咨（1943.10.12）

内政部致云南省政府公函稿（1943.10.26）

云南省政府致内政部公函（1944.5.4）

内政部致云南省政府公函稿（1944.6.12）

（三七）云南省建设厅为修正管理营造业规则与内政部往来文书（1943.4.23–1943.8.2）

云南省建设厅致内政部呈（1943.4.23）

内政部致云南省建设厅指令稿（1943.5.18）

云南省建设厅致内政部呈（1943.5.18）

内政部致云南省建设厅指令稿（1943.6.15）

云南省建设厅致内政部呈（1943.7.14）

云南省政府致内政部公函（1943.7.26）

内政部致云南省建设厅指令稿（1943.8.2）

（三五）经济部工矿调整处等为该处运输办事处抢运裕泰纺织厂在腊畹机器垫付款项处理事宜往来函件（1942.12.10–1943.6.24）

工矿调整处运输办事处致工矿调整处呈（1942.12.10）

工矿调整处致该处运输办事处电稿（1942.12.23）

工矿调整处运输办事处致工矿调整处呈（1942.12.26）

工矿调整处致裕泰纺织公司训令稿（1943.1.11）

裕泰纺织公司致工矿调整处呈（1943.1.12）

运输办事处致工矿调整处呈（1943.5.7）

工矿调整处致裕泰纺织公司训令稿（1943.5.12）

工矿调整处致裕泰纺织公司笺函稿（1943.6.12）

工矿调整处致裕泰纺织公司训令稿（1943.6.21）

裕泰纺织公司致经济部工矿调整处呈（1943.6.24）

（三六）云南省政府为指定该省主办营建行政机构、人员等与内政部往来函（1943.4.6–1944.6.12）

内政部致云南省政府等公函稿（1943.4.6）

（三八）经济部工矿调整处为转发修正滇越边界交通封锁实施办法事与经济部、西南区办事处往来文书（1944.8.21–1944.8.26）

经济部致经济部工矿调整处训令（1944.8.21）

经济部工矿调整处致西南区办事处训令稿（1944.8.26）

（三九）川滇铁路公司总经理处总务处为编送云南省参议会工作报告事致各部分函暨交通部川滇滇越两铁路警务处致总经理处总务处公函（1947.10.8–1947.10.18）

川滇铁路公司总经理处总务处致各部分函（1947.10.8）

交通部川滇滇越两铁路警务处为编送云南省参议会工作报告致总经理处总务处公函（1947.10.18）

（四〇）川滇铁路公司总经理处为函送工作报告书与云南省参议会往来文书（1947.10.9–1948.4.5）

川滇铁路公司统计室致总务处函（1947.10.9）

川滇铁路公司会计处致总务处函（1947.10.14）

川滇铁路公司工务处致总务处函（1947.10.14）

川滇铁路公司总务处致公司总经理处签呈（1947.10）

川滇铁路公司总务处致公司各处函（1947.10）

滇越铁路滇段管理处致云南省参议会函（1947.11.3）

川滇铁路公司总务处致公司各处函（1947.11.4）

云南省参议会致川滇铁路公司总经理处公函（1947.12.16）

云南省政府致川滇铁路公司总经理处代电（1947.12.29）

川滇铁路公司总经理处致云南省参议会代电（1948.1.9）

川滇铁路公司总经理处致云南省政府代电（1948.1.9）

云南省参议会致川滇铁路公司总经理处公函（1948.4.2）

川滇铁路公司总务处致公司各处室函稿（1948.4.5）

第四十九卷

云南所属各关关务报告暨业务往来文件

（一）昆明关税务司署为报告无法管理空运进口物资及汽车配件管理委员会昆明材料库所缴护照不符与该关应付各情致海关总税务司署密呈（1943.2.12）

（二）昆明关税务司为检扣中国航空公司飞机所运金条案致总税务司呈稿（1943.3.15）

（三）昆明关税务司署为呈报各支关办理旅客携带自用物品免纳战时消费税办法等情致海关总税务司署密呈（1944.8.29）

（四）腾冲关税务司署致海关总税务司署英文业务电报汇编（1945.5.30–1945.12.31）

（五）昆明关税务司署为呈报该关关警、云南盐务管理局盐警武器、员兵不敷调派等情致海关总税务司署密呈（1946.8.14）

（六）财政部关务署、海关总税务司署等为查报缅甸政府在滇缅边境设关征税及进出口货物禁限情形、装船运缅货物统计等事宜往来函电（1946.9.30–1948.6.11）

关务署致总税务司署密代电（1946.9.30）

总税务司署致腾冲关税务司署密训令（1946.10.8）

腾冲关税务司公署致总税务司署密呈（1947.1.18）

总税务司署致关务署呈稿（1947.3.5）

关务署致总税务司署训令（1948.1.5）

总税务司署致腾冲关税务司训令（1948.1.23）

关务署致总税务司署训令（1948.5.28）

总税务司署致关务署呈稿（1948.5.31）

总税务司署致关务署呈稿（1948.6.11）

（七）腾冲关税务司署致海关总税务司署英文业务类电报汇编（1946.11.23–1949.5.26）

编号 227–895（1946.11.23–1949.5.23）

编号 254–898（1946.12.2–1949.5.26）

（八）财政部关务署、视察室等关于查复滇黔区视察戴法焱报告视察昆明关业务情形往来函电（1947.11.22–1948.1.29）

视察室致关务署函件（1947.11.22）

关务署致总税务司署代电稿（1947.12.9）

总税务司署致关务署呈（1948.1.20）

关务署致视察室笺函稿（1948.1.29）

（九）财政部关务署、海关总税务司署等关于滇黔区视察戴法焱报告蒙自支关业务情形案往来函电（1947.12.22–1948.3.11）

视察室致财政部函件（1947.12.22）

关务署致总税务司署代电稿（1948.1.8）

总税务司署致关务署呈（1948.2.26）

关务署致视察室笺函稿（1948.3.11）

云南所属海关查扣走私案申诉暨处理情形

（一）昆明关税务司署为查复该关检扣中国航空公司飞机所运金条案致海关总税务司署密呈（1943.3.15）

（二）财政部关务署等为彭锡光不服昆明关没收纸烟处分案往来函电（1945.11.27–1946.4.4）

商民彭锡光请求书（1945.11.27）

总税务司署致关务署呈稿（1945.12.8）

关务署致总税务司署代电（1946.2.19）

总税务司署致昆明关税务司署指令（1946.4.4）

（三）财政部关务署、海关总税务司署等为王桂樾等不服腾冲关没收禁进及漏税物品处分案往来函电（1945.12.27–1945.12.29）

关务署致总税务司署代电（1945.12.27）

总税务司署致腾冲关税务司署指令稿（1945.12.29）

（四）财政部关务署、海关总税务司署等关于复兴公司云南分公司被昆明关查扣药品案往来函电（1946.1.5–1946.11.6）

关务署致总税务司署代电（1946.1.5）

关务署致总税务司署代电（1946.1.26）

总税务司署致关务署呈稿（1946.4.25）

总税务司署致关务署呈稿（1946.5.6）

总税务司署致关务署呈稿（1946.8.15）

关务署致总税务司署代电（1946.10.29）

总税务司署致昆明关税务司署训令（1946.11.6）

（五）海关总税务司署等为德大昌号不服昆明关没收洋货复写纸案往来函件（1946.1.11–1946.5.7）

总税务司署致关务署呈稿（1946.1.11）

关务署致总税务司署代电（1946.4.16）

总税务司署致昆明关税务司署指令稿（1946.5.7）

（六）海关总税务司署等为协树昌号不服昆明关没收领带等洋货处分案往来函电（1946.1.11–1946.5.7）

总税务司署致关务署呈（1946.1.11）

关务署致总税务司署代电（1946.4.16）

总税务司署致昆明关税务司署指令稿（1946.5.7）

（七）昆明关税务司署、财政部等为昆明关查扣薛季仙私运黄金案往来函电（1946.1.14–1946.6.10）

昆明关务司署致总税务司署（1946.1.14）

总税务司署致财政部呈稿（1946.2.13）

财政部致总税务司署指令（1946.3.12）

总税务司署致昆明关务司署指令稿（1946.3.25）

总税务司署致财政部呈稿（1946.6.10）

（八）海关总税务司署、财政部等关于昆明关没收白旭升私运黄金案兑换处置问题往来函电（1946.2.20–1947.3.25）

总税务司署致财政部呈稿（1946.2.20）

总税务司署致财政部呈稿（1946.2.26）

财政部致总税务司署指令（1946.3.16）

财政部致总税务司训令（1946.4.8）

总税务司署致财政部呈稿（1946.8.16）

财政部致总税务司署指令（1946.9.9）

总税务司署致昆明关税务司署训令（1946.9.19）

总税务司署致财政部呈稿（1946.12.17）

财政部致总税务司署指令（1947.1.25）

总税务司署致昆明关税务司署训令（1947.2.10）

财政部致总税务司署代电（1947.3.14）

总税务司署致昆明关税务司署训令（1947.3.25）

（九）海关总税务司署等为韩兆夔不服昆明关对私运外国布匹罚金补税处分案往来函电（1946.3.21–1946.11.13）

总税务司署致关务署呈稿（1946.3.21）

关务署致总税务司署代电（1946.11.1）

总税务司署致昆明关税务司署指令（1946.11.13）

（一〇）海关总税务司署、财政部等关于昆明关查扣史光裕等私带黄金案往来函电（1946.4.6–1946.9.10）

总税务司署致财政部呈稿（1946.4.6）

财政部总税务司署快邮代电（1946.4.8）

财政部总税务司署快邮代电（1946.4.13）

总税务司署致财政部呈稿（1946.4.22）

总税务司署致财政部呈稿（1946.6.11）

财政部致总税务司署代电（1946.7.27）

总税务司署致昆明关税务司署指令（1946.8.9）

总税务司署致财政部呈稿（1946.9.10）

（一一）财政部关务署、海关总税务司署等关于昆明关呈报昆明检查所查获各案私货处理情形往来公函（1946.5.10–1946.7.26）

关务署致总税务司署代电（1946.5.10）

总税务司署致昆明关税务司署训令稿（1946.5）

总税务司署致昆明关税务司署训令（1946.5.30）

总税务司署致关务署呈稿（1946.7.26）

（一二）财政部关务署、海关总税务司署等有关蒙自关缉获商人刘保元私运海味案往来函电（1946.8.30–1946.10.26）

关务署致总税务司署代电（1946.8.30）

总税务司署致昆明关税务司署训令（1946.9.5）

总税务司署致关务署呈稿（1946.10.3）

关务署致总税务司署指令（1946.10.22）

总税务司署致昆明关税务司署指令（1946.10.26）

（一三）昆明关税务司署为查报空军利用军用飞机私运昆明漏税货品情形致海关总税务司署呈稿（1946.10.28）

（一四）海关总税务司署为郭琦不服昆明关没收丝袜、皮大衣案致关务署呈稿（1947.11.13）

第五十卷

云南所属海关相关组织机构设置、移改、裁撤等事宜

（一）海关总税务司署、财政部关务署等有关腾越关设立小街丫口分所及大山分关往来函件（1937.8.9–1938.7.18）

总税务司署致关务署呈（1937.8.9）

关务署致总税务司署指令稿（1937.8.16）

财政部致云南省政府咨稿、腾越关监督训令稿（1937.8.18）

总税务司署致关务署呈（1938.6.30）

关务署致总税务司署指令稿（1938.7.18）

（二）海关总税务司署与财政部关务署关于昆明关将河口、碧色寨两分关改为分卡事往来文电（1942.4.21–1942.5.9）

总税务司署致关务署代电（1942.4.21）

关务署致总税务司署代电稿（1942.4.27）

总税务司署致关务署代电（1942.5.9）

（三）昆明关署税务司端纳为报告腾冲分关撤退详情致海关总税务司署呈（1942.6.30）

（四）海关总税务司署为饬令查复在德钦等地设立海关分支机构案致昆明关税务司署训令（1943.3.30）

（五）昆明关税务司署为遵令议复可否在德钦、杨扎设立海关分支机构各点并报告丽江、德钦等地贸易情形致海关总税务司署呈件（1944.4.28–1944.6.22）

昆明关税务司署致总税务司署呈（1944.4.28）

昆明关税务司署致总税务司署呈（1944.6.22）

（六）海关总税务司署与财政部关务署有关昆明西站支所移设碧鸡关日期的往来公函（1945.8.29–1945.9.11）

总税务司署致关务署呈（1945.8.29）

关务署致总税务司署指令稿（1945.9.11）

（七）财政部关务署等为云南全省商会联合会代表呈请裁撤上关、下关海关所设分卡以利运输案往来函电（1945.12.26–1946.1.23）

云南全省商会联合会致财政部呈（1945.12.26）

关务署致总税务司署代电稿（1946.1.23）

（八）腾冲关为办理腾冲区海关同人进修会与总税务司往来文书（1946.4.13–1948.11.22）

腾冲关税务司关于成立进修会经过并请拨发补助费致总税务司呈（1946.4.13）

腾冲关税务司关于进修会预算、房屋、章程等致总务司呈（1946.11.29）

总税务司致腾冲关令（1947.1.10）

腾冲关致总税务司呈（1948.9.19）

腾冲关致总税务司呈（1948.11.22）

（九）昆明关关于该关进修会拟建儿童体育场购置图书等与总税务司往来文书（1947.3.16–1947.4.10）

昆明关致总税务司呈（1947.3.16）

总税务司致昆明关指令（1947.4.10）

（一〇）财政部关务署等有关滇黔区视察戴法焱建议裁撤腾冲关区事往来函件（1947.12.25–1948.12.7）

戴法焱建议裁撤腾冲关区之报告（1947.12.25）

关务署致总税务司署训令稿（1948.1.23）

总税务司署致关务署呈（1948.3.4）

关务署致财政部签呈（1948.3.17）

总税务司署致关务署呈（1948.9.29）

关务署致财政部签呈稿（1948.11.24）

关务署致财政部签呈（1948.11.24）

关务署致总税务司署指令稿（1948.12.7）

云南所属海关人事任派与人员控案处置事宜

（一）财政部关务署等有关思茅关监督禄国藩呈报就职日期及到关视事往来函件（1929.6.2–1929.7.5）

禄国藩致关务署呈（1929.6.2）

关务署秘书处第一科致关务署函件（1929.7.5）

（二）财政部关务署等为蒙自关监督呈报到任、卸职事往来函件（1929.12.31–1940.11.10）

蒙自关监督李世德致关务署呈（1929.12.31）

关务署致财政部呈（1930.1.24）

财政部致李世德指令稿（1930.1.29）

财政部秘书处致关务署函（1931.5.19）

蒙自关监督李识韩致关务署呈（1931.5.20）

兼蒙自关监督杨益谦致关务署呈（1932.7.1）

财政部秘书处致关务署函（1932.7.20）

蒙自关监督罗佩荣致关务署呈（1940.11.10）

（三）云南第一殖边督办兼腾越关监督李曰垓为呈报到任日期致财政部关务署呈（1930.12.11–1930.12.13）

李曰垓致财政部呈（1930.12.11）

李曰垓致关务署呈（1930.12.13）

（四）财政部关务署等关于蒙自、腾越关监督派任、呈送职员表等人事问题往来函件（1941.1.14–1941.3.22）

蒙自关监督陈启周致关务署呈（1941.1.14）

财政部致云南省政府咨（1941.3.22）

财政部令（1941.3.22）

（五）财政部为饬令查复昆明海关主任周玉昆等中饱受贿案致海关总税务司署训、指令（1942.2.24–1943.6.10）

关务署致财政部签呈（1942.2.24）

财政部致总税务司署密训令（1943.1.6）

财政部致总税务司署指令（1943.6.10）

（六）昆明关税务司署为查复该关东站分卡主任周玉昆等被控受贿中饱案致海关总税务司署呈（1943.2.3）

（七）昆明关税务司署为查报李建贵等商民呈控会理支关舞弊勒索案暨奉令处置情形致总税务司署密呈（1944.7.1–1944.8.2）

昆明关税务司署致总税务司署密呈（1944.7.1）

昆明关税务司署致总税务司署密呈（1944.8.2）

（八）昆明关税务司署为查报该关代理总监察长叶祐昌被控利用职权包庇下属营私舞弊案致海关总税务司署呈文（1945.10.29–1945.11.5）

昆明关税务司署致总税务司署呈（1945.10.29）

昆明关税务司署致总税务司署呈（1945.11.5）

（九）财政部关务署为饬令查报滇黔区视察戴法焱报告香港私土案与昆明关关系经过情形致海关总税务司署训令稿（1948.1.22）

（一〇）海关总税务司署为饬令核复滇黔区视察戴法焱有关昆明关驻机场工作人员包庇私运烟土案调查报告致昆明关税务司署密训令（1948.3）

（二）昆明关税务司公署为呈复滇黔区视察戴法焱报告该关驻民航机场支所工作人员包庇私运烟土案致海关总税务司署密呈（1948.6.7）

第五十一卷

总　类

一　工作报告、进度

（一）云南盐务稽核分所民国二十四年年报（1936.2.29）

（二）云南盐务管理局民国二十六年年报

（三）云南盐务管理局民国二十七年年报

（四）云南盐务管理局为呈报遵照第一期战时行政计划实施具体方案进度表核定白井区、磨黑区各井场筹办盐仓办法等致财政部呈（1939.10.11）

（五）云南盐务管理局为民国三十年年产盐数及相关工作进度与盐务总局往来文书（1941.5.3–1941.12.5）

云南盐务管理局致盐务总局电文（1941.5.3）

盐务总局致云南盐务管理局电（1941.5.16）

云南盐务管理局致盐务总局电文（1941.5.11）

盐务总局致云南盐务管理局电（1941.5.29）

云南盐务管理局民国三十年度工作计划事业部分第一期工作告表

云南盐务管理局致盐务总局电文（1941.6.2）

云南盐务管理局致盐务总局电文（1941.6.26）

云南盐务管理局致盐务总局电文（1941.6.28）

盐务总局致云南盐务管理局代电（1941.7.4）

云南盐务管理局致盐务总局电（1941.7.10）

盐务总局致云南盐务管理局电（1941.7.19）

云南盐务管理局致盐务总局代电（1941.5.27）

盐务总局致云南盐务管理局代电（1941.8.5）

云南盐务管理局致盐务总局呈（1941.8.12）

盐务总局致财政部呈暨致云南盐务管理局指令（1941.9.9）

云南盐务管理局致盐务总局电（1941.10.24）

云南盐务管理局致盐务总局代电（1941.9.24）

云南盐务管理局致盐务总局代电（1941.10.31）

云南盐务管理局致盐务总局电（1941.11.8）

盐务总局致云南盐务管理局电（1941.11.17）
盐务总局致云南盐务管理局代电稿（1941.11.17）
云南盐务管理局致盐务总局代电（1941.12.2）
盐务总局致云南盐务管理局、财政部代电（1941.12.5）

（六）云南盐务管理局为电呈民国三十年十一、十二月份工作进度情形与盐务总局往来代电（1941.12.27–1942.4.3）

云南盐务管理局致盐务总局代电（1941.12.27）
云南盐务管理局致盐务总局代电（1942.1.5）
云南盐务管理局致盐务总局代电（1942.1.24）
云南盐务管理局致盐务总局代电（1942.2.4）
盐务总局致云南盐务管理局代电稿（1942.4.3）

（七）云南盐务管理局为呈报滇区民国三十年七、八、九月平价配销办理情形与盐务总局往来电（1941.11.15–1942.1.23）

云南盐务管理局致盐务总局代电（1941.11.15）
盐务总局致云南盐务管理局电稿（1942.1.22）
云南盐务管理局致盐务总局电（1942.1.23）

（八）云南盐务管理局为呈报滇区各场民国三十年度逐月产盐比较表与盐务总局、财政部往来函电（1941.12.26–1942.5.20）

财政部致盐务总局指令（1941.12.26）
云南盐务管理局致盐务总局代电（1942.1.12）
云南盐务管理局致盐务总局代电（1942.1.28）
盐务总局致财政部代电稿（1942.2.14）
财政部致盐务总局代电（1942.3.11）
盐务总局致云南盐务管理局代电稿（1942.4.2）
盐务总局致云南盐务管理局代电稿（1942.4.29）
云南盐务管理局致盐务总局代电（1942.5.8）
云南盐务管理局致盐务总局代电（1942.5.19）
盐务总局致云南盐务管理局代电稿（1942.5.19）
云南盐务管理局致盐务总局代电（1942.5.20）

（九）云南盐务管理局为呈送民国三十一年一、二月份工作进度表与财政部、盐务总局往来文书

云南盐务管理局致财政部函（1942.4.3）
云南盐务管理局致财政部代电（1942.4.9）
财政部致云南盐务管理局电（1942.4.10）

盐政司致云南盐务管理局电（1942.5.2）
云南盐务管理局致盐政司电文（1942.5.15）
财政部致云南盐务管理局代电（1942.5.19）
云南盐务管理局致财政部代电（1942.6.4）
财政部致云南盐务管理局电（1943.4.23）
盐政司各科室往来函（1943.4.13–1943.5.2）
云南盐务管理局致盐政司函

（一〇）云南盐务管理局为呈复民国三十一年三、四、五月份工作进度相关情况与盐务总局、财政部往来文书（1942.4.29–1942.8.20）

盐务总局致云南盐务管理局代电（1942.4.29）
云南盐务管理局致财政部代电（1942.5.2）
云南盐务管理局致财务部代电（1942.5.11）
云南盐务管理局致盐政司电文（1942.5.12）
云南盐务管理局致盐政司电文（1942.5.12）
云南盐务管理局致财政部代电（1942.5.23）
云南盐务管理局致财政部代电（1942.6.24）
财政部致盐务总局指令（1942.7.21）
财政部致云南盐务管理局指令（1942.8.20）

（一一）云南盐务管理局为电陈民国三十一年六月工作进度相关情况与盐务总局、财政部往来文书（1942.7.22–1942.8.24）

云南盐务管理局致财政部代电（1942.7.22）
云南盐务管理局致盐政司电文（1942.7.28）
云南盐务管理局致盐政司电（1942.7.30）
盐务总局各科室往来函（1942.8.4–1942.8.11）
财政部致云南盐务管理局指令（1942.8.24）

（一二）云南盐务管理局为电陈民国三十一年七月份工作进度相关情形与盐务总局、财政部往来文书（1942.9.1–1942.11.28）

云南盐务管理局致财政部代电（1942.9.1）
云南盐务管理局致财政部代电（1942.9.28）
财政部致云南盐务管理局指令（1942.10.9）
云南盐务管理局致财政部代电（1942.10.19）
云南盐务管理局致盐务总局电文（1942.10.20）
云南盐务管理局致盐政司电（1942.10.22）
云南盐务管理局致盐政司电（1942.10.26）
云南盐务管理局致财政部电文（1942.10.26）

云南盐务管理局致盐政司电（1942.10.29）

云南盐务管理局致财政部代电（1942.11.7）

盐政司致云南盐务管理局代电（1942.11.14）

财政部致云南盐务管理局指令（1942.11.20）

云南盐务管理局致财政部代电（1942.11.28）

（一三）云南盐务管理局为呈报民国三十一年十、十一、十二月份工作进度相关情形与盐务总局、财政部往来文书（1942.11.25–1943.3.30）

云南盐务管理局致财政部代电（1942.11.25）

云南盐务管理局致财政部代电（1942.12.30）

财政部致云南盐务管理局指令（1943.2.10）

云南盐务管理局致财政部代电（1943.2.23）

财政部致云南盐务管理局指令（1943.2.27）

云南盐务管理局致财政部代电（1943.3.30）

（一四）云南盐务管理局为呈报民国三十一年工作进度致盐务总局电文（1942.5.5–1942.12.23）

云南盐务管理局致盐务总局代电（1942.5.5）

云南盐务管理局致盐务总局电（1942.5.13）

云南盐务管理局致盐务总局电（1942.5.20）

云南盐务管理局致盐务总局电（1942.5.25）

云南盐务管理局致盐务总局电（1942.5.27）

云南盐务管理局致盐务总局电（1942.6.20）

云南盐务管理局致盐务总局电（1942.6.26）

云南盐务管理局致盐务总局电（1942.7.6）

云南盐务管理局致盐务总局电（1942.7.14）

云南盐务管理局致盐务总局电（1942.7.28）

云南盐务管理局致盐务总局电（1942.9.8）

云南盐务管理局致盐务总局电（1942.10.8）

云南盐务管理局致盐务总局电（1942.10.12）

云南盐务管理局致盐务总局电（1942.10.23）

云南盐务管理局致盐务总局电（1942.10.26）

云南盐务管理局致盐务总局电（1942.11.4）

云南盐务管理局致盐务总局电（1942.12.18）

云南盐务管理局致盐务总局电（1942.12.23）

（一五）云南盐务管理局为民国三十一年全年政绩比较相关情形及工作进度等与财政部、盐务总局往来文书（1942.11.24–1943.4.23）

云南盐务管理局致盐政司代电（1942.11.24）

第五十二卷

财政部致云南盐运使指令（1937.5）

（三）财政部为云南磨黑井各县民众恳请救济事致盐务总局训令（1938.1.16）

（四）盐务总局为云南磨黑井各县民众恳请改革云南盐政事与云南盐务管理局往来文书（1938.4.19–1938.6.6）

盐务总局致云南盐务管理局训令（1938.4.19）

云南盐务管理局致盐务总局呈（1938.5.7）

盐务总局致云南盐务管理局指令（1938.6.6）

云南盐务管理局致财政部呈（1938.6.6）

（五）云南盐务管理局为裁撤运署及相关交接事宜与财政部往来文书（1938.6.1–1939.4.28）

（六）盐务总局、云南盐务管理局等为核拟并修正云南盐场管理灶户暂行规则事往来函件（1938.8.6–1939.3.25）

云南盐务管理局致盐务总局呈（1938.8.6）

盐务总局致云南盐务管理局指令稿（1938.9.26）

云南盐务管理局致盐务总局呈（1938.10.22）

盐务总局致财政部呈稿（1938.12.14）

财政部致盐务总局指令（1939.1.3）

盐务总局致云南盐务管理局指令稿（1939.1.10）

云南盐务管理局致盐务总局呈（1939.2.23）

盐务总局致财政部呈稿、云南盐务管理局指令稿（1939.3.3）

财政部致盐务总局指令（1939.3.13）

盐务总局致云南盐务管理局训令稿（1939.3.25）

第五十三卷

四 视察、考察、考核、整合

（一）云南盐务管理局为呈送视察员程知耻视察黑井区各井场报告书与盐务总局往来文书（1938.7.7–1940.4.20）

云南盐务管理局致盐务总局呈（1938.7.7）

盐务总局致云南盐务管理局指令（1938.7.30）

云南盐务管理局致盐务总局呈（1938.11.24）

盐务总局税务科致产销科签函（1939.1.9）

盐务总局税务科致产销科函（1939.1.19）

盐务总局税务科致产销科函（1939.1.21）

盐务总局致云南盐务管理局指令（1939.2.16）

云南盐务管理局致盐务总局呈（1939.11.18）

盐务总局致云南盐务管理局指令、财政部呈（1939.12.27）

盐务总局致云南盐务管理局训令（1940.3.1）

云南盐务管理局致盐务总局呈（1940.3.4）

盐务总局致重庆办事处电（1940.4.9）

盐务总局计核处致场产处函

盐务总局运销处致场产处函

盐务总局致云南盐务管理局指令（1940.4.20）

（二）云南盐务管理局为改定云南区各包课小井管理通则及认保结式与盐务总局、财政部往来文书（1939.4.19–1940.6.3）

云南盐务管理局致盐务总局呈（1939.4.19）

盐务总局致财政部呈（1939.8.29）

财政部致盐务总局指令（1939.10.5）

盐务总局致云南盐务管理局训令（1939.11.1）

盐务总局致财政部呈（1940.4.30）

云南盐务管理局致盐务总局呈

财政部致盐务总局指令（1940.5.22）

盐务总局致云南盐务管理局指令（1940.6.3）

（三）云南盐务管理局、盐务总局等有关第二期战时行政计划实施方案盐务部分分期进度情形往来函电（1939.3.25–1940.3.5）

盐务总局致云南盐务管理局急电（1939.3.25）

财政部致盐务总局代电（1939.5.6）

盐务总局致云南盐务管理局代电稿（1939.5.12）

云南盐务管理局致盐务总局代电（1939.5.18）

盐务总局致云南盐务管理局电稿（1939.6.7）

盐务总局致云南盐务管理局代电稿、财政部呈稿（1939.6.10）

财政部致盐务总局指令（1939.7.24）

云南盐务管理局致财政部代电（1939.8.5）

盐务总局致云南盐务管理局训令稿（1939.8.28）

盐务总局致云南盐务管理局指令稿、财政部呈稿（1939.9.5）

云南盐务管理局致财政部代电（1939.10.6）

云南盐务管理局致盐务总局呈（1939.10.11）

财政部致盐务总局指令（1939.10.14）

盐务总局致云南盐务管理局训令稿（1939.10.30）

盐政司致盐务总局笺函（1939.11.6）

盐务总局致盐政司代电稿（1939.11.8）

盐务总局致云南盐务管理局指令稿、财政部呈稿（1939.11.10）

盐政司致盐务总局笺函（1939.11.27）

盐务总局致云南盐务管理局代电稿（1940.1.25）

云南盐务管理局致盐务总局代电（1940.2.6）

盐务总局致财政部、云南盐务管理局代电稿（1940.3.5）

（四）云南盐务管理局关于视察开广边岸盐务情形与盐务总局往来电令（1939.5.25–1939.7.5）

云南盐务管理局致盐务总局代电（1939.5.25）

财政部致盐务总局训令（1939.6.10）

盐务总局致云南盐务管理局指令稿（1939.7.5）

（五）云南盐务管理局为各井场产盐盈亏表及增补考成条例等与盐务总局往来文书（1940.2.18–1941.1.10）

云南盐务管理局致盐务总局电（1940.2.18）

云南盐务管理局致盐务总局代电（1940.2.24）

盐务总局致云南盐务管理局代电稿（1940.3.30）

云南盐务管理局致盐务总局代电（1940.5.18）

云南盐务管理局致盐务总局代电（1940.6.1）

云南盐务管理局致盐务总局代电（1940.6.8）

盐务总局致财政部呈、云南盐务管理局指令（1940.7.28）

盐务总局致云南盐务管理局电（1940.11.22）

云南盐务管理局致盐务总局电文（1940.12.4）

盐务总局致财政部、云南盐务管理局代电（1941.1.10）

（六）云南盐务管理局为呈报民国二十九年各月份盐务实施进度相关情形与盐务总局往来文书（1940.3.20–1941.6.21）

云南盐务管理局致盐务总局代电（1940.3.20）

第五十四卷

（七）盐务总局为滇省采用标准衡制折合办法案与云南盐务管理局、盐政司等往来文书（1940.3.15–1940.9.25）

云南盐务管理局致盐务总局代电（1940.3.15）
盐务总局会计室致产销科函（1940.3.23）
盐务总局统计室致产销科函（1940.3.30）
盐务总局致盐政司电（1940.4.3）
财政部致盐务总局代电（1940.4.8）
盐政司致盐务总局电（1940.4.8）
盐务总局致财政部、云南盐务管理局代电（1940.4.25）
财政部致盐务总局指令（1940.5.17）
盐务总局致云南盐务管理局代电（1940.6.8）
云南盐务管理局致盐务总局代电（1940.6.29）
盐务总局致财政部呈（1940.8.23）
云南盐务管理局致盐务总局代电（1940.3.30）
云南盐务管理局致盐务总局代电（1940.4.19）
盐务总局致云南盐务管理局代电（1940.5.3）
云南盐务管理局致盐务总局代电（1940.7.12）
云南盐务管理局致盐务总局电文（1940.8.10）
云南盐务管理局致盐务总局电文（1940.9.5）
盐务总局致云南盐务管理局代电（1940.10.3）
云南盐务管理局致财政部电文（1940.10.11）
财政部致盐务总局指令（1940.11.20）
云南盐务管理局致盐务总局代电（1940.11.24）
云南盐务管理局致财政部电文（1940.11.25）
盐务总局致财政部、云南盐务管理局代电（1941.1.9）
云南盐务管理局致盐务总局电（1941.1.21）
财政部致盐务总局快邮代电（1941.2.28）
财政部致盐务总局快邮代电（1941.4.13）
云南盐务管理局致盐务总局代电（1941.4.22）
盐务总局致云南盐务管理局代电（1941.6.21）

财政部致盐务总局训令（1940.9.2）

财政部致盐务总局指令（1940.9.25）

盐务总局致云南盐务管理局训令（1940.9.25）

（八）云南盐务管理局为编拟资料事致盐务总局代电（1940.7.4）

（九）云南盐务管理局与盐务总局、盐政司为拟送滇区盐务方面物资疏散具体办法等往来代电（1940.8.5–1940.8.29）

云南盐务管理局致盐务总局代电（1940.8.5）

盐务总局致盐政司电稿（1940.8.17）

盐政司致盐务总局电报抄件（1940.8.23）

盐务总局致云南盐务管理局代电稿（1940.8.29）

（一〇）云南盐务管理局为云南区灶户短额处罚规则案相关情形与盐务总局往来文书（1941.6.12–1941.12.8）

财政部致盐务总局指令（1941.6.12）

盐务总局致云南盐务管理局代电（1941.6.25）

云南盐务管理局致盐务总局呈（1941.8.28）

盐务总局致财政部呈（1941.10.28）

财政部致盐务总局指令（1941.11.26）

盐务总局致云南盐务管理局电（1941.12.6）

盐务总局致云南盐务管理局指令（1941.12.8）

（一一）云南盐务管理局为盐价高涨原因及补救办法事与盐务总局往来文书（1942.1.8–1942.7.24）

云南盐务管理局致盐务总局呈（1942.1.8）

盐务总局场产处等签呈（1942.4.9）

盐务总局致云南盐务管理局代电稿（1942.5.5）

云南盐务管理局致盐务总局代电（1942.6.2）

盐务总局场产处等签呈（1942.7.3–1942.7.4）

盐务总局致云南盐务管理局代电稿（1942.7.24）

（一二）云南迤西区盐场公署与盐务总局为场长柳玉春呈报调查巡视暨整顿改进情形往来呈令（1942.2.2–1942.5.5）

云南迤西区盐场公署致云南盐务管理局呈（1942.2.2）

盐务总局场产处沈本强签呈（1942.4.18）

盐务总局致云南盐务管理局训令稿（1942.5.5）

（一三）云南盐务管理局关于规定各场旬报期限办法与盐务总局往来呈令（1942.5.16–1942.7.29）

云南盐务管理局致盐务总局呈（1942.5.16）

盐务总局致云南盐务管理局指令稿（1942.7.29）

（一四）云南盐务管理局为滇中场呈报场长巡视黑井一案与盐务总局往来呈令（1942.5.28–1942.7.23）

云南盐务管理局致盐务总局呈（1942.5.28）

盐务总局致云南盐务管理局指令（1942.6.25）

云南盐务管理局致盐务总局呈（1942.6.27）

盐务总局致云南盐务管理局指令（1942.7.23）

（一五）云南盐务管理局为担以礼调任副局长及办理交接事宜等与盐务总局往来电令（1942.7.6–1942.10.17）

云南盐务管理局致盐务总局代电（1942.7.6）

盐务总局致云南盐务管理局指令稿（1942.10.17）

（一六）云南盐务管理局为呈报元永场灶户煎制盐平短斤处理办法等事宜致盐务总局呈（1942.7.14）

（一七）云南盐务管理局为制盐许可规则草案修正等与盐务总局往来文书（1942.7.28–1942.8.12）

云南盐务管理局致盐务总局电（1942.7.28）

云南盐务管理局致盐务总局呈（1942.7.30）

盐务总局致云南盐务管理局代电稿（1942.8.6）

盐务总局致云南盐务管理局指令（1942.8.12）

（一八）云南盐务管理局为转呈开广边盐办事处主任吴季玉赴文山等县视察报告暨盐务总局指令办理情形与盐务总局往来函（1942.8.8–1942.9.28）

云南盐务管理局致盐务总局呈（1942.8.8）

盐务总局致云南盐务管理局指令稿（1942.9.28）

（一九）经济部中央地质调查所为派技士前往云南调查盐田地质及请各盐井协助案与盐政司、云南盐务管理局往来文书（1942.8.24–1944.1.10）

中央地质调查所致盐务署公函（1942.8.24）

盐政司致中央地质调查所公函（1942.9.8）

财政部致云南盐务管理局训令（1942.9.8）

财政部致盐务总局指令（1944.1.10）

（二〇）云南盐务管理局为成立工作成绩考核委员会检呈组织表及相关人事任命情形与盐务总局往来文书（1942.9.8–1943.4.14）

云南盐务管理局致盐务总局呈（1942.9.8）

盐务总局致云南盐务管理局代电稿（1942.9.11）

云南盐务管理局致盐务总局代电（1942.11.11）

盐务总局致云南盐务管理局代电稿（1942.11.24）

云南盐务管理局致盐务总局代电（1942.11.26）

盐务总局致云南盐务管理局代电稿（1942.12.14）

云南盐务管理局致盐务总局代电（1942.12.19）

盐务总局致云南盐务管理局代电稿（1943.1.2）

云南盐务管理局致盐务总局代电（1943.1.30）

盐务总局致云南盐务管理局代电稿（1943.2.15）

云南盐务管理局致盐务总局代电（1943.4.3）

盐务总局致云南盐务管理局指令稿（1943.4.14）

（二一）云南盐务管理局为驻滇区视察崔学实呈送视察滇中各场处报告等与盐务总局往来文书（1942.10.2–1942.11.21）

盐务总局致云南盐务管理局训令稿（1942.10.2）

云南盐务管理局致盐务总局呈（1942.10.30）

盐务总局致云南盐务管理局指令稿（1942.11.21）

（二二）云南盐务管理局为滇中区琅井场原有官煎煤灶设计不良无改建价值情形致盐政局代电（1945.4.9）

（二三）盐务总局为复查贝尔逊滇区盐务情形及建议报告书意见与云南盐务管理局往来函（1942.11.25–1943.1.27）

盐务总局技术处致场产处签函（1942.11.25）

盐务总局场产处致技术处签函（1943.1.23）

盐务总局技术处致场产处签函（1943.1.27）

盐务总局致云南盐务管理局训令稿（1943.1.21）

（二四）盐务总局据视察崔学实报告视察滇中区各场情形致云南盐务管理局训令稿（1942.11.23）

（二五）云南盐务管理局、盐务总局为据林一峰等报告视察迤西区各场情形暨有关人事调整各节往来函电（1942.12.17–1944.5.10）

盐务总局人事处致视察处公函（1942.12.17）

盐务总局致云南盐务管理局代电稿（1942.12.18）

云南盐务管理局致盐务总局代电（1943.2.20）

盐务总局致云南盐务管理局训令稿（1943.3.8）

盐务总局视察处致人事处公函（1943.3.24）

盐务总局致云南盐务管理局代电稿（1943.4.10）

盐务总局人事处致云南盐务管理局代电（1943.4.24）

徐明远致盐务总局视察处代电（1943.7.16）

盐务总局致云南盐务管理局代电稿（1943.8.13）

盐务总局视察处致人事处签函（1944.5.10）

（二六）云南盐务管理局邓健飞关于滇省盐务状况与盐务总局场产处往来函（1942.12.2–1942.12.17）

邓健飞致盐务总局场产处函（1942.12.2）

盐务总局场产处复邓健飞函（1942.12.17）

（二七）财政部、盐务总局、云南盐务管理局为办理陈善建议改革白井计口授盐等事往来文书（1942.12.5–1943.4.16）

财政部致盐务总局训令（1942.12.5）

盐务总局致云南盐务管理局训令稿（1942.12.18）

云南盐务管理局致盐务总局代电（1943.1.11）

盐务总局致云南盐务管理局指令（1943.2.10）

云南盐务管理局致盐务总局呈（1943.4.2）

盐务总局致云南盐务管理局指令（1943.4.16）

（二八）云南盐务管理局为呈送局长接任案内交接证书等件与盐务总局往来电令稿（1942.12.9–1943.5.14）

云南盐务管理局致盐务总局代电（1942.12.9）

盐务总局各处办理签呈（1943.3.12–1943.5.6）

盐务总局致云南盐务管理局指令稿（1943.5.14）

（二九）财政部关于滇区试开黑井、蚂蝗井两处深井暨筹画大江坡煤矿等情形致盐务总局指令（1942.12.31）

（三〇）盐务总局关于滇区试开黑井、蚂蝗井两处深井暨筹画大江坡煤矿等情形致云南盐务管理局训令（1943.2.16）

（三一）盐务总局为滇区滇黔视察室主任程知耻呈送滇中场视察报告各情形与云南盐务管理局往来文书（1942.12.9–1943.3.20）

盐务总局技术处致场产处签函（1942.12.9）

盐务总局致云南盐务管理局代电稿（1942.12.21）

云南盐务管理局致盐务总局呈（1943.3.3）

盐务总局致云南盐务管理局指令稿（1943.3.20）

（三二）盐务总局为驻滇视察林一峰报告视察白井场等事宜与云南盐务管理局往来函电

（1943.1.29–1943.3.10）

盐务总局致云南盐务管理局代电稿（1943.1.29）

云南盐务管理局致盐务总局呈（1943.3.1）

云南盐务管理局致盐务总局代电（1943.3.6）

盐务总局致云南盐务管理局指令稿（1943.3.10）

第五十五卷

（三三）盐务总局为据贝尔逊改进滇区盐务情形各项建议拟定相关改进意见致云南盐务管理局训令稿

（1943.2.2）

（三四）云南盐务管理局为呈报局长邓健飞出巡滇中、迤西两场区经过暨议拟办理事项等情与盐务总局往来函件（1943.2.11–1943.6.10）

云南盐务管理局致盐务总局呈（1943.2.11）

盐务总局运销处致场产处签函（1943.3.13）

盐务总局致云南盐务管理局指令稿、财政部呈稿（1943.4.13）

财政部致盐务总局指令（1943.5.25）

盐务总局致云南盐务管理局训令稿（1943.6.10）

（三五）云南盐务管理局关于滇黔区视察林一峰报告视察情形与财政部、盐务总局往来呈令

（1943.3.1–1943.3.15）

云南盐务管理局致盐务总局呈（1943.3.1）

云南盐务管理局致盐务总局代电（1943.3.6）

盐务总局致云南盐务管理局指令稿（1943.3.15）

（三六）云南盐务管理局为呈报视察董仙洲呈送汪家坪改进盐务报告一案与盐务总局往来文书

（1943.4.27–1943.5.18）

云南盐务管理局致盐务总局呈（1943.4.27）

盐务总局致云南盐务管理局指令稿（1943.5.18）

（三七）云南盐务管理局为前副局长贝尔逊报告滇区产制状况及改进意见等与盐务总局往来文书

（1943.5.13–1943.9.18）

云南盐务管理局致盐务总局呈（1943.5.13）

盐务总局技术处签呈（1943.6.1）

盐务总局致云南盐务管理局指令稿（1943.7.1）

云南盐务管理局致盐务总局代电（1943.8.4）

云南盐务管理局致盐务总局呈（1943.8.11）

盐务总局技术处签呈（1943.8.24）

盐务总局致云南盐务管理局代电稿（1943.9.18）

（三八）盐务总局为云南盐务管理局拟聘请西南联大助教段国璋等调查黑井及滇中各区地质情形与财政部往来文书（1944.2.9–1944.3.11）

盐务总局致财政部代电（1944.2.9）

盐务总局致财政部代电（1944.2.16）

财政部致盐务总局指令稿（1944.3.8）

财政部致盐务总局指令稿（1944.3.11）

（三九）云南盐务管理局局长邓健飞关于整顿推进滇区业务四项措施与盐务总局沈本强往来函（1944.9.27–1944.10.28）

邓健飞致沈本强函（1944.9.27）

盐务总局场产处致财务处签（1944.10.26）

盐务总局财务处复场产处签（1944.10.27）

沈本强复邓健飞函稿（1944.10.28）

（四〇）财政部为滇黔区视察员孙石生调查云南盐务报告及建议改善云南盐务事宜与盐政局等往来文书（1944.10.22–1945.5.12）

财政部滇黔区视察孙石生致财政部呈（1944.10.22）

财政部人事处、参事厅签呈（1945.1.11）

盐政司长罗述祎签呈（1945.2.6）

盐政局致云南盐务管理局急代电稿（1945.2.23）

云南盐务管理局致盐政局代电（1945.3.28）

盐政局运销处等签呈（1945.4.3–1945.5.2）

盐政局致云南盐务管理局急代电稿（1945.5.12）

（四一）国民参政会经济建设策进会滇黔区办事处为该处视察员沈天骥视察盐务报告及建议改善事与财政部等往来文书（1945.1.1–1945.5.17）

国民参政会经济建设策进会滇黔区办事处致财政部公函（1945.1.1）

盐政局致云南盐务管理局密代电稿（1945.2.21）

云南盐务管理局致盐政局代电（1945.4.4）

盐政局运销处等签呈（1945.4.18）

财政部致国民参政会经济建设策进会滇黔区办事处公函（1945.5.12）

盐政局致云南盐务管理局代电稿（1945.5.17）

（四二）驻云南开广区视察谢秉钧为呈视察业务建议报告书致盐政局代电（1945.8.8）

（四三）驻云南迤西区视察许雄斌为电复代查王元卿放私及留难抄放盐斤情形致迤西区盐场公署代电（1945.8）

（四四）驻云南迤西区视察许雄斌为电复彻查漪沙、乔后场所虚报盐斤情形致迤西场署、盐政局代电（1945.8.18–1945.9.7）

（四五）驻云南迤西区视察许雄斌等为漪沙所存盐湿度问题代电（1945.8.19–1945.9.7）

许雄斌致迤西场署代电（1945.8.19）

许雄斌致盐政局视察室代电（1945.9.7）

（四六）盐政局为贝尔逊改进滇区产盐方法致场产处、云南盐务管理局文书（1945.8.27–1945.9.8）

盐政局致场产处签呈（1945.8.27）

盐政局致云南盐务管理局训令稿（1945.9.8）

（四七）驻云南迤西区视察许雄斌为电复彻查刘镜秋案致迤西场署代电（1945.8.30）

（四八）驻云南迤西区视察许雄斌为建议将迤西场署迁设乔后并调整机构事致盐政局、云南盐务管理局代电（1945.9.7）

许雄斌致盐政局代电（1945.9.7）

许雄斌致云南盐务管理局代电（1945.9.7）

第五十六卷

生　产

一　基础设施

（一）云南盐运使为建筑黑井卤池并安设枧槽事致盐务署呈（1937.4.3）

（二）盐务总局为修理云南区元永场吃水箐、梁家水箐等工程案核办情形致盐政司笺函（1937.4.13）

（三）盐务总局为云南盐务管理局呈送乔后场添辟通风支路支出费案与财政部往来文书（1937.1.4–1937.10.22）

财政部致盐务总局指令（1937.1.4）

盐务总局致财政部呈（1937.10.22）

（四）财政部、经济部为云南黑井区元永场灶户段永禄等呈请制止一平浪工程案与行政院秘书处往来文书（1938.2.16–1938.3.10）

盐政司致行政院呈（1938.2.16）

财政部致行政院秘书处公函（1938.2.21）

经济部致财政部咨（1938.3.7）

财政部致经济部咨（1938.3.10）

（五）云南盐务管理局、盐务总局为租赁昆明官仓地基案往来代电（1939.8.25–1939.9.4）

云南盐务管理局致盐务总局代电（1939.8.25）

盐务总局致云南盐务管理局电稿（1939.9.4）

（六）盐务总局为滇中区各井场建设工程计划概要及增加灶硐费案与财政部往来文书（1939.7.23–1940.10.12）

盐务总局致财政部呈（1939.7.23）

财政部致盐务总局指令（1939.11.15）

财政部致盐务总局代电（1940.10.12）

（七）云南盐务管理局为呈送各井场筹建场仓情形与盐务总局往来文书（1940.1.20–1940.2.1）

云南盐务管理局致盐务总局代电（1940.1.20）

盐务总局致云南盐务管理局电（1940.2.1）

（八）盐务总局为云南盐务管理局呈送黑井场建筑卤池及晒卤架计划说明预算图说等致财政部呈（1940.9.25）

（九）云南盐务管理局为拟改进元永井硐计划及预算案与盐务总局往来文书（1941.3.27–1942.3.27）

云南盐务管理局致盐务总局代电（1941.3.27）

盐务总局场产处致五通桥会计室电稿（1942.2.20）

云南盐务管理局致盐务总局呈（1942.2.21）

盐务总局致云南盐务管理局代电（1942.3.27）

（一〇）云南盐务管理局为各场工程开支预算相关情形与盐务总局往来文书（1941.5.29–1941.7.19）

云南盐务管理局致盐务总局代电（1941.5.29）

云南盐务管理局致盐务总局呈（1941.6.7）

盐务总局致云南盐务管理局指令（1941.6.19）

云南盐务管理局致盐务总局呈（1941.6.20）

云南盐务管理局致盐务总局呈（1941.6.24）

盐务总局致云南盐务管理局指令（1941.7.12）

盐务总局致云南盐务管理局指令（1941.7.19）

（一一）云南盐务管理局为购买櫰木修理滇中场井硐事与盐务总局往来文书（1941.12.10–1943.6.29）

盐务总局场产处、技术处、会计处往来函（1941.12.10–1941.12.25）

盐务总局致云南盐务管理局指令稿（1942.1.8）

云南盐务管理局致盐务总局呈（1942.12.4）

云南盐务管理局致盐务总局呈（1943.1.13）

云南盐务管理局致盐务总局呈（1943.1.19）

盐务总局致云南盐务管理局代电稿（1943.1.30）

盐务总局致云南盐务管理局代电稿（1943.2.23）

盐务总局致财政部呈文稿（1943.2.23）

云南盐务管理局致盐务总局呈（1943.4.10）

财政部致盐务总局指令（1943.4.22）

盐务总局致云南盐务管理局指令稿（1943.4.27）

云南盐务管理局致盐务总局呈（1943.5.3）

盐务总局致财政部呈文稿（1943.5.13）

盐务总局致云南盐务管理局代电（1943.5.19）

云南盐务管理局致盐务总局呈（1943.5.21）

财政部致盐务总局指令稿（1943.6.4）

盐务总局致云南盐务管理局代电稿（1943.6.26）

盐务总局致云南盐务管理局代电稿（1943.6.29）

（一二）云南盐务管理局为云龙场属牛皮井被溪水灌入修复及预算事与盐务总局往来文书（1941.12.11–1942.5.19）

云南盐务管理局致盐务总局呈（1941.12.11）

盐务总局致云南盐务管理局指令稿（1942.1.15）

云南盐务管理局致盐务总局呈（1942.4.20）

盐务总局致云南盐务管理局指令稿（1942.5.19）

（一三）盐务总局为元永井既济硐通风工程事致云南盐务管理局代电（1942.1.5）

（一四）盐务总局为德洋井草皮竜小水房修理事与云南盐务管理局往来文书（1942.1.16–1942.12.18）

盐务总局致云南盐务管理局指令（1942.1.16）

云南盐务管理局致盐务总局呈（1942.12.18）

（一五）云南盐务管理局为安设元永井既济硐通风工程事与盐务总局往来文书
（1942.8.22–1942.12.3）

云南盐务管理局致盐务总局呈（1942.8.22）

盐务总局场产处致技术处呈（1942.9.1）

盐务总局技术处致场产处呈（1942.9.4）

盐务总局致云南盐务管理局代电（1942.9.14）

云南盐务管理局致盐务总局呈（1942.12.3）

（一六）云南盐务管理局为迤西区云龙场牛皮井修理费等事与盐务总局往来文书
（1942.11.11–1942.12.7）

云南盐务管理局致盐务总局呈（1942.11.11）

盐务总局致云南盐务管理局指令（1942.12.7）

（一七）云南盐务管理局为香盐场永丰硐因地震落毛伤毙砂丁事与盐务总局往来文书
（1943.1.20–1943.2.12）

云南盐务管理局致盐务总局呈（1943.1.20）

盐务总局致云南盐务管理局指令（1943.2.12）

（一八）云南盐务管理局为办理磨黑、香盐两场开硐情形与盐务总局、财政部往来文书
（1943.3.13–1943.6.1）

云南盐务管理局致盐务总局呈（1943.3.13）

盐务总局致云南盐务管理局指令（1943.4.8）

云南盐务管理局致盐务总局呈（1943.4.22）

盐务总局场产处致技术处函（1943.5.10）

盐务总局致财政部呈（1943.6.1）

（一九）云南盐务管理局为石所抢修六合硐窝路工程所需经费等事与盐务总局往来文书
（1942.1.20–1942.2.10）

云南盐务管理局致盐务总局呈（1942.1.20）

云南盐务管理局致盐务总局呈（1942.1.20）

盐务总局致云南盐务管理局指令（1942.2.10）

（二〇）云南盐务管理局为迤西署啦所另辟恒丰老硐槽门预算事与盐务总局往来文书
（1942.1.20–1942.2.13）

云南盐务管理局致盐务总局呈（1942.1.20）

盐务总局致云南盐务管理局指令（1942.2.13）

（二一）云南盐务管理局为修理福元硐卤池边河岸工程事致盐务总局呈（1942.2.24）

（二二）盐务总局为修理福元硐口卤池边河岸工程事致云南盐务管理局指令（1942.3.25）

（二三）云南盐务管理局为验收元永场福元硐卤池边河岸工程事致盐务总局呈（1942.5.19）

（二四）盐务总局为元永场福元硐河岸工程事致云南盐务管理局指令（1942.6.18）

（二五）云南盐务管理局为涨沙场硖塘拟开新硐事致盐务总局呈（1942.5.13）

（二六）盐务总局为涨沙场硖塘内发现松土另辟新硐事致云南盐务管理局指令（1942.6.1）

（二七）云南盐务管理局为元永井提修灯楼硐通风硐工程事致盐务总局呈（1942.5.14）

（二八）盐务总局为元永井提修灯楼硐风道工程事致云南盐务管理局代电（1942.6.3）

（二九）云南盐务管理局为技术员易淑本勘查磨黑井及石膏井两场开凿新硐情形等事致盐务总局呈（1942.6.6）

（三〇）云南盐务管理局为石膏井两次修理六合硐涝塘工资等事致盐务总局呈（1942.6.9）

（三一）盐务总局技术处与场产处关于技术员易淑本所拟磨黑开辟新井之建议的往来文书（1942.6.12–1942.6.27）

（三二）云南盐务管理局为石膏场淘修中兴硐工程情形及支报工资数目等事致盐务总局呈（1942.6.13）

（三三）盐务总局场产处与技术处关于石膏井修理工程的往来文件（1942.6.19–1942.7.4）

（三四）盐务总局为技术员易淑本勘查磨黑及石膏两场开辟新硐情形等事致盐务总局代电（1942.7.14）

（三五）盐务总局为石膏场淘修中兴硐工程情形及实支工资数目等事致云南盐务管理局指令（1942.7.23）
（三六）云南盐务管理局为石膏场修理六合硐工程兴工竣工日期事致盐务总局呈（1942.9.18）
（三七）盐务总局为石膏场修理六合硐兴工竣工日期事致云南盐务管理局代电（1942.10.9）
（三八）云南盐务管理局为临时购买欓木单据及订购揽约暨申复发交元竜房领用理由等事致盐务总局呈（1942.6.17）
（三九）盐务总局为滇中署订购欓木揽约等事致云南盐务管理局代电（1942.7.23）
（四〇）云南盐务管理局为修换天耳井欓木事致盐务总局呈（1942.9.14）
（四一）盐务总局为修换天耳井欓木事致云南盐务管理局指令（1942.10.7）
（四二）云南盐务管理局为黑井场底龙井挖淘淡水沟道工程预算清单等事致盐务总局呈（1942.7.31）
（四三）盐务总局为黑井场底龙井挖淘淡水沟道工程预算清单事致云南盐务管理局指令（1942.8.22）
（四四）云南盐务管理局为洂沙场通风硐工程进度及预测竣工日期等事致盐务总局呈（1942.8.17）
（四五）盐务总局为洂沙场通风硐工程进度及预测竣工日期等事致云南盐务管理局代电（1942.9.2）
（四六）云南盐务管理局为香盐场修理永丰硐大水套工程事致盐务总局呈（1942.9.14）
（四七）盐务总局为香盐场修理永丰硐大水套工程事致云南盐务管理局指令（1942.10.12）
（四八）云南盐务管理局等为云龙场改觅较大仓屋事往来函电（1942.9.19–1942.11.5）
云南盐务管理局致盐务总局呈（1942.9.19）
盐务总局致财政部代电稿（1942.9.29）
财政部致盐务总局代电（1942.10.19）
盐务总局致云南盐务管理局代电稿（1942.11.5）
（四九）军事委员会为函送陈善呈组织白井精盐公司意见书与财政部往来文书（1942.11.28–1942.12.17）
军事委员会致财政部公函（1942.11.28）
财政部致军事委员会公函（1942.12.17）

第五十七卷

（五〇）盐务总局为滇区试开两处深井暨筹画大江坡煤矿等情形与财政部、云南盐务管理局往来公函（1942.12.31–1943.2.15）

财政部致盐务总局指令（1942.12.31）

盐务总局致云南盐务管理局训令稿（1943.2.15）

（五一）云南盐务管理局为向商人王贵卿等订购公柴及筹设公柴厂案与盐务总局往来文书（1943.1.13–1943.3.31）

云南盐务管理局致盐务总局呈（1943.1.13）

盐务总局场产处致财务处函（1943.1.20）

盐务总局财务处致场产处函（1943.1.25）

盐务总局场产处致视察处函（1943.1.30）

盐务总局视察处致场产处函（1943.2.3）

盐务总局致云南盐务管理局代电稿（1943.2.15）

云南盐务管理局致盐务总局呈（1943.3.16）

盐务总局致云南盐务管理局指令稿（1943.3.31）

（五二）云南盐务管理局为呈复在元永、阿陋两井建筑煤灶情形与盐务总局往来函电（1943.2.4–1943.2.23）

云南盐务管理局致盐务总局呈（1943.2.4）

盐务总局致云南盐务管理局代电稿（1943.2.23）

（五三）盐务总局、财政部为云南盐务管理局呈报修理迤西署喇鸡场务所相关建筑设施往来函电（1943.3.22–1944.8.12）

盐务总局致财政部呈（1943.3.22）

财政部致盐务总局指令稿（1943.4.21）

盐务总局致财政部呈（1943.6.16）

财政部致盐务总局指令（1943.7.10）

盐务总局致财政部代电（1944.4.1）

财政部致盐务总局指令稿（1944.4.28）

盐务总局致财政部代电（1944.7.25）

盐务总局致财政部代电（1944.8.10）

财政部致盐务总局指令稿（1944.8.12）

（五四）云南盐务管理局关于弥沙所公民王蕴金等请准开辟新硐事与盐务总局往来函（1943.4.5–1943.4.14）

云南盐务管理局致盐务总局呈（1943.4.5）

盐务总局致云南盐务管理局指令稿（1943.4.14）

（五五）云南盐务管理局与盐务总局为滇中琅井场务所修理井翚围墙等事往来函电（1943.4.10–1943.5.27）

云南盐务管理局致盐务总局呈（1943.4.10）

盐务总局场产处致技术处等签（1943.4.30）

盐务总局技术处致场产处签（1943.5.4）

盐务总局会计处致场产处签（1943.5.10）

盐务总局致云南盐务管理局代电稿（1943.5.27）

（五六）云南盐务管理局与盐务总局为迤南场署修理旧硐葫芦口等处事往来函电（1943.5.8–1943.6.17）

云南盐务管理局致盐务总局呈（1943.5.8）

盐务总局场产处致技术处签（1943.5.15）

云南盐务管理局致盐务总局代电（1943.5.17）

盐务总局技术处致场产处签（1943.5.19）

云南盐务管理局致盐务总局代电（1943.5.24）

盐务总局致云南盐务管理局代电稿（1943.6.17）

（五七）云南盐务管理局与盐务总局等为石膏场续开新硐等事往来函电（1943.5.17–1943.7.1）

云南盐务管理局致盐务总局呈（1943.5.17）

盐务总局场产处、技术处、会计处签（1943.5.27–1943.6.15）

云南盐务管理局致盐务总局呈（1943.5.21）

盐务总局致财政部呈稿（1943.7.1）

盐务总局致云南盐务管理局代电稿（1943.7.1）

（五八）云南盐务管理局为迤南场署电请派技术员督导开硐并核准预算等事致盐务总局呈（1943.5.20）

（五九）云南盐务管理局为茂瑷场务所租赁房屋情形与盐务总局往来文书（1943.5.24–1943.6.29）

云南盐务管理局致盐务总局呈（1943.5.24）

盐务总局会计处、场产处签（1943.6）

盐务总局致云南盐务管理局指令稿（1943.6.29）

（六〇）云南盐务管理局为迤南场署呈报石膏场务所续开新硐第二段工程费用等与盐务总局往来文书（1943.6.18–1943.8.13）

云南盐务管理局致盐务总局呈（1943.6.18）

盐务总局会计处致场产处函（1943.7.22）

盐务总局场产处致会计处函（1943.7.28）

盐务总局会计处致场产处函（1943.7.30）

盐务总局致财政部呈稿、云南盐务管理局代电稿（1943.8.13）

（六一）财政部关于迤南磨黑、香盐两场亟需开辟新硐事致盐务总局指令（1943.6.23）

（六二）云南盐务管理局为㳽沙场务所请将欀木加价事与盐务总局往来函（1943.6.29–1943.7.9）

云南盐务管理局致盐务总局呈（1943.6.29）

盐务总局致云南盐务管理局指令稿（1943.7.9）

（六三）云南盐务管理局为呈报琅井场务所修理开化等四井工程费超支案与盐务总局往来文书（1943.6.29–1943.7.30）

云南盐务管理局致盐务总局代电（1943.6.29）

盐务总局技术处致场产处函（1943.7.9）

盐务总局会计处致场产处、技术处函（1943.7.23）

盐务总局致云南盐务管理局代电稿（1943.7.30）

（六四）云南盐务管理局为迤西场署呈转㳽沙场务所为辟通风硐揽约单据及工料预算案等与盐务总局往来文书（1943.6.29–1943.8.31）

云南盐务管理局致盐务总局呈（1943.6.29）

云南盐务管理局致盐务总局呈（1943.7.1）

盐务总局场产处致会计处、技术处函（1943.7.6）

盐务总局技术处致场产处函（1943.7.12）

盐务总局会计处致场产处函（1943.8.6）

盐务总局致财政部、云南盐务管理局代电稿（1943.8.31）

（六五）盐务总局为迤南香盐井开辟新硐所需费用事致云南盐务管理局训令稿（1943.7.3）

（六六）云南盐务管理局为滇中署呈报各井硐领用欀木数量及实存数等与盐务总局往来文书（1943.7.22–1943.8.14）

云南盐务管理局致盐务总局呈（1943.7.22）

盐务总局致云南盐务管理局代电稿（1943.8.14）

（六七）云南盐务管理局为呈报迤南署石膏场务所请改直新硐窝路案与盐务总局往来文书（1943.7.22–1943.9.14）

云南盐务管理局致盐务总局代电（1943.7.22）

盐务总局致云南盐务管理局代电稿（1943.9.14）

（六八）云南盐务管理局为迤西场署呈转白井分署施工预算表等与盐务总局往来文书（1943.7.28–1943.8.30）

云南盐务管理局致盐务总局呈（1943.7.28）

盐务总局会计处致场产处签（1943.8.5）

盐务总局致云南盐务管理局代电稿（1943.8.30）

（六九）云南盐务管理局为迤南署香盐、磨黑两场开辟新硐动工日期及进度情形与盐务总局往来文书（1943.8.7–1943.9.8）

云南盐务管理局致盐务总局呈（1943.8.7）

云南盐务管理局致盐务总局呈（1943.8.7）

盐务总局致云南盐务管理局代电稿（1943.9.8）

（七〇）云南盐务管理局为呈报白井场修理各井硐工料预算案与盐务总局往来文书（1943.8.10–1943.9.22）

云南盐务管理局致盐务总局呈（1943.8.10）

盐务总局会计处致场产处函（1943.9.13）

盐务总局致云南盐务管理局指令稿（1943.9.22）

（七一）云南盐务管理局为迤西场署呈转漪沙所樵木加价实行日期案与盐务总局往来文书（1943.8.24–1943.9.22）

云南盐务管理局致盐务总局呈（1943.8.24）

盐务总局致云南盐务管理局指令稿（1943.9.22）

（七二）云南盐务管理局为呈报石膏井所修理中兴硐卤房工料费等与盐务总局往来文书（1943.8.26–1943.9.27）

云南盐务管理局致盐务总局代电（1943.8.26）

盐务总局致云南盐务管理局代电稿（1943.9.27）

（七三）云南盐务管理局为呈报迤西署白分署淘荒实支工资清册与盐务总局往来文书（1943.9.3–1943.9.28）

云南盐务管理局致盐务总局呈（1943.9.3）

盐务总局致云南盐务管理局指令稿（1943.9.28）

（七四）盐务总局为滇中场署大江坡农民王汝楫等改修新闸津贴二万元案与财政部往来文书（1943.10.9–1943.11.6）

盐务总局致财政部呈（1943.10.9）

财政部致盐务总局指令稿（1943.11.6）

（七五）盐务总局、财政部等为据云南盐务管理局呈报黑井场利用公灶改建盐仓图说预算事宜往来函电（1943.10.16–1945.1.27）

盐务总局致财务部代电（1943.10.16）

财政部致盐务总局指令稿（1943.11.20）

盐务总局致财政部代电（1944.5.10）

盐政司致财政部签呈（1944.6.8）

财政部致盐务总局指令稿（1944.6.14）

盐务总局致财政部代电（1944.8.5）

财政部致盐务总局指令稿（1944.8.30）

财政部致盐务总局指令稿（1944.9.27）

盐务总局致财政部代电（1944.9.19）

盐务总局致财政部代电（1944.10.28）

财政部致盐务总局指令稿（1944.11.18）

盐务总局致财政部代电（1944.12.19）

财政部致盐务总局指令稿（1945.1.3）

盐务总局致财政部代电（1945.1.9）

财政部致盐务总局指令稿（1945.1.27）

（七六）盐务总局、财政部为云南盐务管理局呈报元永井修建盐仓工程往来函电（1943.11.27–1944.10.20）

盐务总局致财政部呈（1943.11.27）

财政部致盐务总局指令（1943.12.31）

盐务总局致财政部代电（1944.4.10）

盐务总局致财政部指令（1944.4.25）

盐务总局致财政部代电（1944.4.27）

盐政司致财政部签呈（1944.5.15）

第五十八卷

财政部致盐务总局指令（1944.2.29）

（八一）云南盐务管理局为安宁场建筑煤煎灶费用细数无从开列及煤灶不适实用等事与盐务总局等往来文书（1944.2.19–1944.6.12）

云南盐务管理局致盐务总局代电（1944.2.19）

盐务总局场产处等签呈（1942.2.3–1942.2.12）

盐务总局致财政部呈稿、云南盐务管理局代电稿（1944.3.13）

财政部致盐务总局指令（1944.4.28）

盐务总局致云南盐务管理局训令稿（1944.5.23）

盐务总局致财政部呈稿（1944.5.23）

盐务总局会计处致场产处签呈（1944.5.8–1944.5.16）

财政部致盐务总局指令（1944.6.12）

（八二）盐务总局为云南盐务管理局呈复修正民国三十二年度推进各项建设工程办法概算章则等项与财政部往来文书（1944.2.26–1944.3.30）

盐务总局致财政部呈（1944.2.26）

财政部致盐务总局指令稿（1944.3.30）

（八三）盐务总局为滇区安宁场建造煤煎灶费用细数无从开列事与财政部往来文书（1944.3.13–1944.6.12）

盐务总局致财政部呈（1944.3.13）

财政部致盐务总局指令稿（1944.4.28）

盐务总局致财政部呈（1944.5.23）

财政部致盐务总局指令稿（1944.6.12）

（八四）盐务总局为滇区磨黑井新硐接彩日期及预算图说与财政部往来文书（1944.3.13–1944.4.6）

盐务总局致财政部呈（1944.3.13）

财政部致盐务总局指令稿（1944.4.6）

（八五）盐务总局为云南盐务管理局呈报迤西弥沙场建筑公灶围墙碉堡暨津贴旧灶房建筑灶城等与财政部往来文书（1944.3.16–1944.4.21）

盐务总局致财政部呈（1944.3.16）

盐政司致财政部签呈（1944.4.17）

财政部致盐务总局指令稿（1944.4.21）

（八六）盐务总局为云南盐务管理局呈送民国三十三年度井场建设工程计划概算表与财政部往来文书（1944.3.31–1944.4.24）

盐务总局致财政部呈（1944.3.31）

财政部致盐务总局指令稿（1944.4.24）

（八七）盐务总局为滇区钻探元阿新硐开钻日期及工程进度等情与财政部往来文书（1944.4.11–1944.7.26）

盐务总局致财政部呈（1944.4.11）

财政部致盐务总局指令稿（1944.4.28）

盐务总局致财政部呈（1944.5.17）

财政部致盐务总局指令稿（1944.6.9）

盐务总局致财政部呈（1944.7.13）

财政部致盐务总局指令稿（1944.7.26）

（八八）盐务总局为云南盐务管理局呈报元永场既济硐吊毛阻塞窝道情形与财政部往来文书（1944.5.17–1944.6.7）

盐务总局致财政部呈（1944.5.17）

财政部致盐务总局指令稿（1944.6.7）

（八九）盐务总局为云南盐务管理局呈报迤南区石膏场新硐改直窝路工程费超过预算拟予追准事与财政部往来文书（1944.6.14–1944.7.12）

盐务总局致财政部呈（1944.6.14）

财政部致盐务总局指令稿（1944.7.12）

（九〇）盐务总局为云南盐务管理局呈复民国三十二年度推进各项建设工程办法案内关于化验工作情形与财政部往来文书（1944.6.21–1944.7.18）

盐务总局致财政部呈（1944.6.21）

财政部致盐务总局指令稿（1944.7.18）

（九一）盐务总局为云南盐务管理局追加修复滇中区阿陋场奇兴井河岸工程预算与财政部往来文书（1944.7.1–1944.7.22）

盐务总局致财政部代电（1944.7.1）

财政部致盐务总局指令稿（1944.7.22）

（九二）盐务总局为滇区石膏场新硐因闷亮拟请配凿通风硐事与财政部往来文书（1944.8.2–1944.8.18）

盐务总局致财政部呈（1944.8.2）

财政部致盐务总局指令稿（1944.8.18）

（九三）盐务总局为云南盐务管理局迤西弥沙井制盐同业公会集中兴建旧灶借款事与财政部往来文书（1944.8.14–1944.9.7）

盐务总局致财政部代电（1944.8.14）

盐务总局致财政部代电（1944.8.18）

盐政司致财政部签呈（1944.8.25）

财政部致盐务总局指令稿（1944.9.2）

财政部致盐务总局代电稿（1944.9.7）

（九四）财政部、盐务总局等为云南盐务管理局元永井建筑实验盐厂工程案往来函电（1944.8.28–1944.10.13）

盐务总局致财政部代电（1944.8.28）

盐政司致财政部签呈（1944.9）

财政部致盐务总局指令稿（1944.9.25）

盐务总局致财政部代电（1944.9.27）

财政部致盐务总局指令稿（1944.10.13）

（九五）盐务总局、财政部为云南盐务管理局呈报乔后场修建盐仓工程往来函电（1944.9.15–1945.1.31）

盐务总局致财政部代电（1944.9.15）

盐政司致财政部签呈（1944.9.20）

财政部致盐务总局指令稿（1944.10.2）

盐务总局致财政部代电（1945.1.6）

盐务总局致财政部代电（1945.1.9）

财政部致盐务总局指令稿（1945.1.23）

财政部致盐务总局指令稿（1945.1.31）

（九六）财政部、盐务总局为云南盐务管理局呈请购办欀木以架修井硐案往来函件（1944.10.27–1945.1.22）

盐务总局致财政部呈（1944.10.27）

盐政司致财政部签呈（1944.11）

财政部致盐务总局指令稿（1944.11.13）

盐务总局致财政部呈（1945.1.8）

财政部致盐务总局指令稿（1945.1.22）

（九七）财政部、盐务总局为云南盐务管理局陈报磨黑井旧硐抢修工程、弥沙场开辟新硐追加预算案往来函电（1944.11.10–1944.12.21）

盐务总局致财政部呈（1944.11.10）

财政部致盐务总局指令稿（1944.11.27）

云南盐务管理局致盐政局呈（1945.9.6）

盐政局会计处致场产处函（1945.9.19）

盐政局场产处致会计处函（1945.9.21）

财政部致云南盐务管理局代电（1945.10.3）

云南盐务管理局致盐政局代电（1945.10.26）

盐政局场产处致会计处函（1945.11.3）

盐政局会计处致场产处函（1945.11.13）

财政部致云南盐务管理局代电（1945.11.30）

（一〇二）云南盐务管理局为滇中场署办公室盐仓并建工程展期完工等事与盐政局、财政部等往来文书（1945.4.7–1945.11.14）

云南盐务管理局致盐政局呈（1945.4.7）

云南盐务管理局致盐政局呈（1945.4.21）

盐政局技正室致场产处函（1945.4.25）

财政部致云南盐务管理局代电（1945.5.5）

云南盐务管理局致盐政局代电（1945.5.9）

财政部致云南盐务管理局代电稿（1945.5.23）

财政部致云南盐务管理局电稿（1945.6.4）

云南盐务管理局致盐政局代电（1945.6.15）

财政部致云南盐务管理局代电（1945.7.9）

云南盐务管理局致盐政局呈（1945.7.28）

云南盐务管理局致盐政局代电（1945.7.28）

盐政局场产处与技正室往来函（1945.8.7–1945.8.9）

财政部致云南盐务管理局代电（1945.8.22）

云南盐务管理局致盐政局代电（1945.8.28）

财政部致云南盐务管理局代电稿（1945.8.29）

盐政局场产处致总务处工程组函（1945.9.12）

财政部致云南盐务管理局代电（1945.9.18）

盐政局致云南盐务管理局代电（1945.11.14）

（一〇三）云南盐务管理局为滇中区琅井场务所抢修输卤枧槽所需费用事与盐政局往来文书（1945.11.3–1945.11.24）

云南盐务管理局致盐政局呈（1945.11.3）

盐政局致云南盐务管理局代电（1945.11.24）

（一〇四）盐政局为滇中场署盐仓合建工程包商续请各节致云南盐务管理局代电（1945.12.4）

第五十九卷

二 配套设施

(一)盐务稽核总所关于云南分所呈报提议井场造林办法案核办情形致盐务署公函(1937.3.4)

(二)云南盐务管理局为与昆明市政府合建东寺街土桥事与盐务总局往来文书(1941.11.24–1942.8.19)

云南盐务管理局致盐务总局呈暨盐务总局所属各处室函(1941.11.24)

盐务总局致云南盐务管理局代电稿(1942.1.10)

云南盐务管理局致盐务总局代电暨盐务总局各处室函(1942.3.20)

盐务总局致财政部代电稿、致云南盐务管理局代电稿(1942.4.21)

中央银行致盐务总局笺函暨盐务总局所属各处室函(1942.4.23)

盐务总局致中央银行代电稿(1942.4.28)

盐务总局致云南盐务管理局代电稿、中央银行秘书处笺函稿(1942.5.9)

财政部致盐务总局指令(1942.6.10)

云南盐务管理局致盐务总局代电暨盐务总局所属各处室函(1942.6.16)

盐务总局致中央银行秘书处笺函稿、云南盐务管理局代电稿(1942.7.13)

云南盐务管理局致盐务总局代电(1942.8.13)

云南盐务管理局致盐务总局呈(1942.8.19)

(三)云南盐务管理局为修理涨沙至洱源运道与盐务总局往来文书(1942.5.15–1943.2.25)

云南盐务管理局致盐务总局代电(1942.5.15)

盐务总局致云南盐务管理局电稿(1942.5.23)

云南盐务管理局致盐务总局呈暨盐务总局各处笺函(1942.8.5)

云南盐务管理局致盐务总局呈(1942.9.12)

盐务总局致财政部、云南盐务管理局代电稿(1942.10.2)

盐务总局致财政部代电稿、云南盐务管理局电稿(1942.10.22)

财政部致盐务总局指令（1942.10.29）

财政部致盐务总局指令（1942.11.17）

盐务总局致云南盐务管理局电稿（1942.12.9）

云南盐务管理局致盐务总局代电（1943.2.2）

盐务总局致云南盐务管理局代电稿暨盐务总局各处室签函（1943.2.25）

（四）云南盐务管理局为修筑安宁仓运盐支路与盐务总局往来文书（1942.8.8–1942.9.17）

云南盐务管理局致盐务总局呈暨盐务总局各处函（1942.8.8）

盐务总局致云南盐务管理局代电稿（1942.9.17）

（五）云南盐务管理局为修复昆明西面石桥事致盐务总局代电（1942.9.4）

（六）云南盐务管理局关于兴办煤灶枝条架工程及采用压盐机改良安井盐质及洽商造林办法各情形与盐务总局往来文书（1943.3.26–1943.4.14）

云南盐务管理局致盐务总局呈（1943.3.26）

盐务总局致云南盐务管理局指令稿（1943.4.14）

（七）云南盐务管理局为迤南场署呈请拨款修理把边铁桥与盐务总局往来文书（1943.7.19–1944.3.17）

云南盐务管理局致盐务总局代电（1943.7.19）

盐务总局致财政部、云南盐务管理局代电稿（1943.9.8）

盐务总局致云南盐务管理局电稿（1943.9.21）

云南盐务管理局致盐务总局电（1943.12.3）

盐务总局致云南盐务管理局电稿（1943.12.10）

云南盐务管理局致盐务总局电（1943.12.17）

盐务总局致财政部代电稿（1944.1.21）

财政部致盐务总局快邮代电（1944.2.25）

盐务总局致云南盐务管理局代电稿（1944.3.17）

（八）云南盐务管理局为呈报与建设厅会商民国三十二年度黑白二井造林计划详情与盐务总局往来文书（1943.8.18–1943.12.28）

云南盐务管理局致盐务总局呈（1943.8.18）

盐务总局场产处等签呈（1943.9.20–1943.10.1）

盐务总局致云南盐务管理局代电稿（1943.10.29）

云南盐务管理局致盐务总局代电（1943.10.29）

云南盐务管理局致盐务总局代电（1943.11.25）

盐务总局会计处致场产处函（1943.12.17）

盐务总局致云南盐务管理局代电稿（1943.12.28）

（九）云南盐务管理局为滇区黑白二井造林场最近三年之造林成绩及在三年整理费内开支费用情形与盐务总局往来文书（1943.9.25–1943.10.30）

云南盐务管理局致盐务总局呈（1943.9.25）

盐务总局致云南盐务管理局代电稿（1943.10.30）

盐务总局会计处致场产处笺函（1943.10.1）

盐务总局会计处致场产处笺函（1943.10.13）

（一〇）盐务总局为云南盐务管理局报补修黑井庆安堤护岸工程事与财政部往来文书

（1943.10.28–1944.1.29）

盐务总局致财政部代电（1943.10.28）

财政部致盐务总局代电（1943.12.10）

盐务总局致财政部代电（1944.1.5）

财政部致盐务总局指令（1944.1.29）

（一一）盐务总局为云南盐务管理局与建设厅会商本年度造林计划详情致云南盐务管理局代电

（1943.10.29）

（一二）云南盐务管理局为安宁场建筑煤煎灶费用细数无从开列情形致盐务总局代电（1944.1.19）

（一三）盐务总局为滇区安丰井续请改修河道巩固堤身各工程与财政部往来文书（1944.1.19–1944.2.23）

盐务总局致财政部呈（1944.1.19）

财政部致盐务总局指令稿（1944.2.23）

（一四）盐务总局为云南盐务管理局报请修滇中区阿陋场奇兴井堤岸工程图说预算与财政部往来文书

（1944.3.3–1944.4.13）

盐务总局致财政部代电（1944.3.3）

财政部致盐务总局指令稿（1944.4.13）

（一五）盐务总局为云南盐务管理局陈报修筑元平公路经过及征收乐捐款数情形与财政部往来文书

（1944.4.1–1944.4.21）

盐务总局致财政部代电（1944.4.1）

财政部致盐务总局指令稿（1944.4.21）

（一六）盐务总局为云南盐务管理局陈报补修黑井庆安堤护岸及倒塌部分经过情形与财政部往来代电（1944.4.1–1944.5.18）

盐务总局致财政部代电（1944.4.1）

财政部致盐务总局代电稿（1944.5.18）

（一七）财政部、盐务总局为云南盐务管理局修筑整理河堤工程案往来函电（1944.8.21–1944.11.20）

盐务总局致财政部代电（1944.8.21）

盐务总局致财政部呈（1944.11.8）

财政部致盐务总局指令稿（1944.11.20）

（一八）云南盐务管理局为与云南省建设厅商办造林事与盐务总局往来文书（1944.9.7–1945.9.21）

云南盐务管理局致盐务总局呈（1944.9.7）

盐务总局致云南盐务管理局电稿（1944.10.3）

云南盐务管理局致盐务总局代电（1944.11.10）

盐务总局所属机构会签（1944.11.17–1944.12.1）

云南盐务管理局致盐务总局代电（1944.12.2）

盐务总局致云南盐务管理局代电稿（1944.12.9）

云南盐务管理局致盐政局呈（1945.3.23）

盐政局所属机构会签（1945.3.28–1945.4.3）

盐政局致云南盐务管理局代电稿（1945.4.14）

云南盐务管理局致盐政局代电（1945.4.17）

云南盐务管理局致盐政局代电（1945.4.23）

盐政局所属机构会签（1945.4.23–1945.5.21）

盐政局致云南盐务管理局代电稿（1945.5.31）

云南盐务管理局致盐政局代电（1945.6.27）

盐政局致云南盐务管理局代电稿（1945.7.17）

盐政局技正室致场产处签呈（1945.8）

盐政局致云南盐务管理局训令稿（1945.9.8）

云南盐务管理局致盐政局呈（1945.9.21）

（一九）云南盐务管理局为云南省建设厅关于造林经费拨发办法事与盐务总局往来呈电（1944.9.7–1944.10.9）

云南盐务管理局致盐务总局呈（1944.9.7）

盐务总局致云南盐务管理局电稿（1944.10.9）

（二〇）财政部、盐务总局为滇区阿陋场奇兴井修复堤岸工程案往来函电（1944.10.2–1944.10.24）

盐务总局致财政部代电（1944.10.2）

财政部致盐务总局指令稿（1944.10.24）

（一二）云南盐务管理局关于黑白两井林场经费拨发办法及管辖问题等与盐务总局往来电（1944.11.10–1945.1.4）

云南盐务管理局致盐务总局代电（1944.11.10）

盐务总局场产处致会计处签（1944.11.17）

盐务总局会计处致场产处签（1944.12.1）

云南盐务管理局致盐务总局代电（1944.12.2）

盐务总局致云南盐务管理局代电稿（1944.12.9）

盐务总局致云南盐务管理局代电稿（1944.12.19）

盐务总局签（1945.1.4）

（一三）云南盐务管理局为黑井建国桥改建桥面工程及整理桥基上游乱石相关情形与盐务总局、财政部往来文书（1945.1.19–1945.9.20）

盐务总局致财政部代电（1945.1.19）

盐政局致财政部呈（1945.2.26）

财政部致云南盐务管理局代电稿（1945.3.14）

云南盐务管理局致盐政局代电（1945.4.4）

盐政局技正室致总务处函（1945.4.11）

云南盐务管理局致盐政局代电（1945.4.13）

盐政局总务处致运销处函（1945.4.18）

盐政局运销处致会计处函（1945.4.20）

盐政局致云南盐务管理局电稿（1945.4.20）

盐政局总一科致技正室函（1945.4.23）

盐政局技正室致运销处函（1945.4.25）

盐政局致云南盐务管理局代电稿（1945.5.4）

盐政局技正室致运销处函（1945.5.7）

云南盐务管理局致盐政局呈（1945.9.20）

第六十卷

（一三）云南盐务管理局关于发给黑白二井林场员工一月之薪津作遣散费等与盐务总局往来呈电（1945.3.23–1945.5.31）

云南盐务管理局致盐务总局呈（1945.3.23）

盐务总局场产处致会计处签（1945.3.28）

盐务总局会计处致场产处签（1945.4.3）

盐务总局致云南盐务管理局代电稿（1945.4.14）

云南盐务管理局致盐务总局代电（1945.4.17）

盐务总局场产处致会计处签（1945.4.23）

盐务总局场产处致会计处签（1945.4.30）

盐务总局会计处致人事室、场产处签（1945.5.9）

盐务总局人事室致场产处签（1945.5.21）

盐务总局致云南盐务管理局代电稿（1945.5.31）

（二四）云南盐务管理局关于拨发林场员工薪津及遣散费并呈送造林规则、管理规则等与盐政局往来电（1945.6.27–1945.7.17）

云南盐务管理局致盐政局代电（1945.6.27）

盐政局致云南盐务管理局代电稿（1945.7.17）

（二五）云南盐务管理局关于黑白二井夏季造林计划书与盐政局往来呈令稿（1945.9.21–1945.10.13）

云南盐务管理局致盐政局呈（1945.9.21）

盐政局致云南盐务管理局指令稿（1945.10.13）

三　原料

（一）经济部为测量调查岩盐矿请检送各井图案相关情形与盐务总局、云南盐务管理局往来文件（1939.3.14–1939.11.17）

经济部致财政部咨（1939.3.14）

财政部致经济部咨稿、云南盐务管理局训令稿（1939.3.27）

盐务总局致财政部呈（1939.7.11）

财政部致经济部咨稿、盐务总局指令稿（1939.8.4）

盐务总局致财政部呈（1939.10.17）

财政部致盐务总局指令稿（1939.11.17）

（二）盐务总局为云南黑井区煤矿调查报告致云南盐务管理局文书（1939.8.19–1939.10.9）

盐务总局致云南盐务管理局代电稿（1939.8.19）

盐务总局驻滇技正致盐务总局代电（1939.8.21）

盐务总局致云南盐务管理局训令稿（1939.10.9）

（三）盐务总局为云南盐务管理局呈报筹备开采大江坡一带煤矿案与财政部往来文书（1941.6.13–1941.7.23）

盐务总局致财政部呈（1941.6.13）

财政部致盐务总局指令稿（1941.7.23）

（四）云南盐务管理局为呈报聘请地质专家勘开元阿新硐情形及测量预算等与盐务总局往来文书（1943.6.18–1943.7.28）

云南盐务管理局致盐务总局呈（1943.6.18）

盐务总局技术处致场产处函（1943.6.30）

盐务总局技术处致场产处函（1943.7.16）

盐务总局致云南盐务管理局代电稿（1943.7.28）

（五）云南盐务管理局、盐务总局等为滇区迤西署白井老硐、来福井灶户亏贴甚巨请发给抵补费案往来函件（1941.6.24–1941.10.29）

云南盐务管理局致盐务总局呈（1941.6.24）

云南盐务管理局致财政部呈稿（1941.7.30）

财政部致盐务总局指令（1941.10.2）

盐务总局致云南盐务管理局指令稿（1941.10.29）

（六）云南盐务管理局为哈当、水口、雷窑、班迈等地产盐矿案相关情形与盐务总局往来文书（1941.1.24–1941.7.12）

云南盐务管理局致盐务总局呈（1941.1.24）

盐政司致盐务总局签函（1941.2.20）

盐务总局致技术处代电稿（1941.3.18）

盐务总局致财政部代电稿（1941.3.19）

财政部致盐务总局快邮代电（1941.4.9）

盐务总局致云南盐务管理局指令（1941.5.10）

盐务总局致财政部代电（1941.5.17）

财政部致盐务总局指令（1941.6.21）

盐务总局致云南盐务管理局训令（1941.7.12）

（七）云南盐务管理局为炸毁中兴硐后山大石工料费及治本办法与盐务总局往来文书（1942.2.10–1942.3.23）

云南盐务管理局致盐务总局呈（1942.2.10）

盐务总局致云南盐务管理局指令（1942.3.23）

（八）云南盐务管理局为呈报制盐成本比较表案与盐务总局往来文书（1942.7.6–1942.9.17）

云南盐务管理局致盐务总局呈（1942.7.6）

盐务总局致财政部呈稿、云南盐务管理局指令稿（1942.9.17）

（九）云南盐务管理局为迤南区场署呈转凤岗场修理汲卤工料预算清单等与盐务总局往来文书（1941.7.14–1941.8.29）

云南盐务管理局致盐务总局呈（1941.7.14）

盐务总局致云南盐务管理局指令稿（1941.8.29）

（一〇）盐务总局为西南联大段国璋等赴黑井调查地质事致云南盐务管理局代电（1943.7.13）

（一一）云南盐务管理局为聘请地质专家勘开元永新硐情形与盐务总局往来文书（1943.8.30–1943.9.29）

云南盐务管理局致盐务总局代电（1943.8.30）

盐务总局致财政部、云南盐务管理局代电（1943.9.29）

（一二）盐务总局为安宁场建造煤煎灶费用细数无从开列事与财政部、云南盐务管理局往来文书（1944.2.3–1944.3.13）

盐务总局场产处致技术室函（1944.2.3）

盐务总局技术处致场产处函（1944.2.5）

盐务总局致云南盐务管理局代电、财政部呈（1944.3.13）

（一三）云南盐务管理局、盐务总局为迤西署乔后场订购民国三十三年度木材价格增加等情往来函电（1944.7.12–1944.7.22）

云南盐务管理局致盐务总局呈（1944.7.12）

盐务总局致云南盐务管理局代电稿（1944.7.22）

（一四）云南盐务管理局为急筹采办柴薪以便增产事致盐务总局电（1944.10.21）

（一五）云南盐务管理局关于大江坡采煤办事处移交及复兴大江坡煤矿计划与盐务总局往来电（1944.10.23–1944.12.1）

云南盐务管理局致盐务总局代电（1944.10.23）

盐务总局会计处致场产处签（1944.11.28）

盐务总局致云南盐务管理局代电稿（1944.12.1）

（一六）云南盐务管理局关于请速垫拨购煤款与盐务总局往来电（1944.10.30–1944.11.13）

云南盐务管理局致盐务总局电（1944.10.30）

盐务总局总务处致场产处签（1944.11.3）

盐务总局场产处致总务处签（1944.11.4）

盐务总局致云南盐务管理局电稿（1944.11.13）

（一七）云南盐务管理局为安宁煤煎灶费用报销事与盐务总局往来文书（1944.12.29–1945.1.26）

云南盐务管理局致盐务总局呈（1944.12.29）

盐务总局致云南盐务管理局指令稿暨所属机构签函（1945.1.26）

四　场务

（一）云南盐务管理局为呈报喇井井硐被水浸入情形暨抢修后照常采煎事与盐务总局往来代电（1939.11.20–1940.2.21）

云南盐务管理局致盐务总局代电（1939.11.20）

盐务总局致财政部暨云南盐务管理局代电稿（1939.12.9）

云南盐务管理局致盐务总局代电（1939.12.20）

盐务总局致财政部呈暨致云南盐务管理局指令稿（1940.2.21）

（二）云南盐务管理局为金泉井交接事宜与盐务总局、财政部往来文书（1941.12.9–1942.3.13）

云南盐务管理局致盐务总局呈（1941.12.9）

财政部致盐务总局指令（1942.1.10）

盐务总局致财政部呈（1942.2.4）

盐务总局致云南盐务管理局代电（1942.2.4）

财政部致盐务总局指令（1942.2.27）

盐务总局致云南盐务管理局代电（1942.3.13）

（三）云南盐务管理局为金泉井纠纷解决后处置办法一案与盐务总局等往来文书（1942.3.5–1942.8.5）

云南盐务管理局致盐务总局代电（1942.3.5）

盐务总局致云南盐务管理局代电（1942.3.26）

盐务总局致云南盐务管理局指令（1942.8.5）

金泉井股东李士芬等致盐务总局呈（1942.6）

（四）盐务总局为云南盐务管理局呈报盐津县属盐井坎产盐由盐津查验处收回管理等情与财政部往来文书（1942.5.7–1942.6.5）

盐务总局致财政部呈（1942.5.7）

财政部第三科致第四科函（1942.5.22）

财政部第四科致第三科函（1942.5.23）

财政部致盐务总局指令（1942.6.5）

（五）盐务总局为云南化工材料厂请领矿区执照纠纷一案与财政部、经济部、云南盐务管理局等往来文书（1943.1.15–1943.7.28）

云南盐务管理局致盐务总局呈（1943.1.15）

盐务总局致云南盐务管理局指令（1943.2.4）

盐务总局致财政部呈（1943.2.8）

财政部致盐务总局指令（1943.3.11）

盐务总局致云南盐务管理局训令（1943.3.18）

财政部致盐务总局训令（1943.6.9）

财政部致盐务总局指令（1943.7.28）

（六）云南盐务管理局为办理迤西场属顺荡井盐务情形一案与盐务总局往来文书（1943.2.11–1943.3.2）

云南盐务管理局致盐务总局呈（1943.2.11）

盐务总局致云南盐务管理局代电（1943.3.2）

（七）财政部关于滇区喇鸡场高轩、日期两井准予旧商沿额维持致盐务总局指令（1943.2.12）

（八）盐务总局关于准予滇区喇鸡场高轩、日期两井沿额由旧商维持致云南盐务管理局代电（1943.3.3）

（九）云南盐务管理局为安丰井包煎由布希和接办事与盐务总局往来文书（1943.2.18–1943.3.5）

云南盐务管理局致盐务总局呈（1943.2.18）

盐务总局致云南盐务管理局代电（1943.3.5）

（一〇）云南盐务管理局为丽江井收回官办事与盐务总局、财政部等往来文书（1943.2.1–1943.3.31）

云南盐务管理局致盐务总局代电（1943.2.1）

盐务总局致云南盐务管理局代电（1943.3.12）

盐务总局致财政部呈（1943.3.12）

云南盐务管理局致盐务总局代电（1943.3.31）

（一一）云南盐务管理局为迤西高轩井仅有维西商人张震东承办等情致盐务总局代电（1943.3.20）

第六十一卷

（一二）云南盐务管理局为迤西场属高轩井本届井务办理情形致盐务总局代电（1943.4.26）

（一三）云南盐务管理局为迤西场属日期井本届井务办理情形致盐务总局代电（1943.5.1）

（一四）盐务总局关于迤西场属高轩、日期两井本届井务办理情形致财政部呈（1943.5.31）

（一五）财政部关于滇区喇鸡场属丽江井原有老母等井暂缓收回官办事致盐务总局指令（1943.5.22）

（一六）盐务总局关于滇区喇鸡场属丽江井暂缓收回官办事致云南盐务管理局训令（1943.5.31）

（一七）云南盐务管理局关于调整迤西区各场灶费、人员生活津贴事致盐务总局代电（1944.2.25）

（一八）杨勋民经办滇中场场务重要事项说明节略（1943.7.25）

（一九）云南盐务管理局为调整场价案与盐务总局往来文书（1943.9.23–1943.10.12）

云南盐务管理局致盐务总局函（1943.9.23）

盐务总局运销处致场产处函（1943.9.23）

盐务总局致云南盐务管理局函（1943.10.12）

（二〇）云南盐务管理局关于拟请撤销庆春井拨交化工厂原案致盐务总局呈（1944.7.11）

（二一）盐务总局关于转咨经济部修正庆春井拨交化工厂原案致财政部及云南盐务管理局文书（1944.7.28）

（二二）财政部关于函请经济部修正庆春井拨交化工厂一案致盐务总局指令（1944.8.18）

（二三）盐务总局关于修正庆春井拨交化工厂一案致云南盐务管理局训令（1944.9.14）

（二四）云南盐务管理局为大江坡采煤办事处移交理所接管等事与盐务总局往来代电（1944.10.23–1944.12.28）

云南盐务管理局致盐务总局代电（1944.10.23）

盐务总局致云南盐务管理局代电稿暨所属机构签函（1944.12.28）

（二五）财政部关于饬查资源委员会化工厂制硝场霸占民产案致盐务总局训令（1944.10.30）

（二六）盐务总局关于饬查资源委员会化工厂琅井制硝场霸占民有公产一案致云南盐务管理局代电（1944.11.10）

（二七）云南盐务管理局关于化工厂提供解决长兴井产权纠纷一案致盐务总局呈（1944.11.17）

（二八）盐务总局关于办理解决长兴井产权纠纷暨酌给提井费一案致云南盐务管理局及财政部文书（1944.11.30）

（二九）云南盐务管理局关于准予盐兴县化工厂自行解决琅井制硝场霸占民产一案致盐务总局代电（1944.12.6）

（三〇）财政部关于云南盐务管理局陈复解决长兴井产权纠纷一案致盐务总局指令（1944.12.16）

（三一）盐务总局关于资源委员会化工厂制硝场霸占民产一案解决情形致财政部及云南盐务管理局相关文书（1944.12.30）

（三二）财政部关于长兴井业权问题业经解决等情致盐务总局指令（1945.1.15）

（三三）盐务总局关于长兴井业权问题业经解决一案致云南盐务管理局训令（1945.1.25）

（三四）云南盐务管理局与盐政局关于轻小盐平免予处罚案的往来函电（1945.5.9–1945.5.19）

云南盐务管理局致盐政局代电（1945.5.9）

盐政局致云南盐务管理局指令稿（1945.5.19）

（三五）云南盐务管理局、盐政局等为滇中区琅井场估计失确盐数拟议办法案往来函电（1945.5.14–1945.6）

云南盐务管理局致盐政局代电（1945.5.14）

财政部致云南盐务管理局指令稿（1945.5.29）

财政部秘书室等签呈（1945.6）

（三六）云南盐务管理局与盐政局为封闭白井场安丰井以利正场产额往来函（1945.8.3–1945.8.17）

云南盐务管理局致盐政局呈（1945.8.3）

盐政局致云南盐务管理局指令稿（1945.8.17）

（三七）云南盐务管理局与盐政局为丽江场管辖日期井、顺荡井事宜往来函电（1945.8.4–1945.9.18）

云南盐务管理局致盐政局呈（1945.8.4）

盐政局致云南盐务管理局指令稿（1945.8.15）

云南盐务管理局致盐政局代电（1945.9.7）

盐政局致云南盐务管理局指令稿（1945.9.18）

（三八）云南盐务管理局与盐政总局等为封闭弥沙、金泉等井案往来代电（1946.5.18–1946.6.13）

云南盐务管理局致盐政总局代电（1946.5.18）

云南盐务管理局致盐政总局代电（1946.5.24）

财政部致云南盐务管理局代电稿（1946.6.13）

五　盐质

（一）云南盐务管理局关于盐津县属盐井坝产盐管理、盐质查验等与盐务总局等往来文书（1942.4.3–1942.12.26）

云南盐务管理局致盐务总局呈（1942.4.3）

盐务总局致云南盐务管理局指令、财政部呈（1942.5.7）

财政部致盐务总局指令（1942.6.5）

盐务总局致云南盐务管理局训令（1942.6.18）

云南盐务管理局致盐务总局呈（1942.9.17）

盐务总局致云南盐务管理局指令（1942.10.24）

云南盐务管理局致盐务总局代电（1942.11.13）

盐务总局致云南盐务管理局指令（1942.12.26）

（二）云南盐务管理局为呈报考核滇区盐质办法与盐务总局往来文书（1942.8.17–1943.1.7）

云南盐务管理局致盐务总局呈（1942.8.17）

盐务总局致云南盐务管理局指令稿、财政部呈稿（1942.10.30）

财政部致盐务总局指令（1942.12.21）

盐务总局致云南盐务管理局代电稿（1943.1.7）

（三）云南盐务管理局为镇雄县之红花小溪及白果树两处盐样化验结果事致盐务总局呈（1942.9.18）

（四）盐务总局关于镇雄县属红花小溪、白果树两处产盐适合一等盐标准等事致云南盐务管理局代电（1942.9.28）

（五）云南盐务管理局为解决滇中场署运省红沙盐办法案与盐务总局往来文书（1943.1.11–1944.3.28）

云南盐务管理局致盐务总局代电（1943.1.11）

盐务总局致云南盐务管理局代电稿（1944.3.8）

财政部致盐务总局指令（1944.3.28）

（六）云南盐务管理局为检取盐样呈送化验案与盐务总局往来文书（1943.9.2–1943.11.18）

云南盐务管理局致盐务总局代电（1943.9.2）

盐务总局致云南盐务管理局代电稿（1943.9.23）

云南盐务管理局致盐务总局代电（1943.11.2）

盐务总局致云南盐务管理局指令稿（1943.11.18）

（七）云南盐务管理局为滇中区元永场煎运劣质红盐案与盐务总局往来文书（1944.5.25–1946.12.18）

云南盐务管理局致盐务总局呈（1944.5.25）

盐务总局致财政部呈稿、云南盐务管理局指令稿（1944.6.28）

财政部致盐务总局指令（1944.7.14）

云南盐务管理局致盐务总局呈（1945.4.14）

财政部致云南盐务管理局代电稿（1945.4.27）

云南盐务管理局致盐务总局呈（1946.10.2）

盐务总局致云南盐务管理局代电稿（1946.10.18）

云南盐务管理局致盐务总局呈（1946.12.18）

（八）云南盐务管理局为呈报蔡瓦两井实产卤水数量及成份等情致盐政局代电（1945.10.29）

（九）盐政局为蔡瓦两井实产卤水数量及成份事致云南盐务管理局代电稿（1945.11.8）

（一〇）云南盐务管理局为滇中场署呈报办理责赔红沙盐退灶及途耗、存仓、改煎情形与盐务总局往来文书（1947.1.13–1947.11.4）

盐务总局致云南盐务管理局指令稿（1947.1.13）

云南盐务管理局致盐务总局呈（1947.5.11）

盐务总局致云南盐务管理局文稿（1947.5.28）

云南盐务管理局致盐务总局呈（1947.6.18）

云南盐务管理局致盐务总局呈（1947.9.29）

盐务总局致云南盐务管理局文稿（1947.11.4）

六　改进工艺

（一）财政部、云南盐务管理局为呈送关于运使订定黑白磨三区各井管理硔卤通则暨各局应添员丁案与盐务总局往来文书（1937.12.7–1939.5.25）

云南盐务管理局致盐务总局呈（1937.12.7）

盐务总局致财政部呈稿、云南盐务管理局指令稿（1938.5.6）

财政部致盐务总局指令（1938.5.17）

云南盐务管理局致盐务总局呈（1939.3.7）

盐务总局致财政部呈稿、云南盐务管理局指令稿（1939.4.27）

财政部致盐务总局指令（1939.5.15）

盐务总局致云南盐务管理局训令稿（1939.5.25）

（二）云南盐务管理局为转呈元永场旧历新年期间奖励采汲硔卤规则及发放硔卤暂行办法大纲及细则等与盐务总局往来文书（1939.2.27–1941.11.10）

云南盐务管理局致盐务总局呈（1939.2.27）

盐务总局致云南盐务管理局指令稿（1939.3.23）

云南盐务管理局致盐务总局呈（1939.4.15）

盐务总局致云南盐务管理局指令稿（1939.7.19）

云南盐务管理局致盐务总局代电（1939.9.19）

盐务总局致财政部呈稿、云南盐务管理局代电稿（1939.11.15）

云南盐务管理局致盐务总局代电（1939.11.30）

盐务总局致财政部呈稿（1940.1.24）

财政部致盐务总局指令（1940.1.25）

盐务总局致云南盐务管理局训令稿（1940.2.16）

云南盐务管理局致盐务总局呈（1941.6.12）

盐务总局致财政部呈稿、云南盐务管理局指令稿（1941.6.27）

云南盐务管理局致盐务总局呈（1941.7.14）

盐务总局致财政部呈稿、云南盐务管理局指令稿（1941.8.2）

财政部致盐务总局指令（1941.8.23）

财政部致盐务总局指令（1941.9.30）

盐务总局致云南盐务管理局训令稿（1941.10.6）

盐务总局致云南盐务管理局训令稿（1941.11.10）

（三）云南盐务管理局、盐务总局关于报核滇区盐质改进办法及推行情形往来函电（1940.5.16–1940.7.16）

云南盐务管理局致盐务总局呈（1940.5.16）

盐务总局致云南盐务管理局、财政部代电稿（1940.7.16）

（四）云南盐务管理局、盐务总局等为云南盐务管理局拟议检查盐质办法案往来文书（1940.9.1–1940.12.23）

财政部致盐务总局指令（1940.9.1）

盐务总局致云南盐务管理局训令稿（1940.9.26）

云南盐务管理局致盐务总局呈（1940.12.10）

盐务总局致云南盐务管理局指令稿（1940.12.23）

第六十二卷

（五）财政部、云南盐务管理局、盐务总局等关于推广滇区洁盐办法案往来函电（1940.11.14–1941.9.21）

财政部致盐务总局代电（1940.11.14）

盐务总局致云南盐务管理局代电稿（1940.12.3）

云南盐务管理局致盐务总局代电（1940.12.31）

云南盐务管理局致盐务总局呈（1941.5.15）

云南盐务管理局致盐务总局呈（1941.6.6）

盐务总局致财政部代电稿、云南盐务管理局指令稿（1941.6.27）

云南盐务管理局致盐务总局呈（1941.7.22）

盐务总局致财政部代电稿、云南盐务管理局指令稿（1941.8.15）

财政部致盐务总局代电（1941.9.15）

财政部致盐务总局代电（1941.9.21）

（六）云南盐务管理局、盐务总局为技术室呈送化验益香井盐样案往来公函（1941.11.24–1941.12.18）

云南盐务管理局致盐务总局呈（1941.11.24）

盐务总局致云南盐务管理局指令稿（1941.12.18）

（七）财政部、云南盐务管理局为以煤煎盐改砂滤卤改良盐质及施行板晒经过各情形与盐务总局往来文书（1941.11.5–1941.12.10）

云南盐务管理局致盐务总局呈（1941.11.5）

盐务总局致云南盐务管理局指令稿、财政部呈稿（1941.12.10）

（八）财政部、云南盐务管理局为滇区食盐加碘工作推进情形与盐务总局往来文书（1941.12.30–1947.8.9）

财政部致盐务总局指令（1941.12.30）

云南盐务管理局致盐务总局呈（1942.1.7）

盐务总局致云南盐务管理局代电稿（1942.1.27）

云南盐务管理局致盐务总局代电（1942.1.28）

云南盐务管理局致盐务总局代电（1942.2.7）

云南盐务管理局致盐务总局代电（1942.2.13）

云南盐务管理局致盐务总局呈（1942.7.23）

盐务总局致云南盐务管理局指令稿（1942.8.5）

盐务总局致财政部秘书处笺函稿（1944.4.3）

云南盐务管理局致盐政局呈（1945.4.23）

盐政局致云南盐务管理局代电稿（1945.8.27）

云南盐务管理局致盐政总局电（1946.12.6）

云南盐务管理局致盐务总局电文（1947.8.9）

（九）财政部为滇局试办以煤煎盐改砂滤卤等情形与盐务总局、云南盐务管理局往来文书（1942.1.17–1942.6.11）

财政部致盐务总局指令（1942.1.17）

盐务总局致云南盐务管理局训令稿（1942.1.30）

云南盐务管理局致盐务总局呈（1942.4.24）

盐务总局致财政部呈稿、云南盐务管理局指令稿（1942.5.15）

财政部致盐务总局指令（1942.6.11）

（一〇）云南盐务管理局为滇区存盐改煎折耗案与盐务总局等往来函（1942.3.10–1942.5.5）

云南盐务管理局致盐务总局呈（1942.3.10）

盐务总局致财政部呈稿（1942.3.26）

财政部致盐务总局指令（1942.4.18）

盐务总局致云南盐务管理局代电稿（1942.5.5）

（一一）云南盐务管理局关于琅所金泉井采制芒硝管理办法一案致盐务总局代电（1942.3.28）

（一二）盐务总局关于琅所金泉井采制芒硝管理办法一案致云南盐务管理局代电稿（1942.4.25）

（一三）沈本强关于芒硝是否为天然碱之一种致郑祖亚函（1943.6.11）

（一四）郑祖亚关于芒硝是否为天然碱之一种致沈本强函（1943.6.18）

（一五）盐务总局关于咨商经济部芒硝之化学成份致财政部呈稿（1943.6.26）

（一六）财政部关于经济部指定芒硝为制碱之矿物缘由说明致盐务总局训令（1943.9.10）

（一七）盐务总局关于经济部指定芒硝为制碱矿物缘由说明致云南盐务管理局训令稿（1943.9.25）

（一八）云南盐务管理局关于资源委员会化工厂函拟利用元黑琅各井场废硐卤水提制芒硝一案经过致盐务总局呈（1945.2.1）

（一九）财政部关于核准资源委员会化工厂利用元黑琅各井场废硐卤水提制芒硝一案致云南盐务管理局训令稿（1945.2.19）

（二〇）财政部关于昆明化工材料厂拟价购灰粉盐等提制芒硝并精制食盐一案致云南盐务管理局及经济部相关文书（1945.6.1）

（二一）云南盐务管理局关于洽办昆明化工材料厂请购灰粉或劣质盐提制精盐纯硝一案情形致盐政局呈（1945.7.17）

（二二）财政部关于核准云南盐务管理局与昆明化工材料厂洽商价购灰盐提制芒硝并精制食盐一案致云南盐务管理局及经济部文书（1945.8.10）

（二三）云南盐务管理局关于灰盐处理办法致盐政局代电（1945.8.30）

（二四）盐政局关于滇区灰盐处理办法致云南盐务管理局指令稿（1945.9.25）

（二五）云南盐务管理局为试行晒盐情形并拟具预算数目等与盐务总局往来文书（1942.5.20–1942.6.9）

云南盐务管理局致盐务总局呈（1942.5.20）

盐务总局致云南盐务管理局指令稿（1942.6.9）

（二六）云南盐务管理局为迤西署乔后井盐场分署呈请将仓存地灰改煎成盐发交公卖店变卖以售价半数充奖案与盐务总局往来文书（1942.6.2–1946.10.4）

云南盐务管理局致盐务总局呈（1942.6.2）

盐务总局致云南盐务管理局指令稿（1942.7.11）

云南盐务管理局致盐务总局代电（1943.10.30）

盐务总局致云南盐务管理局代电稿（1943.11.13）

云南盐务管理局致盐务总局代电（1944.10.30）

盐务总局致云南盐务管理局代电稿（1944.11.9）

云南盐务管理局致盐政局呈（1945.6.9）

盐政局致云南盐务管理局代电稿（1945.7.4）

云南盐务管理局致盐政总局代电（1946.8.31）

盐政总局致云南盐务管理局指令稿（1946.10.4）

（二七）云南盐务管理局为办理开发煤源及改用煤煎情形与盐务总局往来文书（1942.8.28–1943.1.14）

云南盐务管理局致盐务总局呈（1942.8.28）

云南盐务管理局致盐务总局呈（1942.9.9）

盐务总局场产处致秘书处函（1942.9.15）

盐务总局致财政部呈稿、云南盐务管理局指令稿（1942.9.19）

盐务总局致云南盐务管理局函

财政部致盐务总局指令（1942.10.9）

财政部致盐务总局指令（1942.10.9）

盐务总局致云南盐务管理局训令稿（1942.10.30）

云南盐务管理局致盐务总局呈（1942.10.31）

盐务总局致云南盐务管理局指令稿（1942.11.5）

盐务总局致云南盐务管理局训令稿（1942.11.6）

云南盐务管理局致盐务总局呈（1942.11.17）

盐务总局场产处致技术处函（1942.11.23）

盐务总局致财政部呈稿、云南盐务管理局指令稿（1942.11.23）

云南盐务管理局致盐务总局呈（1942.12.11）

云南盐务管理局致盐务总局呈（1942.12.12）

云南盐务管理局致盐务总局呈（1942.12.14）

云南盐务管理局致盐务总局呈（1942.12.15）

盐务总局场产处致技术处函（1942.12.18）

盐务总局场产处致技术处函（1942.12.23）

盐务总局技术处致场产处函（1942.12.25）

盐务总局致云南盐务管理局代电稿（1942.12.26）

盐务总局致财政部呈稿、云南盐务管理局代电稿（1943.1.6）

盐务总局致云南盐务管理局代电稿（1943.1.14）

（二八）云南盐务管理局为呈报滇中区灶抄赔盐试办情形与盐务总局往来文书（1942.9.10–1942.10.29）

云南盐务管理局致盐务总局呈（1942.9.10）

盐务总局场产处签呈（1942.9.18）

盐务总局致云南盐务管理局指令稿（1942.9.26）

云南盐务管理局致盐务总局代电（1942.10.29）

（二九）云南盐务管理局为呈报施行元永场计硔卤较煎暂行办法等情与盐务总局往来文书（1942.10.30–1943.7.17）

云南盐务管理局致盐务总局呈（1942.10.30）

盐务总局场产处致技术处函（1943.1.28）

盐务总局技术处致场产处函（1943.2）

盐务总局致财政部呈稿、云南盐务管理局指令稿（1943.3.4）

财政部致盐务总局指令（1943.7.7）

盐务总局致云南盐务管理局训令稿（1943.7.17）

（三〇）盐务总局为安宁井煤灶改善案致云南盐务管理局代电稿（1942.11.30）

（三一）盐务总局为改用煤煎进行情形及请开采金家窑煤矿与财政部、云南盐务管理局往来函（1943.2.12–1943.3.6）

财政部致盐务总局指令（1943.2.12）

盐务总局致云南盐务管理局训令稿（1943.3.6）

（三二）盐务总局、云南盐务管理局为试办永济硐续提卤水案往来函（1943.2.15–1943.3.3）

云南盐务管理局致盐务总局呈（1943.2.15）

盐务总局致云南盐务管理局指令稿（1943.3.3）

（三三）云南盐务管理局关于嘉奖滇西企业局制盐场产制改进事致盐务总局呈（1943.3.8）

（三四）云南盐务管理局为煤灶晒卤架及开采金家窑煤矿办理经过情形致盐务总局呈（1943.4.3）

（三五）云南盐务管理局为推行煤煎情形及开采金家窑煤矿等与盐务总局往来文书（1943.4.3–1943.4.24）

云南盐务管理局致盐务总局呈（1943.4.3）

云南盐务管理局致盐务总局呈（1943.4.3）

盐务总局致云南盐务管理局代电稿（1943.4.24）

（三六）云南盐务管理局为报告滇区产制状况及改进意见七项致盐务总局呈（1943.5.13）

（三七）盐务总局为滇区产制状况及改进意见致云南盐务管理局指令稿（1943.7.1）

（三八）云南盐务管理局为滇区产制状况及改进意见致盐务总局代电（1943.8.6）

（三九）盐务总局为滇区产制状况及改进意见暨压盐机租制办法等情致云南盐务管理局代电（1943.9.8）

（四〇）盐务总局技术处为滇区改良煤灶黑安两井枝条架建筑不符及食盐加碘等致盐务总局场产处笺函（1943.6.1）

（四一）云南盐务管理局为订制压盐机租制办法及改制筒盐事致盐务总局呈（1943.8.11）

（四二）盐务总局技术处为安宁井使用手摇泵及食盐加碘等致盐务总局场产处笺函（1943.8.14）

（四三）盐务总局场产处关于滇区洽购碘化钾致盐务总局总务处笺函（1943.8.31）

（四四）盐务总局总务处为滇区洽购碘化钾致盐务总局场产处笺函（1943.9.7）

（四五）云南盐务管理局为兴办煤灶枝条架采用压盐机改良安宁井盐质与造林等项经过情形致盐务总局呈（1943.9.22）

（四六）云南盐务管理局为呈报办理改良产制工作等情与盐务总局往来文书（1944.2.29–1944.6.28）

云南盐务管理局致盐务总局呈（1944.2.29）

盐务总局致云南盐务管理局指令稿（1944.3.27）

云南盐务管理局致盐务总局呈（1944.6.28）

（四七）财政部关于滇区安宁井建筑煤煎灶一案致盐务总局指令（1944.4.28）

（四八）盐务总局关于滇区安宁井建筑煤煎灶一案致云南盐务管理局训令稿（1944.5.23）

（四九）盐务总局关于滇区安宁井建筑煤煎灶原支费用致财政部呈稿（1944.5.23）

（五〇）财政部关于备查滇区安宁井建筑煤煎灶原支费用拟由民国三十三年度整理费列支致盐务总局指令（1944.6.12）

（五一）云南盐务管理局关于办理改良产制工作情形致盐务总局呈（1944.6.28）

（五二）盐务总局为云南盐务管理局请购仪器事与财政部往来文书（1944.7.1–1944.7.13）

盐务总局致财政部代电（1944.7.1）

财政部致盐务总局指令稿（1944.7.13）

（五三）云南盐务管理局为滇中区琅井莫尚荣灶改煎煤灶成功经饬推行等情与盐务总局往来文书（1944.8.15–1944.9.13）

云南盐务管理局致盐务总局代电（1944.8.15）

盐务总局致云南盐务管理局代电稿（1944.9.13）

第六十三卷

（五四）经济部关于拟准试行昆明化工材料厂精制食盐及改进原料办法致财政部咨（1945.5.19）

（五五）云南盐务管理局为呈报滇西企业局停工及复工、试煎锅盐情形与盐政局往来文书（1945.10.17–1948.6.17）

云南盐务管理局致盐政局呈（1945.10.17）

盐政局致云南盐务管理局指令稿（1945.10.27）

云南盐务管理局致盐政局呈（1945.11.9）

盐政局致云南盐务管理局指令稿（1945.11.17）

云南盐务管理局致盐政局代电（1945.12.4）

盐政局致云南盐务管理局代电稿（1945.12.25）

云南盐务管理局致盐政总局代电（1946.3.8）

盐政总局致云南盐务管理局指令稿（1946.3.15）

云南盐务管理局致盐政总局代电（1946.9.11）

盐政总局二科致一科便条（1946.9.17）

盐政总局致云南盐务管理局指令稿（1946.9.28）

云南盐务管理局致盐政总局呈（1946.11.18）

盐政总局便条（1946.11.30）

云南盐务管理局致盐政总局呈（1947.2.22）

盐政总局致云南盐务管理局公文稿（1947.3.13）

云南盐务管理局致盐政局函（1947.11.7）

盐政局致云南盐务管理局函（1947.11.14）

云南盐务管理局致盐务总局呈（1947.12.12）

盐政总局致云南盐务管理局文稿（1947.12.27）

云南盐务管理局致盐务总局呈（1948.2.2）

盐务总局致云南盐务管理局文稿（1948.2.14）

云南盐务管理局致盐务总局呈（1948.2.19）

盐务总局致云南盐务管理局文稿（1948.3.11）

云南盐务管理局致盐务总局呈（1948.4.23）

云南盐务管理局致盐务总局呈（1948.4.29）

盐务总局便条（1948.4.30）

盐务总局致云南盐务管理局公文稿（1948.5.10）

盐务总局致云南盐务管理局公文稿（1948.5.25）

云南盐务管理局致盐务总局呈（1948.6.17）

七　移卤就煤案

（一）云南元永井场施沛然等为请保持原有丁灶及井场现状案与财政部、行政院往来文书（1937.10.4–1938.1.20）

行政院秘书处致财政部函（1937.10.4）

云南元永井场全体灶户代表施沛然等致财政部呈（1937.11.10）

云南盐运使李培炎致财政部呈（1937.11.11）

财政部致施沛然等批文（1938.1.19）

财政部致行政院秘书处公函（1938.1.20）

（二）云南元永场全体灶户邓元和等为请维持井场固有硐卤业相关情形与财政部往来文书（1937.12.30–1938.1.29）

元永场全体灶户邓元和等致财政部呈（1937.12.30）

财政部致灶户邓元和等批文（1938.1.29）

（三）云南元永场制盐同业公会为请变更移卤方案等与财政部往来文书（1938.1.23–1938.4.11）

云南元永场制盐同业公会致财政部呈（1938.1.23）

云南元永场制盐同业公会致财政部呈（1938.4.11）

（四）国民政府军事委员会委员长行营为一平浪移卤就煤案与财政部往来文书（1938.5.30–1938.7.11）

国民政府军事委员会委员长行营致财政部公函（1938.5.30）

财政部致云南盐务管理局训令（1938.6.14）

云南盐务管理局致财政部呈（1938.7.11）

（五）云南盐务管理局为一平浪移卤就煤案相关情形与财政部、盐政司、军事委员会等往来文书（1938.7.13–1941.2.19）

财政部致行政院公函（1938.7.13）

盐政司致军事委员会办公厅秘书处公函（1938.7.21）

财政部致行政院秘书处公函（1938.7.28）

盐务总局致财政部呈（1938.8.3）

国民参政会秘书处致财政部公函（1938.10.4）

盐政司致云南盐务管理局电（1938.10.12）

云南盐务管理局致财政部快邮代电（1938.10.14）

盐政司致参政会秘书处公函（1938.10.20）

财政部致云南盐务管理局代电（1938.10.22）

云南盐务管理局致财政部代电（1938.11.15）

元永场制盐公会致财政部呈（1938.11.18）

盐政司致云南盐务管理局代电（1938.12.3）

盐政司致元永场制盐公会批文（1938.12.14）

云南矿商由长农致财政部呈（1941.1.5）

赋税司致盐政司函（1941.1.15）

财政部致由长农批文（1941.2.19）

八　启、停、复煎

（一）盐务总局为云南盐务管理局呈请开提沙子地兴隆井与财政部往来文书（1939.6.13–1939.6.30）

盐务总局致财政部呈（1939.6.13）

财政部致盐务总局指令稿（1939.6.30）

（二）云南盐务管理局、盐务总局等为云南盐务管理局枳旧井、硝井开复起煎等事宜往来函电（1940.7.2–1940.12.14）

云南盐务管理局致盐务总局呈（1940.7.2）

盐务总局致财政部呈稿、云南盐务管理局指令稿（1940.7.30）

云南盐务管理局致盐务总局代电（1940.8.22）

云南盐务管理局致盐务总局呈（1940.9.7）

财政部致盐务总局指令（1940.9.9）

盐务总局致云南盐务管理局代电稿（1940.9.21）

盐务总局致财政部呈稿、云南盐务管理局指令稿（1940.9.26）

盐务总局致云南盐务管理局训令稿（1940.10.1）

财政部致盐务总局指令（1940.11.11）

盐务总局致云南盐务管理局训令稿（1940.12.14）

（三）云南盐务管理局、盐务总局等为滇中区黑井场开新提旧井硐情形往来函件（1940.7.26–1941.6.17）

云南盐务管理局致盐务总局呈（1940.7.26）

盐务总局致财政部呈稿、云南盐务管理局指令稿（1940.8.30）

财政部致盐务总局指令（1940.10.29）

盐务总局致云南盐务管理局训令稿（1940.11.20）

云南盐务管理局致盐务总局呈（1941.4.30）

盐务总局致财政部呈稿、云南盐务管理局指令稿（1941.5.24）

云南盐务管理局致盐务总局呈（1941.6.2）

盐务总局致云南盐务管理局指令稿（1941.6.17）

（四）云南盐务管理局、盐务总局等为黑井场恩源井提旧开煎等事宜往来函件（1940.12.16–1941.7.10）

云南盐务管理局致盐务总局呈（1940.12.16）

盐务总局致财政部呈稿、云南盐务管理局指令稿（1941.1.9）

财政部致盐务总局指令（1941.2.23）

云南盐务管理局致盐务总局呈（1941.2.28）

盐务总局致云南盐务管理局训令稿（1941.3.27）

云南盐务管理局致盐务总局呈（1941.4.30）

盐务总局致财政部呈稿、云南盐务管理局指令稿（1941.5.7）

盐务总局致财政部呈稿、云南盐务管理局指令稿（1941.5.19）

云南盐务管理局致盐务总局呈（1941.6.5）

盐务总局致云南盐务管理局指令稿（1941.6.19）

云南盐务管理局致盐务总局呈（1941.6.20）

盐务总局致云南盐务管理局指令稿（1941.7.10）

（五）云南盐务管理局、盐务总局等为磨铺井开复、启煎事宜往来函件（1940.12.28–1941.11.5）

云南盐务管理局致盐务总局呈（1940.12.28）

盐务总局致财政部呈稿、云南盐务管理局指令稿（1941.1.20）

财政部致盐务总局指令（1941.3.7）

盐务总局致云南盐务管理局训令稿（1941.4.25）

云南盐务管理局致盐务总局呈（1941.7.25）

盐务总局致财政部呈稿、云南盐务管理局指令稿（1941.8.21）

云南盐务管理局致盐务总局呈（1941.9.25）

财政部致盐务总局指令（1941.10.11）

盐务总局致云南盐务管理局指令稿（1941.11.5）

（六）云南盐务管理局、盐务总局等为抱母灶户段祝君等呈请集资开采井硔经准试办事宜往来函电（1940.12.31–1941.4.14）

云南盐务管理局致盐务总局代电（1940.12.31）

盐务总局致财政部呈稿、云南盐务管理局代电稿（1941.1.18）

云南盐务管理局致盐务总局呈（1941.2.28）

财政部致盐务总局指令（1941.3.5）

盐务总局致云南盐务管理局指令稿（1941.4.14）

（七）云南盐务管理局、盐务总局等为黑井场灶户开提旧井相关事宜往来函件（1941.5.14–1941.11.4）

云南盐务管理局致盐务总局呈（1941.5.14）

盐务总局致财政部呈稿、云南盐务管理局指令稿（1941.6.9）

云南盐务管理局致盐务总局呈（1941.7.17）

财政部致盐务总局指令（1941.7.29）

盐务总局致云南盐务管理局指令稿（1941.8.5）

盐务总局致云南盐务管理局训令稿（1941.8.19）

云南盐务管理局致盐务总局呈（1941.9.16）

盐务总局致财政部呈稿（1941.11.4）

（八）云南盐务管理局、盐务总局为磨黑场急须开凿新硐情形往来函件（1941.6.12–1941.6.27）

云南盐务管理局致盐务总局呈（1941.6.12）

盐务总局致云南盐务管理局指令稿（1941.6.27）

（九）云南盐务管理局关于滇中署呈报裕民制硝厂起煎日期及管理采制芒硝办法与盐务总局往来文书（1942.3.31–1943.2.26）

云南盐务管理局致盐务总局呈（1942.3.31）

盐务总局致云南盐务管理局代电稿（1942.4.27）

云南盐务管理局致盐务总局代电（1942.7.17）

云南盐务管理局致盐务总局呈（1942.7.29）

盐务总局致财政部呈稿、云南盐务管理局代电稿（1942.8.10）

财政部致盐务总局指令（1942.9.10）

盐务总局致云南盐务管理局训令稿（1942.9.19）

云南盐务管理局致盐务总局呈（1942.11.10）

盐务总局致云南盐务管理局代电稿（1942.12.5）

云南盐务管理局致盐务总局代电（1942.12.24）

盐务总局致财政部呈稿、云南盐务管理局代电稿（1943.1.19）

财政部致盐务总局指令（1943.2.15）

盐务总局致云南盐务管理局训令稿（1943.2.26）

第六十四卷

（一〇）盐务总局为滇中区元永井各灶因雨停煎等情与云南盐务管理局、财政部往来文书（1942.7.1–1942.9.15）

云南盐务管理局致盐务总局电文稿（1942.7.1）

盐务总局致云南盐务管理局代电稿（1942.7.15）

云南盐务管理局致盐务总局代电（1942.8.12）

财政部致盐务总局指令（1942.8.18）

盐务总局致财政部呈稿、云南盐务管理局代电稿（1942.8.25）

财政部致盐务总局指令（1942.9.15）

（一一）云南盐务管理局为滇中区元永井同业公会呈报灶民包德深立户开煎案与盐务总局往来文书（1942.7.29–1942.8.14）

云南盐务管理局致盐务总局呈（1942.7.29）

盐务总局致云南盐务管理局指令稿（1942.8.14）

（一二）云南盐务管理局为黑井场同益井起煎日期案与盐务总局往来文书（1942.7.31–1942.8.12）

云南盐务管理局致盐务总局呈（1942.7.31）

盐务总局致云南盐务管理局指令稿（1942.8.12）

（一三）盐务总局为镇雄公民傅铭彝等呈请开提红花井等地盐井处理情形事致云南盐务管理局代电稿（1942.9.3）

（一四）云南盐务管理局为呈报滇中区元永井青如、怡和两灶开煎日期、每日煎盐数量与盐务总局往来文书（1942.10.31–1942.11.23）

云南盐务管理局致盐务总局呈（1942.10.31）

盐务总局致云南盐务管理局指令稿（1942.11.23）

（一五）云南盐务管理局为呈报河西灶户雨季停煎暂行停发竈头卤丁工津等与盐务总局往来文书（1943.1.9–1943.2.23）

云南盐务管理局致盐务总局代电（1943.1.9）

盐务总局致云南盐务管理局指令稿（1943.2.23）

（一六）云南盐务管理局为呈报滇中区黑井场恩源井开提完竣及起煎日期等与盐务总局往来文书（1943.2.16–1943.3.3）

云南盐务管理局致盐务总局呈（1943.2.16）

盐务总局致云南盐务管理局指令稿（1943.3.3）

（一七）云南盐务管理局为呈复办理硝井封闭及收回各情形与盐务总局往来文书（1943.3.27–1943.4.19）

云南盐务管理局致盐务总局代电（1943.3.27）

盐务总局运销处等签呈（1943.4.3–1943.4.10）

盐务总局致云南盐务管理局代电稿（1943.4.19）

（一八）云南盐务管理局为呈报迤西署白井灶户布浩凌回井起煎日期等与盐务总局往来文书（1943.5.26–1943.10.8）

云南盐务管理局致盐务总局代电（1943.5.26）

盐务总局场产处致人事处、视察处函（1943.8.2）

盐务总局人事处致场产处函（1943.9.9）

盐务总局致云南盐务管理局指令稿（1943.10.8）

（一九）云南盐务管理局关于黑井中裕废井启封制硝与盐务总局往来文书（1943.5.26–1944.3.23）

云南盐务管理局致盐务总局呈（1943.5.26）

盐务总局致财政部呈稿、云南盐务管理局指令稿（1943.6.10）

财政部致盐务总局指令（1943.11.17）

盐务总局致云南盐务管理局代电稿（1943.11.26）

云南盐务管理局致盐务总局代电（1944.3.7）

盐务总局致云南盐务管理局代电稿（1944.3.23）

（二〇）云南盐务管理局为恩源井被水淹没停煎及修理、开工相关费用与盐务总局往来文书（1944.8.5–1946.2.29）

云南盐务管理局致盐务总局代电（1944.8.5）

盐务总局致云南盐务管理局指令稿（1944.8.18）

云南盐务管理局致盐务总局呈（1945.1.27）

盐务总局致云南盐务管理局指令稿（1945.2.21）

云南盐务管理局致盐政局呈（1945.4.18）

盐务总局致云南盐务管理局指令稿（1944.5.8）

云南盐务管理局致盐政总局电文稿（1946.2.29）

（二一）云南盐务管理局为呈报云龙场厲山井因水患停煎等情与盐务总局往来文书（1944.9.22–1944.10.3）

云南盐务管理局致盐务总局代电（1944.9.22）

盐务总局致云南盐务管理局代电稿（1944.10.3）

九　增减产

（一）云南盐务管理局、盐务总局为报核滇区民国二十八年各井场常年产额表及各井场产盐盈亏考成条例往来函件（1939.4.29–1939.6.13）

云南盐务管理局致盐务总局呈（1939.4.29）

盐务总局致云南盐务管理局指令稿（1939.6.13）

（二）云南盐务管理局、盐务总局等关于滇区各场水灾善后及滇盐增产济销事宜的往来函电（1939.9.9–1940.2.17）

云南盐务管理局致盐务总局呈（1939.9.9）

盐政司致盐务总局笺函（1939.10.16）

盐政司致盐务总局笺函（1939.11.18）

财政部致盐务总局代电（1939.11.20）

云南盐务管理局致盐务总局代电（1939.12.24）

财政部致盐务总局代电（1940.1.30）

盐务总局致云南盐务管理局代电稿（1940.2.17）

（三）云南盐务管理局为元永场、阿陋场因天时原因影响盐产相关情形与盐务总局往来文书（1940.12.12–1941.4.29）

云南盐务管理局致盐务总局呈（1940.12.12）

云南盐务管理局致盐务总局呈（1940.12.14）

盐务总局致云南盐务管理局指令稿（1940.12.27）

盐务总局致财政部呈稿、云南盐务管理局指令稿（1941.1.16）

云南盐务管理局致盐务总局呈（1941.3.1）

财政部致盐务总局指令（1941.3.3）

盐务总局致云南盐务管理局指令稿（1941.4.22）

盐务总局致云南盐务管理局训令稿（1941.4.29）

（四）云南盐务管理局关于民国三十一年产额仍照前呈大纲奉案核定致盐务总局电（1942.11.6）

（五）云南盐务管理局关于民国三十一年度产额与盐务总局往来电稿（1942.2.25–1942.3.2）

云南盐务管理局致盐务总局电（1942.2.25）

盐务总局致云南盐务管理局电稿（1942.3.2）

（六）云南盐务管理局关于元永场减产原因及补救办法与盐务总局往来电文（1942.1.17–1942.4.25）

云南盐务管理局致盐务总局代电（1942.1.17）

盐务总局致云南盐务管理局指令稿（1942.4.25）

（七）云南盐务管理局为民国三十年九月歉产原因与盐务总局往来文书（1942.1.26–1942.5.25）

云南盐务管理局致盐务总局代电（1942.1.26）

云南盐务管理局致盐务总局代电（1942.2.24）

盐务总局致财政部代电稿（1942.4.10）

财政部致盐务总局指令（1942.5.6）

盐务总局致云南盐务管理局指令稿（1942.5.25）

（八）云南盐务管理局关于电报各场产销旬报与盐务总局往来电文（1942.3.16–1942.4.23）

云南盐务管理局致盐务总局代电（1942.3.16）

盐务总局致云南盐务管理局指令稿（1942.4.23）

（九）云南盐务管理局关于二月份短产原因致盐务总局代电（1942.3.28）

（一〇）云南盐务管理局为呈报滇中区各场溢煎给奖办法等情与盐务总局往来文书（1942.3.16–1943.11.22）

云南盐务管理局致盐务总局代电（1942.3.16）

云南盐务管理局致盐务总局呈（1942.3.31）

盐务总局致云南盐务管理局电稿（1942.4.24）

云南盐务管理局致盐务总局代电（1942.5.6）

盐务总局致财政部、云南盐务管理局代电（1942.6.27）

财政部致盐务总局指令（1942.7.23）

盐务总局致云南盐务管理局代电稿（1942.8.5）

云南盐务管理局致盐务总局呈（1942.8.13）

盐务总局致云南盐务管理局代电稿（1942.9.4）

盐务总局致云南盐务管理局电稿（1942.9.8）

云南盐务管理局致盐务总局呈（1942.9.29）

云南盐务管理局致盐务总局呈（1942.10.5）

盐务总局致财政部呈稿、云南盐务管理局代电稿（1943.1.8）

财政部致盐务总局指令（1943.2.16）

盐务总局致云南盐务管理局代电稿（1943.2.24）

云南盐务管理局致盐务总局代电（1943.11.6）

盐务总局致云南盐务管理局代电稿（1943.11.22）

（一一）云南盐务管理局关于呈核元永场灶抄溢额奖盐办法业经改行加发薪本补助费办法与盐务总局往来电文（1942.5.19–1942.7.23）

云南盐务管理局致盐务总局代电（1942.5.19）

盐务总局致云南盐务管理局指令稿（1942.7.23）

（一二）云南盐务管理局关于民国三十一年一至三月增减产各场拟分别奖惩与盐务总局往来电（1942.5.23–1942.7.23）

云南盐务管理局致盐务总局代电（1942.5.23）

盐务总局致云南盐务管理局代电稿（1942.7.23）

（一三）云南盐务管理局关于迤西区场署呈转云所整顿灶务开提永济公井补煎短额案与盐务总局往来文书（1942.6.22–1942.8.1）

云南盐务管理局致盐务总局呈（1942.6.22）

盐务总局致云南盐务管理局指令稿（1942.8.1）

（一四）云南盐务管理局关于民国三十一年四至六月第二期溢额短产各场拟分别考核致盐务总局代电（1942.9.3）

（一五）云南盐务管理局关于本区已往短产详细情形及补救短产计划与盐务总局往来文书（1942.11.19–1943.2.23）

云南盐务管理局致盐务总局呈（1942.11.19）

云南盐务管理局致盐务总局呈（1942.11.28）

盐务总局致财政部呈稿、云南盐务管理局代电稿（1942.12.24）

财政部致盐务总局指令（1943.2.12）

盐务总局致云南盐务管理局训令稿（1943.2.23）

（一六）盐务总局为滇区增产纲要事与云南盐务管理局往来电（1943.8.30–1943.10.22）

盐务总局致云南盐务管理局代电稿（1943.8.30）

云南盐务管理局致盐务总局代电（1943.10.4）

盐务总局致云南盐务管理局代电（1943.10.22）

（一七）云南盐务管理局为呈报滇中署黑井同益灶弃卤不煎案与盐务总局往来文书（1943.10.22–1943.11.10）

云南盐务管理局致盐务总局代电（1943.10.22）

盐务总局致云南盐务管理局代电稿（1943.11.10）

十　包产

（一）盐务署为金泉、丽江、弥沙各井包课办法与云南盐运使往来文书（1918.7.8–1919.1.16）

盐务署致云南盐运使训令（1918.7.8）

稽核总所汉文股致场产厅移付（1919.1.9）

稽核总所汉文股致场产厅移付（1919.1.16）

（二）云南盐务稽核分所为结束富州入口粤盐前包商办法改由县政府认额接办及广南二四两区借运粤盐相关情形与盐务稽核总所往来文书（1936.6.25–1936.10.23）

云南盐务稽核分所致盐务稽核总所呈（1936.6.25）

盐政司致盐务总局笺函（1936.6.28）

盐务稽核总所致盐务署公函稿（1936.7.28）

盐务稽核总所致云南分所指令稿（1936.7.29）

云南盐务稽核分所致盐务稽核总所呈（1936.9.11）

云南盐务稽核分所致盐务稽核总所呈（1936.9.17）

盐务稽核总所致盐务署公函稿（1936.10.23）

（三）云南盐运使为呈报民国二十五年份内收解各场短额欠课款数目及展限追清案与盐务总局、财政部往来文书（1937.3.15–1938.3.26）

云南盐运使致盐务署呈（1937.3.15）

财政部致云南盐运使指令、盐务总局训令（1937.5.21）

云南盐运使致财政部呈（1938.3.26）

（四）云南盐务管理局为红花、小溪及白果树等处盐井情形及请提归地方试办等事致盐务总局呈（1942.8.21）

（五）云南盐务管理局为呈送迤南区磨歇井包商钱凤飞原具更正承包认保结及请核示包期是否按原额续办等事与盐务总局往来文书（1942.10.30–1943.5.27）

云南盐务管理局致盐务总局代电（1942.10.30）

云南盐务管理局致盐务总局电（1942.11.11）

盐务总局致云南盐务管理局电稿（1942.11.11–1942.11.27）

盐务总局致云南盐务管理局代电稿、财政部呈稿（1942.11.20）

财政部致盐务总局指令（1942.12.16）

云南盐务管理局致盐务总局代电（1942.12.29）

盐务总局场产处、财务处签呈（1943.1.8–1943.1.15）

盐务总局致云南盐务管理局训令稿（1943.1.9）

盐务总局致云南盐务管理局代电稿、财政部呈稿（1943.2.10）

财政部致盐务总局指令（1943.4.1）

云南盐务管理局致盐务总局代电（1943.4.5）

盐务总局致财政部呈稿、云南盐务管理局代电稿（1943.4.16）

财政部致盐务总局指令（1943.5.12）

盐务总局致云南盐务管理局训令稿（1943.5.27）

第六十五卷

（六）云南盐务管理局为请复开迤南整董井由召国顺等承包等情与盐务总局往来电文（1942.12.10–1943.8.9）

云南盐务管理局致盐务总局代电（1942.12.10）

盐务总局致云南盐务管理局代电稿（1943.1.5）

云南盐务管理局致盐务总局代电（1943.4.29）

盐务总局致云南盐务管理局代电稿（1943.5.11）

云南盐务管理局致盐务总局代电（1943.7.23）

盐务总局致云南盐务管理局代电（1943.8.9）

（七）云南盐务管理局为奉令饬查茂蔑井包商王济武以屡遭意外事变请减免课款事致盐务总局代电（1943.12.30）

（八）云南盐务管理局为茂蔑磨铺两井包商办理情形与盐务总局往来电令（1943.2.19–1943.10.26）

云南盐务管理局致盐务总局电（1943.2.19）

盐务总局场产处、财务处签（1943.3.26–31）

盐务总局场产处致云南盐务管理局电稿（1943.3.30）

盐务总局致云南盐务管理局训令稿（1943.3.31）

云南盐务管理局致盐务总局场产处代电（1943.4.12）

盐务总局致云南盐务管理局代电稿（1943.5.1）

云南盐务管理局致盐务总局代电（1943.5.29）

云南盐务管理局致盐务总局呈（1943.8.30）

盐务总局致财政部呈稿、云南盐务管理局代电稿（1943.9.16）

财政部致盐务总局指令（1943.10.13）

盐务总局致云南盐务管理局代电稿（1943.10.26）

（九）云南盐务管理局为迤南茂蔑井本届井务承包招标事宜与盐务总局往来函电（1943.3.9–1945.1.3）

云南盐务管理局致盐务总局代电（1943.3.9）

云南盐务管理局致盐务总局代电（1943.8.19）

盐务总局致云南盐务管理局指令稿（1944.1.20）

云南盐务管理局致盐务总局代电（1944.4.8）

盐务总局致云南盐务管理局指令稿（1944.2.25）

（一九）财政部为云南迤西场属顺荡井招标承包结果等事与盐务总局往来令呈（1943.6.4–1943.6.17）

财政部致盐务总局指令（1943.6.4）

盐务总局致云南盐务管理局指令稿、财政部呈稿（1943.6.9）

盐务总局致云南盐务管理局训令稿（1943.6.17）

（二〇）云南盐务管理局为呈送丽江井原包商欠课及招标办法等与盐务总局往来电呈（1943.6.18–1943.9.6）

云南盐务管理局致盐务总局代电（1943.6.18）

盐务总局致云南盐务管理局代电稿、财政部呈稿（1943.6.30）

财政部致盐务总局指令（1943.8.16）

盐务总局致云南盐务管理局代电稿（1943.9.6）

（二一）财政部为云南迤西区高轩、日期两井井务办理事与盐务总局往来令（1943.6.24–1943.7.5）

财政部致盐务总局指令（1943.6.24）

盐务总局致云南盐务管理局训令稿（1943.7.5）

（二二）财政部为云南白井场属安丰井招标承包事与盐务总局往来令（1943.6.28–1943.7.7）

财政部致盐务总局指令（1943.6.28）

财政部致盐务总局指令（1943.7.1）

盐务总局致云南盐务管理局训令稿（1943.7.7）

（二三）云南盐务管理局为办理黄庄井等承包案与盐务总局（盐政局）等往来呈（1943.6.30–1945.11.20）

云南盐务管理局致盐务总局呈（1943.6.30）

盐务总局场产处、财务处签函（1943.7）

盐务总局致财政部代电稿、云南盐务管理局指令稿（1943.8.6）

财政部致盐务总局指令（1943.9.21）

盐务总局致云南盐务管理局训令稿（1943.10.7）

云南盐务管理局致盐务总局代电（1944.7.20）

盐务总局致云南盐务管理局代电稿（1944.8.16）

云南盐务管理局致盐务总局代电（1944.9.2）

云南盐务管理局致盐务总局代电（1944.9.9）

盐务总局致云南盐务管理局代电稿（1944.9.22）

盐务总局致财政部呈稿、云南盐务管理局代电稿（1944.10.2）

盐务总局致云南盐务管理局训令稿（1944.11.2）

云南盐务管理局致盐务总局代电（1944.12.23）

盐务总局致财政部呈稿、云南盐务管理局代电稿（1945.1.8）

财政部致盐务总局指令（1945.1.20）

云南盐务管理局致盐政局代电（1945.11.8）

盐政局致云南盐务管理局指令稿（1945.11.20）

（二四）云南盐务管理局为呈报滇中场属横山井本届认保结及续办等事与盐务总局等往来文书（1943.7.16–1945.3.14）

云南盐务管理局致盐务总局呈（1943.7.16）

盐务总局致财政部、云南盐务管理局代电稿（1943.8.16）

财政部致盐务总局指令（1943.9.28）

盐务总局致云南盐务管理局训令稿（1943.10.15）

云南盐务管理局致盐务总局代电（1944.5.11）

财政部致云南盐务管理局指令稿（1945.3.14）

（二五）云南盐务管理局为报陈迤西场属日期井新承包商认结保结等事与盐务总局往来呈令（1943.8.19–1944.7.3）

云南盐务管理局致盐务总局呈（1943.8.19）

盐务总局财务处致场产处签（1943.9.17）

盐务总局致财政部呈稿、云南盐务管理局代电稿（1943.10.5）

财政部致盐务总局指令（1943.11.4）

盐务总局致云南盐务管理局代电稿（1943.11.22）

云南盐务管理局致盐务总局代电（1944.7.3）

（二六）云南盐务管理局为滇中署呈送硝井包商出具不敢潜购私滷或黑灰搀煎甘结案与盐务总局往来文书（1943.9.2–1943.9.22）

云南盐务管理局致盐务总局呈（1943.9.2）

盐务总局致云南盐务管理局指令稿（1943.9.22）

（二七）云南盐务管理局为办理迤南场署猛野井招商事与盐务总局往来电令（1943.9.13–1944.1.18）

云南盐务管理局致盐务总局代电（1943.9.13）

盐务总局致云南盐务管理局、财政部代电稿（1943.10.4）

财政部致盐务总局指令（1943.11.3）

盐务总局致云南盐务管理局代电稿（1943.11.13）

云南盐务管理局致盐务总局电（1944.1.18）

（二八）财政部与盐务总局、云南盐务管理局关于滇中区场属之积旧井及硝井本届包额仍由李永庆、高庆仁等分别承办等事往来文书（1943.9.20–1943.10.7）

财政部致盐务总局指令（1943.9.20）

盐务总局致云南盐务管理局训令稿（1943.10.7）

（二九）云南盐务管理局为镇雄县属红花小溪及白果树两井包课情形与盐务总局往来呈令（1943.10.22–1944.2.9）

云南盐务管理局致盐务总局呈（1943.10.22）

财政部致盐务总局指令（1943.12.31）

盐务总局致云南盐务管理局代电稿（1944.2.9）

第六十六卷

（三〇）云南盐务管理局关于包商保证金免予缴库等事与盐务总局往来文书（1943.11.17–1945.1.15）

云南盐务管理局致盐务总局呈（1943.11.17）

盐务总局场产处、财务处意见签（1943.11.22–12.3）

盐务总局致云南盐务管理局指令稿（1943.12.14）

云南盐务管理局致盐务总局代电（1944.2.15）

盐务总局场产处、会计处、财务处意见签（1944.3.10–4.1）

盐务总局致云南盐务管理局代电稿（1944.4.11）

财政部直接税署致盐务总局公函（1945.1.6）

盐务总局致云南盐务管理局代电稿（1945.1.15）

（三一）云南盐务管理局为安丰井不能增产及收回借薪等事与盐务总局往来文书（1943.12.11–1944.3.13）

云南盐务管理局致盐务总局呈（1943.12.11）

盐务总局致财政部呈稿、云南盐务管理局指令稿（1944.1.7）

盐务总局致云南盐务管理局训令稿（1944.3.6）

盐务总局致财政部呈稿、云南盐务管理局代电稿（1944.3.13）

（三二）云南盐务管理局为迤西场属丽江井投标办理事与盐务总局往来电（1944.1.13–1944.3.1）

云南盐务管理局致盐务总局代电（1944.1.13）

盐务总局致云南盐务管理局代电稿（1944.3.1）

（三三）云南盐务管理局为报滇中署枳旧井本届认保结与盐务总局往来文书（1944.1.23–1944.4.28）

云南盐务管理局致盐务总局呈（1944.1.23）

盐务总局致财政部呈稿、云南盐务管理局指令稿（1944.3.14）

财政部致盐务总局指令（1944.4.11）

盐务总局致云南盐务管理局训令稿（1944.4.28）

（三四）盐务总局为迤南猛野井招商投标事与云南盐务管理局往来电呈（1944.1.29–1944.3.10）

盐务总局致云南盐务管理局急电稿（1944.1.29）

猛野井投标商杨镇南致盐务总局呈（1944.2.3）

云南盐务管理局致盐务总局代电（1944.2.16）

云南盐务管理局致盐务总局代电（1944.2.24）

盐务总局致云南盐务管理局急电稿（1944.3.10）

（三五）云南盐务管理局为迤西兴丰井本届包商认结保结等事与盐务总局往来电呈（1944.2.4–1945.1.11）

云南盐务管理局致盐务总局代电稿（1944.2.4）

云南盐务管理局致盐务总局代电（1944.12.27）

盐务总局致财政部呈稿、云南盐务管理局代电稿（1945.1.11）

（三六）盐务总局为迤南猛野井由李利民承包事与云南盐务管理局往来文书（1944.2.11–1944.7.28）

盐务总局致云南盐务管理局急电稿（1944.2.11）

盐务总局致财政部呈稿、云南盐务管理局电稿（1944.3.22）

财政部致盐务总局指令（1944.4.13）

盐务总局致云南盐务管理局训令稿（1944.5.10）

云南盐务管理局致盐务总局代电（1944.6.13）

(四一)云南盐务管理局为猛野井包商事与盐务总局(盐政局)往来文书(1944.5.3–1946.1.5)

云南盐务管理局致盐务总局代电(1944.5.3)

盐务总局致财政部呈稿、云南盐务管理局代电稿(1944.5.20)

云南盐务管理局致盐务总局代电(1944.5.27)

盐务总局致财政部呈稿、云南盐务管理局代电稿(1944.6.22)

云南盐务管理局致盐务总局代电(1944.10.24)

盐务总局致云南盐务管理局代电稿(1944.11.4)

云南盐务管理局致盐政局代电(1945.12.14)

财政部致云南盐务管理局代电稿(1946.1.5)

(四二)云南盐务管理局关于师井包商事与盐务总局往来文书(1944.5.15–1945.1.8)

云南盐务管理局致盐务总局代电(1944.5.15)

盐务总局致云南盐务管理局电稿(1944.5.29)

云南盐务管理局致盐务总局代电(1944.8.9)

盐务总局致财政部呈稿、云南盐务管理局代电稿(1944.12.7)

财政部致盐务总局指令(1944.12.22)

盐务总局致云南盐务管理局训令稿(1945.1.8)

(四三)云南盐务管理局为丽江井灶减轻摊额等与盐务总局往来文书(1944.5.18–1944.12.15)

丽江四井灶首及部分灶民致盐务总局呈(1944.5.18)

丽江四井灶首致盐务总局呈(1944.6.15)

云南盐务管理局致盐务总局代电(1944.11.30)

盐务总局致云南盐务管理局代电稿(1944.12.15)

(四四)云南盐务管理局关于请鉴核办理迤西区顺荡井本届包务情形致盐务总局代电(1944.7.10)

(四五)云南盐务管理局关于办理整董井包课情形与盐务总局(盐政局)往来文书(1944.7.13–1945.11.26)

云南盐务管理局致盐务总局代电(1944.7.13)

云南盐务管理局致盐务总局代电(1944.11.17)

云南盐务管理局致盐务总局代电(1944.12.22)

盐务总局致云南盐务管理局急代电稿(1945.1.3)

云南盐务管理局致盐政局代电（1945.3.2）

财政部致云南盐务管理局代电稿（1945.3.17）

云南盐务管理局致盐政局代电（1945.4.18）

财政部致云南盐务管理局代电稿（1945.4.30）

云南盐务管理局致盐政局代电（1945.6.12）

财政部致云南盐务管理局代电稿（1945.6.22）

云南盐务管理局致盐政局代电（1945.11.13）

财政部致云南盐务管理局代电稿（1945.11.26）

（四六）盐务总局（盐政局）为迤南猛野井旧商郑孟麟欠款欠课及井硐修理等事与云南盐务管理局往来文书（1944.7.20–1945.7.11）

盐务总局致云南盐务管理局代电稿（1944.7.20）

云南盐务管理局致盐务总局代电（1944.10.3）

盐务总局致云南盐务管理局代电稿（1944.10.28）

云南盐务管理局致盐务总局代电（1944.11.17）

云南盐务管理局致盐务总局代电（1945.1.11）

盐务总局致云南盐务管理局代电稿（1945.1.19）

云南盐务管理局致盐政局代电（1945.7.11）

（四七）盐务总局关于迤西顺荡、兴丰两包井本届包务情形与云南盐务管理局往来电（1944.7.29–1944.12.14）

盐务总局致云南盐务管理局代电稿（1944.7.29）

云南盐务管理局致盐务总局代电（1944.12.14）

（四八）包商寸积光为丽江井包期届满后四五两月税课系四井灶户负责、无法补具认结等情与盐务总局往来文书（1944.9.26–1945.1.9）

包商寸积光致盐务总局呈（1944.9.26）

盐务总局致云南盐务管理局代电稿（1944.10.5）

财政部致盐务总局训令（1944.10.6）

云南盐务管理局致盐务总局代电（1944.10.7）

盐务总局致云南盐务管理局代电稿（1944.10.25）

云南盐务管理局致盐务总局代电（1944.12.26）

盐务总局致云南盐务管理局代电稿（1945.1.9）

（四九）云南盐务管理局为迤南磨歇井下届包课拟招商投标承办事与盐务总局（盐政局）往来代电（1944.9.2–1945.6.22）

云南盐务管理局致盐务总局代电（1944.9.2）

盐务总局致云南盐务管理局代电稿（1944.9.27）

云南盐务管理局致盐务总局代电（1944.10.4）

云南盐务管理局致盐务总局代电（1945.2.5）

云南盐务管理局致盐政局代电（1945.6.7）

财政部致云南盐务管理局代电稿（1945.6.22）

（五〇）云南盐务管理局关于日期井包商张仲仙认保各结与盐务总局往来文书（1944.9.9–1944.10.2）

云南盐务管理局致盐务总局代电（1944.9.9）

盐务总局致财政部呈稿、云南盐务管理局代电稿（1944.10.2）

（五一）财政部为滇中区小羊阱旧井启封经过暨招包情形等与盐务总局（盐政局）、云南盐务管理局往来文书（1944.9.23–1945.2.28）

盐务总局致财政部呈稿、云南盐务管理局代电稿（1944.9.23）

财政部致盐务总局指令（1944.10.11）

云南盐务管理局致盐政局代电（1945.2.28）

（五二）云南盐务管理局为安丰井招灶承煎无人接办及改为包课接办情形与盐务总局往来文书（1944.10.7–1944.12.1）

云南盐务管理局致盐务总局代电（1944.10.7）

盐务总局致财政部呈稿、云南盐务管理局代电稿（1944.11.6）

财政部致盐务总局指令（1944.11.20）

盐务总局致云南盐务管理局训令稿（1944.12.1）

（五三）云南盐务管理局为迤南区恩耕井包商刘永朝认保事与盐务总局往来文书（1944.10.7–1944.11.25）

云南盐务管理局致盐务总局代电（1944.10.7）

盐务总局致财政部呈稿、云南盐务管理局代电稿（1944.11.1）

财政部致盐务总局指令（1944.11.13）

盐务总局致云南盐务管理局训令稿（1944.11.25）

（五四）财政部、盐务总局为云南盐务管理局呈报迤西场署办理阿墩盐务招标及包商请免税费等情往来函电（1944.10.11–1944.11.10）

盐务总局致财政部代电（1944.10.11）

财政部所属会签（1944.11.2）

财政部致盐务总局指令稿（1944.11.10）

第六十七卷

（五五）云南盐务管理局关于茂蔑井包商李尚志上届认保结等事与盐务总局往来文书（1944.10.14–1944.12.4）

云南盐务管理局致盐务总局代电（1944.10.14）

盐务总局致财政部呈稿、云南盐务管理局代电稿（1944.11.9）

财政部致盐务总局指令（1944.11.21）

盐务总局致云南盐务管理局训令稿（1944.12.4）

（五六）财政部关于高轩井上届盐务认保结暨本届招包情形与盐务总局往来文书（1944.10.16–1944.12.29）

财政部致盐务总局指令（1944.10.16）

云南盐务管理局致盐务总局代电（1944.12.12）

盐务总局致云南盐务管理局代电稿（1944.12.29）

（五七）云南盐务管理局关于景东井旧包商冯朝梁欠课一案办理情形与盐务总局往来代电（1944.10.18–1944.11.18）

云南盐务管理局致盐务总局代电（1944.10.18）

盐务总局致云南盐务管理局代电稿（1944.11.18）

（五八）云南盐务管理局关于日期井包额核减一案与盐务总局往来文书（1944.10.27–1944.12.1）

云南盐务管理局致盐务总局代电（1944.10.27）

盐务总局致云南盐务管理局代电稿、财政部呈稿（1944.11.8）

财政部致盐务总局指令（1944.11.23）

盐务总局致云南盐务管理局训令稿（1944.12.1）

（五九）云南盐务管理局关于呈送迤南区黄庄井高光斗本届认保结与盐务总局往来文书（1944.10.24–1944.12.4）

云南盐务管理局致盐务总局代电（1944.10.24）

盐务总局致财政部呈稿、云南盐务管理局代电稿（1944.11.6）

财政部致盐务总局指令（1944.11.20）

盐务总局致云南盐务管理局训令稿（1944.12.4）

（六〇）盐务总局（盐政局）为黄庄井旧商尹嘉珍有无欠课等事与云南盐务管理局往来代电（1944.11.27–1945.7.20）

盐务总局致云南盐务管理局代电稿（1944.11.27）

云南盐务管理局致盐政局代电（1945.7.6）

盐政局致云南盐务管理局代电稿（1945.7.20）

（六一）财政部为猛野井本届包商李利民认保结事与盐务总局往来文书（1944.12.21–1945.1.8）

财政部致盐务总局指令（1944.12.21）

盐务总局致云南盐务管理局训令稿（1945.1.8）

（六二）云南盐务管理局为呈报迤南区茂蔑井本届包课情形与盐务总局（盐政局）往来代电（1944.12.22–1945.11.3）

云南盐务管理局致盐务总局代电（1944.12.22）

云南盐务管理局致盐政局代电（1945.9.22）

云南盐务管理局致盐政局代电（1945.10.17）

财政部致云南盐务管理局代电稿（1945.10.18）

财政部致云南盐务管理局代电稿（1945.11.3）

（六三）云南盐务管理局为查复迤南区恩耕井包商刘永朝已将战时附税及副食费等缴清事与盐务总局往来文书（1944.12.30–1945.1.29）

云南盐务管理局致盐务总局代电（1944.12.30）

盐务总局致财政部呈稿、云南盐务管理局指令稿（1945.1.16）

财政部致盐务总局指令（1945.1.29）

（六四）云南盐务管理局为呈报办理迤南区磨铺井本届包务情形事与盐务总局（盐政局）往来文书（1945.2.5–1945.2.23）

云南盐务管理局致盐务总局代电（1945.2.5）

盐政局致云南盐务管理局代电稿（1945.2.23）

（六五）云南盐务管理局为昭通分局所属蔡瓦两井本届认结保结等事与盐务总局（盐政局、盐政总局）往来文书（1945.2.6–1947.12.24）

云南盐务管理局致盐务总局代电（1945.2.6）

财政部致云南盐务管理局指令稿（1945.3.1）

云南盐务管理局致盐政局代电（1945.7.20）

财政部致云南盐务管理局指令稿（1945.8.2）

云南盐务管理局致盐政局代电（1945.9.29）

云南盐务管理局致盐政局代电（1945.11.27）

财政部致云南盐务管理局代电稿（1945.12.15）

盐政总局致云南盐务管理局指令稿（1946.2.17）

云南盐务管理局致盐政总局代电（1946.3.2）

云南盐务管理局致盐政总局代电（1946.8.7）

财政部致云南盐务管理局代电稿（1946.9.3）

云南盐务管理局致盐务总局呈（1947.8.9）

云南盐务管理局致盐务总局呈（1947.10.27）

盐务总局致云南盐务管理局签稿（1947.11.11）

云南盐务管理局致盐务总局呈（1947.11.21）

云南盐务管理局致盐务总局呈（1947.12.12）

盐政总局致云南盐务管理局令稿（1947.12.24）

（六六）云南盐务管理局为安宁井产数下降公家亏贴颇巨拟改回包课办法事与盐政局往来文书（1945.3.2–1945.10.3）

云南盐务管理局致盐政局呈（1945.3.2）

财政部致云南盐务管理局指令稿（1945.3.22）

云南盐务管理局致盐政局代电（1945.5.4）

云南盐务管理局致盐政局电（1945.5.12）

财政部致云南盐务管理局电稿（1945.5.17）

云南盐务管理局致盐政局代电（1945.5.29）

云南盐务管理局致盐政局代电（1945.6.8）

云南盐务管理局致盐政局代电（1945.8.16）

财政部致云南盐务管理局代电稿（1945.8.27）

云南盐务管理局致盐政局代电（1945.9.17）

财政部致云南盐务管理局代电（1945.10.3）

（六七）云南盐务管理局为迤南区茂蔑井包商李尚志病故应缴认保结保证金等据报已限期呈缴等事与盐政局往来代电（1945.3.2–1945.3.13）

云南盐务管理局致盐政局代电（1945.3.2）

盐政局致云南盐务管理局代电稿（1945.3.13）

（六八）云南盐务管理局为黑井场属硝井本届包课准以790担仍由原商承办一届等事与盐政局往来代电（1945.3.12–1945.4.20）

云南盐务管理局致盐政局代电（1945.3.12）

云南盐务管理局致盐政局代电（1945.3.24）

财政部致云南盐务管理局代电稿（1945.4.2）

财政部致云南盐务管理局代电稿（1945.4.20）

（六九）云南盐务管理局关于迤南区茂蔑井下届包务情形与盐政局往来代电（1945.3.23–1945.4.7）

云南盐务管理局致盐政局代电（1945.3.23）

财政部致云南盐务管理局代电稿（1945.4.7）

（七〇）云南盐务管理局为滇中区小羊畊井下届包务准照原额由原商岳焕等续办一年等事与盐政局往来代电（1945.3.28–1945.6.5）

云南盐务管理局致盐政局代电（1945.3.28）

财政部致云南盐务管理局代电稿（1945.4.17）

云南盐务管理局致盐政局代电（1945.6.5）

（七一）云南盐务管理局为昭通分局转请减免红花小溪井民国三十三年六至九月欠税等事与盐政局（盐政总局）往来代电（1945.3.30–1945.9.13）

云南盐务管理局致盐政局代电（1945.3.30）

财政部致云南盐务管理局代电稿（1945.4.21）

云南盐务管理局致盐政总局代电（1945.9.13）

（七二）云南盐务管理局为呈报迤南署办理磨铺井本届招标事与盐政局往来文书（1945.4.7–1945.12.8）

云南盐务管理局致盐政局代电（1945.4.7）

财政部致云南盐务管理局代电稿（1945.4.25）

云南盐务管理局致盐政局代电（1945.11.29）

盐政局致云南盐务管理局指令稿（1945.12.8）

（七三）云南盐务管理局关于滇东区红花小溪及白果树两包井上届应送认结保结等事与盐政局（盐政总局）往来文书（1945.4.13–1946.2.6）

云南盐务管理局致盐政局代电（1945.4.13）

云南盐务管理局致盐政局代电（1945.9.29）

云南盐务管理局盐政总局代电（1946.1.26）

盐政局致云南盐务管理局指令稿（1946.2.6）

（七四）财政部为迤南区茂蔑井本届新商核减年额事与云南盐务管理局往来文书（1945.4.16–1945.6.6）

财政部致云南盐务管理局电稿（1945.4.16）

云南盐务管理局致盐政局急代电（1945.5.24）

财政部致云南盐务管理局代电稿（1945.6.6）

（七五）云南盐务管理局为迤南区茂蔑井故商李尚志之妻许凤仙呈以产不及额请免增缴新税事与盐政局往来代电（1945.4.24–1945.6.29）

云南盐务管理局致盐政局代电（1945.4.24）

盐政局场产处签（1945.5.2）

盐政局财务处签（1945.5.3）

财政部致云南盐务管理局代电稿（1945.5.15）

云南盐务管理局致盐政局代电（1945.6.18）

财政部致云南盐务管理局代电稿（1945.6.29）

（七六）财政部为迤南区茂爱井招商投标承包及该井包商呈请减低包额等事与云南盐务管理局等往来代电（1945.5.29–1946.7.6）

财政部致云南盐务管理局代电稿（1945.5.29）

云南盐务管理局致盐政局代电（1945.12.7）

盐政局致云南盐务管理局代电稿（1945.12.26）

云南盐务管理局致盐政总局代电（1946.5.8）

云南盐务管理局致盐政总局急代电（1946.5.30）

财政部致云南盐务管理局代电稿（1946.7.6）

（七七）云南盐务管理局为汪家坪改为包课招商承办及中标者徐运中承办一年等事与盐政局（盐务总局）等往来电（1945.6.8–1945.9.17）

云南盐务管理局致盐政局急代电（1945.6.8）

财政部致云南盐务管理局代电稿（1945.6.21）

云南盐务管理局致盐务总局电（1945.8.5）

财政部致云南盐务管理局代电稿（1945.9.17）

（七八）云南盐务管理局为迤南磨铺井包务事与盐政局往来电（1945.6.13–1945.6.26）

云南盐务管理局致盐政局代电（1945.6.13）

财政部致云南盐务管理局代电稿（1945.6.26）

（七九）云南盐务管理局为猛野井产销情形及下届包务办法事与盐政局（盐政总局）等往来代电（1945.6.28–1946.5.18）

云南盐务管理局致盐政局代电（1945.6.28）

云南盐务管理局致盐政总局代电（1946.3.30）

财政部致云南盐务管理局代电稿（1946.5.18）

（八〇）云南盐务管理局为恩耕井本届包务及下届招标包课事与盐政局（盐政总局）等往来文书（1945.6.28–1946.2）

云南盐务管理局致盐政局代电（1945.6.28）

财政部致云南盐务管理局代电稿（1945.7.11）

云南盐务管理局致盐政局代电（1945.8.30）

云南盐务管理局致盐政总局呈（1946.2.6）

财政部致云南盐务管理局指令稿（1946.2）

（八一）云南盐务管理局为迤南署磨歇、整董两井包商应贴认保结印花税款事与盐政局等往来文书（1945.6.30–1945.10.3）

云南盐务管理局致盐政局呈（1945.6.30）

财政部致云南盐务管理局指令稿（1945.10.3）

（八二）云南盐务管理局为滇东区白果树井招商投标及包商认结保结等事与盐政局（盐政总局）等往来代电（1945.7.4–1947.7.11）

云南盐务管理局致盐政局代电（1945.7.4）

财政部致云南盐务管理局代电稿（1945.7.17）

云南盐务管理局致盐政局代电（1945.7.20）

财政部致云南盐务管理局代电稿（1945.8.9）

云南盐务管理局致盐政总局代电（1946.5.14）

盐政总局致云南盐务管理局代电稿（1946.6.1）

云南盐务管理局致盐务总局呈（1947.6.27）

财政部致云南盐务管理局代电稿（1947.7.11）

（八三）云南盐务管理局为拟定办理包课小井招标时为免标商滥报取巧之补救办法三项等事与盐政局等往来代电（1945.7.14–1945.8.21）

盐政局致云南盐务管理局代电稿（1945.7.14）

云南盐务管理局致盐政局代电（1945.8.7）

财政部致云南盐务管理局代电稿（1945.8.21）

（八四）云南盐务管理局为硝井滷劣课重经派员查勘请减低包额等事与盐务局等往来代电（1945.7.14–1945.8.1）

云南盐务管理局致盐务局代电（1945.7.14）

财政部致云南盐务管理局代电稿（1945.8.1）

（八五）云南盐务管理局与盐政局等为迤西署云龙场师井包务开标及包权转让事宜往来函电（1945.7.30–1945.9.27）

云南盐务管理局致盐政局代电（1945.7.30）

财政部致云南盐务管理局代电稿（1945.8.20）

云南盐务管理局致盐政局代电（1945.9.8）

财政部致云南盐务管理局代电稿（1945.9.25）

云南盐务管理局致盐政局代电（1945.9.27）

（八六）云南盐务管理局关于追缴红花小溪与白果树二井欠课及给予经办人员处分等情与盐政局等往来函电（1945.7.24–1945.9.8）

云南盐务管理局致盐政局代电（1945.7.24）

盐政局场产处签（1945.7.30）

盐政局人事室签（1945.8.4）

云南盐务管理局致盐政局代电（1945.8.9）

盐政局场产处签（1945.8.16）

盐政局财务处签（1945.8.25）

财政部致云南盐务管理局代电稿（1945.8.31）

财政部致云南盐务管理局代电稿（1945.9.8）

第六十八卷

（八七）云南盐务管理局为猛野、茂爱两井包课招标事与盐政局等往来代电（1945.8.2–1945.10.31）

云南盐务管理局致盐政局代电（1945.8.2）

财政部致云南盐务管理局代电稿（1945.8.19）

财政部致云南盐务管理局代电稿（1945.10.31）

（八八）云南盐务管理局为黑井场新山上井灶户代表武康廷呈请修复井硐及将该井改为包课承办等事与盐政局等往来代电（1945.8.17–1945.10.18）

云南盐务管理局致盐政局代电（1945.8.17）

财政部致云南盐务管理局代电稿（1945.8.31）

云南盐务管理局致盐政局代电（1945.9.29）

财政部致云南盐务管理局代电稿（1945.10.18）

（八九）云南盐务管理局为安宁井包商李光候呈报迭受水灾请求减免课款等事与盐政局等往来代电（1945.9.15–1945.10.19）

云南盐务管理局致盐政局代电（1945.9.15）

财政部致云南盐务管理局代电稿（1945.10.9）

云南盐务管理局致盐政局代电（1945.10.9）

财政部致云南盐务管理局代电稿（1945.10.19）

（九〇）云南盐务管理局为黄庄井本届包务招标事与盐政局往来代电（1945.9.18–1945.10.6）

云南盐务管理局致盐政局代电（1945.9.18）

云南盐务管理局致盐政局代电（1945.9.21）

财政部致云南盐务管理局代电稿（1945.10.6）

（九一）云南盐务管理局为将琅井丽江、抱母等场改为包课加额招商承办等事与盐政局等往来代电（1945.9.25–1945.10.19）

云南盐务管理局致盐政局代电（1945.9.25）

财政部致云南盐务管理局代电稿（1945.10.19）

（九二）云南盐务管理局为红花小溪井包务事与盐政局往来代电（1945.10.18–1946.8.31）

财政部致云南盐务管理局代电稿（1945.10.18）

云南盐务管理局致盐政局代电（1945.11.16）

财政部致云南盐务管理局代电稿（1945.11.30）

财政部致云南盐务管理局代电稿（1946.8.31）

（九三）云南盐务管理局为办理滇中区黑井场属小羊街井、枧旧井本届包务情形与盐政局等往来代电（1945.10.19–1945.11.5）

云南盐务管理局致盐政局代电（1945.10.19）

财政部致云南盐务管理局代电稿（1945.11.5）

（九四）云南盐务管理局为迤南磨歇井包商以法兵入境日寇侵边期间产销停顿请求减免课款事与盐政局往来代电（1945.10.22–1945.11.16）

云南盐务管理局致盐政局代电（1945.10.22）

财政部致云南盐务管理局代电稿（1945.11.16）

（九五）云南盐务管理局与盐政局为迤西署呈送顺荡井包商认保结案往来代电（1945.10.25–1945.11.10）

云南盐务管理局致盐政局代电（1945.10.25）

财政部致云南盐务管理局代电稿（1945.11.10）

（九六）财政部关于撤销昭通分局局长李拯任内因办理红白两井包务延误所受处分事与云南盐务管理局往来文书（1945.10.29–1946.7.4）

财政部致云南盐务管理局代电稿（1945.10.29）

云南盐务管理局致盐政总局呈（1946.4.5）

财政部致云南盐务管理局指令稿（1946.7.4）

（九七）云南盐务管理局为磨铺井包商请予救济及该井包务投标、新旧包商交接等事与盐政局（盐政总局）等往来函电（1945.11.8–1946.6.22）

云南盐务管理局致盐政局代电（1945.11.8）

盐政局致云南盐务管理局指令稿（1945.11.17）

云南盐务管理局致盐政局电（1945.12.28）

财政部致云南盐务管理局电稿（1946.1.10）

云南盐务管理局致盐政总局代电（1946.6.1）

盐政总局致云南盐务管理局指令稿（1946.6.22）

（九八）云南盐务管理局为迤南抱母、景东两井开标包课事与盐政局等往来函电（1945.11.23–1946.7.4）

云南盐务管理局致盐政局代电（1945.11.23）

盐政局致云南盐务管理局指令稿（1945.11.28）

云南盐务管理局致盐政总局代电（1946.6.3）

财政部致云南盐务管理局代电稿（1946.7.4）

（九九）云南盐务管理局为磨铺井定期开标事与盐政局往来函电（1945.12.8–1945.12.27）

云南盐务管理局致盐政局代电（1945.12.8）

盐政局致云南盐务管理局指令稿（1945.12.27）

（一〇〇）云南盐务管理局为黄庄井包务事与盐政总局往来代电（1945.12.27–1946.7.2）

云南盐务管理局致盐政总局呈（1945.12.27）

财政部致云南盐务管理局指令稿（1946.1.12）
云南盐务管理局致盐政总局代电（1946.6.28）
云南盐务管理局致盐政总局代电（1946.7.2）
（一〇一）云南盐务管理局与盐政局（盐政总局）为丽江井招商承办情形往来代电（1946.1.19–1946.5.28）
云南盐务管理局致盐政总局代电（1946.1.19）
财政部致云南盐务管理局代电稿（1946.1.31）
云南盐务管理局致盐政总局代电（1946.5.28）
（一〇二）云南盐务管理局为盐井坝井开标承包等事与盐政总局等往来函电（1946.1.23–1946.11.28）
云南盐务管理局致盐政总局代电（1946.1.23）
财政部致云南盐务管理局代电稿（1946.2.6）
云南盐务管理局致盐政总局代电（1946.4.23）
云南盐务管理局致盐政总局代电（1946.4.27）
云南盐务管理局致盐政总局代电（1946.5.28）
盐政总局致云南盐务管理局代电稿（1946.6.20）
云南盐务管理局致盐政总局电（1946.6.24）
云南盐务管理局致盐政总局电（1946.7.3）
财政部致云南盐务管理局电稿（1946.7.17）
云南盐务管理局致盐政总局呈（1946.10.28）
云南盐务管理局致盐政总局呈（1946.11.13）
财政部致云南盐务管理局代电稿（1946.11.18）
财政部致云南盐务管理局代电稿（1946.11.28）
（一〇三）云南盐务管理局为红井包商因水灾请减免课款及下届包务等事与盐政总局往来函电（1946.9.28–1947.10.15）
财政部致云南盐务管理局代电稿（1946.9.28）
云南盐务管理局致盐政总局代电（1946.10.2）
财政部致云南盐务管理局代电稿（1946.10.26）
云南盐务管理局致盐政总局呈（1946.12.23）
云南盐务管理局致盐政总局呈（1947.10.1）
盐政总局致云南盐务管理局函稿（1947.10.15）
（一〇四）云南盐务管理局为办理红花小溪及蔡瓦井下届包务情形事与财政部往来函电（1947.1.11–1947.3.19）
财政部致云南盐务管理局代电稿（1947.1.11）
云南盐务管理局致盐政总局呈（1947.3.3）

财政部致云南盐务管理局代电稿（1947.3.19）

（一〇五）云南盐务管理局为昭仓续呈盐井坝井欠课及包务情形与盐务总局往来函电（1947.6.22–1947.10.29）

云南盐务管理局致盐务总局呈（1947.6.22）

盐政总局致云南盐务管理局函稿（1947.7.8）

云南盐务管理局致盐务总局呈（1947.7.26）

云南盐务管理局致盐务总局呈（1947.8.2）

财政部致云南盐务管理局电稿（1947.10.29）

十一　官收

（一）云南盐务管理局为云南区增产建仓及举办官收官运相关情况与盐务总局往来文书（1939.8.31–1940.2.22）

云南盐务管理局致盐务总局呈（1939.8.31）

财政部致盐务总局训令稿（1939.10.20）

云南盐务管理局致财政部电（1939.10.26）

财政部致盐务总局、云南盐务管理局电稿（1939.11.3）

盐务总局致财政部代电（1939.11.11）

财政部致盐务总局代电稿（1939.12.9）

盐务总局致财政部呈（1940.1.12）

财政部致盐务总局指令稿（1940.2.22）

（二）云南盐务管理局、盐务总局关于官收官运借用资金先后不同情形往来函件（1940.1.23–1940.3.26）

云南盐务管理局致盐务总局呈（1940.1.23）

盐务总局致财政部呈稿、云南盐务管理局指令稿（1940.2.22）

财政部致盐务总局指令（1940.3.26）

（三）云南盐务管理局为迤南区景东茂爱两包井收回官办办法及办理情形与盐务总局等往来文书（1941.12.6–1942.10.30）

云南盐务管理局致盐务总局代电（1941.12.6）

盐务总局致财政部呈稿、云南盐务管理局代电稿（1942.1.10）

财政部致盐务总局指令（1942.3.15）

盐务总局致云南盐务管理局代电稿（1942.4.1）

云南盐务管理局致盐务总局呈（1942.7.7）

盐务总局致云南盐务管理局代电稿（1942.7.29）

云南盐务管理局致盐务总局代电（1942.9.1）

盐务总局致财政部呈稿（1942.9.17）

盐务总局致云南盐务管理局代电稿（1942.9.17）

财政部致盐务总局指令（1942.10.9）

盐务总局致云南盐务管理局训令稿（1942.10.30）

（四）云南盐务管理局关于将猛野井仍收回官办情形与盐务总局等往来文书（1942.6.4–1943.5.22）

云南盐务管理局致盐务总局代电（1942.6.4）

盐务总局致云南盐务管理局代电稿（1942.6.29）

云南盐务管理局致盐务总局代电（1942.12.22）

盐务总局致云南盐务管理局代电稿、财政部呈稿（1943.2.17）

云南盐务管理局致盐务总局代电（1943.3.6）

盐务总局致云南盐务管理局代电稿（1943.3.30）

财政部致盐务总局指令（1943.3.31）

盐务总局致云南盐务管理局代电稿（1943.4.7）

云南盐务管理局致盐务总局代电（1943.5.6）

盐务总局致云南盐务管理局代电稿（1943.5.22）

（五）云南盐务管理局关于民国三十年度在场官收盐数等致盐务总局代电（1942.9.15）

（六）盐务总局与云南盐务管理局为彻底实施盐产官收政策往来文书（1942.11.17–1943.4.2）

盐务总局致云南盐务管理局训令稿（1942.11.17）

云南盐务管理局致盐务总局呈（1943.2.26）

盐务总局致云南盐务管理局、财政部代电稿（1943.4.2）

（七）盐务总局（盐政总局）、云南盐务管理局等关于滇区呈拟实行官收办法往来函电（1943.5.1–1946.3.14）

云南盐务管理局致盐务总局代电（1943.5.1）

财政部致盐务总局指令（1943.5.3）

盐务总局致云南盐务管理局代电稿（1943.5.14）

第六十九卷

财政部致盐务总局快邮代电（1944.6.22）

盐务总局致云南盐务管理局代电稿（1944.6.30）

云南盐务管理局致盐务总局代电（1944.7.1）

盐务总局致云南盐务管理局代电稿（1944.7.20）

（一一）云南盐务管理局为安宁井场务所办理官收情形及发给灶户运费等情与盐务总局往来文书（1943.7.19–1943.9.6）

云南盐务管理局致盐务总局代电（1943.7.19）

场产处致运销处函（1943.7.23）

运销处致场产处函（1943.8.18）

盐务总局致云南盐务管理局代电稿（1943.9.6）

（一二）云南盐务管理局、盐务总局等为昭通分局呈报所属汪家坪、盐井坝场实施产盐官收情形往来文电（1943.7.30–1944.9.18）

云南盐务管理局致盐务总局代电（1943.7.30）

盐务总局致云南盐务管理局代电稿（1943.8.17）

云南盐务管理局致盐务总局代电（1944.3.24）

云南盐务管理局致盐务总局代电（1944.3.28）

盐务总局致云南盐务管理局代电稿（1944.4.8）

盐务总局致云南盐务管理局代电稿（1944.4.27）

云南盐务管理局致盐务总局代电（1944.5.30）

盐务总局致云南盐务管理局代电稿（1944.6.15）

云南盐务管理局致盐务总局代电（1944.9.7）

盐务总局致云南盐务管理局代电稿（1944.9.18）

（一三）云南盐务管理局、盐务总局等关于滇中场署呈报滇中区各场实施推进官收情形往来文电（1943.8.5–1945.1.27）

云南盐务管理局致盐务总局代电（1943.8.5）

盐务总局致云南盐务管理局代电稿（1943.10.2）

云南盐务管理局致盐务总局代电（1943.12.17）

盐务总局致云南盐务管理局代电稿（1944.1.15）

云南盐务管理局致盐务总局代电（1944.5.27）

云南盐务管理局致盐务总局代电（1944.11.11）

盐务总局致云南盐务管理局指令稿（1944.11.25）

云南盐务管理局致盐务总局代电（1944.12.14）

云南盐务管理局致盐务总局代电（1945.1.15）

盐务总局致云南盐务管理局指令稿（1945.1.27）

（一四）云南盐务管理局、盐务总局等为议拟迤西迤南两区各井场实施产盐官收办法往来文电（1943.10.28–1944.6.9）

云南盐务管理局致盐务总局代电（1943.10.28）

盐务总局致云南盐务管理局代电稿（1943.11.22）

云南盐务管理局致盐务总局代电（1944.1.18）

盐务总局致云南盐务管理局代电稿（1944.2.24）

云南盐务管理局致盐务总局代电（1944.3.31）

盐务总局致云南盐务管理局代电稿（1944.4.27）

云南盐务管理局致盐务总局代电（1944.5.29）

盐务总局致云南盐务管理局代电稿、财政部呈稿（1944.6.9）

（一五）云南盐务管理局、盐务总局（盐政局）等关于迤南、迤西、白井场署呈报办理官收情形往来函电（1944.5.26–1945.11.16）

云南盐务管理局致迤西、迤南、白井场代电（1944.5.26）

云南盐务管理局致盐务总局代电（1944.6.2）

盐务总局致云南盐务管理局代电稿（1944.6.14）

财政部致盐务总局指令（1944.6.30）

盐务总局致云南盐务管理局训令稿（1944.7.8）

云南盐务管理局致盐务总局代电（1944.7.11）

盐务总局致云南盐务管理局代电稿（1944.7.26）

云南盐务管理局致盐务总局代电（1944.8.26）

盐务总局致云南盐务管理局指令稿（1944.9.11）

云南盐务管理局致盐政局代电（1945.6.13）

盐政局致云南盐务管理局指令稿（1945.6.20）

云南盐务管理局致盐政局代电（1945.8.21）

盐政局致云南盐务管理局指令稿（1945.8.28）

云南盐务管理局致盐政局代电（1945.11.7）

盐政局致云南盐务管理局指令稿（1945.11.16）

（一六）云南盐务管理局关于滇中署呈报元阿两场推进官收情形与盐务总局往来电令（1944.11.11–1944.11.25）

云南盐务管理局致盐务总局代电（1944.11.11）

盐务总局致云南盐务管理局指令稿（1944.11.25）

（一七）云南盐务管理局关于黑场灶存盐亏短经派员督同清查情形与盐务总局（盐政局）往来文书（1944.12.2–1945.5.19）

云南盐务管理局致盐务总局呈（1944.12.2）

盐务总局致云南盐务管理局代电稿（1944.12.8）

盐政局致云南盐务管理局代电稿（1945.5.19）

（一八）云南盐务管理局关于阿场地狭人稠难于租赁仓房该场官收应如何推进致盐务总局代电（1944.12.14）

（一九）云南盐务管理局关于滇中署呈报元永场建仓工程尚未竣工预定官收日期暂行展延等情与盐务总局往来电令（1945.1.15–1945.1.27）

云南盐务管理局致盐务总局代电（1945.1.15）

盐务总局致云南盐务管理局指令稿（1945.1.27）

（二〇）云南盐务管理局关于迤南署呈报石膏场办理产盐官收情形与盐政局往来电令（1945.6.13–1945.6.20）

云南盐务管理局致盐政局代电（1945.6.13）

盐政局致云南盐务管理局指令稿（1945.6.20）

（二一）云南盐务管理局关于按分署办理官收情形及实行日期与盐政局往来电令（1945.8.21–1945.8.28）

云南盐务管理局致盐政局代电（1945.8.21）

盐政局致云南盐务管理局指令稿（1945.8.28）

（二二）云南盐务管理局关于迤南署电陈抱所于民国三十四年九月二十六日实行官收发给全薪等与盐政局往来电令（1945.11.7–1945.11.16）

云南盐务管理局致盐政局代电（1945.11.7）

盐政局致云南盐务管理局指令稿（1945.11.16）

（二三）云南盐务管理局关于该区原办给价官收及贷款官收办法业经奉准作为生产贷款继续办理等与盐政局往来电令（1946.2.28–1946.3.14）

云南盐务管理局致盐政局代电（1946.2.28）

盐政局致云南盐务管理局代电稿（1946.3.14）

十二　灶费薪本

云南各场

（一）云南盐运使、财政部等为造报民国二十六至二十八年度各场收支灶工硐费数目表往来公函（1937.3.18–1938.7.19）

云南盐运使致盐务署呈（1937.3.18）

财政部致云南盐运使指令稿、盐务总局训令稿（1937.5.14）

云南盐运使致财政部呈（1937.8.26）

财政部致云南盐运使指令稿、盐务总局训令稿（1937.10）

云南盐运使致财政部呈（1938.2.21）

云南盐运使致财政部呈（1938.5.31）

财政部致云南盐务管理局训令（1938.7.5）

云南盐运使致财政部呈（1938.7.19）

（二）财政部、盐务总局、云南盐务管理局关于云南区各场灶费薪本案相关情形往来文书（1939.6.29–1940.12.31）

云南盐务管理局致盐务总局电（1939.6.29）

云南盐务管理局致盐务总局代电（1939.6.29）

云南盐务管理局致盐务总局代电（1939.8.14）

云南盐务管理局致盐务总局代电（1939.8.14）

云南盐务管理局致盐务总局代电（1939.8.21）

盐务总局产销科电稿（1939.8.26）

云南盐务管理局致盐务总局代电（1939.9.2）

盐务总局致云南盐务管理局电稿、财政部呈稿（1939.9.22）

云南盐务管理局致盐务总局呈（1939.10.4）

盐务总局致财政部代电稿（1939.10.16）

财政部致盐务总局指令（1939.10.27）

盐务总局致财政部呈稿、云南盐务管理局指令稿（1939.11.16）

盐务总局致云南盐务管理局训令稿（1939.11.23）

云南盐务管理局致盐务总局代电（1940.7.12）

云南盐务管理局致盐务总局代电（1940.8.12）

盐务总局致云南盐务管理局电稿（1940.8.17）

盐务总局致财政部呈稿、云南盐务管理局指令稿（1940.8.19）

盐务总局致云南盐务管理局代电稿（1940.8.22）

盐务总局致财政部呈稿（1940.9.19）

财政部致盐务总局指令（1940.10.18）

云南盐务管理局致盐务总局代电（1940.11.8）

盐务总局致云南盐务管理局代电（1940.11.13）

盐务总局致云南盐务管理局指令稿（1940.11.26）

财政部致盐务总局指令（1940.12.7）

盐务总局致云南盐务管理局代电稿（1940.12.31）

（三）云南盐务管理局为调整各场竈费薪本案相关情形与盐务总局往来文书（1940.11.20–1941.11.1）

云南盐务管理局致盐务总局呈（1940.11.20）

盐务总局致云南盐务管理局代电稿、财政部呈稿（1941.1.11）

财政部致盐务总局指令（1941.2.25）

盐务总局致云南盐务管理局电稿（1941.4.29）

盐务总局致云南盐务管理局训令稿、财政部呈稿（1941.4.30）

云南盐务管理局致盐务总局呈（1941.5.21）

盐务总局致五通桥税务科电（1941.7.6）

盐务总局致财政部呈稿、云南盐务管理局指令稿（1941.9.23）

盐务总局致云南盐务管理局代电稿（1941.11.1）

第七十卷

（四）云南盐务管理局为各场竈费薪本案相关情形与盐务总局往来文书（1941.4.18–1942.6.9）

云南盐务管理局致盐务总局代电（1941.4.18）

云南盐务管理局致盐务总局呈（1941.4.25）

云南盐务管理局致盐务总局代电（1941.5.14）

云南盐务管理局致盐务总局代电（1941.5.14）

云南盐务管理局致盐务总局呈（1941.5.29）

云南盐务管理局致盐务总局代电（1941.5.31）

云南盐务管理局致盐务总局呈（1941.6.2）

云南盐务管理局致盐务总局呈（1941.6.4）

盐务总局致云南盐务管理局指令稿（1941.6.16）

云南盐务管理局致盐务总局呈（1941.6.17）

财政部致盐务总局指令（1941.6.17）

盐务总局致云南盐务管理局指令稿（1941.6.18）

盐务总局致云南盐务管理局指令稿（1941.6.18）

盐务总局致财政部呈稿、云南盐务管理局指令稿（1941.7.10）

盐务总局致云南盐务管理局指令稿（1941.7.11）

盐务总局致云南盐务管理局训令稿（1941.7.11）

财政部致盐务总局指令（1941.7.11）

盐务总局致财政部呈稿、云南盐务管理局指令稿（1941.7.12）

盐务总局致财政部呈稿、云南盐务管理局代电稿（1941.7.31）

盐务总局致云南盐务管理局代电稿（1941.8.25）

盐务总局致云南盐务管理局急代电稿（1942.4.22）

盐务总局致云南盐务管理局代电（1942.6.9）

（五）云南盐务管理局、盐务总局（盐政总局）等为核办滇区各场春节期间盐工工作奖金给奖办法往来函电（1942.3.7–1946.12.21）

云南盐务管理局致盐务总局呈（1942.3.7）

盐务总局致财政部呈稿、云南盐务管理局指令稿（1942.3.24）

财政部致盐务总局指令（1942.4.18）

盐务总局致云南盐务管理局训令稿（1942.5.6）

云南盐务管理局致盐务总局代电（1943.1.20）

盐务总局致财政部呈稿、云南盐务管理局电稿（1943.2.2）

财政部致盐务总局指令（1943.3.1）

设计考核委员会设计组致盐务总局场产处签（1943.5–9）

盐务总局致财政部呈稿（1943.10.5）

财政部致盐务总局指令（1943.12.31）

云南盐务管理局致盐务总局代电（1943.12.31）

盐务总局致云南盐务管理局训令稿（1944.1.18）

盐务总局致云南盐务管理局代电稿（1944.1.28）

盐务总局致云南盐务管理局电稿（1944.2.2）

盐务总局致云南盐务管理局电稿、财政部呈稿（1944.2.25）

财政部致盐务总局指令（1944.3.23）

盐务总局致云南盐务管理局代电稿（1944.4.3）

云南盐务管理局致盐务总局代电（1944.4.28）

云南盐务管理局致盐务总局代电（1944.7.3）

盐务总局致云南盐务管理局代电稿、财政部呈稿（1944.7.31）

盐务总局致云南盐务管理局代电稿（1944.8.8）

财政部致盐务总局指令（1944.8.16）

盐务总局致云南盐务管理局代电稿（1944.8.29）

财政部致云南盐务管理局电稿（1945.2.22）

云南盐务管理局致盐政总局代电（1945.12.29）

财政部致云南盐务管理局代电稿（1946.1.12）

云南盐务管理局致盐政总局呈（1946.12.5）

盐政总局致云南盐务管理局电稿（1946.12.21）

汪家坪场

（一）云南盐务管理局为汪家坪场务所增加蓖费等情与盐务总局往来文书（1942.1.20–1943.3.15）

云南盐务管理局致盐务总局电（1942.1.20）

云南盐务管理局致盐务总局呈（1942.2.14）

盐务总局致财政部呈稿、云南盐务管理局代电稿（1942.5.9）

云南盐务管理局致盐务总局呈（1942.11.26）

盐务总局致财政部呈稿、云南盐务管理局代电稿（1943.2.10）

云南盐务管理局致盐务总局呈（1942.11.21）

云南盐务管理局致盐务总局呈（1943.1.14）

盐务总局致财政部呈稿、云南盐务管理局代电稿（1943.2.15）

财政部致盐务总局指令（1943.3.5）

盐务总局致云南盐务管理局代电稿（1943.3.15）

（二）云南盐务管理局为查明汪家坪井仍由灶户自煎自卖及增加薪本等情与盐务总局往来文书（1943.1.6–1943.4.17）

云南盐务管理局致盐务总局代电（1943.1.6）

财政部致盐务总局指令（1943.1.13）

盐务总局致财政部、云南盐务管理局代电稿（1943.3.18）

盐务总局致云南盐务管理局训令稿（1943.4.5）

财政部致盐务总局指令（1943.4.14）

云南盐务管理局致盐务总局代电（1943.4.17）

（三）云南盐务管理局为汪家坪场所增加薪费与盐务总局往来文书（1943.4.6–1943.5.12）

云南盐务管理局致盐务总局代电（1943.4.6）

云南盐务管理局致盐务总局呈（1943.4.6）

财政部致盐务总局指令（1943.4.12）

盐务总局致财政部呈稿、云南盐务管理局指令稿（1943.5.10）

盐务总局致云南盐务管理局电稿（1943.5.12）

（四）云南盐务管理局为汪家坪实施官收问题及薪费薪本问题与盐务总局往来文书（1943.4.6–1943.9.9）

云南盐务管理局致盐务总局代电（1943.4.6）

云南盐务管理局致盐务总局代电（1943.5.11）

盐务总局致财政部呈稿、云南盐务管理局代电稿（1943.6.3）

财政部致盐务总局指令（1943.6.9）

云南盐务管理局致盐务总局代电（1943.6.26）

财政部致盐务总局指令（1943.7.6）

云南盐务管理局致盐务总局代电（1943.8.17）

盐务总局致云南盐务管理局急电稿（1943.9.9）

盐务总局致云南盐务管理局代电稿（1943.9.9）

（五）云南盐务管理局为汪家坪场薪费薪本案与盐务总局往来文书（1943.9.6–1945.1.8）

云南盐务管理局致盐务总局代电（1943.9.6）

云南盐务管理局致盐务总局急代电（1943.9.16）

盐务总局致财政部呈稿、云南盐务管理局代电稿（1943.9.21）

盐务总局致财政部呈稿、云南盐务管理局急代电稿（1943.9.27）

云南盐务管理局致盐务总局电（1943.10.2）

盐务总局致云南盐务管理局电稿（1943.10.12）

财政部致盐务总局指令（1943.10.13）

财政部致盐务总局指令（1943.10.22）

盐务总局致云南盐务管理局代电稿（1943.10.27）

盐务总局致云南盐务管理局代电稿（1943.11.3）

云南盐务管理局致盐务总局代电（1944.1.10）

盐务总局致财政部呈稿、云南盐务管理局急代电稿（1944.1.31）

云南盐务管理局致盐务总局代电（1944.2.4）

财政部致盐务总局指令（1944.2.21）

盐务总局致云南盐务管理局代电稿（1944.3.13）

云南盐务管理局致盐务总局代电（1944.4.8）

盐务总局致财政部呈稿（1944.4.19）

云南盐务管理局致盐务总局代电（1944.4.24）

财政部致盐务总局指令（1944.5.4）

盐务总局致云南盐务管理局代电稿（1944.5.17）

盐务总局致财政部呈稿、云南盐务管理局代电稿（1944.5.27）

云南盐务管理局致盐务总局代电（1944.5.26）

云南盐务管理局致盐务总局代电（1944.5.29）

盐务总局致云南盐务管理局代电稿（1944.6.23）

财政部致盐务总局指令（1944.6.23）

云南盐务管理局致盐务总局代电（1944.7.10）

云南盐务管理局致盐务总局代电（1944.7.10）

云南盐务管理局致盐务总局代电（1944.7.11）

云南盐务管理局致盐务总局代电（1944.7.11）

盐务总局致云南盐务管理局代电稿（1944.7.13）

盐务总局致财政部呈稿（1944.7.17）

盐务总局致财政部呈稿、云南盐务管理局代电稿（1944.7.19）

盐务总局致财政部呈稿、云南盐务管理局指令稿（1944.7.20）

盐务总局致财政部呈稿、云南盐务管理局代电稿（1944.7.21）

财政部致盐务总局指令（1944.7.29）

财政部致盐务总局指令（1944.7.29）

财政部致盐务总局指令（1944.8.2）

财政部致盐务总局指令（1944.8.3）

盐务总局致云南盐务管理局代电稿（1944.8.11）

盐务总局致云南盐务管理局代电稿（1944.8.11）

盐务总局致云南盐务管理局指令稿（1944.8.11）

云南盐务管理局致盐务总局代电（1944.8.21）

云南盐务管理局致盐务总局代电（1944.8.23）

盐务总局致财政部呈稿、云南盐务管理局指令稿（1944.9.11）
盐务总局致财政部呈稿、云南盐务管理局代电稿（1944.9.13）
财政部致盐务总局指令（1944.9.20）
财政部致盐务总局指令（1945.1.8）

第七十一卷

滇中各场

（一）盐务总局为滇中区场署各井竈费之增加致云南盐务管理局电（1941.9.30）

（二）盐务总局致财政部呈稿、云南盐务管理局代电稿（1942.3.14）

（三）云南盐务管理局为调整滇中区各井场薪本竈费情形与盐务总局往来文书（1942.2.7–1942.6.25）
云南盐务管理局致盐务总局呈（1942.2.7）
盐务总局致云南盐务管理局急代电稿（1942.5.22）
盐务总局致财政部呈稿、云南盐务管理局代电稿（1942.6.25）

（四）云南盐务管理局为滇中区各场调整薪本细目表与盐务总局往来文书（1942.3.17–1942.6.4）
云南盐务管理局致盐务总局呈（1942.3.17）
盐务总局致云南盐务管理局代电稿（1942.6.4）

（五）盐务总局为滇中区各井场制盐同业公会主席等呈请加给薪本应连存灶盐平核发事与云南盐务管理局往来文书（1942.5–1942.6.27）
滇中区各井场制盐同业公会主席致盐务总局呈（1942.5）
盐务总局致云南盐务管理局训令稿（1942.6.27）

（六）云南盐务管理局为滇中区各井场增加薪本等情与盐务总局往来文书（1942.8.3–1943.1.20）
云南盐务管理局致盐务总局电（1942.8.3）
云南盐务管理局致盐务总局代电（1942.8.5）
云南盐务管理局致盐务总局电（1942.8.18）
云南盐务管理局致盐务总局代电（1942.8.21）
云南盐务管理局致盐务总局代电（1942.12.11）

盐务总局致财政部呈稿、云南盐务管理局代电稿（1943.1.20）

盐务总局致财政部呈稿、云南盐务管理局代电稿（1943.1.20）

（七）云南盐务管理局为滇中区各场拟加薪本数率等情与盐务总局往来文书（1942.11.17–1943.4.20）

云南盐务管理局致盐务总局代电（1942.11.17）

云南盐务管理局致盐务总局代电（1942.11.27）

云南盐务管理局致盐务总局代电（1942.12.2）

云南盐务管理局致盐务总局代电（1942.12.4）

盐务总局致财政部呈稿、云南盐务管理局代电稿（1943.4.6）

财政部致盐务总局指令（1943.4.7）

盐务总局致云南盐务管理局训令（1943.4.20）

（八）云南盐务管理局为滇中区各场竈费薪本案与盐务总局往来文书（1943.4.24–1943.9.9）

财政部致盐务总局指令（1943.4.24）

财政部致盐务总局指令（1943.5.7）

盐务总局致云南盐务管理局代电稿（1943.5.19）

财政部致盐务总局指令（1943.5.24）

财政部致盐务总局指令（1943.5.25）

云南盐务管理局致盐务总局代电（1943.6.26）

盐务总局致云南盐务管理局代电稿（1943.6.28）

盐务总局致云南盐务管理局代电稿（1943.7.10）

盐务总局致财政部呈稿（1943.7.14）

云南盐务管理局致盐务总局代电（1943.7.19）

云南盐务管理局致盐务总局代电（1943.7.24）

云南盐务管理局致盐务总局代电（1943.8.24）

盐务总局致云南盐务管理局电稿（1943.9.2）

滇中区五井灶户致盐务总局呈（1943.9.2）

盐务总局致云南盐务管理局代电稿（1943.9.9）

盐务总局场产处凌昌炎签呈（1943.9.9）

（九）云南盐务管理局为滇中区各场工人增加竈费及薪本案与盐务总局往来文书（1943.7.20–1943.10.27）

云南盐务管理局致盐务总局代电（1943.7.20）

云南盐务管理局致盐务总局代电（1943.7.31）

财政部致盐务总局指令（1943.8.26）

云南盐务管理局致盐务总局代电（1943.9.11）

盐务总局致财政部代电稿、云南盐务管理局急电稿（1943.10.13）

云南盐务管理局致盐务总局代电（1943.9.18）

盐务总局致云南盐务管理局指令稿（1943.9.23）

盐务总局致云南盐务管理局电稿（1943.9.25）

财政部致盐务总局指令（1943.10.9）

盐务总局致云南盐务管理局代电（1943.10.27）

（一〇）云南盐务管理局为滇中区各场薪本案与盐务总局往来文书（1943.10.15–1944.1.23）

云南盐务管理局致盐务总局代电（1943.10.15）

财政部致盐务总局指令（1943.11.17）

盐务总局致云南盐务管理局代电稿（1943.11.22）

财政部致盐务总局指令（1943.11.22）

滇中区黑井灶户致盐务总局呈（1943.11.23）

云南盐务管理局致盐务总局代电（1943.11.27）

盐务总局致云南盐务管理局代电稿（1943.12.14）

云南盐务管理局致盐务总局代电（1943.12.16）

云南盐务管理局致盐务总局代电（1943.12.17）

云南盐务管理局致盐务总局代电（1943.12.21）

云南盐务管理局致盐务总局代电（1943.12.23）

云南盐务管理局致盐务总局代电（1943.12.23）

盐务总局致云南盐务管理局代电稿（1943.12.27）

云南盐务管理局致盐务总局代电（1944.1.23）

（一一）云南盐务管理局为核加滇中区各场薪本案与盐务总局往来文书（1944.6.16–1944.9.12）

云南盐务管理局致盐务总局代电（1944.6.16）

云南盐务管理局致盐务总局代电（1944.7.8）

盐务总局致财政部呈稿、云南盐务管理局代电稿（1944.8.12）

财政部致盐务总局指令（1944.8.28）

盐务总局致云南盐务管理局代电稿（1944.9.12）

（一二）云南盐务管理局为滇中场利元硐硔金起加日期与盐务总局往来文书（1944.12.30–1945.1.8）

云南盐务管理局致盐务总局代电（1944.12.30）

盐务总局致云南盐务管理局指令（1945.1.8）

滇中琅井

（一）云南盐务管理局为琅井加给劳工食米办法等情与盐务总局往来文书（1942.4.4–1942.5.22）

云南盐务管理局致盐务总局代电（1942.4.4）

盐务总局致财政部呈稿、云南盐务管理局代电稿（1942.5.22）

（二）盐务总局为琅井场增加薪本事与云南盐务管理局、财政部往来文书（1942.4.27–1942.5.25）

财政部致盐务总局指令（1942.4.27）

盐务总局致云南盐务管理局训令稿（1942.5.25）

（三）财政部为琅井竈费增加及实行日期等事致盐务总局指令（1942.5.28）

（四）盐务总局关于琅井场竈费增为每担四元五角事致云南盐务管理局代电稿（1942.6.9）

（五）云南盐务管理局为滇中区场署增加琅井竈工工资事与盐务总局往来文书（1942.12.1–1943.3.10）

云南盐务管理局致盐务总局呈（1942.12.1）

盐务总局致云南盐务管理局代电稿（1943.3.10）

（六）云南盐务管理局为增加琅井场竈费薪本致盐务总局代电（1943.7.10）

（七）云南盐务管理局为琅井场竈费薪本案与盐务总局往来文书（1943.8.21–1943.9.9）

云南盐务管理局致盐务总局代电（1943.8.21）

盐务总局致云南盐务管理局指令稿（1943.9.9）

（八）云南盐务管理局为琅井场竈费薪本案与盐务总局往来文书（1943.12.23–1944.3.2）

云南盐务管理局致盐务总局代电（1943.12.23）

云南盐务管理局致盐务总局代电（1944.1.23）

盐务总局致云南盐务管理局急代电稿（1944.2.10）

盐务总局致云南盐务管理局代电稿（1944.3.2）

（九）云南盐务管理局为琅井场薪本案与盐务总局往来文书（1944.6.12–1944.9.7）

云南盐务管理局致盐务总局代电（1944.6.12）

云南盐务管理局致盐务总局代电（1944.7.12）

盐务总局致财政部呈稿、云南盐务管理局指令稿（1944.8.25）

财政部致盐务总局指令（1944.9.7）

（一〇）财政部为增琅井场各井滷费及增加竈率等与盐务总局、云南盐务管理局往来文书（1944.12.12–1945.1.2）

财政部致盐务总局指令（1944.12.12）

盐务总局致云南盐务管理局代电稿（1945.1.2）

（一一）云南盐务管理局为琅井场竈费薪本案与盐务总局（盐政局）往来文书（1945.1.27–1945.4.3）

盐务总局致财政部呈（1945.1.27）

盐政局致云南盐务管理局代电稿（1945.2.8）

财政部致云南盐务管理局训令稿（1945.2.20）

云南盐务管理局致盐政局代电（1945.2.24）

财政部致云南盐务管理局指令稿（1945.3.5）

云南盐务管理局致盐政局代电（1945.3.13）

财政部致云南盐务管理局指令稿（1945.3.24）

云南盐务管理局致盐政局代电（1945.3.21）

盐政局致云南盐务管理局指令稿（1945.4.3）

第七十二卷

滇中元永

（一）云南盐务管理局为元永场采硔超额暂行奖励办法与盐务总局往来文书（1942.2.17–1942.5.28）

云南盐务管理局致盐务总局呈（1942.2.17）

盐务总局致云南盐务管理局指令稿（1942.5.28）

（二）盐务总局为元永场增加薪本与云南盐务管理局、财政部往来令稿（1942.4.30–1942.5.25）

财政部致盐务总局指令（1942.4.30）

盐务总局致云南盐务管理局训令稿（1942.5.25）

（三）云南盐务管理局为元永井增加工资竈率并送竈费表等情与盐务总局往来电稿（1942.5.8–1942.6.27）

云南盐务管理局致盐务总局代电（1942.5.8）

盐务总局致云南盐务管理局代电稿（1942.6.27）

（四）云南盐务管理局为清理元永井具领孤贫米人办法情形与盐务总局往来文书（1942.5.9–1942.6.23）

云南盐务管理局致盐务总局呈（1942.5.9）

云南盐务管理局致盐务总局呈（1942.5.28）

盐务总局致云南盐务管理局代电稿（1942.6.23）

（五）财政部为滇局将元永井灶薪每担增加十四元致盐务总局指令（1942.6.9）

（六）云南盐务管理局为滇中区元兴井制盐同业公会电请将加薪悉数照发等情与盐务总局往来文书（1942.8.12–1943.1.20）

云南盐务管理局致盐务总局代电（1942.8.12）

财政部致盐务总局指令（1942.8.12）

盐务总局致财政部呈稿、云南盐务管理局代电稿（1943.1.20）

（七）云南盐务管理局为滇中区场署呈送元永井增加灶费开支细数各表等情与盐务总局往来文书（1942.10.24–1943.4.23）

云南盐务管理局致盐务总局呈（1942.10.24）

财政部致盐务总局指令（1942.12.15）

盐务总局致财政部呈稿、云南盐务管理局代电稿（1943.2.10）

财政部致盐务总局指令（1943.2.10）

财政部致盐务总局指令（1943.2.23）

财政部致盐务总局指令（1943.2.25）

盐务总局致云南盐务管理局代电稿（1943.2.27）

盐务总局致云南盐务管理局代电稿（1943.3.15）

云南盐务管理局致盐务总局代电（1943.4.6）

盐务总局致财政部呈稿、云南盐务管理局代电稿（1943.4.23）

（八）盐务总局为元永场民国二十九年间增加灶薪实行日期等情有误与云南盐务管理局往来文书（1942.10.23–1943.1.7）

云南盐务管理局致盐务总局呈（1942.10.23）

盐务总局场产处致云南盐务管理局代电稿（1943.1.6）

盐务总局致财政部呈稿、云南盐务管理局代电稿（1943.1.7）

（九）云南盐务管理局为增加元永硔金等情与盐务总局等往来文书（1943.1.6–1943.3.24）

云南盐务管理局致盐务总局呈（1943.1.6）

财政部致盐务总局指令（1943.3.10）

盐务总局致云南盐务管理局训令稿（1943.3.18）

盐务总局致财政部呈稿、云南盐务管理局代电稿（1943.3.20）

云南盐务管理局致盐务总局代电（1943.3.24）

（一〇）财政部、盐务总局为滇区元兴井制盐同业公会请转饬场署将所加薪本悉数发给灶户事相关往来文书（1943.4.10–1943.4.20）

财政部致盐务总局指令（1943.4.10）

盐务总局致云南盐务管理局代电稿（1943.4.20）

（一一）云南盐务管理局为元永场竈费薪本案与盐务总局往来文书（1943.1.26–1943.7.28）

云南盐务管理局致盐务总局代电（1943.1.26）

财政部致盐务总局指令（1943.4.14）

云南盐务管理局致盐务总局呈（1943.5.5）

云南盐务管理局致盐务总局代电（1943.5.12）

云南盐务管理局致盐务总局代电（1943.5.22）

财政部致盐务总局指令（1943.6.10）

盐务总局致财政部呈稿、云南盐务管理局代电稿（1943.6.26）

盐务总局致财政部、云南盐务管理局代电稿（1943.7.28）

（一二）云南盐务管理局为元永场薪本案与盐务总局往来文书（1943.9.4–1944.1.13）

财政部致盐务总局指令（1943.9.4）

云南盐务管理局致盐务总局代电（1943.9.21）

盐务总局致云南盐务管理局电稿（1943.9.25）

云南盐务管理局致盐务总局代电（1943.10.16）

盐务总局致云南盐务管理局代电稿（1943.10.27）

云南盐务管理局致盐务总局代电（1943.10.29）

云南盐务管理局致盐务总局电文（1943.12.8）

盐务总局致财政部呈稿、云南盐务管理局代电稿（1943.12.9）

云南盐务管理局致盐务总局代电（1943.12.11）

财政部致盐务总局指令（1943.12.31）

盐务总局致云南盐务管理局电稿（1944.1.13）

（一三）云南盐务管理局为元永场竈费薪本案与盐务总局往来文书（1943.12.11–1945.4.12）

云南盐务管理局致盐务总局代电（1943.12.11）

云南盐务管理局致盐务总局代电（1943.12.11）

云南盐务管理局致盐务总局代电（1944.2.24）

盐务总局致财政部呈稿、云南盐务管理局代电稿（1944.3.13）

财政部致盐务总局指令（1944.3.30）

盐务总局致云南盐务管理局代电稿（1944.4.7）

云南盐务管理局致盐务总局代电（1944.4.18）

盐务总局致财政部呈稿、云南盐务管理局指令稿（1944.5.12）

盐务总局致财政部呈稿、云南盐务管理局代电稿（1944.5.20）

财政部致盐务总局指令（1944.5.30）

云南盐务管理局致盐务总局代电（1944.5.30）

云南盐务管理局致盐务总局代电（1944.5.31）

盐务总局致云南盐务管理局代电稿（1944.6.9）

盐务总局致云南盐务管理局代电稿（1944.6.9）

财政部致盐务总局指令（1944.6.12）

云南盐务管理局致盐务总局代电（1944.6.15）

盐务总局致云南盐务管理局训令（1944.6.17）

盐务总局致云南盐务管理局代电稿（1944.6.27）

云南盐务管理局致盐务总局代电（1944.6.30）

云南盐务管理局致盐务总局代电（1944.7.22）

云南盐务管理局致盐务总局代电（1944.8.24）

云南盐务管理局致盐务总局代电（1944.8.25）

盐务总局致云南盐务管理局代电稿（1944.9.12）

盐务总局致财政部呈稿、云南盐务管理局代电稿（1944.9.20）

云南盐务管理局致盐务总局代电（1944.12.20）

云南盐务管理局致盐务总局代电（1944.12.30）

财政部致盐务总局指令（1945.1.10）

财政部致盐务总局指令（1945.1.12）

盐务总局致财政部呈稿、云南盐务管理局指令稿（1945.1.15）

盐务总局致云南盐务管理局指令稿（1945.1.15）

盐务总局致云南盐务管理局训令稿（1945.1.17）

财政部致盐务总局指令（1945.1.26）

云南盐务管理局致盐政局代电（1945.2.17）

盐政局致云南盐务管理局代电稿（1945.2.24）

云南盐务管理局致盐政局代电（1945.3.6）

盐政局致云南盐务管理局代电稿（1945.3.19）

云南盐务管理局致盐政局代电（1945.3.19）

云南盐务管理局致盐政局代电（1945.3.31）

财政部致云南盐务管理局指令稿（1945.4.4）

财政部致云南盐务管理局指令稿（1945.4.12）

（一四）云南盐务管理局为元永场增加竈率案与盐务总局往来文书（1944.12.28–1945.1.12）

云南盐务管理局致盐务总局代电（1944.12.28）

盐务总局致云南盐务管理局指令稿（1945.1.11）

财政部致盐务总局指令（1945.1.12）

（一五）盐政局关于元永场加强管理硔滷等情致云南盐务管理局代电稿（1946.2.5）

滇中黑井场

（一）盐务总局为黑所增加竈费等情致财政部呈稿、云南盐务管理局代电稿（1942.5.6）

（二）盐务总局、财政部为黑井场竈费等情相关往来文书（1942.5.7–1942.5.21）

财政部致盐务总局指令（1942.5.7）

盐务总局致云南盐务管理局代电稿（1942.5.21）

（三）盐务总局为将黑阿两井薪本增加以适应煎制事与财政部、云南盐务管理局往来文书（1942.5.28–1944.7.4）

财政部致盐务总局指令（1942.5.28）

盐务总局致云南盐务管理局代电稿（1942.6.9）

财政部致盐务总局指令（1943.7.24）

财政部致盐务总局指令（1943.9.28）

盐务总局致云南盐务管理局急电稿（1943.10.29）

云南盐务管理局致盐务总局代电（1944.7.4）

（四）云南盐务管理局为滇中区呈报黑井煎加薪本实行日期等情与盐务总局往来文书（1942.9.15–1943.3.1）

云南盐务管理局致盐务总局代电（1942.9.15）

财政部致盐务总局指令（1943.1.13）

盐务总局致云南盐务管理局代电稿（1943.1.27）

财政部致盐务总局指令（1943.2.22）

财政部致盐务总局指令（1943.3.1）

（五）云南盐务管理局为黑井场增加灶薪等情与盐务总局往来文书（1942.11.11–1943.1.10）

云南盐务管理局致盐务总局代电（1942.11.11）

盐务总局致财政部呈稿、云南盐务管理局指令稿（1943.1.14）

云南盐务管理局致盐务总局呈（1942.8.21）

云南盐务管理局致盐务总局呈（1942.9.14）

云南盐务管理局致盐务总局呈（1942.10.26）

云南盐务管理局致盐务总局呈（1942.11.27）

盐务总局致财政部呈稿、云南盐务管理局代电稿（1943.1.10）

（六）云南盐务管理局关于黑元两井场薪组表内不符等情与盐务总局往来代电（1943.2.12–1943.3.24）

云南盐务管理局致盐务总局代电（1943.2.12）

盐务总局致财政部、云南盐务管理局代电稿（1943.3.24）

（七）云南盐务管理局为黑井场灶费薪本案与盐务总局往来文书（1943.4.7–1944.1.24）

云南盐务管理局致盐务总局代电（1943.4.7）

黑井场制盐同业公会致盐务总局呈（1943.5.23）

云南盐务管理局致盐务总局代电（1943.6.3）

黑井场制盐同业公会致盐务总局快邮代电（1943.6.4）

盐务总局致云南盐务管理局代电稿（1943.6.9）

云南盐务管理局致盐务总局代电（1943.6.15）

黑井场制盐同业公会致盐务总局快邮代电（1943.6.19）

盐务总局致云南盐务管理局代电稿（1943.6.26）

盐务总局致财政部呈稿、云南盐务管理局指令稿（1943.6.29）

盐务总局致云南盐务管理局代电稿（1943.7.9）

云南盐务管理局致盐务总局代电（1943.7.20）

财政部致盐务总局指令（1943.7.28）

云南盐务管理局致盐务总局代电（1943.8.19）

盐务总局致财政部呈稿、云南盐务管理局代电稿（1943.8.28）

盐务总局致云南盐务管理局代电稿（1943.9.8）

盐务总局致云南盐务管理局指令稿（1943.9.8）

云南盐务管理局致盐务总局代电（1943.10.4）

云南盐务管理局致盐务总局代电（1943.12.11）

盐务总局致云南盐务管理局指令稿（1943.12.24）

云南盐务管理局致盐务总局代电（1943.12.31）

盐务总局致财政部呈稿、云南盐务管理局代电稿（1944.1.7）

盐务总局致云南盐务管理局指令稿（1944.1.24）

第七十三卷

（八）云南盐务管理局为黑井场薪本案与盐务总局往来文书（1944.1.13–1944.4.10）

云南盐务管理局致盐务总局呈（1944.1.13）

财政部致盐务总局指令（1944.1.26）

盐务总局致财政部呈稿、云南盐务管理局训令稿（1944.2.15）

盐务总局致云南盐务管理局代电稿（1944.2.16）

云南盐务管理局致盐务总局代电（1944.2.16）

盐务总局致云南盐务管理局指令稿（1944.3.13）

云南盐务管理局致盐务总局代电（1944.3.25）

盐务总局致云南盐务管理局代电稿（1944.4.10）

（九）财政部为元黑阿琅等增加薪本案与盐务总局、云南盐务管理局往来文书（1944.2.22–1944.3.18）

财政部致盐务总局指令（1944.2.22）

财政部致盐务总局指令（1944.3.2）

盐务总局致云南盐务管理局代电稿（1944.3.13）

财政部致盐务总局指令（1944.3.18）

（一〇）云南盐务管理局为黑井场竈费薪本案与盐务总局往来文书（1944.5.18–1944.7.31）

云南盐务管理局致盐务总局代电（1944.5.18）

盐务总局致财政部呈稿、云南盐务管理局代电稿（1944.7.6）

云南盐务管理局致盐务总局代电（1944.7.8）

财政部致盐务总局指令（1944.7.20）

盐务总局致财政部呈稿、云南盐务管理局代电稿（1944.7.31）

（一一）云南盐务管理局为调整黑井场各正井小井竈佚工资等情与盐务总局往来文书（1944.12.22–1945.2.3）

云南盐务管理局致盐务总局代电（1944.12.22）

盐务总局致财政部呈稿、云南盐务管理局代电稿（1945.1.13）

云南盐务管理局致盐务总局代电（1945.1.27）

财政部致盐务总局指令（1945.1.30）

盐务总局致云南盐务管理局指令稿（1945.2.3）

（一二）云南盐务管理局为加发黑井场下井垫薪案与盐务总局往来文书（1945.1.10–1945.1.19）

云南盐务管理局致盐务总局代电（1945.1.10）

盐务总局致云南盐务管理局指令稿（1945.1.19）

（一三）云南盐务管理局为黑井场竈费薪本案及官收情形等与盐务总局（盐政局）往来文书（1945.2.20–1945.5.7）

云南盐务管理局致盐政局代电（1945.2.20）

财政部致云南盐务管理局指令稿（1945.3.9）

云南盐务管理局致盐政局代电（1945.3.21）

云南盐务管理局致盐政局代电（1945.4.4）

财政部致云南盐务管理局指令稿（1945.4.5）

财政部致云南盐务管理局指令稿（1945.4.21）

云南盐务管理局致盐政局代电（1945.4.27）

盐务总局致云南盐务管理局指令稿（1945.5.7）

（一四）云南盐务管理局、盐务总局等为黑井场溢发民国三十六年度盐工春节奖金案往来函电（1947.10.31–1947.11.27）

云南盐务管理局致盐务总局呈（1947.10.31）

财政部致云南盐务管理局代电稿（1947.11.27）

滇中阿陋场

（一）云南盐务管理局为滇中区阿陋场竟费增加事与盐务总局、财政部往来文书（1942.11.11–1943.4.20）

云南盐务管理局致盐务总局代电（1942.11.11）

云南盐务管理局致盐务总局呈（1942.11.30）

盐务总局致财政部呈稿、云南盐务管理局代电稿（1943.3.4）

财政部致盐务总局指令（1943.4.6）

盐务总局致云南盐务管理局代电稿（1943.4.20）

（二）云南盐务管理局为阿陋场竟费薪本案与盐务总局往来文书（1943.7.10–1943.9.3）

云南盐务管理局致盐务总局代电（1943.7.10）

云南盐务管理局致盐务总局代电（1943.7.22）

盐务总局致财政部、云南盐务管理局代电稿（1943.8.21）

盐务总局致财政部呈稿、云南盐务管理局代电稿（1943.9.3）

（三）云南盐务管理局为元黑阿琅四场薪本案与盐务总局往来文书（1943.10.20–1943.11.3）

盐务总局致财政部呈稿、云南盐务管理局代电稿（1943.10.20）

云南盐务管理局致盐务总局代电（1943.10.21）

云南盐务管理局致盐务总局电稿（1943.10.22）

盐务总局致财政部呈稿、云南盐务管理局指令稿（1943.11.3）

（四）云南盐务管理局为阿陋琅井两场薪本案与盐务总局往来文书（1943.10.8–1944.1.24）

财政部致盐务总局指令（1943.10.8）

云南盐务管理局致盐务总局代电（1943.11.10）

盐务总局致财政部呈稿、云南盐务管理局代电稿（1943.12.13）

盐务总局致云南盐务管理局代电稿（1943.12.14）

财政部致盐务总局指令（1944.1.6）

财政部致盐务总局指令（1944.1.8）

盐务总局致云南盐务管理局训令稿（1944.1.24）

（五）云南盐务管理局为阿陋场竈费薪本案与盐务总局往来文书（1943.12.24–1944.5.16）

云南盐务管理局致盐务总局代电（1943.12.24）

云南盐务管理局致盐务总局代电（1944.1.13）

云南盐务管理局致盐务总局代电（1944.2.5）

盐务总局致云南盐务管理局急代电稿（1944.2.19）

盐务总局致云南盐务管理局代电稿（1944.2.22）

云南盐务管理局致盐务总局代电（1944.2.24）

盐务总局致云南盐务管理局代电稿（1944.3.13）

云南盐务管理局致盐务总局代电（1944.5.3）

盐务总局致财政部呈稿、云南盐务管理局代电稿（1944.5.16）

（六）云南盐务管理局为阿陋场竈费薪本案与盐务总局往来文书（1944.3.10–1944.9.1）

云南盐务管理局致盐务总局代电（1944.3.10）

云南盐务管理局致盐务总局代电（1944.6.23）

云南盐务管理局致盐务总局代电（1944.7.20）

财政部致盐务总局指令（1944.8.12）

云南盐务管理局致盐务总局代电（1944.8.14）

盐务总局致云南盐务管理局指令稿（1944.8.22）

盐务总局致财政部呈稿、云南盐务管理局代电稿（1944.8.30）

盐务总局致财政部呈稿、云南盐务管理局代电稿（1944.9.1）

（七）云南盐务管理局为阿陋场薪本案与盐务总局往来文书（1944.5.31–1944.8.2）

财政部致盐务总局指令（1944.5.31）

盐务总局致云南盐务管理局代电稿（1944.6.12）

云南盐务管理局致盐务总局代电（1944.6.15）

盐务总局致云南盐务管理局指令稿（1944.6.27）

云南盐务管理局致盐务总局代电（1944.7.11）

盐务总局致财政部呈稿、云南盐务管理局代电稿（1944.8.2）

（八）云南盐务管理局为增加阿陋场薪本情形与盐务总局往来文书（1944.12.26–1945.1.31）

云南盐务管理局致盐务总局代电（1944.12.26）

盐务总局致财政部呈稿、云南盐务管理局代电稿（1945.1.13）

云南盐务管理局致盐务总局代电（1945.1.22）

云南盐务管理局致盐务总局代电（1945.1.24）

财政部致盐务总局指令（1945.1.29）

盐务总局致财政部呈（1945.1.30）

盐务总局致财政部呈稿、云南盐务管理局指令稿（1945.1.30）

盐务总局致财政部呈稿、云南盐务管理局指令稿（1945.1.31）

（九）云南盐务管理局为阿陋场竈费薪本案与盐务总局（盐政局）往来文书（1945.1.31–1945.4.9）

盐务总局致财政部呈（1945.1.31）

云南盐务管理局致盐务总局呈（1945.2.6）

盐政局致云南盐务管理局指令稿（1945.2.20）

财政部致云南盐务管理局训令稿（1945.2.21）

云南盐务管理局致盐政局代电（1945.2.22）

云南盐务管理局致盐政局代电（1945.3.6）

财政部致云南盐务管理局指令稿（1945.3.14）

盐政局致云南盐务管理局指令稿（1945.3.19）

云南盐务管理局致盐政局代电（1945.3.30）

财政部致云南盐务管理局指令稿（1945.4.9）

（一〇）云南盐务管理局等为阿陋场核发民国三十四年度盐工春节奖金情形及奖金清册案与盐政局等往来函电（1945.5.22–1945.6.7）

云南盐务管理局致盐政局代电（1945.5.22）

财政部致云南盐务管理局指令稿（1945.6.7）

第七十四卷

迤西各场

（一）云南盐务管理局为核加迤西区各场薪竈征率事与盐务总局等往来电（1942.9.14–1943.1.27）

云南盐务管理局致盐务总局电（1942.9.14）

盐务总局致财政部呈稿、云南盐务管理局代电稿（1943.1.27）

（二）财政部为迤西区各场调整薪率实行日期等事与盐务总局等往来文书（1943.4.1–1943.9.30）

云南盐务管理局致盐务总局代电（1943.4.1）

财政部致盐务总局指令（1943.5.24）

盐务总局致财政部呈稿、云南盐务管理局代电稿（1943.6.16）

云南盐务管理局致盐务总局电（1943.6.18）

云南盐务管理局致盐务总局代电（1943.6.24）

盐务总局致云南盐务管理局代电稿（1943.7.2）

盐务总局致财政部呈稿、云南盐务管理局代电稿（1943.8.16）

财政部致盐务总局指令（1943.9.30）

（三）盐务总局为催报审核各场薪竈表与云南盐务管理局等往来文书（1942.11.6–1943.3.15）

盐务总局致云南盐务管理局代电稿（1942.11.6）

云南盐务管理局致盐务总局代电（1943.2.15）

财政部致盐务总局指令（1943.3.5）

盐务总局致云南盐务管理局代电稿（1943.3.15）

（四）云南盐务管理局关于调整薪本竈费所需数目组合表与盐务总局往来电（1943.3.25–1943.4.1）

云南盐务管理局致盐务总局电（1943.3.25）

云南盐务管理局致盐务总局电（1943.3.25）

盐务总局致财政部电稿、云南盐务管理局急电稿（1943.4.1）

（五）云南盐务管理局为呈送迤西区各场井薪本组合细数表与盐务总局等往来函电（1943.3.25–1943.4.29）

云南盐务管理局致盐务总局电（1943.3.25）

盐务总局致财政部代电稿、云南盐务管理局电稿（1943.4.14）

盐务总局致云南盐务管理局急电稿（1943.4.14）

财政部致盐务总局快邮代电（1943.4.21）

盐务总局致云南盐务管理局急电稿（1943.4.29）

（六）云南盐务管理局与盐务总局为增加迤西区各井场砂滷丁工资案往来代电（1944.4.28–1944.5.20）

云南盐务管理局致盐务总局代电（1944.4.28）

盐务总局致云南盐务管理局代电稿（1944.5.20）

（七）云南盐务管理局为迤西场署各场砂滷丁改按工作成绩给资一案与盐务总局往来文书（1944.7.18–1944.8.21）

云南盐务管理局致盐务总局代电（1944.7.18）

盐务总局致云南盐务管理局指令稿（1944.8.21）

迤西白井场

（一）云南盐务管理局关于白盐井薪本组合表与盐务总局等往来文书（1942.1.17–1944.9.11）

云南盐务管理局致盐务总局呈（1942.1.17）

财政部致盐务总局指令（1942.4.13）

盐务总局致云南盐务管理局代电稿（1942.4.29）

财政部致盐务总局指令（1942.5.1）

盐务总局致财政部呈稿、云南盐务管理局代电稿（1942.5.13）

盐务总局致云南盐务管理局代电稿（1942.5.20）

云南盐务管理局致盐务总局代电（1943.2.18）

盐务总局致云南盐务管理局代电稿、财政部呈稿（1943.4.9）

云南盐务管理局致盐务总局代电（1944.8.26）

盐务总局致云南盐务管理局指令稿（1944.9.11）

（二）云南盐务管理局为白盐井场各井区普加薪本七元后每担共征数率与盐务总局等往来文电（1942.1.29–1942.4.11）

云南盐务管理局致盐务总局代电（1942.1.29）

盐务总局致财政部呈稿、云南盐务管理局代电稿（1942.3.18）

盐务总局致财政部呈稿、云南盐务管理局代电稿（1942.4.11）

（三）云南盐务管理局关于白井场普加薪本与盐务总局等往来文（1942.5.12–1942.7.10）

云南盐务管理局致盐务总局代电（1942.5.12）

云南盐务管理局致盐务总局代电（1942.5.13）

财政部致盐务总局指令（1942.6.8）

盐务总局致财政部呈稿、云南盐务管理局指令稿（1942.6.11）

云南盐务管理局致盐务总局代电（1942.7.1）

盐务总局致云南盐务管理局训令稿（1942.7.10）

（四）云南盐务管理局为白盐井各井特薪数与盐务总局往来文电（1942.6.29–1942.11.13）

云南盐务管理局致盐务总局代电（1942.6.29）

财政部致盐务总局指令（1942.7.8）

云南盐务管理局致盐务总局代电（1942.9.15）

财政部致盐务总局指令（1942.11.2）

盐务总局致云南盐务管理局代电稿（1942.12.10）

盐务总局致云南盐务管理局代电稿（1942.11.13）

盐务总局致云南盐务管理局代电稿（1942.11.13）

（五）云南盐务管理局关于白盐井薪本增加一案之组合细目表事与盐务总局往来电（1942.11.16–1943.1.29）

云南盐务管理局致盐务总局代电（1942.11.16）

云南盐务管理局致盐务总局代电（1942.11.25）

云南盐务管理局致盐务总局代电（1942.12.15）

云南盐务管理局致盐务总局代电（1942.12.23）

盐务总局致财政部呈稿、云南盐务管理局代电稿（1943.1.29）

（六）云南盐务管理局、盐务总局为白井场增加工资杂费事宜往来函电（1942.12.10–1943.4.27）

云南盐务管理局致盐务总局呈（1942.12.10）

盐务总局致云南盐务管理局代电稿（1943.4.27）

（七）财政部为准予备查白井场薪本调整之组合细数表事与盐务总局往来文书（1943.3.4–1943.3.15）

财政部致盐务总局指令（1943.3.4）

盐务总局致云南盐务管理局代电稿（1943.3.15）

（八）云南盐务管理局为报白井薪竈表及磨区普加薪竈缘由与盐务总局往来文书（1943.4.9–1943.9.7）

云南盐务管理局致盐务总局代电（1943.4.9）

云南盐务管理局致盐务总局急代电（1943.6.12）

盐务总局致财政部、云南盐务管理局代电稿（1943.6.19）

财政部致盐务总局指令（1943.6.26）

财政部致盐务总局指令（1943.7.20）

云南盐务管理局致盐务总局代电（1943.7.23）

云南盐务管理局致盐务总局急代电（1943.8.3）

盐务总局致财政部代电稿、云南盐务管理局指令稿（1943.8.11）

盐务总局致云南盐务管理局急代电稿（1943.8.16）

财政部致盐务总局指令（1943.9.7）

（九）云南盐务管理局为白盐井薪本案与盐务总局往来文书（1943.4.24–1943.5.21）

云南盐务管理局致盐务总局代电（1943.4.24）

盐务总局致云南盐务管理局电稿（1943.5.3）

财政部致盐务总局指令（1943.5.8）

云南盐务管理局致盐务总局电（1943.5.11）

云南盐务管理局致盐务总局代电（1943.5.14）

盐务总局致云南盐务管理局电稿（1943.5.19）

盐务总局致财政部呈稿、云南盐务管理局急电稿（1943.5.21）

（一〇）云南盐务管理局为呈送白盐井薪组表事与盐务总局往来文书（1943.5.12–1944.2.26）

云南盐务管理局致盐务总局代电（1943.5.12）

云南盐务管理局致盐务总局代电（1943.10.19）

盐务总局致云南盐务管理局代电稿（1943.12.4）

云南盐务管理局致盐务总局代电（1943.12.11）

云南盐务管理局致盐务总局代电（1943.12.15）

盐务总局致云南盐务管理局代电稿（1943.12.24）

盐务总局致财政部呈稿、云南盐务管理局指令稿（1944.1.3）

财政部致盐务总局指令（1944.1.18）

云南盐务管理局致盐务总局代电（1944.1.22）

盐务总局致云南盐务管理局训令稿（1944.1.24）

云南盐务管理局致盐务总局代电（1944.1.29）

盐务总局致云南盐务管理局代电稿（1944.2.11）

盐务总局致财政部呈稿、云南盐务管理局代电稿（1944.2.26）

（一一）云南盐务管理局、盐务总局等为白井场各井增薪费等事宜往来函电（1944.4.8–1944.6.1）

财政部致盐务总局指令（1944.4.8）

财政部致盐务总局指令（1944.4.14）

盐务总局致云南盐务管理局代电稿（1944.4.19）

盐务总局致云南盐务管理局代电稿（1944.4.24）

云南盐务管理局致盐务总局代电（1944.5.18）

盐务总局致财政部呈稿、云南盐务管理局代电稿（1944.6.1）

（一二）云南盐务管理局、盐务总局等为白井场增加薪本案往来函电（1944.5.17–1944.7.22）

云南盐务管理局致盐务总局代电（1944.5.17）

云南盐务管理局致盐务总局代电（1944.5.20）

云南盐务管理局致盐务总局代电（1944.5.22）

盐务总局致财政部呈稿、云南盐务管理局代电稿（1944.6.15）
盐务总局致财政部呈稿、云南盐务管理局代电稿（1944.6.17）
财政部致盐务总局指令（1944.6.17）
盐务总局致云南盐务管理局代电稿（1944.6.24）
云南盐务管理局致盐务总局代电（1944.6.24）
盐务总局致财政部呈稿、云南盐务管理局指令稿（1944.7.7）
财政部致盐务总局指令（1944.7.8）
财政部致盐务总局指令（1944.7.11）
盐务总局致云南盐务管理局训令稿（1944.7.20）
盐务总局致云南盐务管理局代电稿（1944.7.22）
财政部致盐务总局指令（1944.7.22）

（一三）云南盐务管理局为白井场竈费薪本案与盐务总局往来文书（1944.9.18–1944.10.17）
云南盐务管理局致盐务总局代电（1944.9.18）
云南盐务管理局致盐务总局代电（1944.9.22）
盐务总局致财政部呈稿、云南盐务管理局代电稿（1944.10.14）
盐务总局致财政部呈稿、云南盐务管理局代电稿（1944.10.17）

第七十五卷

迤西乔后场

（一）云南盐务管理局关于迤西区场署乔后场增加竈费、薪本及硔价等与盐务总局等往来文书（1941.10.14–1942.4.14）
云南盐务管理局致盐务总局呈（1941.10.14）
云南盐务管理局致盐务总局呈（1941.10.27）
云南盐务管理局致盐务总局呈（1941.12.8）
财政部致盐务总局指令（1941.12.31）
财政部致盐务总局指令（1942.1.4）
盐务总局致云南盐务管理局代电稿（1942.1.16）

云南盐务管理局致盐务总局呈（1942.1.22）

云南盐务管理局致盐务总局呈（1942.1.29）

云南盐务管理局致盐务总局代电（1942.3.6）

盐务总局致财政部呈稿、云南盐务管理局代电稿（1942.3.23）

盐务总局致财政部呈稿、云南盐务管理局代电稿（1942.4.6）

盐务总局致财政部呈稿、云南盐务管理局代电稿（1942.4.9）

盐务总局致财政部呈稿、云南盐务管理局电稿（1942.4.14）

（二）云南盐务管理局为迤西区乔后场增加员工薪津、蔵费事与盐务总局等往来文书（1941.11.1–1942.5.23）

云南盐务管理局致盐务总局呈（1941.11.1）

云南盐务管理局致盐务总局电（1941.11.22）

云南盐务管理局致盐务总局代电（1941.12.24）

云南盐务管理局致盐务总局电（1942.1.27）

云南盐务管理局致盐务总局电（1942.2.9）

财政部致盐务总局指令（1942.4.10）

盐务总局致财政部呈稿、云南盐务管理局代电稿（1942.4.20）

盐务总局致云南盐务管理局指令稿（1942.4.21）

盐务总局致云南盐务管理局电稿（1942.4.24）

盐务总局致财政部呈稿、云南盐务管理局代电稿（1942.4.25）

财政部致盐务总局指令（1942.4.27）

财政部致盐务总局指令（1942.5.7）

财政部致盐务总局指令（1942.5.9）

盐务总局致云南盐务管理局电稿（1942.5.18）

盐务总局致云南盐务管理局训令稿（1942.5.21）

盐务总局致云南盐务管理局训令稿（1942.5.21）

盐务总局致云南盐务管理局训令稿（1942.5.23）

（三）财政部为乔后场薪本表内列护井队经费增加事与盐务总局等往来文书（1942.4.9–1942.5.23）

财政部致盐务总局指令（1942.4.9）

云南盐务管理局致盐务总局电（1942.4.25）

盐务总局致云南盐务管理局训令稿（1942.5.1）

财政部致盐务总局指令（1942.5.7）
盐务总局致云南盐务管理局训令稿（1942.5.20）
盐务总局致财政部呈稿（1942.5.23）

（四）云南盐务管理局为暂加乔后井薪本及实行日期事与盐务总局往来文书（1942.4.11–1942.7.7）
云南盐务管理局致盐务总局代电（1942.4.11）
云南盐务管理局致盐务总局代电（1942.5.8）
财政部致盐务总局指令（1942.5.29）
盐务总局致云南盐务管理局代电稿（1942.6.9）
盐务总局致财政部呈稿、云南盐务管理局代电稿（1942.6.15）
盐务总局致财政部呈稿、云南盐务管理局代电稿（1942.7.7）

（五）云南盐务管理局关于乔后场增加揹力工资及竜率不符情形与盐务总局往来文书（1942.5.12–1942.6.11）
云南盐务管理局致盐务总局代电（1942.5.12）
盐务总局致财政部呈稿、云南盐务管理局代电稿（1942.6.11）

（六）财政部为乔后井于薪率十三元外追加一角之实行日期事与盐务总局、云南盐务管理局往来文书（1942.6.15–1942.6.27）
财政部致盐务总局指令（1942.6.15）
盐务总局致云南盐务管理局指令稿（1942.6.27）

（七）财政部关于增加滇区乔后场揹力和竜费与盐务总局、云南盐务管理局往来文书（1942.7.1–1942.9.17）
财政部致盐务总局指令（1942.7.1）
盐务总局致云南盐务管理局代电稿（1942.9.17）

（八）财政部关于续增乔后场竜费与盐务总局、云南盐务管理局往来文书（1942.7.8–1942.12.17）
财政部致盐务总局指令（1942.7.8）
盐务总局致云南盐务管理局代电稿（1942.7.25）
云南盐务管理局致盐务总局代电（1942.8.26）
云南盐务管理局致盐务总局呈（1942.10.7）
云南盐务管理局致盐务总局呈（1942.11.21）
盐务总局致云南盐务管理局代电稿（1942.12.17）

（九）云南盐务管理局关于乔后场、𬇙沙场竈率调整与盐务总局、财政部往来文书（1942.11.18–1942.12.18）

云南盐务管理局致盐务总局代电（1942.11.18）

盐务总局致财政部呈稿、云南盐务管理局指令稿（1942.12.9）

盐务总局致云南盐务管理局代电稿（1942.12.18）

（一〇）云南盐务管理局关于乔后井三次调整薪本组合表之核办情形致盐务总局代电（1942.11.30）

（一一）云南盐务管理局为乔后井增加薪本事致盐务总局代电（1942.12.15）

（一二）云南盐务管理局为乔后场前加薪本数不符情形已据查报事致盐务总局代电（1943.1.9）

（一三）云南盐务管理局为增加乔后场硔价揹脚工资与盐务总局往来文书（1943.4.26–1943.5.6）

云南盐务管理局致盐务总局呈（1943.4.26）

盐务总局致云南盐务管理局指令稿（1943.5.6）

（一四）云南盐务管理局关于乔后场加硔价为八元五角事与盐务总局往来文书（1943.5.3–1943.5.24）

云南盐务管理局致盐务总局代电（1943.5.3）

盐务总局致云南盐务管理局指令稿（1943.5.24）

（一五）盐务总局为乔后场前加薪本数不符情形及先后三次调整薪本组合表事致财政部呈稿、云南盐务管理局代电稿（1943.5.27）

（一六）财政部关于增加景东、茂爱、乔后三井竈费致盐务总局指令（1943.6.23）

（一七）盐务总局关于核定乔后场增加硔价揹脚实行日期不符缘由致云南盐务管理局指令稿（1943.6.26）

（一八）盐务总局为增加按板场竈费和编定乔后场竈费开支细数表致云南盐务管理局代电稿（1943.7.5）

（一九）云南盐务管理局为乔后场自奉令日起加硔价为九元揹脚为四元等事致盐务总局代电（1943.7.29）

（二〇）云南盐务管理局为迤西区乔后场自奉令日起加硔价为十一元五角及揹脚为五元五角等事致盐务总局代电（1943.8.18）

（一一）云南盐务管理局为查复乔后场调整硔价事致盐务总局代电（1943.9.9）

（一二）盐务总局为乔后场增加硔价及捐脚等事致云南盐务管理局代电稿（1943.9.22）

（一三）云南盐务管理局、盐务总局等关于乔后场调整竈费、增加硔价等事往来函电
（1944.4.14–1944.5.30）

财政部致盐务总局指令（1944.4.14）

财政部致盐务总局指令（1944.4.20）

财政部致盐务总局指令（1944.4.20）

云南盐务管理局致盐务总局代电（1944.4.22）

财政部致盐务总局指令（1944.4.25）

盐务总局致云南盐务管理局代电稿（1944.5.3）

盐务总局致云南盐务管理局代电稿（1944.5.17）

盐务总局致云南盐务管理局训令稿（1944.5.19）

云南盐务管理局致盐务总局代电（1944.5.19）

盐务总局致云南盐务管理局训令稿（1944.5.27）

盐务总局致云南盐务管理局指令稿（1944.5.30）

（一四）云南盐务管理局、盐务总局为增加乔后、㳽沙两场薪本案往来函电（1944.4.29–1944.7.15）

云南盐务管理局致盐务总局代电（1944.4.29）

盐务总局致财政部呈稿、云南盐务管理局代电稿（1944.6.14）

财政部致盐务总局指令（1944.7.7）

盐务总局致云南盐务管理局代电稿（1944.7.15）

（一五）云南盐务管理局为乔后场竈费薪本案与盐务总局（盐政局）往来文书（1944.5.25–1945.3.3）

云南盐务管理局致盐务总局代电（1944.5.25）

云南盐务管理局致盐务总局代电（1944.7.1）

盐务总局致云南盐务管理局代电稿（1944.9.18）

云南盐务管理局致盐政局代电（1945.3.3）

迤西金泉井

（一）云龙金泉井灶户为金泉井因收归官办而加薪本未实行事与盐务总局往来电文
（1942.1.9–1942.1.13）

金泉井灶户致盐务总局电（1942.1.9）

全泉井灶户致盐务总局电（1942.1.13）

（二）盐务总局为查明云龙金泉井灶户请增加薪本之由致云南盐务管理局电稿（1942.1.21）

（三）云南盐务管理局为转呈暂定金泉井薪竈征率致盐务总局呈（1942.2.12）

（四）云南盐务管理局为拟增加金泉井薪率事致盐务总局呈（1942.4.28）

（五）盐务总局为查明暂定金泉井薪竈征率事致云南盐务管理局代电稿（1942.5.28）

（六）云南盐务管理局为呈复金泉井薪竈较前增加缘由致盐务总局电（1942.6.22）

（七）云南盐务管理局关于迤西署转呈调整金泉井薪本征率致盐务总局呈（1942.6.27）

（八）盐务总局为增加金泉井薪率事致云南盐务管理局代电稿（1942.7.10）

（九）盐务总局关于金泉井薪竈征率情形致财政部呈稿、云南盐务管理局代电稿（1942.7.23）

（一〇）财政部关于核准滇区金泉井薪本增加事致盐务总局指令（1942.8.15）

（一一）云南盐务管理局为云龙场属金泉井竈费相关情形与盐务总局往来文书（1942.8.20–1943.1.7）

云南盐务管理局致盐务总局呈（1942.8.20）

盐务总局致财政部呈稿、云南盐务管理局代电稿（1943.1.7）

（一二）盐务总局关于核查金泉井薪本征率调整等情致财政部呈稿、云南盐务管理局代电稿（1942.11.30）

（一三）云南盐务管理局为迤西署调查金泉井所呈煎数不符及核饬补呈薪组表事致盐务总局代电（1942.12.16）

（一四）云南盐务管理局为呈复增加金泉井薪竈饬查遵办事致盐务总局代电（1942.12.24）

（一五）财政部为金泉井薪率先后改定及赍到九十元薪本表应予备案事致盐务总局指令（1943.1.21）

（一六）盐务总局为核查云南盐务管理局所呈报先后调整金泉井薪本事致财政部呈稿、云南盐务管理局代电稿（1943.2.26）

（一七）云南盐务管理局为金泉井征率核定有无错误事致盐务总局代电（1943.5.15）

（一八）盐务总局关于核定金泉井薪本致财政部代电稿、云南盐务管理局电稿（1943.5.22）

（一九）财政部为核定金泉井薪本数目有误乞更正等情致盐务总局指令（1943.6.15）

（二〇）云南盐务管理局为迤西场署金泉井新定薪本数目征率实行日期致盐务总局代电（1943.6.21）

（二一）云南盐务管理局为增加金泉井薪本事致盐务总局急代电（1943.9.4）

（二二）盐务总局为核加金泉井薪本事致财政部代电稿、云南盐务管理局急代电稿（1943.9.18）

（二三）云南盐务管理局为金泉井更定薪本及其实行日期事致盐务总局代电（1943.9.24）

（二四）财政部为云南盐务管理局请增金泉井薪本一节经盐务总局改定应予照办事致盐务总局指令（1943.10.20）

（二五）云南盐务管理局为金泉分场改订数率及磨里等场加薪等事致盐务总局代电（1943.11.8）

（二六）财政部为金泉井调整薪本仍照旧率核定实行事致盐务总局指令（1943.11.18）

（二七）云南盐务管理局为呈报迤西署金泉分所改定薪率实行日期事致盐务总局代电（1943.12.15）

（二八）财政部为金泉井薪本仍照旧价核定及云南盐务管理局原拟数撤销事致盐务总局指令（1943.12.29）

（二九）财政部为云南盐务管理局请增云龙场及金泉井竈率案应准如拟照办事致盐务总局指令（1943.12.31）

（三〇）盐务总局为增加云龙场及金泉井竈率案已奉财政部令照准事致云南盐务管理局代电稿（1944.1.27）

（三一）盐务总局为金泉井薪本增加一案业奉财政部令准照办事致云南盐务管理局训令稿（1944.2.1）

（三二）盐务总局为金泉分所改定薪本实行日期事致云南盐务管理局代电稿（1944.2.2）

（三三）云南盐务管理局为金泉井竈费薪本案与盐务总局往来文书（1944.2.16–1944.9.11）

云南盐务管理局致盐务总局代电（1944.2.16）

盐务总局致财政部呈稿、云南盐务管理局代电稿（1944.8.21）

财政部致盐务总局指令（1944.9.1）

盐务总局致云南盐务管理局代电稿（1944.9.11）

迤西喇鸡井

（一）云南盐务管理局为迤西区场署喇所灶费事与盐务总局往来文书（1941.10.9–1942.4.6）

云南盐务管理局致盐务总局呈（1941.10.9）

云南盐务管理局致盐务总局呈（1941.11.11）

财政部致盐务总局指令（1942.1.28）

盐务总局致云南盐务管理局代电稿（1942.3.16）

盐务总局致财政部呈稿、云南盐务管理局电稿（1942.4.6）

（二）云南盐务管理局为迤西署喇井薪本增费等事与盐务总局往来文书（1941.10.22–1942.5.7）

云南盐务管理局致盐务总局电（1941.10.22）

云南盐务管理局致盐务总局呈（1942.1.14）

财政部致盐务总局指令（1942.4.25）

盐务总局致云南盐务管理局代电稿（1942.4.27）

盐务总局致云南盐务管理局代电稿（1942.5.7）

（三）云南盐务管理局为喇所填报捶手费用清单错误事与盐务总局往来文书（1942.4.17–1942.5.19）

云南盐务管理局致盐务总局呈（1942.4.17）

盐务总局致云南盐务管理局指令稿（1942.5.19）

（四）云南盐务管理局为查复喇所灶费表内列产额增加情形与盐务总局往来文书（1942.2.12–1942.4.25）

云南盐务管理局致盐务总局代电（1942.2.12）

云南盐务管理局致盐务总局代电（1942.4.20）

盐务总局致财政部呈稿、云南盐务管理局指令稿（1942.4.25）

（五）云南盐务管理局为暂加喇鸡井薪本事与盐务总局往来呈电（1942.3.14–1942.6.3）

云南盐务管理局致盐务总局呈（1942.3.14）

盐务总局致云南盐务管理局代电稿（1942.6.3）

（六）云南盐务管理局为喇场增加灶筹借价及员役米贴等事与盐务总局往来文书（1942.3.28–1943.12.2）

云南盐务管理局致盐务总局呈（1942.3.28）

云南盐务管理局致盐务总局呈（1942.4.29）

云南盐务管理局致盐务总局呈（1942.5.20）

盐务总局致云南盐务管理局指令稿（1942.6.4）

盐务总局致财政部呈稿、云南盐务管理局代电稿（1942.6.4）

云南盐务管理局致盐务总局代电（1943.12.2）

（七）盐务总局关于喇井请增竈费事与云南盐务管理局往来电令（1942.4.1–1942.5.20）

盐务总局致财政部呈稿、云南盐务管理局代电稿（1942.4.1）

财政部致盐务总局指令（1942.4.30）

盐务总局致云南盐务管理局代电稿（1942.5.20）

（八）云南盐务管理局为喇鸡场厢木劈柴砍价不敷暂准自四月一日起分别加给砍价事致盐务总局呈（1942.5.9）

（九）盐务总局为喇鸡场核加砍价情形致云南盐务管理局指令稿（1942.7.15）

第七十六卷

（一〇）云南盐务管理局关于迤西区喇所竈费、薪金、磺价等与财政部、盐务总局等往来文书（1942.6.3–1942.10.17）

云南盐务管理局致盐务总局呈（1942.6.3）

云南盐务管理局致盐务总局代电（1942.6.6）

财政部致盐务总局指令（1942.6.25）

盐务总局致云南盐务管理局训令稿（1942.7.17）

盐务总局致财政部呈稿、云南盐务管理局代电稿（1942.8.4）

盐务总局致财政部呈稿、云南盐务管理局指令稿（1942.10.17）

（一一）云南盐务管理局为增加喇井薪本等情与盐务总局、财政部往来文书（1942.8.18–1942.12.22）

云南盐务管理局致盐务总局代电（1942.8.18）

盐务总局致财政部呈稿、云南盐务管理局代电稿（1942.12.22）

（一二）云南盐务管理局关于喇井场上年增加灶费员工米贴办法及实行日期事致盐务总局呈稿（1942.10.28）

（一三）财政部关于滇区喇鸡场灶费开支细数表应予备查与云南盐务管理局、盐务总局往来文书（1942.11.11–1942.12.5）

财政部致盐务总局指令（1942.11.11）

盐务总局致云南盐务管理局代电稿（1942.12.5）

（一四）云南盐务管理局为迤西署喇所九月一日起调整磺价事与盐务总局往来文书（1942.11.23–1943.2.27）

云南盐务管理局致盐务总局呈（1942.11.23）

盐务总局致云南盐务管理局指令稿（1943.2.27）

（一五）云南盐务管理局为喇鸡场两次改定薪本实行起加日期事致盐务总局代电（1942.12.17）

（一六）财政部为云南盐务管理局所报喇鸡井薪本划一核定并附薪本表经核尚妥事与盐务总局往来文书（1943.2.16–1943.1.28）

财政部致盐务总局指令（1943.2.16）

云南盐务管理局致盐务总局代电（1943.1.28）

（一七）云南盐务管理局关于喇鸡井薪本组合细目表检同原表报请鉴核事致盐务总局代电（1943.1.30）

（一八）盐务总局为转陈云南盐务管理局查复喇鸡场前赍二次调整薪本组合细目表内列不符各点案与财政部等往来函电（1943.2.22–1943.3.17）

财政部致盐务总局指令（1943.2.22）

盐务总局致云南盐务管理局代电稿（1943.3.17）

（一九）云南盐务管理局关于喇所灶费细数表内列数目不符情形与盐务总局往来函电（1943.5.21–1943.7.8）

云南盐务管理局致盐务总局代电（1943.5.21）

盐务总局致财政部呈稿、云南盐务管理局指令稿（1943.6.2）

财政部致盐务总局指令（1943.7.8）

（一二〇）云南盐务管理局为迤西署喇鸡场上次加薪不符各点并请加锅口及租金改以担计等事与盐务总局往来函电（1943.11.17–1943.12.16）

云南盐务管理局致盐务总局代电（1943.11.17）

盐务总局致云南盐务管理局指令稿（1943.12.16）

（一二一）云南盐务管理局、盐务总局等为核增喇鸡场竈费事宜往来函电（1944.4.3–1944.5.20）

云南盐务管理局致盐务总局代电（1944.4.3）

财政部致盐务总局指令（1944.4.14）

财政部致盐务总局指令（1944.4.20）

盐务总局致云南盐务管理局训令稿（1944.4.24）

盐务总局致财政部呈稿、云南盐务管理局代电稿（1944.5.20）

（一二二）云南盐务管理局、盐务总局等为喇鸡、乔后等场增加竈费案往来函电（1944.6.22–1944.7.27）

财政部致盐务总局指令（1944.6.22）

云南盐务管理局致盐务总局代电（1944.6.23）

云南盐务管理局致盐务总局代电（1944.6.24）

盐务总局致财政部呈稿、云南盐务管理局指令稿（1944.7.8）

盐务总局致财政部呈稿、云南盐务管理局指令稿（1944.7.13）

财政部致盐务总局指令（1944.7.21）

财政部致盐务总局指令（1944.7.27）

（一二三）云南盐务管理局为喇鸡场竈费薪本案与盐务总局往来文书（1944.8.19–1944.10.19）

云南盐务管理局致盐务总局代电（1944.8.19）

盐务总局致云南盐务管理局代电稿（1944.8.31）

云南盐务管理局致盐务总局代电（1944.9.9）

云南盐务管理局致盐务总局代电（1944.9.28）

盐务总局致财政部呈稿、云南盐务管理局代电稿（1944.10.12）

盐务总局致财政部呈稿、云南盐务管理局代电稿（1944.10.19）

迤西磨沙场

（一）云南盐务管理局为迤西区场署磨沙井添加薪本致盐务总局呈（1941.10.8）

（二）云南盐务管理局关于迤西区场署磨沙场灶费表、通风预算、薪组表与盐务总局往来文书（1941.12.10–1942.4.4）

云南盐务管理局致盐务总局呈（1941.12.10）

云南盐务管理局致盐务总局呈（1942.1.13）

盐务总局致云南盐务管理局代电稿、财政部呈稿（1942.3.10）

盐务总局致云南盐务管理局代电稿、财政部呈稿（1942.4.4）

（三）云南盐务管理局为迤西区所报磨所研价十一月起暂加一角事与盐务总局往来文（1941.12.22–1942.4.25）

云南盐务管理局致盐务总局呈（1941.12.22）

盐务总局致云南盐务管理局代电稿（1942.4.25）

（四）云南盐务管理局为磨所薪资及灶费征率增加事与盐务总局往来文书（1942.1.9–1942.5.21）

云南盐务管理局致盐务总局电（1942.1.9）

云南盐务管理局致盐务总局呈（1942.1.13）

云南盐务管理局致盐务总局呈（1942.1.27）

云南盐务管理局致盐务总局呈（1942.2.9）

财政部致盐务总局指令（1942.4.3）

盐务总局致云南盐务管理局训令稿（1942.4.23）

财政部致盐务总局指令（1942.4.25）

盐务总局致财政部呈稿、云南盐务管理局代电稿（1942.5.8）

盐务总局致云南盐务管理局训令稿（1942.5.21）

（五）云南盐务管理局为调整磨沙井薪本征率事与盐务总局、财政部往来文书（1942.5.12–1942.7.15）

云南盐务管理局致盐务总局呈（1942.5.12）

盐务总局致财政部呈稿、云南盐务管理局代电稿（1942.7.15）

（六）财政部为淅沙场因增加员工薪津请将竈费增为一元四角已于民国三十年十二月二十一日起实行事与盐务总局、云南盐务管理局往来文书（1942.6.5–1942.7.11）

财政部致盐务总局指令（1942.6.5）

盐务总局致云南盐务管理局代电稿（1942.7.11）

（七）云南盐务管理局为迤西区淅沙场因增辟新硐预算而加征竈率与盐务总局往来文书（1942.6.12–1942.11.5）

云南盐务管理局致盐务总局呈（1942.6.12）

盐务总局致云南盐务管理局代电稿（1942.11.5）

（八）云南盐务管理局为增加淅沙、云龙两场薪竈征率事致盐务总局电（1942.9.7）

（九）云南盐务管理局为迤西署呈复淅所硔价不符原因与盐务总局往来文书（1942.9.16–1942.11.5）

云南盐务管理局致盐务总局呈（1942.9.16）

盐务总局致云南盐务管理局指令稿（1942.11.5）

（一〇）云南盐务管理局为淅沙场请加硔价及竈率事与盐务总局、财政部往来文书（1942.9.21–1943.1.9）

云南盐务管理局致盐务总局呈（1942.9.21）

云南盐务管理局致盐务总局呈（1942.10.16）

盐务总局致财政部呈稿、云南盐务管理局代电稿（1943.1.9）

（一一）云南盐务管理局关于改订淅沙场薪本事与盐务总局、财政部往来文书（1942.12.3–1943.6.16）

云南盐务管理局致盐务总局呈（1942.12.3）

云南盐务管理局致盐务总局代电（1943.1.19）

盐务总局致财政部呈稿、云南盐务管理局指令稿（1943.5.18）

财政部致盐务总局指令（1943.6.12）

财政部致盐务总局指令（1943.6.16）

（一二）云南盐务管理局关于改定淅沙场矿价、增加硔价竈费事与盐务总局、财政部等往来文书（1943.1.8–1943.9.22）

云南盐务管理局致盐务总局呈（1943.1.8）

财政部致盐务总局指令（1943.2.18）

盐务总局致云南盐务管理局指令稿（1943.3.12）

盐务总局致云南盐务管理局代电稿（1943.3.15）

云南盐务管理局致盐务总局代电（1943.6.29）

盐务总局致财政部呈稿、云南盐务管理局急电稿（1944.5.31）

盐务总局致财政部呈稿、云南盐务管理局代电稿（1944.5.31）

（一八）云南盐务管理局关于涨沙场竈费薪本砟价等情与盐务总局往来文书（1944.5.31–1944.9.6）

云南盐务管理局致盐务总局代电（1944.5.31）

云南盐务管理局致盐务总局代电（1944.8.18）

盐务总局致财政部呈稿、云南盐务管理局指令稿（1944.8.25）

盐务总局致云南盐务管理局代电稿（1944.9.2）

财政部致盐务总局指令（1944.9.6）

（一九）云南盐务管理局、盐务总局等为增加涨沙场竈费案往来函电（1944.6.15–1944.8.14）

财政部致盐务总局指令（1944.6.15）

财政部致盐务总局指令（1944.6.19）

盐务总局致云南盐务管理局训令稿（1944.6.24）

盐务总局致云南盐务管理局训令稿（1944.6.27）

云南盐务管理局致盐务总局代电（1944.7.20）

盐务总局致财政部呈稿、云南盐务管理局指令稿（1944.8.2）

财政部致盐务总局指令（1944.8.14）

第七十七卷

迤西云龙场

（一）云南盐务管理局为鉴核云龙场署各包井薪竈征率与盐务总局来往文书（1941.10.31–1942.4.14）

云南盐务管理局致盐务总局呈（1941.10.31）

财政部致盐务总局指令（1942.1.2）

盐务总局致云南盐务管理局代电稿（1942.3.2）

盐务总局致财政部呈稿、云南盐务管理局代电稿（1942.4.14）

（二）云南盐务管理局关于增加云龙场各井薪本与盐务总局、财政部往来文书（1941.11.4–1942.5.21）

云南盐务管理局致盐务总局电（1941.11.4）

云南盐务管理局致盐务总局电（1942.1.7）

云南盐务管理局致盐务总局呈（1942.2.25）

盐务总局致财政部呈稿、云南盐务管理局代电稿（1942.4.16）

盐务总局致云南盐务管理局代电稿（1942.5.2）

盐务总局致财政部呈稿、云南盐务管理局代电稿（1942.5.7）

财政部致盐务总局指令（1942.5.7）

财政部致盐务总局指令（1942.5.9）

盐务总局致云南盐务管理局代电稿（1942.5.21）

盐务总局致云南盐务管理局代电稿（1942.5.21）

（三）云南盐务管理局关于云龙场护井队经费不敷请活加三角致盐务总局呈（1942.1.15）

（四）云南云龙石门井灶户为减额加薪、竈率增加等事与盐务总局、财政部、云南盐务管理局往来文书（1942.5.24–1942.7.4）

云南云龙石门井灶户致盐务总局呈（1942.5.24）

财政部致盐务总局指令稿（1942.5.28）

盐务总局致云南盐务管理局训令稿（1942.6.11）

盐务总局致云南盐务管理局代电稿（1942.7.4）

（五）云南盐务管理局关于迤西区场署呈请增加云龙场竈费征率等情与盐务总局等往来文书（1942.7.14–1942.12.14）

云南盐务管理局致盐务总局呈（1942.7.14）

云南盐务管理局致盐务总局电（1942.7.15）

财政部致盐务总局指令（1942.10.26）

盐务总局致云南盐务管理局代电稿（1942.12.4）

盐务总局致财政部呈稿、云南盐务管理局电稿（1942.12.14）

（六）云南盐务管理局关于审核云龙场各井薪本组合表与盐务总局往来文书（1942.9–1943.6.9）

云南盐务管理局致盐务总局呈（1942.9）

云南盐务管理局致盐务总局代电（1943.2.9）

云南盐务管理局致盐务总局代电（1943.1.12）

云南盐务管理局致盐务总局代电（1943.2.23）

盐务总局致云南盐务管理局代电稿（1943.5.18）

盐务总局致财政部呈稿、云南盐务管理局指令稿（1943.5.20）

云南盐务管理局致盐务总局代电（1943.5.20）

盐务总局致云南盐务管理局指令稿（1943.5.27）

盐务总局致云南盐务管理局电稿（1943.5.31）

盐务总局致云南盐务管理局代电稿（1943.6.9）

（七）云南盐务管理局关于各场请增薪本等与盐务总局往来文电（1942.12.15–1943.3.15）

云南云龙场制盐同业公会致盐务总局快邮代电（1942.12.15）

财政部致盐务总局指令（1942.12.31）

盐务总局致云南盐务管理局代电稿（1943.2.2）

云南盐务管理局致盐务总局代电（1943.2.18）

财政部致盐务总局指令（1943.3.4）

盐务总局致云南盐务管理局代电稿（1943.3.15）

盐务总局致云南盐务管理局代电稿（1943.3.15）

（八）云南盐务管理局为迤西署呈送云龙场金泉井竜费开支细数表案与盐务总局等往来函电（1942.12.4–1944.4.29）

云南盐务管理局致盐务总局呈（1942.12.4）

云南盐务管理局致盐务总局呈（1943.1.29）

财政部致盐务总局指令（1943.2.10）

盐务总局致财政部呈稿、云南盐务管理局代电稿（1943.3.19）

云南盐务管理局致盐务总局代电（1943.3.27）

财政部致盐务总局指令（1943.3.27）

财政部致盐务总局指令（1943.4.16）

盐务总局致云南盐务管理局代电稿（1944.4.29）

（九）云南盐务管理局云龙场诺井灶民代表为云龙场薪本增加等事与盐务总局往来电（1943.1.14–1943.1.26）

云南云龙场诺井灶民代表致盐务总局电（1943.1.14）

盐务总局致云南盐务管理局代电稿（1943.1.26）

（一〇）云南盐务管理局为增加云龙场及金泉井竜率、薪本事与盐务总局往来函电（1943.10.28–1944.6.3）

云南盐务管理局致盐务总局代电（1943.10.28）

云南盐务管理局致盐务总局代电（1943.11.9）

盐务总局致财政部呈稿、云南盐务管理局急代电（1943.12.1）

财政部致盐务总局指令（1943.12.1）

云南盐务管理局致盐务总局代电（1943.12.11）
盐务总局致财政部呈稿、云南盐务管理局指令稿（1943.12.17）
财政部致盐务总局指令（1943.12.25）
财政部致盐务总局指令（1943.12.28）
财政部致盐务总局指令（1943.12.31）
云南盐务管理局致盐务总局代电（1944.3.8）
盐务总局致财政部呈稿、云南盐务管理局代电稿（1944.4.19）
云南盐务管理局致盐务总局代电（1944.4.22）
盐务总局致财政部呈稿、云南盐务管理局指令稿（1944.5.3）
财政部致盐务总局指令（1944.5.4）
财政部致盐务总局指令（1944.5.6）
云南盐务管理局致盐务总局代电（1944.5.12）
财政部致盐务总局指令（1944.5.17）
盐务总局致云南盐务管理局训令稿（1944.5.17）
盐务总局致财政部呈稿、云南盐务管理局指令稿（1944.5.23）
盐务总局致云南盐务管理局代电稿（1944.6.3）

（一一）云南盐务管理局为云龙场属各井增加灶费案与盐务总局等往来函电（1944.3.20–1944.8.17）

云南盐务管理局致盐务总局代电（1944.3.20）
云南盐务管理局致盐务总局代电（1944.4.5）
云南盐务管理局致盐务总局代电（1944.5.15）
财政部致盐务总局指令（1944.6.9）
盐务总局致财政部呈稿、云南盐务管理局代电稿（1944.7.10）
盐务总局致财政部呈稿、云南盐务管理局代电稿（1944.7.11）
盐务总局致财政部呈稿、云南盐务管理局代电稿（1944.7.13）
云南盐务管理局致盐务总局代电（1944.7.17）
云南盐务管理局致盐务总局代电（1944.7.19）
财政部致盐务总局指令（1944.7.25）
财政部致盐务总局指令（1944.7.25）
财政部致盐务总局指令（1944.7.26）

盐务总局致云南盐务管理局指令稿（1944.7.29）

盐务总局致财政部呈稿、云南盐务管理局指令稿（1944.8.6）

财政部致盐务总局指令（1944.8.17）

（三）云南盐务管理局为云龙场竈费薪本案与盐务总局往来文书（1944.8.16–1944.11.1）

云南盐务管理局致盐务总局代电（1944.8.16）

云南盐务管理局致盐务总局代电（1944.9.2）

云南盐务管理局致盐务总局代电（1944.9.28）

盐务总局致财政部呈稿、云南盐务管理局指令稿（1944.10.20）

盐务总局致云南盐务管理局指令稿（1944.10.30）

盐务总局致财政部呈稿、云南盐务管理局代电稿（1944.11.1）

迤南抱母场

（一）云南盐务管理局为迤南区场署呈报磺滷厂领班领薪办法相关情形与盐务总局往来文书（1941.3.3–1941.5.21）

云南盐务管理局致盐务总局呈（1941.3.3）

盐务总局致云南盐务管理局指令稿（1941.5.21）

（二）云南盐务管理局为抱母场竈费薪本案与盐务总局往来文书（1941.3.10–1941.7.11）

云南盐务管理局致盐务总局呈（1941.3.10）

云南盐务管理局致盐务总局呈（1941.4.30）

盐务总局致财政部呈稿（1941.6.4）

财政部致盐务总局指令（1941.6.8）

盐务总局致云南盐务管理局训令稿（1941.6.21）

盐务总局致云南盐务管理局代电稿（1941.7.1）

盐务总局致云南盐务管理局指令稿（1941.7.11）

（三）云南盐务管理局为迤南区场署呈报抱母场河西竈头滷丁复工及淘井情形与盐务总局往来文书（1943.4.6–1943.4.22）

云南盐务管理局致盐务总局代电（1943.4.6）

盐务总局致云南盐务管理局指令稿（1943.4.22）

第七十八卷

储运

一　运务

（一）云南盐务管理局为改进各场岸盐斤运销办法案与盐务总局往来文书（1938.6.11–1938.7.29）

财政部致盐务总局指令（1938.6.11）

云南盐务管理局致盐务总局呈（1938.6.18）

云南盐务管理局致盐务总局呈（1938.7.3）

盐务总局致云南盐务管理局指令稿、财政部呈稿（1938.7.29）

（二）云南盐务管理局为各运销局展限两月自行结束案与盐务总局往来文书（1938.7–1938.8.25）

云南盐务管理局致盐务总局呈（1938.7）

财政部致盐务总局训令（1938.8.2）

盐务总局致云南盐务管理局指令稿、财政部呈稿（1938.8.4）

盐务总局致云南盐务管理局训令稿（1938.8.25）

（三）云南盐务管理局为核示各场岸运销办法与盐务总局往来文书（1938.8.16–1938.8.27）

财政部致盐务总局指令（1938.8.16）

盐务总局致云南盐务管理局训令稿（1938.8.27）

（四）云南盐务管理局为筹办开广边岸盐务官运商销情形等与盐务总局、财政部等往来文书（1938.9.19–1939.8.7）

云南盐务管理局致盐务总局呈（1938.9.19）

盐务总局致云南盐务管理局指令稿（1938.10.24）

云南盐务管理局致盐务总局呈（1938.11.8）

盐务总局致云南盐务管理局指令稿、财政部呈稿（1938.12.23）

财政部致盐务总局指令（1939.1.5）

盐务总局致云南盐务管理局训令稿（1939.1.12）

云南盐务管理局致盐务总局呈（1939.3.22）

云南盐务管理局致盐务总局呈（1939.3.30）

云南盐务管理局致盐务总局呈（1939.4.5）

云南盐务管理局致盐务总局代电（1939.5.25）

盐务总局致云南盐务管理局指令稿、财政部呈稿（1939.6.10）

盐务总局致云南盐务管理局代电稿、财政部呈稿（1939.6.27）

财政部致盐务总局指令（1939.7.7）

盐务总局致云南盐务管理局训令稿（1939.8.7）

（五）云南盐务管理局关于济黔盐斤由云丰公司承运案与财政部、盐务总局往来文书（1939.6.2–1939.8.8）

云南盐务管理局致盐务总局代电（1939.6.2）

财政部致盐务总局代电（1939.7.12）

盐务总局致云南盐务管理局代电稿（1939.7.21）

盐务总局致云南盐务管理局代电稿（1939.8.8）

（六）云南盐务管理局关于盐斤运输与财政部、盐务总局等往来文书（1939.6.3–1939.8.29）

云南盐务管理局致盐务总局代电（1939.6.3）

贵州盐务办事处致盐务总局快邮代电（1939.6.16）

盐务总局致云南盐务管理局代电稿、财政部呈稿、贵州盐务办事处训令稿（1939.7.11）

盐务总局致贵州盐务办事处代电稿（1939.7.12）

云南盐务管理局致盐务总局代电（1939.7.26）

云南盐务管理局致盐务总局代电（1939.7.29）

财政部致盐务总局指令（1939.8.4）

盐务总局致财政部、云南盐务管理局、贵州盐务办事处代电稿（1939.8.21）

盐务总局致云南盐务管理局、贵州盐务办事处训令稿（1939.8.21）

云南盐务管理局致盐务总局电（1939.8.22）

盐务总局致云南盐务管理局电稿（1939.8.29）

（七）云南盐务管理局关于购拨汽车运输盐斤与盐务总局等往来电文（1939.6.30–1939.9.6）

云南盐务管理局致盐务总局代电（1939.6.30）

云南盐务管理局致盐务总局代电（1939.7.13）

云南盐务管理局致盐务总局电（1939.7.20）

云南盐务管理局致盐务总局电（1939.7.25）

盐务总局致云南盐务管理局、盐务总局运输处电稿（1939.8.1）

盐务总局致贵州盐务办事处电稿（1939.8.1）

盐务总局运输处致盐务总局代电（1939.8.8）
盐务总局致盐务总局运输处、云南盐务管理局代电稿（1939.9.6）

（八）贵州盐务办事处关于与承运滇盐商人所订合约致盐务总局呈（1939.7.14）

（九）贵州盐务办事处请赶运滇盐济黔事致盐务总局电（1939.7.27）

（一〇）盐务总局关于拾雇夫马直运滇盐至黔西一案致云南盐务管理局代电稿（1939.7.27）

（一一）贵州盐务办事处请迅派车济运滇盐事致盐务总局电（1939.7.28）

（一二）云南盐务管理局关于特派陈文遹赴贵阳运输处当面接洽拨换汽车事宜致盐务总局代电（1939.7.29）

（一三）盐务总局关于昆仓缺盐请速设法赶运接济一案致云南盐务管理局、贵州盐务办事处电稿（1939.8.1）

（一四）云南盐务管理局关于济黔盐斤运输情形致盐务总局电（1939.8.10）

（一五）盐政司关于云南盐务管理局移运场盐至昆明备驮马装运济黔一案致盐务总局笺函（1939.8.10）

（一六）云南盐务管理局关于济黔盐斤运输情况致盐务总局电（1939.8.12）

（一七）贵州盐务办事处请运输处迅予拨车赴昆明运盐以济黔致盐务总局急电（1939.8.18）

（一八）盐务总局关于修正鼎兴源号及陈锴承运滇盐济黔合约致贵州盐务办事处代电稿（1939.8.23）

（一九）盐务总局关于赶运昆仓存盐济销黔西各情形致云南盐务管理局、贵州盐务办事处电稿（1939.8.23）

（二〇）盐务总局关于云南盐务管理局柴油车换置汽油车运盐济黔等案致云南盐务管理局、贵州盐务办事处电稿（1939.8.25）

（二一）盐务总局关于清查济黔滇盐成本案致贵州盐务办事处电稿（1939.9.4）

（二二）贵州盐务办事处关于陈锴解鼎兴源两承运商运输滇盐济黔情形与盐务总局往来电文（1939.8.30–1939.9.6）

贵州盐务办事处致盐务总局电（1939.8.30）

盐务总局致贵州盐务办事处电稿（1939.9.5）

盐务总局致云南盐务管理局代电稿（1939.9.6）

（二三）云南盐务管理局为元蒙段新运商运约案与盐务总局往来文书（1939.8.30–1940.2.15）

云南盐务管理局致盐务总局呈（1939.8.30）

盐务总局致云南盐务管理局指令稿（1939.9.29）

云南盐务管理局致盐务总局呈（1939.10.27）

盐务总局致财政部呈稿、云南盐务管理局指令稿（1939.12.29）

财政部致盐务总局指令（1940.1.22）

盐务总局致云南盐务管理局训令稿（1940.2.15）

（二四）云南盐务管理局关于由元永井移运公盐至昆明一案与盐务总局往来文书（1939.9.1–1939.9.30）

云南盐务管理局致盐务总局电（1939.9.1）

盐务总局运输处致盐务总局呈（1939.9.5）

盐务总局致盐务总局运输处指令稿（1939.9.30）

（二五）盐务总局关于驮运管理所代运腰站存盐等情与云南盐务管理局往来电稿（1939.9.12–1939.9.21）

盐务总局致云南盐务管理局电稿（1939.9.12）

云南盐务管理局致盐务总局电（1939.9.21）

（二六）盐务总局关于整顿开广边岸盐务致财政部呈稿、云南盐务管理局指令稿（1939.11.11）

（二七）财政部为蒙、开、邱三县开放为自由贸易区暨文山等县区改为分县组织公盐号承销各节与盐务总局、云南盐务管理局往来文电（1940.1.6–1940.1.29）

财政部致盐务总局指令（1940.1.6）

盐务总局致云南盐务管理局训令稿（1940.1.29）

（二八）云南盐务管理局呈报开广边岸盐务概况及改善办法致盐务总局代电（1941.8.4）

（二九）云南盐务管理局关于开广边岸运输困难请由磨场加运盐斤济粤与盐务总局往来文电（1940.8.6–1940.8.23）

云南盐务管理局致盐务总局呈（1940.8.6）

盐务总局致云南盐务管理局指令稿（1940.8.23）

（三〇）云南盐务管理局关于砚山福利公盐号违规拟罚没保证金与盐务总局往来电文（1941.11.19–1941.12.19）

云南盐务管理局致盐务总局电（1941.11.19）

盐务总局致云南盐务管理局代电稿（1941.11.28）

盐务总局致云南盐务管理局电稿（1941.12.12）

盐务总局致云南盐务管理局代电稿（1941.12.19）

（三一）云南盐务管理局关于云龙场务所与运商董汉儒等订立运约等情与盐务总局往来电文（1941.12.19–1942.1.15）

云南盐务管理局致盐务总局呈（1941.12.19）

盐务总局致云南盐务管理局代电稿（1942.1.15）

（三二）川康盐务管理局关于滇东公司在宜宾领盐情形与盐务总局往来函电（1942.1.21–1942.4.14）

川康盐务管理局致盐务总局呈（1942.1.21）

盐务总局致川康盐务管理局指令稿、云南盐务管理局电稿（1942.4.14）

第七十九卷

（三三）云南盐务管理局为李伯文等控诉滇东公司垄利盘剥案与盐务总局往来函电（1942.2.9–1943.9.1）

滇东十一县食盐人民代表李伯文等致盐务总局电（1942.2.9）

盐务总局致云南盐务管理局电稿（1942.2.13）

盐务总局致云南盐务管理局代电稿（1942.3.18）

财政部致盐务总局快邮代电（1942.3.19）

盐务总局致云南盐务管理局电稿（1942.3.24）

盐务总局致财政部代电稿、云南盐务管理局电稿（1942.3.28）

云南盐务管理局致盐务总局电稿（1942.5.14）

盐务总局致云南盐务管理局电稿（1942.5.23）

盐务总局致云南盐务管理局代电稿（1942.6.26）

盐务总局致云南盐务管理局电稿（1943.4.12）

盐务总局致云南盐务管理局急代电稿（1943.6.21）

盐务总局致云南盐务管理局急代电稿（1943.9.1）

（三四）盐务总局、云南盐务管理局关于迤西区成立督运队等往来文书（1942.2–1942.6.6）

盐务总局运销处致场产处等各处签（1942.2）

盐务总局场产处等致运销处签（1942.3）

盐务总局致云南盐务管理局、滇黔区视察室主任训令稿（1942.6.6）

（三五）云南盐务管理局关于购运粤盐办事处与船户彭德利订立运约呈请备案与盐务总局往来文电（1942.3.4–1942.3.19）

云南盐务管理局致盐务总局呈（1942.3.4）

盐务总局致云南盐务管理局代电稿（1942.3.19）

（三六）云南盐务管理局关于新平官仓与商人郭子正订立运约与盐务总局往来文电（1942.4.27–1942.5.13）

云南盐务管理局致盐务总局电（1942.4.27）

盐务总局致云南盐务管理局代电稿（1942.5.13）

（三七）云南盐务管理局为滇东公司运销困难请辞退案相关情形与盐务总局往来文书（1942.4.30–1942.6.29）

盐务总局致云南盐务管理局、川康盐务管理局急代电稿（1942.4.30）

云南盐务管理局致盐务总局代电（1942.5.5）

川康盐务管理局致盐务总局快邮代电（1942.5.12）

盐务总局致云南盐务管理局、川康盐务管理局电稿（1942.5.14）

盐务总局致川康盐务管理局、云南盐务管理局电稿（1942.5.24）

川康盐务管理局致盐务总局快邮代电（1942.6.3）

盐务总局致云南盐务管理局、川康盐务管理局电稿（1942.6.15）

盐务总局致云南盐务管理局电稿、川康盐务管理局代电稿（1942.6.29）

（三八）云南盐运使为订定白磨两区自由运销暂行办法与盐务署往来文书（1932.5.3–1932.5.27）

云南盐运使致盐务署呈（1932.5.3）

盐务署致云南盐运使指令（1932.5.27）

（三九）云南盐务管理局、盐务总局等为迤西场署因时局严重请暂停官运案往来函电（1942.5.13–1942.6.29）

云南盐务管理局致盐务总局代电（1942.5.13）

盐务总局第一、三科签函（1942.5.20–1942.5.21）

盐务总局致财政部、云南盐务管理局代电稿（1942.6.3）

财政部致盐务总局快邮代电（1942.6.18）

盐务总局致云南盐务管理局代电稿（1942.6.29）

（四〇）云南盐务管理局为与滇东公司商订运约划分权限及补足短运额数等情与盐务总局往来文书（1942.6.20–1942.9.10）

川康盐务管理局致盐务总局快邮代电（1942.6.20）

盐务总局致川康盐务管理局、云南盐务管理局代电稿（1942.7.8）

云南盐务管理局致盐务总局电（1942.7.16）

云南盐务管理局致盐务总局呈（1942.7.21）

盐务总局致云南盐务管理局、川康盐务管理局代电稿（1942.7.24）

盐务总局致云南盐务管理局急代电稿（1942.7.31）

盐务总局致云南盐务管理局代电稿（1942.9.10）

（四一）云南盐务管理局为滇中区署运盐合约各情与盐务总局往来文书（1942.7.23–1944.1.31）

盐务总局致云南盐务管理局代电稿（1942.7.23）

云南盐务管理局致盐务总局代电（1942.12.2）

盐务总局致云南盐务管理局代电稿（1942.12.23）

云南盐务管理局致盐务总局代电（1942.12.30）

盐务总局致云南盐务管理局代电稿（1943.1.28）

云南盐务管理局致盐务总局代电（1943.12.23）

盐务总局致云南盐务管理局代电稿（1944.1.31）

（四二）云南盐务管理局为迤西区乔关段运盐令约相关情形与盐务总局往来文书（1942.7.31–1944.8.21）

云南盐务管理局致盐务总局呈（1942.7.31）

盐务总局致云南盐务管理局代电稿（1942.8.20）

盐务总局致云南盐务管理局代电稿（1944.8.21）

（四三）盐务总局、云南盐务管理局等为核定滇区运商及公卖店利润号缴核给办法等往来函电（1942.8.13–1942.10.28）

盐务总局致云南盐务管理局电稿、财政部代电稿（1942.8.13）

财政部致盐务总局指令（1942.9.10）

盐务总局致云南盐务管理局训令稿（1942.9.19）

云南盐务管理局致盐务总局代电（1942.10.5）

盐务总局致云南盐务管理局代电稿（1942.10.28）

（四四）盐务总局为滇东各县招商办运意见等相关情形与川康盐务管理局、云南盐务管理局往来文书（1942.8.21–1942.9.9）

川康盐务管理局致盐务总局呈（1942.8.21）

盐务总局致川康盐务管理局指令稿、云南盐务管理局训令稿（1942.9.9）

（四五）云南盐务管理局为滇区运输困难拟招商承运等情与盐务总局往来文书（1942.9.8–1942.9.22）

云南盐务管理局致盐务总局代电（1942.9.8）

云南盐务管理局致盐务总局代电（1942.9.9）

盐务总局致云南盐务管理局代电稿（1942.9.19）

盐务总局致云南盐务管理局代电稿（1942.9.22）

（四六）云南盐务管理局为迤西场署呈送喇剑段运费运约等情与盐务总局往来文书（1942.9.30–1944.12.13）

云南盐务管理局致盐务总局呈（1942.9.30）

盐务总局致云南盐务管理局代电稿（1942.10.14）

盐务总局致云南盐务管理局、川康盐务管理局电稿（1943.2.25）

盐务总局致川康盐务管理局、云南盐务管理局代电稿（1943.3.6）

云南盐务管理局致盐务总局代电（1943.7.27）

盐务总局致云南盐务管理局指令稿（1943.8.11）

云南盐务管理局致盐务总局函（1943.8.25）

盐务总局复云南盐务管理局函稿（1943.9.9）

（五〇）云南盐务管理局为职局在昆榆两地招商办理阿墩盐务情形与盐务总局往来文书（1942.12.23–1943.4.19）

云南盐务管理局致盐务总局呈（1942.12.23）

盐务总局致云南盐务管理局代电稿（1943.2.16）

云南盐务管理局致盐务总局代电（1943.4.19）

（五一）云南盐务管理局为呈报办理滇中区产盐委托代运商启运日期及运约等与盐务总局往来文书（1943.1.18–1943.8.31）

云南盐务管理局致盐务总局代电（1943.1.18）

盐务总局致云南盐务管理局代电稿（1943.8.31）

（五二）云南盐务管理局、盐务总局及所属为筹设昌宁分仓及设立保山、蒙自分局案往来电函（1943.4.9–1943.5.27）

云南盐务管理局致盐务总局函（1943.4.9）

盐务总局致云南盐务管理局急电稿（1943.4.22）

云南盐务管理局致盐务总局急代电（1943.5.4）

盐务总局致云南盐务管理局急代电稿（1943.5.4）

盐务总局运销处签函（1943.5）

盐务总局致云南盐务管理局代电稿（1943.5.27）

第八十卷

（五三）云南黑井盐场为周转不灵请代运代销等与盐务总局、云南盐务管理局往来文书（1943.5.31–1943.6.28）

云南黑井场制盐同业公会致盐务总局呈（1943.5.31）

盐务总局致云南盐务管理局训令稿（1943.6.28）

（五四）云南盐务管理局为滇东公司交接及运约等与盐务总局往来文书（1943.3.18–1944.1.29）

云南盐务管理局致盐务总局代电（1943.3.18）

云南盐务管理局致盐务总局呈（1943.7.10）

盐务总局致云南盐务管理局代电稿（1943.9.3）

盐务总局致云南盐务管理局代电稿（1944.1.29）

（五五）云南盐务管理局为昆曲段盐运火车车皮缺乏拟以汽车加运并与昆明汽车运输同业公会签订合约等情与盐务总局往来代电（1943.6.16–1943.7.22）

云南盐务管理局致盐务总局代电（1943.6.16）

盐务总局致云南盐务管理局代电稿（1943.6.29）

云南盐务管理局致盐务总局代电（1943.7.22）

（五六）川康盐务管理局为滇东公司运额内月拨廿五引改在泸州交斤及续购盐斤均拟一次结价等与云南盐务管理局、盐务总局往来文书（1943.8.19–1943.10.6）

川康盐务管理局致盐务总局呈（1943.8.19）

川康盐务管理局致盐务总局呈（1943.8.21）

川康盐务管理局致盐务总局呈（1943.9.2）

盐务总局致川康盐务管理局、云南盐务管理局代电稿（1943.10.6）

（五七）云南盐务管理局与盐务总局关于利用商资分场分段办理委托商运及招商代运事宜往来函（1943.9.23–1943.10.12）

云南盐务管理局致盐务总局函（1943.9.23）

盐务总局致云南盐务管理局函稿（1943.10.12）

（五八）云南盐务管理局为宣威增设据点仓以资管制案与盐务总局往来文书（1943.11.9–1943.11.25）

云南盐务管理局致盐务总局代电（1943.11.9）

盐务总局致云南盐务管理局指令稿（1943.11.25）

（五九）云南盐务管理局、盐务总局为恢复墨江官仓以利官运事宜往来代电（1943.12.18–1944.1.22）

云南盐务管理局致盐务总局代电（1943.12.18）

盐务总局致云南盐务管理局代电稿（1944.1.22）

（六〇）云南盐务管理局关于迤南区缓办短途运站方案与盐务总局往来文电（1944.2.24–1944.3.18）

云南盐务管理局致盐务总局电（1944.2.24）

盐务总局致云南盐务管理局代电稿（1944.3.18）

（六一）云南盐务管理局为宣威川盐脱运日久催滇东公司运济等情与盐务总局往来文书（1944.4.12–1944.5.18）

云南盐务管理局致盐务总局代电（1944.4.12）

盐务总局致云南盐务管理局、财政部代电稿（1944.4.25）

财政部致盐务总局快邮代电（1944.5.8）

盐务总局致云南盐务管理局代电稿（1944.5.18）

（六二）云南盐务管理局为滇缅公路运输局承运盐斤等情与盐务总局往来文书（1944.4.14–1944.9.28）

云南盐务管理局致盐务总局代电（1944.4.14）

盐务总局致云南盐务管理局代电稿（1944.6.2）

云南盐务管理局致盐务总局代电（1944.9.28）

（六三）云南盐务管理局为迤西场署右关段运盐合约等情与盐务总局往来文书（1944.5.4–1945.1.31）

云南盐务管理局致盐务总局代电（1944.5.4）

盐务总局致云南盐务管理局指令稿（1944.6.6）

云南盐务管理局致盐务总局代电（1945.1.24）

盐务总局致云南盐务管理局代电稿（1945.1.31）

（六四）云南盐务管理局为签订乔关段运约等情与盐务总局往来文书（1944.5.17–1944.6.17）

云南盐务管理局致盐务总局代电（1944.5.17）

盐务总局运销处致云南盐务管理局代电（1944.5.27）

云南盐务管理局致盐务总局代电（1944.6.17）

（六五）云南盐务管理局为利民运输商行运盐合约、借款等情与盐务总局（盐政局）往来文书（1944.5.17–1945.3.21）

云南盐务管理局致盐务总局代电（1944.5.17）

盐务总局致云南盐务管理局指令稿（1944.6.14）

云南盐务管理局致盐政局代电（1945.3.12）

盐政局致云南盐务管理局代电稿（1945.3.21）

（六六）云南盐务管理局为滇中场黑沙线运盐等情与盐务总局往来文书（1944.5.18–1944.7.25）

云南盐务管理局致盐务总局代电（1944.5.18）

云南盐务管理局致盐务总局代电（1944.5.27）

盐务总局致云南盐务管理局代电稿（1944.6.8）

云南盐务管理局致盐务总局代电（1944.6.29）

云南盐务管理局致盐务总局代电（1944.7.25）

（六七）云南盐务管理局为滇沙场剑川段运约等情与盐务总局往来文书（1944.5.19–1944.6.19）

云南盐务管理局致盐务总局代电（1944.5.19）

盐务总局致云南盐务管理局代电稿（1944.6.19）

（六八）云南盐务管理局为琅沙线莫文举等运约相关情形与盐务总局往来文书（1944.5.27–1944.7.4）

云南盐务管理局致盐务总局代电（1944.5.27）

盐务总局致云南盐务管理局代电稿（1944.7.4）

（六九）云南盐务管理局为迤西署呈报高芬郁订运喇剑段官盐运约情形与盐务总局往来文书（1944.6.12–1944.8.23）

云南盐务管理局致盐务总局代电（1944.6.12）

盐务总局致云南盐务管理局代电稿（1944.8.23）

（七〇）云南盐务管理局为滇剑段运约情形与盐务总局（盐政局）往来文书（1944.6.21–1945.3.10）

云南盐务管理局致盐务总局代电（1944.6.21）

云南盐务管理局致盐务总局代电（1944.7.10）

云南盐务管理局致盐务总局代电（1944.7.25）

盐务总局致云南盐务管理局代电稿（1944.8.23）

云南盐务管理局致盐政局代电（1945.3.10）

（七一）云南盐务管理局为培仁昌公司运约问题与盐务总局（盐政局）往来文书（1944.8.24–1945.10.31）

云南盐务管理局致盐务总局代电（1944.8.24）

盐务总局致云南盐务管理局代电稿（1944.9.21）

云南盐务管理局致盐务总局代电（1944.12.16）

云南盐务管理局致盐政局代电（1945.7.16）

云南盐务管理局致盐政局代电（1945.10.31）

（七二）云南盐务管理局为迤西署转呈杨绍虞承运右关段合约情形与盐务总局往来文书（1944.8.25–1944.12.1）

云南盐务管理局致盐务总局代电（1944.8.25）

盐务总局致云南盐务管理局代电稿（1944.9.21）

云南盐务管理局致盐务总局代电（1944.12.1）

（七三）云南盐务管理局、盐务总局为久大公司在泸砖盐运滇事宜往来函电（1944.8.2–1944.11.13）

云南盐务管理局致盐务总局呈（1944.8.2）

盐务总局致云南盐务管理局指令稿、川康盐务管理局代电稿（1944.8.16）

川康盐务管理局致盐务总局代电（1944.11.13）

（七四）云南盐务管理局关于疏散乔场存盐事与盐务总局往来代电（1944.9.28–1944.10.9）

云南盐务管理局致盐务总局代电（1944.9.28）

盐务总局致云南盐务管理局代电稿（1944.10.9）

（七五）云南盐务管理局为昭通分局派员赴宜招组长通义通两运商代运合约等情与盐务总局往来代电（1944.9.29–1944.10.24）

云南盐务管理局致盐务总局代电（1944.9.29）

云南盐务管理局致盐务总局代电（1944.10.24）

（七六）云南盐务管理局为川滇东路运输局、永利公司拟装盐至宣威等情与盐务总局往来文书（1944.10.16–1944.11.16）

云南盐务管理局致盐务总局代电（1944.10.16）

云南盐务管理局致盐务总局代电（1944.10.19）

盐务总局致云南盐务管理局代电稿（1944.11.16）

（七七）云南盐务管理局为杨复初、方名山承运官盐合约情形与盐务总局往来文书（1944.10.17–1944.11.9）

云南盐务管理局致盐务总局代电（1944.10.17）

盐务总局致云南盐务管理局代电稿（1944.11.9）

（七八）云南盐务管理局为泸宣运盐合约相关情形与盐务总局（盐政局）往来文书（1944.10.18–1945.8.25）

云南盐务管理局致盐务总局代电（1944.10.18）

盐务总局致云南盐务管理局代电稿（1944.10.25）

云南盐务管理局致盐务总局代电（1944.10.28）

盐务总局致云南盐务管理局代电稿（1944.10.31）

盐务总局致云南盐务管理局代电稿（1944.11.14）

云南宣威县销区官盐运输筹备处致盐务总局呈（1944.11.17）

盐务总局致云南盐务管理局代电稿（1944.11.21）

盐政局致云南盐务管理局代电稿（1945.2.5）

云南盐务管理局致盐政局代电（1945.3.31）

盐政局致云南盐务管理局电稿（1945.8.11）

云南盐务管理局致盐政局急代电（1945.8.25）

（七九）云南盐务管理局为各场存盐提前抢运案与盐务总局往来文书（1944.11.24–1945.1.17）

云南盐务管理局致盐务总局呈（1944.11.24）

盐务总局致云南盐务管理局急代电稿、财政部呈稿（1944.12.12）

财政部致盐务总局快邮代电（1945.1.8）

盐务总局致云南盐务管理局代电稿（1945.1.17）

（八〇）云南盐务管理局为保山分局与大来商行关保段车运合约案与盐务总局（盐政局）往来文书（1944.12.6–1945.2.28）

云南盐务管理局致盐务总局呈（1944.12.6）

盐政局致云南盐务管理局代电稿（1945.2.5）

云南盐务管理局致盐政局代电（1945.2.28）

（八一）云南盐务管理局为泸宣段运盐相关情形与盐务总局（盐政局）往来文书（1944.1.17–1945.7.26）

云南盐务管理局致盐务总局代电（1945.1.17）

云南盐务管理局致盐政局代电（1945.4.10）

云南盐务管理局致盐政局代电（1945.6.2）

云南盐务管理局致盐政局代电（1945.7.26）

（八二）云南盐务管理局为兰坪造产局副局长李曾浓组织公司承运盐斤并请借款等情与盐务总局（盐政局）往来文书（1944.11.20–1945.5.7）

云南盐务管理局致盐务总局代电（1944.11.20）

盐务总局致云南盐务管理局代电稿（1944.12.11）

云南盐务管理局致盐务总局代电（1945.2.8）

云南盐务管理局致盐政局代电（1945.5.7）

（八三）云南盐务管理局为安达商行承运关保段运约情形与盐务总局（盐政局）往来文书（1945.1.15–1945.3.2）

云南盐务管理局致盐务总局代电（1945.1.15）

云南盐务管理局致盐务总局代电（1945.1.20）

盐政局致云南盐务管理局代电稿（1945.2.9）

云南盐务管理局致盐政局代电（1945.3.2）

（八四）云南盐务管理局为元江处商李和才承运磨元段官盐借款订约情形与盐务总局（盐政局）往来文书（1945.2.3–1945.2.10）

云南盐务管理局致盐务总局代电（1945.2.3）

盐政局致云南盐务管理局急电稿（1945.2.7）

云南盐务管理局致盐政局代电（1945.2.10）

第八十一卷

二　运价运费

（一）云南盐务管理局关于调整一昆段运费与盐务总局往来文书（1942.1.23–1942.6.23）

云南盐务管理局致总局呈（1942.1.23）

云南盐务管理局致总局呈（1942.4.9）

盐务总局致云南盐务管理局代电稿（1942.6.23）

（二）云南盐务管理局关于调整活加石思段运费与盐务总局往来文书（1942.1.29–1942.11.6）

云南盐务管理局致盐务总局呈（1942.1.29）

盐务总局致云南盐务管理局代电稿（1942.3.23）

云南盐务管理局致盐务总局呈（1942.3.28）

盐务总局致云南盐务管理局指令稿（1942.6.19）

云南盐务管理局致盐务总局呈（1942.11.6）

（三）云南盐务管理局关于调整保腾段运费与盐务总局往来文书（1942.2.20–1942.6.23）

云南盐务管理局致盐务总局呈（1942.2.20）

云南盐务管理局致盐务总局呈（1942.5.26）

盐务总局致云南盐务管理局指令稿（1942.6.23）

（四）云南盐务管理局为调整元一、元昆段运费与盐务总局往来文书（1942.3.17–1943.10.15）

云南盐务管理局致盐务总局呈（1942.3.17）

盐务总局致云南盐务管理局代电稿（1942.4.23）

云南盐务管理局致盐务总局呈（1942.5.20）

云南盐务管理局致盐务总局代电（1942.5.28）

云南盐务管理局致盐务总局呈（1942.6.2）

盐务总局致云南盐务管理局代电稿（1942.6.25）

云南盐务管理局致盐务总局呈（1942.8.14）

云南盐务管理局致盐务总局电（1943.8.21）

盐务总局致云南盐务管理局电稿（1943.9.17）

云南盐务管理局致盐务总局代电（1943.10.1）

盐务总局致云南盐务管理局电稿（1943.10.9）

云南盐务管理局致盐务总局电（1943.10.9）

盐务总局致云南盐务管理局电稿（1943.10.15）

（五）云南盐务管理局关于调整云粟段运费与盐务总局往来文书（1942.3.21–1942.10.27）

云南盐务管理局致盐务总局呈（1942.3.21）

云南盐务管理局致盐务总局呈（1942.4.2）

盐务总局致云南盐务管理局代电稿（1942.4.23）

盐务总局致云南盐务管理局代电稿（1942.6.23）

云南盐务管理局致盐务总局呈（1942.8.6）

云南盐务管理局致盐务总局代电（1942.8.18）

云南盐务管理局致盐务总局代电（1942.9.12）

云南盐务管理局致盐务总局代电（1942.9.12）

云南盐务管理局致盐务总局代电（1942.10.22）

盐务总局致云南盐务管理局代电稿（1942.10.27）

（六）云南盐务管理局关于调整喇剑段运费与盐务总局往来文书（1942.3.21–1942.6.2）

云南盐务管理局致盐务总局呈（1942.3.21）

盐务总局致云南盐务管理局指令稿（1942.6.2）

（七）云南盐务管理局关于调整乔后、乔关、乔保等段运费与盐务总局往来文书（1942.4.9–1943.12.4）

云南盐务管理局致盐务总局代电（1942.4.9）

云南盐务管理局致盐务总局代电（1942.6.5）

盐务总局致云南盐务管理局代电稿（1942.6.25）

云南盐务管理局致盐务总局代电（1943.2.4）

云南盐务管理局致盐务总局代电（1943.10.4）

盐务总局致云南盐务管理局代电稿（1943.10.30）

云南盐务管理局致盐务总局代电（1943.12.4）

（八）云南盐务管理局关于调整乔关段等运费与盐务总局往来文书（1942.4.15–1943.4.21）

云南盐务管理局致盐务总局呈（1942.4.15）

云南盐务管理局致盐务总局代电（1942.6.13）

云南盐务管理局致盐务总局代电（1942.6.27）

盐务总局致云南盐务管理局代电稿（1942.8.19）

云南盐务管理局致盐务总局代电稿（1942.10.15）

盐务总局致云南盐务管理局指令稿（1942.11.20）

云南盐务管理局致盐务总局代电（1942.11.24）

盐务总局致云南盐务管理局电稿（1942.12.2）

云南盐务管理局致盐务总局代电稿（1942.12.22）

盐务总局致云南盐务管理局指令稿（1943.1.28）

云南盐务管理局致盐务总局呈（1943.4.21）

（九）云南盐务管理局关于调整白镇段运费与盐务总局往来文书（1942.5.6–1942.12.4）

云南盐务管理局致盐务总局呈（1942.5.6）

盐务总局致云南盐务管理局代电稿（1942.5.25）

云南盐务管理局致盐务总局代电（1942.11.19）

盐务总局致云南盐务管理局代电稿（1942.12.4）

（一〇）云南盐务管理局关于调整元蒙段等运费与盐务总局往来文书（1942.5.14–1942.8.19）

云南盐务管理局致盐务总局代电（1942.5.14）

云南盐务管理局致盐务总局代电（1942.6.12）

云南盐务管理局致盐务总局代电（1942.7.8）

云南盐务管理局致盐务总局呈（1942.8.13）

盐务总局致云南盐务管理局代电稿（1942.8.19）

盐务总局致云南盐务管理局指令稿（1942.8.19）

云南盐务管理局致盐务总局呈（1942.8.19）

（一一）云南盐务管理局关于调整碧蒙段运费与盐务总局往来文书（1942.6.2–1942.9.4）

云南盐务管理局致盐务总局代电（1942.6.2）

盐务总局致云南盐务管理局指令稿（1942.8.19）

云南盐务管理局致盐务总局代电（1942.9.4）

（一二）云南盐务管理局关于调整迤西区各段运费与盐务总局往来文书（1942.6.4–1943.9.25）

云南盐务管理局致盐务总局代电（1942.6.4）

云南盐务管理局致盐务总局代电（1942.6.13）

云南盐务管理局致盐务总局呈（1942.9.12）

云南盐务管理局致盐务总局呈（1942.10.14）

云南盐务管理局致盐务总局代电（1942.11.16）

云南盐务管理局致盐务总局呈（1943.4.1）

云南盐务管理局致盐务总局代电（1943.4.6）

盐务总局致云南盐务管理局代电稿（1943.4.24）

盐务总局致云南盐务管理局电稿（1943.8.26）

盐务总局致云南盐务管理局代电稿（1943.9.25）

（一三）盐务总局关于调整磨元段等运费与云南盐务管理局往来文书（1942.6.23–1943.11.30）

盐务总局致云南盐务管理局代电稿（1942.6.23）

云南盐务管理局致盐务总局呈（1942.11.30）

云南盐务管理局致盐务总局呈（1943.9.13）

云南盐务管理局致盐务总局呈（1943.11.6）

盐务总局致云南盐务管理局代电稿（1943.11.20）

盐务总局致云南盐务管理局代电稿（1943.11.30）

（一四）云南盐务管理局关于核示西南运输处所属各线汽车运费与盐务总局往来文书（1942.6.27–1942.8.20）

云南盐务管理局致盐务总局代电（1942.6.27）

盐务总局致云南盐务管理局指令稿（1942.8.20）

（一五）云南盐务管理局为川滇东路等加征养路费并核示川盐售价与盐务总局往来文书（1943.5.26–1943.6.19）

云南盐务管理局致盐务总局代电（1943.5.26）

盐务总局致云南盐务管理局指令稿（1943.6.19）

（一六）云南盐务管理局关于调整民国三十二年七月份盐斤运费致盐务总局代电（1943.7.29）

（一七）云南盐务管理局为呈报各月盐斤运杂费月报表与盐务总局（盐政局）往来文书（1942.12.3–1945.10.25）

云南盐务管理局致盐务总局代电（1942.12.3）

盐务总局致云南盐务管理局电稿（1942.12.28）

云南盐务管理局致盐务总局代电（1943.11.10）

云南盐务管理局致盐务总局代电（1943.12.14）

云南盐务管理局致盐务总局代电（1944.1.21）

云南盐务管理局致盐务总局代电（1944.2.24）

盐务总局致云南盐务管理局代电稿（1944.2.26）

云南盐务管理局致盐务总局代电（1944.4.1）

云南盐务管理局致盐务总局代电（1944.4.10）
云南盐务管理局致盐务总局代电（1944.4.18）
云南盐务管理局致盐务总局代电（1944.5.31）
云南盐务管理局致盐务总局代电（1944.6.27）
盐务总局致云南盐务管理局代电稿（1944.11.16）
盐务总局致云南盐务管理局指令稿（1944.11.20）
云南盐务管理局致盐务总局代电（1944.12.30）
云南盐务管理局致盐政局代电（1945.7.17）
云南盐务管理局致盐政局代电（1945.8.24）
云南盐务管理局致盐政局代电（1945.9.1）
盐政局致云南盐务管理局指令稿（1945.9.29）
盐政局致云南盐务管理局代电稿（1945.9.29）
云南盐务管理局致盐政局代电（1945.10.8）
盐政局致云南盐务管理局指令稿（1945.10.23）
云南盐务管理局致盐政局代电（1945.10.23）
云南盐务管理局致盐政局代电（1945.10.25）

（一八）云南盐务管理局为调整迤西区各线运价与盐务总局（盐政局）往来文书（1943.12.24–1945.11.23）

云南盐务管理局致盐务总局代电（1943.12.24）
云南盐务管理局致盐务总局代电（1944.1.7）
云南盐务管理局致盐务总局代电（1944.2.4）
盐务总局致云南盐务管理局代电稿（1944.4.26）
云南盐务管理局致盐务总局代电（1944.9.30）
云南盐务管理局致盐务总局急代电（1944.10.4）
云南盐务管理局致盐务总局代电（1944.10.13）
云南盐务管理局致盐务总局代电（1944.10.14）
盐务总局致云南盐务管理局指令稿（1944.10.16）
盐务总局致云南盐务管理局代电稿（1944.10.16）
云南盐务管理局致盐务总局代电（1944.10.16）
云南盐务管理局致盐务总局急代电（1944.10.24）
云南盐务管理局致盐务总局急代电（1944.11.6）
盐务总局致云南盐务管理局代电稿（1944.11.14）
盐务总局致云南盐务管理局代电稿（1944.11.23）
云南盐务管理局致盐务总局代电（1944.12.5）
云南盐务管理局致盐务总局呈（1944.12.18）
云南盐务管理局致盐务总局代电（1945.1.6）
盐务总局致云南盐务管理局代电稿（1945.1.15）
盐务总局致云南盐务管理局代电稿（1945.1.22）

云南盐务管理局致盐务总局代电（1945.1.24）

云南盐务管理局致盐务总局代电（1945.1.27）

云南盐务管理局致盐务总局代电（1945.1.29）

盐政局致云南盐务管理局代电稿（1945.2.5）

盐政局致云南盐务管理局代电稿（1945.2.6）

云南盐务管理局致盐政局代电（1945.2.10）

盐政局致云南盐务管理局代电稿（1945.2.21）

云南盐务管理局致盐政局代电（1945.2.24）

盐政局致云南盐务管理局电稿（1945.3.1）

云南盐务管理局致盐政局代电（1945.3.8）

云南盐务管理局致盐政局代电（1945.3.10）

云南盐务管理局致盐政局代电（1945.3.14）

盐政局致云南盐务管理局电稿（1945.3.15）

云南盐务管理局致盐政局代电（1945.3.19）

云南盐务管理局致盐政局代电（1945.4.10）

盐政局致云南盐务管理局代电稿（1945.5.21）

云南盐务管理局致盐政局代电（1945.5.28）

云南盐务管理局致盐政局代电（1945.6.4）

云南盐务管理局致盐政局代电（1945.6.9）

盐政局致云南盐务管理局代电稿（1945.6.18）

盐政局致云南盐务管理局代电稿（1945.6.30）

云南盐务管理局致盐政局代电（1945.7.4）

云南盐务管理局致盐政局代电（1945.7.4）

云南盐务管理局致盐政局代电（1945.7.27）

云南盐务管理局致盐政局代电（1945.8.3）

云南盐务管理局致盐政局代电（1945.8.9）

盐政局致云南盐务管理局代电稿（1945.9.2）

云南盐务管理局致盐政局代电（1945.9.12）

云南盐务管理局致盐政局代电（1945.9.24）

云南盐务管理局致盐政局代电（1945.9.27）

盐政局致云南盐务管理局代电稿（1945.10.19）

云南盐务管理局致盐政局代电（1945.11.9）

盐政局致云南盐务管理局代电稿（1945.11.23）

（一九）云南盐务管理局为滇中区黑沙、琅沙、阿丨等各线增加盐运费用事与盐务总局（盐政局）往来代电（1944.1.12–1945.9.9）

云南盐务管理局致盐务总局代电（1944.1.12）

云南盐务管理局致盐务总局代电（1944.1.29）

云南盐务管理局致盐务总局代电（1944.4.12）
云南盐务管理局致盐务总局代电（1944.11.14）
云南盐务管理局致盐务总局代电（1944.11.29）
云南盐务管理局致盐务总局代电（1944.11.29）
盐务总局致云南盐务管理局代电稿（1944.12.4）
盐务总局致云南盐务管理局代电稿（1944.12.14）
云南盐务管理局致盐务总局代电（1944.12.27）
云南盐务管理局致盐务总局代电（1945.1.24）
云南盐务管理局致盐政局代电（1945.2.10）
盐政局致云南盐务管理局代电稿（1945.2.24）
云南盐务管理局致盐政局代电（1945.2.28）
云南盐务管理局致盐政局代电（1945.3.2）
盐政局致云南盐务管理局代电稿（1945.3.7）
盐政局致云南盐务管理局代电稿（1945.3.13）
云南盐务管理局致盐政局代电（1945.3.16）
云南盐务管理局致盐政局代电（1945.4.26）
盐政局致云南盐务管理局代电稿（1945.5.15）
云南盐务管理局致盐政局代电（1945.7.11）
盐政局致云南盐务管理局代电稿（1945.9.9）

第八十二卷

（二〇）云南盐务管理局为调整元昆等线盐运费用与盐务总局（盐政局）往来文书（1944.2.4–1945.10.9）

云南盐务管理局致盐务总局代电（1944.2.4）
云南盐务管理局致盐务总局代电（1944.2.12）
云南盐务管理局致盐务总局代电（1944.2.28）
云南盐务管理局致盐务总局代电（1944.3.23）
云南盐务管理局致盐务总局代电（1944.6.14）
云南盐务管理局致盐务总局代电（1944.8.11）
盐务总局致云南盐务管理局代电稿（1944.10.9）
盐务总局致云南盐务管理局、财政部代电稿（1944.10.28）
财政部致盐务总局快邮代电（1944.11.10）
盐务总局致云南盐务管理局代电稿（1944.11.16）
云南盐务管理局致盐务总局急代电（1944.11.24）
盐务总局致云南盐务管理局代电（1944.12.19）

云南盐务管理局致盐务总局代电（1944.12.20）

盐务总局致云南盐务管理局、财政部代电稿（1945.1.6）

财政部致盐务总局快邮代电（1945.1.20）

盐务总局致云南盐务管理局、财政部代电稿（1945.1.26）

盐务总局致财政部代电（1945.1.26）

财政部致盐务总局快邮代电（1945.1.31）

盐政局致云南盐务管理局代电稿（1945.2.8）

云南盐务管理局致盐政局代电（1944.7.13）

盐政局致云南盐务管理局代电稿（1945.10.9）

（一一一）云南盐务管理局为滇区迤南署增加磨元段等各线盐运费用与盐务总局（盐政局）往来电（1944.5.18–1945.3.14）

云南盐务管理局致盐务总局代电（1944.5.18）

云南盐务管理局致盐务总局急代电（1944.8.31）

云南盐务管理局致盐务总局急代电（1944.9.27）

盐务总局致云南盐务管理局代电稿（1944.10.14）

云南盐务管理局致盐务总局代电（1944.11.28）

盐务总局致云南盐务管理局代电稿（1944.12.9）

云南盐务管理局致盐政局代电（1945.2.27）

盐政局致云南盐务管理局代电稿（1945.3.14）

（一一二）云南盐务管理局为蒙自分局个碧石铁路货运加价事与盐务总局往来文书（1944.6.9–1945.7.14）

云南盐务管理局致盐务总局呈（1944.6.9）

盐务总局致云南盐务管理局指令稿（1944.9.13）

云南盐务管理局致盐务总局急代电（1944.12.8）

盐务总局致云南盐务管理局指令稿（1945.1.2）

云南盐务管理局致盐政局代电（1945.2.10）

盐政局致云南盐务管理局代电稿（1945.2.22）

云南盐务管理局致盐政局代电（1945.3.24）

云南盐务管理局致盐政局代电（1945.5.1）

云南盐务管理局致盐政局代电（1945.6.26）

盐政局致云南盐务管理局代电稿（1945.7.14）

（一一三）云南盐务管理局为增加蒙自分局蒙文、开文两段运费与盐务总局（盐政局）往来文电（1944.9.30–1945.5.10）

云南盐务管理局致盐务总局代电（1944.9.30）

盐务总局致云南盐务管理局代电稿（1944.10.16）
云南盐务管理局致盐务总局急代电（1944.12.22）
盐务总局致云南盐务管理局代电稿（1945.1.4）
云南盐务管理局致盐务总局代电（1945.1.10）
盐务总局致云南盐务管理局代电稿（1945.1.19）
云南盐务管理局致盐政局代电（1945.2.8）
云南盐务管理局致盐政局代电（1945.5.10）

（二四）云南盐务管理局为增加白井场署白镇段运费与盐务总局（盐政局）往来文书（1944.11.16–1945.4.6）

云南盐务管理局致盐务总局代电（1944.11.16）
盐务总局致云南盐务管理局指令稿（1944.12.2）
云南盐务管理局致盐务总局代电（1944.12.13）
云南盐务管理局致盐政局代电（1945.3.7）
盐政局致云南盐务管理局代电稿（1945.3.20）
云南盐务管理局致盐政局代电（1945.4.11）
云南盐务管理局致盐政局代电（1945.4.6）

（二五）云南盐务管理局为补助喇剑段盐运保哨费与盐务总局往来文书（1944.11.16–1945.9.1）

云南盐务管理局致盐务总局呈（1944.11.16）
盐务总局场产处致运销处签函（1944.11.29）
盐务总局致云南盐务管理局、财政部代电稿（1944.12.9）
财政部致盐务总局快邮代电（1944.12.25）
盐务总局致云南盐务管理局代电稿（1945.1.19）
云南盐务管理局致盐政局代电（1945.5.28）
盐政局致云南盐务管理局代电稿（1945.6.30）
云南盐务管理局致盐政局代电（1945.7.28）
盐政局致云南盐务管理局代电稿（1945.9.1）

（二六）云南盐务管理局为报滇越铁路客货运价表与盐务总局（盐政局）往来文电（1945.1.24–1945.3.7）

云南盐务管理局致盐务总局呈（1945.1.24）
盐务总局致云南盐务管理局代电稿（1945.1.30）

云南盐务管理局致盐政局代电（1945.2.20）

盐政局致云南盐务管理局代电稿（1945.3.7）

（二七）云南盐务管理局为增加元蒙段运费与盐务总局（盐政局）往来代电（1945.1.24–1945.2.6）

云南盐务管理局致盐务总局代电（1945.1.24）

盐政局致云南盐务管理局代电稿（1945.2.6）

（二八）云南盐务管理局关于增加黑沙段运费与盐政局往来文书（1945.3.16–1945.4.12）

云南盐务管理局致盐政局代电（1945.3.16）

盐政局致云南盐务管理局代电稿（1945.4.9）

云南盐务管理局致盐政局代电（1945.4.12）

（二九）云南盐务管理局关于改订涕右、乔右两段运价与盐政局往来文书（1945.3.19–1945.4.9）

云南盐务管理局致盐政局代电（1945.3.19）

盐政局致云南盐务管理局代电稿（1945.4.9）

（三〇）云南盐务管理局关于增加磨元段运价与盐政局往来文书（1945.3.21–1945.7.28）

云南盐务管理局致盐政局代电（1945.3.21）

盐政局致云南盐务管理局代电稿（1945.4.9）

云南盐务管理局致盐政局代电（1945.4.28）

云南盐务管理局致盐政局代电（1945.7.28）

（三一）云南盐务管理局关于随时增加运盐经费与盐政局往来文书（1945.3.24–1945.4.14）

云南盐务管理局致盐政局代电（1945.3.24）

盐政局致云南盐务管理局电稿（1945.4.14）

（三二）云南盐务管理局关于提高下关至保山盐斤运费与盐政局往来文书（1945.3.27–1945.4.9）

云南盐务管理局致盐政局代电（1945.3.27）

盐政局致云南盐务管理局代电稿（1945.4.9）

（三三）云南盐务管理局关于增加元昆段运价与盐政局（盐政总局）等往来文书（1945.4.10–1946.1.24）

云南盐务管理局致盐政局急代电（1945.4.10）

盐政局致云南盐务管理局电稿（1945.4.17）

云南盐务管理局致盐政局急代电（1945.5.30）

盐政局致云南盐务管理局急代电稿（1945.6.16）

云南盐务管理局致盐政局代电（1945.8.3）

盐政局致云南盐务管理局代电（1945.10.27）

云南盐务管理局致盐政总局代电（1945.12.31）

盐政局致云南盐务管理局指令稿（1946.1.24）

（三四）云南盐务管理局关于川滇铁路公司检送客货运价表与盐政局往来文书（1945.4.3–1945.5.16）

云南盐务管理局致盐政局呈（1945.4.3）

盐政局致云南盐务管理局指令（1945.4.30）

云南盐务管理局致盐政局代电（1945.5.2）

云南盐务管理局致盐政局代电（1945.5.9）

盐政局致云南盐务管理局指令稿（1945.5.16）

（三五）云南盐务管理局关于核示元昆线运盐酒精车供油租车办法与盐政局往来文书（1945.4.21–1945.5.1）

云南盐务管理局致盐政局代电（1945.4.21）

盐政局致云南盐务管理局代电稿（1945.5.1）

（三六）盐政局、云南省政府、云南盐务管理局关于云南钢铁厂等高价竞雇商车影响盐运事往来文书（1945.4.26–1945.6.4）

盐政局致云南盐务管理局代电稿（1945.4.26）

云南省政府致财政部公函（1945.6.4）

（三七）云南盐务管理局为调整酒精车、木炭车、供油车运盐运费与盐政局往来文书（1945.4.30–1945.11.26）

云南盐务管理局致盐政局代电（1945.4.30）

云南盐务管理局致盐政局代电（1945.5.11）

云南盐务管理局致盐政局代电（1945.5.26）

云南盐务管理局致盐政局代电（1945.5.28）

盐政局致云南盐务管理局电稿（1945.5.29）

盐政局致云南盐务管理局代电稿（1945.6.4）

云南盐务管理局致盐政局代电（1945.6.13）

盐政局致云南盐务管理局代电稿（1945.6.15）

云南盐务管理局致盐政局代电（1945.6.15）

云南盐务管理局致盐政局代电（1945.6.15）

云南盐务管理局致盐政局代电（1945.6.26）

盐政局致云南盐务管理局代电稿（1945.7.14）

云南盐务管理局致盐政局代电（1945.7.26）

云南盐务管理局致盐政局代电（1945.8.18）

云南盐务管理局致盐政局代电（1945.9.17）

盐政局致云南盐务管理局代电稿（1945.9.26）

盐政局致云南盐务管理局代电稿（1945.9.26）

云南盐务管理局致盐政局代电（1945.10.2）

盐政局致云南盐务管理局代电稿（1945.10.12）

盐政局致云南盐务管理局电稿（1945.10.23）

云南盐务管理局致盐政局代电（1945.11.8）

云南盐务管理局致盐政局代电（1945.11.26）

（三八）云南盐务管理局为增加黑沙、琅沙、阿一等各段运费与盐政局往来文书（1945.4.30–1945.11.13）

云南盐务管理局致盐政局代电（1945.4.30）

云南盐务管理局致盐政局代电（1945.5.7）

云南盐务管理局致盐政局代电（1945.5.14）

盐政局致云南盐务管理局代电稿（1945.5.21）

云南盐务管理局致盐政局代电（1945.6.9）

云南盐务管理局致盐政局代电（1945.6.9）

盐政局致云南盐务管理局代电稿（1945.6.28）

盐政局致云南盐务管理局代电稿（1945.7.4）

云南盐务管理局致盐政局代电（1945.7.9）

云南盐务管理局致盐政局代电（1945.8.11）

云南盐务管理局致盐政局代电（1945.8.30）

盐政局致云南盐务管理局代电稿（1945.9.21）

云南盐务管理局致盐政局代电（1945.9.26）

盐政局致云南盐务管理局代电稿（1945.10.17）

云南盐务管理局致盐政局代电（1945.11.13）

（三九）云南盐务管理局关于滇越、川滇铁路调整运价及该局应对措施与盐政局往来文书（1945.5.10–1945.7.11）

云南盐务管理局致盐政局代电（1945.5.10）

盐政局致云南盐务管理局代电稿（1945.5.14）

云南盐务管理局致盐政局代电（1945.6.5）

盐政局致云南盐务管理局代电稿（1945.6.16）

盐政局致云南盐务管理局指令稿（1945.6.19）

云南盐务管理局致盐政局代电（1945.7.11）

（四〇）云南盐务管理局关于乔关段运商马幼初呈请增加运费扫运盐斤与盐政局往来文书（1945.5.10–1945.5.25）

云南盐务管理局致盐政局代电（1945.5.10）

盐政局致云南盐务管理局电稿（1945.5.25）

（四一）云南盐务管理局关于增加磨元段运费与盐政局往来文书（1945.5.10–1945.9.24）

云南盐务管理局致盐政局代电（1945.5.10）

盐政局致云南盐务管理局代电稿（1945.5.23）

云南盐务管理局致盐政局代电（1945.7.9）

云南盐务管理局致盐政局代电（1945.7.16）

云南盐务管理局致盐政局代电（1945.7.23）

盐政局致云南盐务管理局代电稿（1945.8.22）

盐政局致云南盐务管理局代电稿（1945.8.23）

盐政局致云南盐务管理局代电稿（1945.8.28）

云南盐务管理局致盐政局代电（1945.9.13）

盐政局致云南盐务管理局代电稿（1945.9.24）

（四二）云南盐务管理局关于个碧石铁路公司要求提高运价与盐政局往来文书（1945.5.21–1945.6.29）

盐政局致云南盐务管理局指令稿（1945.5.21）

云南盐务管理局致盐政局代电（1945.6.15）

盐政局致云南盐务管理局指令稿（1945.6.29）

第八十三卷

（四三）云南盐务管理局关于调整迤西区各线运价与盐政局往来电（1945.5.25–1945.11.13）

云南盐务管理局致盐政局代电（1945.5.25）

盐政局致云南盐务管理局代电稿（1945.6.15）

云南盐务管理局致盐政局急代电（1945.7.7）

云南盐务管理局致盐政局代电（1945.7.10）

盐政局致云南盐务管理局代电稿（1945.7.17）

云南盐务管理局致盐政局代电（1945.7.17）

云南盐务管理局致盐政局代电（1945.7.23）

云南盐务管理局致盐政局代电（1945.7.24）

云南盐务管理局致盐政局代电（1945.8.29）

盐政局致云南盐务管理局代电稿（1945.9.26）

盐政局致云南盐务管理局代电稿（1945.10.4）

云南盐务管理局致盐政局代电（1945.10.12）

云南盐务管理局致盐政局代电（1945.10.13）

云南盐务管理局致盐政局代电（1945.10.15）
云南盐务管理局致盐政局代电（1945.10.17）
云南盐务管理局致盐政局代电（1945.10.17）
盐政局致云南盐务管理局电稿（1945.11.13）

（四四）云南盐务管理局关于调整关顺段运费与盐政局往来电（1945.6.26–1945.8.13）
云南盐务管理局致盐政局代电（1945.6.26）
云南盐务管理局致盐政局代电（1945.6.30）
盐政局致云南盐务管理局代电稿（1945.8.13）

（四五）云南盐务管理局关于调整罗时江栅河间搬运费与盐政局往来电（1945.7.23–1945.8.25）
云南盐务管理局致盐政局代电（1945.7.23）
盐政局致云南盐务管理局代电稿（1945.8.25）

（四六）云南盐务管理局关于川滇铁路调整装卸费等与盐政局往来电（1945.7.31–1945.12.6）
云南盐务管理局致盐政局代电（1945.7.31）
云南盐务管理局致盐政局代电（1945.10.27）
盐政局致云南盐务管理局代电稿（1945.11.3）
云南盐务管理局致盐政局代电（1945.12.6）

（四七）云南盐务管理局为泸宣段运费空驶费等情形与盐政局、财政部往来文书（1945.8.10–1945.9.29）
云南盐务管理局致盐政局代电（1945.8.10）
财政部致云南盐务管理局代电稿（1945.9.9）
云南盐务管理局致盐政局代电（1945.9.29）

（四八）云南盐务管理局关于改善关保段运盐车待遇与盐政局往来文书（1945.8.16–1945.10.16）
云南盐务管理局致盐政局急代电（1945.8.16）
盐政局致云南盐务管理局代电稿（1945.9.15）
云南盐务管理局致盐政局代电（1945.10.16）

（四九）云南盐务管理局关于调整元昆、一昆各段运费与盐政局往来文书（1945.8.22–1945.11.3）
云南盐务管理局致盐政局代电（1945.8.22）
盐政局致云南盐务管理局代电稿（1945.9.20）
云南盐务管理局致盐政局代电（1945.10.18）
云南盐务管理局致盐政局代电（1945.10.22）
云南盐务管理局致盐政局代电（1945.10.27）
盐政局致云南盐务管理局代电稿（1945.11.3）

（五〇）云南盐务管理局关于调整漾保等段运费与盐政局往来文电（1945.8.24–1945.10.19）

云南盐务管理局致盐政局代电（1945.8.24）

盐政局致云南盐务管理局代电稿（1945.9.21）

云南盐务管理局致盐政局代电（1945.10.19）

（五一）云南盐务管理局关于利用回空车辆运送盐斤与盐政局往来文电（1945.9.14–1945.10.27）

云南盐务管理局致盐政局代电（1945.9.14）

盐政局致云南盐务管理局代电稿（1945.9.27）

云南盐务管理局致盐政局代电（1945.10.27）

三　购销

（一）云南盐务管理局为担保开广边岸包商永兴公司借款收买存盐等事与盐务总局、财政部等往来文书（1938.11.2–1939.6.8）

云南盐务管理局致盐务总局呈（1938.11.2）

盐务总局致云南盐务管理局指令稿、财政部呈稿（1938.12.19）

财政部致盐务总局指令（1939.1.5）

盐务总局致云南盐务管理局训令稿（1939.1.12）

云南盐务管理局致盐务总局呈（1939.2.25）

盐务总局致云南盐务管理局指令稿、财政部呈稿（1939.4.13）

财政部致盐务总局指令（1939.4.28）

云南盐务管理局致盐务总局呈（1939.4.28）

盐务总局致云南盐务管理局训令稿（1939.5.16）

盐务总局致云南盐务管理局指令稿、财政部呈稿（1939.6.8）

（二）云南盐务管理局关于办理腾龙边岸盐价情形与盐务总局往来呈令（1939.3.31–1939.6.8）

云南盐务管理局致盐务总局呈（1939.3.31）

盐务总局致云南盐务管理局指令稿（1939.6.8）

（三）云南盐务管理局关于核减腾龙边盐售价与盐务总局往来呈令（1939.5.3–1939.6.9）

云南盐务管理局致盐务总局呈（1939.5.3）

盐务总局致云南盐务管理局指令稿（1939.6.9）

（四）财政部为永兴公司息借上海银行十万元业已本息偿清与盐务总局、云南盐务管理局往来文电（1939.6.24–1939.8.2）

财政部致盐务总局指令（1939.6.24）

盐务总局致云南盐务管理局训令稿（1939.8.2）

（五）云南盐务管理局关于商定滇盐销黔办法一案与盐务总局往来文电（1939.6.30–1939.8.31）

云南盐务管理局致盐务总局代电（1939.6.30）

贵州盐务办事处致盐务总局快邮代电（1939.7.4）

贵州盐务办事处致盐务总局快邮代电（1939.7.20）

盐务总局致云南盐务管理局代电稿、贵州盐务办事处电稿（1939.8.31）

（六）财政部为永兴公司收买存盐增加售价案与盐务总局、云南盐务管理局往来文电（1939.7.7–1939.9.1）

财政部致盐务总局指令（1939.7.7）

盐务总局致云南盐务管理局训令稿（1939.8.7）

云南盐务管理局致盐务总局代电（1939.9.1）

（七）云南盐务管理局关于腾龙边盐加价事致盐务总局代电（1939.7.12）

（八）云南盐务管理局关于腾龙两处实行加价日期致盐务总局代电（1939.9.26）

（九）盐务总局关于增减腾龙边岸盐价致财政部呈稿、云南盐务管理局指令稿（1939.9.28）

（一〇）盐务总局关于腾龙边盐售价等与财政部、云南盐务管理局往来文书（1939.9.29–1939.11.9）

云南盐务管理局致盐务总局代电（1939.9.29）

盐务总局致财政部呈稿、云南盐务管理局电稿（1939.11.9）

（一一）云南盐务管理局关于拟加给腾龙边盐折耗办法与盐务总局往来呈电（1939.10.7–1939.11.21）

云南盐务管理局致盐务总局呈（1939.10.7）

盐务总局致云南盐务管理局电稿（1939.11.21）

（一二）云南盐务管理局关于核加腾龙公司边盐脚价等致盐务总局代电（1939.10.17）

（一三）云南盐务管理局关于腾龙边盐售价起加日期等事与盐务总局往来文电（1939.10.18–1940.11.13）

盐务总局致财政部呈稿（1939.10.18）
云南盐务管理局致盐务总局代电（1939.10.27）
盐务总局致云南盐务管理局电稿（1939.11.3）
财政部致盐务总局指令（1939.11.7）
盐务总局致财政部呈稿（1939.11.24）
云南盐务管理局致盐务总局代电（1939.12.4）
盐务总局致云南盐务管理局训令稿（1939.12.18）
盐务总局致财政部呈稿（1940.1.5）
财政部致盐务总局指令（1940.1.5）
财政部致盐务总局指令（1940.1.24）
盐务总局致云南盐务管理局代电稿（1940.2.2）
盐务总局致云南盐务管理局指令稿（1940.2.16）
云南盐务管理局致盐务总局代电（1940.2.27）
云南盐务管理局致盐务总局代电（1940.3.28）
盐务总局致云南盐务管理局电稿（1940.4.4）
云南盐务管理局致盐务总局代电（1940.4.23）
云南盐务管理局致盐务总局代电（1940.4.23）
云南盐务管理局致盐务总局代电（1940.4.24）
云南盐务管理局致盐务总局代电（1940.5.28）
云南盐务管理局致盐务总局代电（1940.6.12）
云南盐务管理局致盐务总局代电（1940.6.17）
云南盐务管理局致盐务总局代电（1940.6.18）
盐务总局致财政部呈稿、云南盐务管理局代电稿（1940.7.1）
云南盐务管理局致盐务总局代电（1940.7.23）
盐务总局致财政部呈稿、云南盐务管理局代电稿（1940.8.5）
盐务总局致财政部呈稿、云南盐务管理局代电稿（1940.8.8）
盐务总局致云南盐务管理局电稿（1940.8.14）
财政部致盐务总局指令（1940.8.27）
云南盐务管理局致盐务总局代电（1940.8.28）
云南盐务管理局致盐务总局代电（1940.8.28）
财政部致盐务总局指令（1940.9.9）
财政部致盐务总局指令（1940.9.14）

盐务总局致云南盐务管理局指令稿（1942.9.5）

盐务总局致川康盐务管理局指令稿、云南盐务管理局训令稿（1942.9.11）

（一八）云南盐务管理局与盐务总局为拟分区划一各井场就场售价案往来函电（1942.7.18–1942.11.14）

云南盐务管理局致盐务总局电（1942.7.18）

盐务总局致云南盐务管理局电稿（1942.8.4）

云南盐务管理局致盐务总局代电（1942.10.9）

盐务总局致云南盐务管理局代电稿（1942.11.14）

（一九）云南盐务管理局为制止昭通县随盐附加水沟款情形致盐务总局呈（1942.8.15）

（二〇）盐务总局为调查昆明售盐情形致云南盐务管理局电稿（1942.9.25）

（二一）云南盐务管理局为昭通县自来水工程处请承销昭通食盐案与盐务总局往来文书

（1942.10.1–1942.11.13）

云南盐务管理局致盐务总局呈（1942.10.1）

盐务总局致云南盐务管理局指令稿、财政部呈稿、川康盐务管理局训令稿（1942.10.17）

财政部致盐务总局指令（1942.11.2）

盐务总局致云南盐务管理局训令稿（1942.11.13）

（二二）云南盐务管理局为核定滇东公司各地售价案相关情形与云南盐务管理局、财政部往来文书

（1942.10.29–1943.5.15）

盐务总局致云南盐务管理局、财政部代电稿

（1942.10.29）

盐务总局致云南盐务管理局代电稿（1943.5.15）

（二三）云南盐务管理局为滇东各县近无抄运情事与盐务总局往来文书（1942.10.29–1942.11.26）

川康盐务管理局致盐务总局快邮代电（1942.10.29）

盐务总局致云南盐务管理局训令稿（1942.11.26）

（二四）云南盐务管理局关于猛野场务所会同江城县查封、拍卖郑商驼牛、枪弹等物件及定价出售其存盐以抵久课与盐务总局往来代电

（1943.5.21–1943.6.10）

云南盐务管理局致盐务总局代电（1943.5.21）

盐务总局致云南盐务管理局代电稿（1943.6.10）

（二五）云南盐务管理局为滇东公司核价事宜与盐务总局往来文书（1943.11.3–1943.11.25）

云南盐务管理局致盐务总局代电（1943.11.3）

云南盐务管理局致盐务总局函（1943.11.13）

盐务总局致云南盐务管理局代电稿（1943.11.25）

（二六）云南盐务管理局为琅井场改为包课后之销区请准不加限制并准现存场盐由灶招商缴价抄运自由运销等事与盐政局往来文书（1945.11.21–1945.12.6）

云南盐务管理局致盐政局代电（1945.11.21）

财政部致云南盐务管理局指令稿（1945.12.6）

第八十四卷

四 仓储、仓耗

（一）云南盐务管理局、盐政司（盐务总局）等关于租赁一平浪盐仓及筹办场仓租约相关情形往来文书（1939.8.14–1940.2.3）

云南盐务管理局致盐政司电（1939.8.14）

云南盐务管理局致盐政司呈（1939.8.16）

云南盐务管理局致盐政司函（1939.8.16）

云南盐务管理局致盐政司函（1939.8.17）

盐政司致云南盐务管理局电（1939.8.22）

云南盐务管理局致财政部呈（1939.9.27）

盐务总局致财政部呈（1939.11.10）

财政部致云南盐务管理局、盐务总局指令稿（1939.12.12）

云南盐务管理局致财政部代电（1940.1.19）

云南盐务管理局致财政部电（1940.2.3）

（二）云南盐务管理局、盐务总局关于核销昆明官仓耗盐及该市公卖店耗斤处置等案往来函电（1941.12.19–1942.9.10）

云南盐务管理局致盐务总局呈（1941.12.19）

盐务总局致云南盐务管理局代电稿（1942.1.21）

云南盐务管理局致盐务总局代电（1942.6.27）

盐务总局致云南盐务管理局急代电稿（1942.7.13）

盐务总局致云南盐务管理局代电稿（1942.8.12）

云南盐务管理局致盐务总局呈（1942.8.24）

盐务总局致云南盐务管理局代电稿（1942.9.10）

（三）财政部、盐务总局、云南盐务管理局关于核销牟定官盐运销处耗盐往来函电

（1941.12.22–1942.2.13）

云南盐务管理局致盐务总局代电（1941.12.22）

盐务总局致财政部、云南盐务管理局代电稿

（1942.1.15）

财政部致盐务总局指令（1942.2.3）

盐务总局致云南盐务管理局代电稿（1942.2.13）

（四）云南盐务管理局、盐务总局关于芷村官仓清盘盐仓情形往来函电（1942.1.5–1943.1.18）

云南盐务管理局致盐务总局呈（1942.1.5）

云南盐务管理局致盐务总局呈（1942.1.10）

盐务总局致云南盐务管理局代电稿（1942.1.23）

盐务总局致云南盐务管理局代电稿（1942.1.24）

盐务总局致云南盐务管理局代电稿（1942.12.3）

云南盐务管理局致盐务总局呈（1943.1.18）

（五）云南盐务管理局、盐务总局等关于邓川官盐运销处仓耗盐斤案往来函电（1942.1.8–1942.12.18）

云南盐务管理局致盐务总局呈（1942.1.8）

盐务总局致财政部、云南盐务管理局代电稿

（1942.1.24）

财政部致盐务总局指令（1942.4.28）

盐务总局致云南盐务管理局代电稿（1942.5.13）

云南盐务管理局致盐务总局呈（1942.7.21）

云南盐务管理局致盐务总局呈（1942.7.21）

盐务总局致云南盐务管理局指令稿（1942.8.6）

云南盐务管理局致盐务总局呈（1942.12.4）

盐务总局致云南盐务管理局指令稿（1942.12.18）

（六）云南盐务管理局、盐务总局关于一平浪官仓办事处呈报第二次清仓情形往来函电

（1942.1.9–1942.1.23）

云南盐务管理局致盐务总局呈（1942.1.9）

盐务总局致云南盐务管理局代电稿（1942.1.23）

（七）云南盐务管理局、盐务总局等关于元江盐放处清仓耗盐案往来函电（1942.1.13–1942.5.13）

云南盐务管理局致盐务总局呈（1942.1.13）

盐务总局致财政部、云南盐务管理局代电稿（1942.1.28）

盐务总局致云南盐务管理局代电稿（1942.5.13）

（八）云南盐务管理局、盐务总局关于曲靖官仓清仓耗盐案往来函电（1942.2.4–1942.8.8）

云南盐务管理局致盐务总局呈（1942.2.4）

盐务总局致云南盐务管理局代电稿（1942.2.18）

云南盐务管理局致盐务总局呈（1942.7.28）

盐务总局致云南盐务管理局代电稿（1942.8.8）

（九）云南盐务管理局、盐务总局等关于核销滇区各官销所售盐折耗案往来函电（1942.3.19–1944.1.31）

云南盐务管理局致盐务总局代电（1942.3.19）

盐务总局致云南盐务管理局、财政部代电稿（1942.4.23）

云南盐务管理局致盐务总局代电（1942.5.14）

盐务总局致云南盐务管理局、财政部代电稿（1942.6.26）

财政部致盐务总局指令（1942.8.12）

盐务总局致云南盐务管理局代电稿（1942.8.22）

云南盐务管理局致盐务总局代电（1943.1.21）

盐务总局致云南盐务管理局代电稿（1943.1.30）

云南盐务管理局致盐务总局呈（1943.9.3）

盐务总局致云南盐务管理局代电稿（1943.10.5）

云南盐务管理局致盐务总局代电（1943.11.8）

盐务总局致财政部呈稿（1943.12.6）

财政部致盐务总局指令（1944.1.8）

盐务总局致云南盐务管理局代电稿（1944.1.31）

（一〇）云南盐务管理局等为滇东公司负担屯租案相关情形与盐务总局往来文书（1942.7.17–1942.10.3）

川康盐务管理局致盐务总局快邮代电（1942.7.17）

盐务总局致川康盐务管理局、云南盐务管理局代电稿（1942.8.22）

云南盐务管理局致盐务总局代电（1942.9.12）

盐务总局致云南盐务管理局代电稿（1942.10.3）

（一一）云南盐务管理局、盐务总局为补充仓储管理通则办法六项事往来函电（1942.10.7–1942.10.23）

云南盐务管理局致盐务总局代电（1942.10.7）

盐务总局致云南盐务管理局代电稿（1942.10.23）

（一二）云南盐务管理局为滇东公司在宣威、角奎两地设仓原因与盐务总局往来文书

（1942.11.18–1943.1.19）

云南盐务管理局致盐务总局呈（1942.11.18）

盐务总局致云南盐务管理局指令稿（1943.1.19）

（一三）云南盐务管理局、盐务总局关于下关官仓呈请核给运商在途存盐仓耗案往来函电

（1942.12.9–1942.12.25）

云南盐务管理局致盐务总局代电（1942.12.9）

盐务总局致云南盐务管理局代电稿（1942.12.25）

（一四）云南盐务管理局、盐务总局关于商仓办理与管理情形往来代电（1943.1.23–1943.2.16）

云南盐务管理局致盐务总局代电（1943.1.23）

盐务总局致云南盐务管理局代电稿（1943.2.16）

（一五）云南盐务管理局、盐务总局为昭通分局拟订官商仓收放盐斤须知等项案往来函电

（1943.7.21–1943.11.30）

云南盐务管理局致盐务总局呈（1943.7.21）

盐务总局致云南盐务管理局代电稿（1943.8.17）

云南盐务管理局致盐务总局代电（1943.11.30）

（一六）云南盐务管理局、盐务总局为恢复思茅原有官仓以资管制而利军民仓需案往来代电

（1943.8.19–1943.9.8）

云南盐务管理局致盐务总局代电（1943.8.19）

盐务总局致云南盐务管理局代电稿（1943.9.8）

（一七）云南盐务管理局为思茅、墨江两仓清仓耗盐案与盐务总局往来文书（1944.2.24–1944.3.22）

云南盐务管理局致盐务总局代电（1944.2.24）

盐务总局致云南盐务管理局代电稿（1944.3.22）

（一八）云南盐务管理局为金殿分仓清仓耗盐相关情形与盐务总局往来文书（1944.3.14–1944.3.24）

云南盐务管理局致盐务总局代电（1944.3.14）

盐务总局致云南盐务管理局代电稿（1944.3.24）

（一九）云南盐务管理局为济滇粤盐仓清仓耗盐相关情形与盐务总局往来文书（1944.6.27–1944.8.11）

云南盐务管理局致盐务总局代电（1944.6.27）

盐务总局致财政部、云南盐务管理局代电稿（1944.7.17）

财政部致盐务总局快邮代电（1944.8.2）

盐务总局致云南盐务管理局代电稿（1944.8.11）

（二〇）云南盐务管理局为富宁官仓清仓报告表与盐务总局（盐政局）往来文书（1944.6.30–1945.10.19）

云南盐务管理局致盐务总局代电（1944.6.30）

盐务总局致云南盐务管理局代电稿（1944.7.14）

云南盐务管理局致盐政局代电（1945.10.19）

（二一）云南盐务管理局为昭通分局清仓耗盐相关情形与盐务总局（盐政局）往来文书（1944.7.4–1948.6.14）

云南盐务管理局致盐务总局代电（1944.7.4）

盐务总局致云南盐务管理局指令稿（1944.7.14）

云南盐务管理局致盐务总局呈（1944.11.22）

盐务总局致云南盐务管理局代电稿（1944.12.4）

云南盐务管理局致盐政局代电（1945.2.17）

盐政局致云南盐务管理局代电稿（1945.3.5）

云南盐务管理局致盐政局呈（1945.8.2）

云南盐务管理局致盐政局代电（1945.9.29）

盐政局致云南盐务管理局代电稿（1945.11.2）

盐政局致云南盐务管理局代电稿（1945.11.7）

云南盐务管理局致盐务总局公函（1948.3.10）

盐务总局致云南盐务管理局公文稿（1948.3.27）

云南盐务管理局致盐务总局公函（1948.5.18）

盐务总局致云南盐务管理局公文稿（1948.6.14）

（二二）云南盐务管理局为宜良官仓清仓耗盐相关情形与盐务总局（盐政局）往来文书（1944.8.14–1946.1.24）

云南盐务管理局致盐务总局代电（1944.8.14）

盐务总局致云南盐务管理局代电稿（1944.8.25）

云南盐务管理局致盐政局代电（1945.7.26）

盐政局致云南盐务管理局代电稿（1945.11.5）

云南盐务管理局致盐政局代电（1946.1.24）

（二三）云南盐务管理局为保山分局清仓耗盐相关情形与盐务总局往来文书（1944.8.15–1944.8.26）

云南盐务管理局致盐务总局代电（1944.8.15）

盐务总局致云南盐务管理局代电稿（1944.8.26）

（二四）云南盐务管理局为安宁场清仓耗盐相关情形与盐务总局（盐政局）往来文书（1944.8.24–1945.11.5）

云南盐务管理局致盐务总局代电（1944.8.24）

盐务总局致云南盐务管理局代电稿（1944.9.8）

云南盐务管理局致盐政局代电（1945.7.16）

云南盐务管理局致盐政局代电（1945.7.20）

盐政局致云南盐务管理局代电稿（1945.8.4）

云南盐务管理局致盐政局代电（1945.8.8）

盐政局致云南盐务管理局代电（1945.8.17）

云南盐务管理局致盐政局代电（1945.9.7）

云南盐务管理局致盐政局代电（1945.9.12）

盐政局致云南盐务管理局代电稿（1945.11.5）

（二五）云南盐务管理局为下关官仓清仓耗盐相关情形与盐务总局往来文书（1944.12.5–1944.12.16）

云南盐务管理局致盐务总局代电（1944.12.5）

盐务总局致云南盐务管理局代电稿（1944.12.16）

（二六）云南盐务管理局为元江边盐转运处清仓表案与盐务总局（盐政局）往来文书（1944.12.18–1945.11.5）

云南盐务管理局致盐务总局呈（1944.12.18）

云南盐务管理局致盐政局代电（1945.7.28）

云南盐务管理局致盐政局代电（1945.9.15）

盐政局致云南盐务管理局代电稿（1945.11.5）

（二七）云南盐务管理局为开远官仓清仓相关情形与盐政总局往来文书（1944.12.31–1946.1.18）

云南盐务管理局致盐政总局代电（1944.12.31）

盐政总局致云南盐务管理局代电稿（1946.1.18）

（二八）云南盐务管理局为八宝分仓清仓耗盐案与盐务总局往来文书（1945.1.11–1945.1.22）

云南盐务管理局致盐务总局呈（1945.1.11）

盐务总局致云南盐务管理局指令稿（1945.1.22）

（二九）云南盐务管理局为乔关段运商在途仓耗情形与盐政局往来文书（1945.2.17–1945.7.13）

云南盐务管理局致盐政局代电（1945.2.17）

盐政局致云南盐务管理局代电稿（1945.2.27）

云南盐务管理局致盐政局代电（1945.7.13）

（三〇）云南盐务管理局为云南区产销地官仓存盐耗斤相关情形与盐政局往来文书（1945.6.30–1945.10.5）

云南盐务管理局致盐政局代电（1945.6.30）

云南盐务管理局致盐政局代电（1945.8.18）

盐政局致云南盐务管理局代电稿（1945.10.5）

（三一）云南盐务管理局为剑川官仓清仓耗盐案与盐政局往来文书（1945.7.20–1945.8.2）

云南盐务管理局致盐政局代电（1945.7.20）

盐政局致云南盐务管理局代电稿（1945.8.2）

（三二）云南盐务管理局为缀江官仓清仓报告表致盐政局代电（1945.8.30）

（三三）云南盐务管理局为沙矣旧转运站清仓报告表致盐政局代电（1945.9.20）

（三四）云南盐务管理局为昆明分局耗盐清仓相关情形与盐政局往来文书（1945.10.18–1945.11.5）

云南盐务管理局致盐政局代电（1945.10.18）

盐政局致云南盐务管理局代电稿（1945.11.5）

第八十五卷

五　途耗

（一）云南盐务管理局为腾龙边盐办事处呈报交税警总团载运乔盐四车由保山至腾龙途耗与盐务总局往来文书（1941.12.17–1942.1.6）

云南盐务管理局致盐务总局呈（1941.12.17）

盐务总局致云南盐务管理局代电稿（1942.1.6）

（二）云南盐务管理局为开远官仓民国三十年六月份收盐途耗与盐务总局往来文书（1941.12.26–1942.6.20）

云南盐务管理局致盐务总局呈（1941.12.26）

云南盐务管理局致盐务总局呈（1942.1.1）

盐务总局致云南盐务管理局代电稿（1942.1.14）

盐务总局致云南盐务管理局代电稿（1942.1.24）

云南盐务管理局致盐务总局代电（1942.2.19）

盐务总局致财政部代电稿（1942.3.11）

财政部致盐务总局指令（1942.4.10）

盐务总局致云南盐务管理局代电稿（1942.4.23）

云南盐务管理局致盐务总局呈（1942.5.20）

云南盐务管理局致盐务总局代电（1942.6.4）

盐务总局致云南盐务管理局代电稿（1942.6.11）

盐务总局致云南盐务管理局代电稿（1942.6.20）

（三）云南盐务管理局为腾龙边盐办事处呈报栗站运保云盐损失雨耗与盐务总局往来文书（1942.1.6–1942.6.6）

云南盐务管理局致盐务总局呈（1942.1.6）

盐务总局致云南盐务管理局代电稿（1942.1.22）

云南盐务管理局致盐务总局呈（1942.3.28）

盐务总局致云南盐务管理局、财政部代电稿（1942.4.28）

财政部致盐务总局指令（1942.5.29）

盐务总局致云南盐务管理局代电稿（1942.6.6）

（四）云南盐务管理局为开广边盐办事处电呈普萍材所放该处永盐一兜途耗与盐务总局往来文书（1942.1.13–1943.4.26）

云南盐务管理局致盐务总局呈（1942.1.13）

盐务总局致云南盐务管理局代电稿（1942.1.30）

云南盐务管理局致盐务总局呈（1943.4.15）

盐务总局致云南盐务管理局代电稿（1943.4.26）

（五）云南盐务管理局为财政部指令前滇缅铁路局第二期承运职区一昆段官盐损耗与盐务总局往来文书（1942.2.4–1942.4.30）

云南盐务管理局致盐务总局呈（1942.2.4）

盐务总局致云南盐务管理局代电稿（1942.2.18）

云南盐务管理局致盐务总局呈（1942.4.9）

盐务总局致云南盐务管理局代电稿（1942.4.30）

（六）云南盐务管理局为滇中署报拟运耗办法及将元一段运耗改定每担一斤与盐务总局往来文书（1942.4.7–1942.9.26）

云南盐务管理局致盐务总局呈（1942.4.7）

盐务总局致云南盐务管理局代电稿（1942.5.6）

云南盐务管理局致盐务总局代电（1942.5.8）

盐务总局致云南盐务管理局代电稿（1942.5.29）

云南盐务管理局致盐务总局代电（1942.6.27）

盐务总局致云南盐务管理局代电稿（1942.7.21）

云南盐务管理局致盐务总局代电（1942.9.11）

盐务总局致云南盐务管理局代电稿（1942.9.26）

（七）云南盐务管理局为职局核定喇剑段途耗连前共一斤半情形与盐务总局（盐政局）往来文书（1942.5.12–1945.9.15）

云南盐务管理局致盐务总局代电（1942.5.12）

盐务总局致云南盐务管理局代电稿（1942.5.25）

云南盐务管理局致盐务总局代电（1942.6.3）

盐务总局致云南盐务管理局代电稿（1942.6.17）

云南盐务管理局致盐务总局代电（1942.7.1）

云南盐务管理局致盐务总局代电（1942.7.11）

盐务总局致云南盐务管理局代电稿（1942.7.20）

云南盐务管理局致盐政局代电（1945.3.6）

盐政局致云南盐务管理局代电稿（1945.3.19）

云南盐务管理局致盐政局代电（1945.8.20）

盐政局致云南盐务管理局代电稿（1945.9.15）

（八）云南盐务管理局为曲仓呈报川花盐零售折耗与盐务总局往来文书（1942.5.20–1942.12.31）

云南盐务管理局致盐务总局代电（1942.5.20）

盐务总局致云南盐务管理局代电稿（1942.6.11）

云南盐务管理局致盐务总局代电（1942.10.6）

盐务总局致云南盐务管理局代电稿（1942.10.19）

云南盐务管理局致盐务总局代电（1942.11.26）

云南盐务管理局致盐务总局呈（1942.11.27）

盐务总局致川康盐务管理局、云南盐务管理局代电稿（1942.12.31）

（九）云南盐务管理局为迤西署呈请调整乔关段运耗与盐务总局往来文书（1942.6.6–1942.6.24）

云南盐务管理局致盐务总局代电（1942.6.6）

盐务总局致云南盐务管理局代电稿（1942.6.24）

（一〇）云南盐务管理局为由金殿分仓到开远途耗与盐务总局往来文书（1942.7.9–1942.7.23）

云南盐务管理局致盐务总局代电（1942.7.9）

盐务总局致云南盐务管理局代电稿（1942.7.23）

（一一）云南盐务管理局为陈复昆开段火车运输途耗过多情形与盐务总局往来文书

（1942.8.11–1942.8.25）

云南盐务管理局致盐务总局代电（1942.8.11）

盐务总局致云南盐务管理局代电稿（1942.8.25）

（一二）云南盐务管理局为迤西署呈报下关转运乔盐五十担至保山盐耗与盐务总局（盐政局）往来文书（1942.10.21–1945.4.19）

云南盐务管理局致盐务总局呈（1942.10.21）

盐务总局致云南盐务管理局代电稿（1942.11.2）

云南盐务管理局致盐务总局代电（1944.7.5）

盐务总局致云南盐务管理局代电稿（1944.7.15）

云南盐务管理局致盐务总局代电（1944.8.25）

盐务总局致云南盐务管理局代电稿（1944.9.8）

云南盐务管理局致盐务总局代电（1944.12.1）

盐务总局致云南盐务管理局代电稿（1944.12.13）

云南盐务管理局致盐政局代电（1945.3.31）

盐政局致云南盐务管理局代电稿（1945.4.19）

（一三）云南盐务管理局为昆仓所陈放运宜仓永盐四兜超耗原因与盐务总局往来文书

（1943.5.18–1943.5.31）

云南盐务管理局致盐务总局呈（1943.5.18）

盐务总局致云南盐务管理局代电稿（1943.5.31）

（一四）云南盐务管理局为民国三十二年九、十两月官运盐斤与盐务总局往来文书（1943.12.27–1944.1.11）

云南盐务管理局致盐务总局代电（1943.12.27）

盐务总局致云南盐务管理局代电稿（1944.1.11）

（一五）云南盐务管理局为报请赶运新煎潮湿盐平途耗与盐务总局往来文书（1944.5.9–1944.5.16）

云南盐务管理局致盐务总局代电（1944.5.9）

盐务总局致云南盐务管理局代电稿（1944.5.16）

（一六）云南盐务管理局为迤南署呈请加给磨元段官盐途耗与盐务总局往来文书（1944.6.12–1944.6.23）

云南盐务管理局致盐务总局代电（1944.6.12）

盐务总局致云南盐务管理局代电稿（1944.6.23）

（一七）云南盐务管理局为元永井至昆明车运盐平因新产潮湿请予增加途耗与盐务总局往来文书（1944.7.1–1944.10.7）

云南盐务管理局致盐务总局代电（1944.7.1）

盐务总局致云南盐务管理局代电稿（1944.7.14）

云南盐务管理局致盐务总局代电（1944.8.25）

盐务总局致云南盐务管理局代电稿（1944.9.8）

云南盐务管理局致盐务总局代电（1944.9.28）

盐务总局致云南盐务管理局代电稿（1944.10.7）

（一八）云南盐务管理局为昆分局电请将雨季盐斤途耗率仍照2%计算等情与盐务总局往来文书（1944.7.12–1944.7.22）

云南盐务管理局致盐务总局代电（1944.7.12）

盐务总局致云南盐务管理局代电稿（1944.7.22）

（一九）云南盐务管理局为核定喇兰段途耗与盐务总局往来文书（1944.7.13–1944.9.21）

云南盐务管理局致盐务总局代电（1944.7.13）

盐务总局致云南盐务管理局代电稿（1944.7.22）

云南盐务管理局致盐务总局代电（1944.8.22）

盐务总局致财政部代电稿（1944.9.2）

财政部致盐务总局快邮代电（1944.9.13）

盐务总局致云南盐务管理局代电稿（1944.9.21）

（二〇）云南盐务管理局为文山官仓请将开文段官运盐斤途耗增加为2%与盐务总局往来文书（1944.7.22–1944.8.3）

云南盐务管理局致盐务总局代电（1944.7.22）

盐务总局致云南盐务管理局代电稿（1944.8.3）

（二一）云南盐务管理局为增加蒙文段官盐途耗每担为二斤与盐务总局往来文书（1944.8.11–1944.8.22）

云南盐务管理局致盐务总局代电（1944.8.11）

盐务总局致云南盐务管理局代电稿（1944.8.22）

（二二）云南盐务管理局为昆保区驿运盐斤耗余与盐务总局往来文书（1944.8.24–1944.9.7）

云南盐务管理局致盐务总局代电（1944.8.24）

盐务总局致云南盐务管理局代电稿（1944.9.7）

（二三）云南盐务管理局为金殿分仓押运员王礼押运盐斤超耗与盐务总局（盐政局、盐政总局）往来文书（1944.9.28–1946.11.19）

云南盐务管理局致盐务总局代电（1944.9.28）

盐务总局致云南盐务管理局代电稿（1944.10.24）

云南盐务管理局致盐务总局代电（1945.1.30）

盐务总局致云南盐务管理局代电稿（1945.2.22）

云南盐务管理局致盐政局代电（1945.7.28）

盐政局致云南盐务管理局代电（1945.10.9）

云南盐务管理局致盐政总局代电（1946.5.2）

云南盐务管理局致盐政总局呈（1946.11.6）

盐政总局致云南盐务管理局指令稿（1946.11.19）

（二四）云南盐务管理局为增加乔关游关乔漾段运耗与盐务总局往来文书（1944.10.9–1944.10.18）

云南盐务管理局致盐务总局代电（1944.10.9）

盐务总局致云南盐务管理局急代电稿（1944.10.18）

（二五）云南盐务管理局为漾保段运耗与盐务总局（盐政局）往来文书（1944.12.22–1945.4.19）

云南盐务管理局致盐务总局代电（1944.12.22）

盐务总局致云南盐务管理局代电稿（1945.1.6）

云南盐务管理局致盐政局代电（1945.4.4）

盐政局致云南盐务管理局代电稿（1945.4.19）

（二六）云南盐务管理局为琅沙段途耗与盐务总局（盐政局）往来文书（1944.12.30–1945.10.20）

云南盐务管理局致盐务总局代电（1944.12.30）

盐务总局致云南盐务管理局代电稿（1945.1.10）

云南盐务管理局致盐政局代电（1945.5.18）

盐政局致云南盐务管理局代电稿（1945.5.30）

云南盐务管理局致盐政局代电（1945.7.14）

盐政局致云南盐务管理局代电稿（1945.7.23）

云南盐务管理局致盐政局代电（1945.8.29）

云南盐务管理局致盐政局代电（1945.8.29）

盐政局致云南盐务管理局代电稿（1945.10.20）

（二七）云南盐务管理局为核定乔漾段途耗为全程百分之一与盐务总局（盐政局、盐政总局）往来文书（1945.1.24–1946.9.7）

云南盐务管理局致盐务总局代电（1945.1.24）

盐务总局致云南盐务管理局代电稿（1945.1.31）

云南盐务管理局致盐政局代电（1945.2.28）

盐政局致云南盐务管理局代电稿（1945.3.8）

云南盐务管理局致盐政局代电（1945.5.18）

盐政局致云南盐务管理局代电稿（1945.5.30）

云南盐务管理局致盐政总局代电（1946.6.19）

云南盐务管理局致盐务总局呈（1947.8.19）

盐政总局致云南盐务管理局代电稿（1946.9.7）

（二八）云南盐务管理局为迤西署移运碎盐困难情形并请增加涨关段途耗为百分之二与盐政局往来文书（1945.3.10–1945.4.11）

云南盐务管理局致盐政局代电（1945.3.10）

盐政局致云南盐务管理局代电（1945.4.11）

（二九）云南盐务管理局为黑沙段途耗与盐政局往来文书（1945.4.9–1945.6.8）

云南盐务管理局致盐政局代电（1945.4.9）

盐政局致云南盐务管理局代电稿（1945.4.19）

云南盐务管理局致盐政局代电（1945.5.31）

盐政局致云南盐务管理局代电稿（1945.6.8）

（三〇）云南盐务管理局为增加元蒙段运费及途耗与盐政局往来文书（1945.5.10–1945.7.21）

云南盐务管理局致盐政局代电（1945.5.10）

云南盐务管理局致盐政局代电（1945.6.22）

云南盐务管理局致盐政局代电（1945.7.5）

盐政局致云南盐务管理局代电稿（1945.7.21）

（三一）云南盐务管理局为元昆段运盐超耗赔偿等情与盐政局往来文书（1945.7.21–1945.11.23）

云南盐务管理局致盐政局代电（1945.7.21）

盐政局致云南盐务管理局代电稿（1945.8.3）

云南盐务管理局致盐政局代电（1945.8.29）

云南盐务管理局致盐政局代电（1945.9.13）
盐政局致云南盐务管理局代电稿（1945.11.22）
盐政局致云南盐务管理局代电稿（1945.11.23）

（三二）云南盐务管理局为据昆明分局呈请增加铁路线移运筒盐途耗等情与盐政局往来文书（1945.5.10–1945.7.27）

云南盐务管理局致盐政局代电（1945.5.10）
盐政局致云南盐务管理局代电稿（1945.5.25）
云南盐务管理局致盐政局代电（1945.7.14）
盐政局致云南盐务管理局代电稿（1945.7.27）

（三三）云南盐务管理局为迤西署呈请增加乔右游右两段途耗与盐政局往来文书（1945.5.17–1945.10.9）

云南盐务管理局致盐政局代电（1945.5.17）
云南盐务管理局致盐政局代电（1945.5.25）
盐政局致云南盐务管理局代电稿（1945.5.29）
云南盐务管理局致盐政局代电（1945.10.9）

（三四）云南盐务管理局为阿一段实需耗率与盐政局往来文书（1945.6.1–1945.6.7）

云南盐务管理局致盐政局代电（1945.6.1）
盐政局致云南盐务管理局代电稿（1945.6.7）

（三五）云南盐务管理局为过户车14502号运官盐于民国三十四年三月八日被窃损失盐斤案与盐政局往来文书（1945.6.9–1945.6.18）

云南盐务管理局致盐政局代电（1945.6.9）
盐政局致云南盐务管理局代电稿（1945.6.18）

（三六）云南盐务管理局为蒙分局电呈民国三十四年三月二十日接收2053号兜盐超耗盐斤案与盐政局往来文书（1945.6.29–1945.11.5）

云南盐务管理局致盐政局代电（1945.6.29）
盐政局致云南盐务管理局代电（1945.7.5）
云南盐务管理局致盐政局代电（1945.8.9）
云南盐务管理局致盐政局代电（1945.10.11）
盐政局致云南盐务管理局代电稿（1945.11.5）

（三七）云南盐务管理局为保山分局呈报在未奉令以前暂定之耗率请分别追准与盐政局往来文书（1945.6.30–1945.7.11）

云南盐务管理局致盐政局代电（1945.6.30）

盐政局致云南盐务管理局代电稿（1945.7.11）

（三八）云南盐务管理局为核销石屏运蒙耗盐情形与盐政局（盐政总局）往来文书（1945.7.4–1946.7.13）

云南盐务管理局致盐政局代电（1945.7.4）

盐政局致云南盐务管理局代电稿（1945.7.25）

云南盐务管理局致盐政局代电（1945.8.25）

云南盐务管理局致盐政总局代电（1946.2.28）

盐政总局致云南盐务管理局代电稿（1946.7.13）

（三九）云南盐务管理局为8007号敞兜等放运曲靖盐斤超耗案与盐政局往来文书（1945.7.4–1945.10.12）

云南盐务管理局致盐政局代电（1945.7.4）

盐政局致云南盐务管理局代电稿（1945.7.28）

云南盐务管理局致盐政局代电（1945.9.15）

盐政局致云南盐务管理局代电稿（1945.10.12）

（四〇）云南盐务管理局为蒙自分局王世勋接运盐斤超耗案与盐政局（盐政总局）往来文书（1945.7.10–1946.6.1）

云南盐务管理局致盐政局代电（1945.7.10）

盐政局致云南盐务管理局代电稿（1945.7.18）

云南盐务管理局致盐政局代电（1945.8.11）

云南盐务管理局致盐政局代电（1945.9.15）

盐政局致云南盐务管理局代电稿（1945.11.3）

云南盐务管理局致盐政总局代电（1946.1.18）

盐政总局致云南盐务管理局代电稿（1946.6.1）

（四一）云南盐务管理局为昆明分局盐斤途运超耗情形与盐政局（盐政总局）往来文书（1945.7.13–1946.1.16）

云南盐务管理局致盐政局代电（1945.7.13）

云南盐务管理局致盐政局代电（1945.10.8）

盐政局致云南盐务管理局代电稿（1945.10.20）

盐政局致云南盐务管理局代电稿（1945.10.20）

盐政局致云南盐务管理局代电稿（1945.11.2）

云南盐务管理局致盐政总局代电（1946.1.16）

（四二）云南盐务管理局为开远仓兜盐超耗案与盐政局往来文书（1945.7.16–1945.7.31）

云南盐务管理局致盐政局代电（1945.7.16）

盐政局致云南盐务管理局代电稿（1945.7.31）

（四三）云南盐务管理局为元石段运盐途耗情形与盐政局往来文书（1945.7.16–1945.9.11）

云南盐务管理局致盐政局代电（1945.7.16）

云南盐务管理局致盐政局代电（1945.8.4）

云南盐务管理局致盐政局代电（1945.8.14）

盐政局致云南盐务管理局代电稿（1945.9.11）

第八十六卷

盐税与缉私

一　盐税

（一）盐务署为调整滇省盐税事与云南运使往来文书（1915.8.6–1915.9.1）

盐务署致云南运使电（1915.8.6）

盐务署致云南运使批（1915.9.1）

（二）盐务署关于稽核总所议定滇省整顿税率办法与云南运使往来文书（1915.10.1–1916.9.30）

盐务署致云南运使饬令（1915.10.1）

盐务署致云南运使电（1916.9.30）

（三）盐务署为滇运使前送新旧税比较表等情与云南运使往来文书（1915.11.2–1915.11.5）

盐务署致云南运使电（1915.11.2）

盐务署致云南运使电（1915.11.5）

（四）盐务署为云南运使划一税率一案与云南运使往来文电（1916.10.27–1916.11.3）

盐务署致云南运使电（1916.10.27）

盐务署致云南运使训令（1916.11.6）

盐务署致大总统呈（1916.11.3）

（五）盐务署为云南运使官运边盐直接征税办法与云南运使往来文书（1916.11.6–1916.12.4）

盐务署致云南运使电（1916.11.6）

盐务署致云南运使电（1916.12.4）

盐务署致云南运使训令（1916.12.4）

（六）云南运使为知照川粤现行税率与盐务署往来文电（1917.1.29–1917.2.2）

云南运使致盐务署电（1917.1.29）

盐务署致云南运使电（1917.2.2）

（七）盐务署为试行均税平秤各节应准立案其余应与分所商酌与云南运使往来文书（1917.2.24–1917.7.31）

盐务署致云南运使指令（1917.2.24）

云南运使致盐务署呈（1917.3.29）

盐务署致云南运使指令（1917.5.2）

云南运使致盐务署呈（1917.5.2）

盐务署致云南运使训令（1917.5.30）

盐务署致云南运使训令（1917.6.25）

盐务署致云南运使训令（1917.7.31）

（八）盐务署关于香益井经收驼捐应妥商设法变通与云南运使往来文电（1917.4.23–1917.10.6）

盐务署致云南运使训令（1917.4.23）

云南运使致盐务署呈（1917.6.19）

盐务署致云南运使指令（1917.7.26）

盐务署致云南运使电（1917.8.27）

云南运使致盐务署呈（1917.8.29）

盐务署致云南运使指令（1917.10.6）

（九）云南运使为所属分场小井盐务税收并无亏损窒碍请暂免封闭事与盐务署往来文书（1919.1.22–1919.6.17）

盐务署致云南运使训令（1919.1.22）

云南运使致盐务署呈（1919.3.12）

盐务署致云南运使指令（1919.4.10）

盐务署致云南运使训令（1919.6.17）

（一〇）云南运使为弥沙井存盐收税及由灶绅包办须将现有人员酌量留用以资办公等情与盐务署往来文书（1919.7.4–1919.7.24）

盐务署致云南运使训令（1919.7.4）

盐务署致云南运使训令（1919.7.24）

（一一）盐务总局为将整理费申合新币四角征收办法免予更正与云南盐务管理局等往来文书（1938.8.31–1938.9.29）

云南盐务管理局致盐务总局呈（1938.8.31）

财政部致盐务总局训令（1938.9.20）

盐务总局致云南盐务管理局指令稿（1938.9.29）

（一二）云南盐务管理局为呈已税未抄准单准予退税案与盐务总局往来文书（1943.6.25–1943.7.31）

云南盐务管理局致盐务总局代电（1943.6.25）

盐务总局致云南盐务管理局指令稿（1943.7.31）

二 缉私

（一）云南盐运使为缉私第二大队缉获永商贩运永昌乔盐充销腾岸案相关情形与财政部往来文书（1931.5.30–1931.10.26）

云南盐运使致财政部呈（1931.5.30）

云南盐运使致财政部呈（1931.6.19）

财政部致云南盐运使指令稿（1931.8.26）

云南盐运使致财政部呈（1931.9.21）

财政部致云南盐运使指令稿（1931.10.26）

（二）盐务总局关于云南盐运使核减元永场第十号灶因盗卖盐平改处罚金案致盐政司笺函（1937.4.29）

（三）云南盐务管理局为益香广裕灶偷售存盐案与盐务总局往来函件（1941.4.3–1941.5.3）

云南盐务管理局致盐务总局呈（1941.4.3）

盐务总局致云南盐务管理局指令稿（1941.5.3）

（四）盐务总局（盐政局）为云南缉私分处拟呈防止私煎及接收一平浪制盐局案与财政部、云南盐务管理局往来文书（1942.8.1–1945.8.8）

财政部致盐务总局训令（1942.8.1）

盐务总局致财政部呈稿（1942.9.24）

财政部致盐务总局指令（1942.10.14）

盐务总局致云南盐务管理局训令稿（1942.11.13）

云南盐务管理局致盐务总局呈（1943.4.6）

盐务总局致财政部呈稿（1943.4.27）

财政部致盐务总局指令（1943.6.3）

场产处致人事处、运销处函（1943.7.27）

运销处致场产处函（1943.7.31）

盐务总局致财政部呈稿（1943.9.6）

云南盐务管理局致盐务总局呈（1943.9.15）

财政部致盐务总局指令（1943.10.15）

盐务总局致财政部呈稿（1943.10.20）

运销处致场产处函（1943.10.27）

第八十七卷

工作报告

第八十八卷

内政部禁烟委员会致民政司函（1943.3.30）

内政部致行政院呈稿、广西省政府公函稿

（1943.4.29）（上）

第八十九卷

内政部致行政院呈稿、广西省政府公函稿

（1943.4.29）（下）

（六）广西省政府民国三十一年三月份工作报告

（1942.3）

（七）广西省政府民国三十二年七至九月份工作报告

（1943）（上）

第九十卷

（八）广西省政府民国三十二年七至九月工作报告

（1943）（下）

第九十一卷

（九）行政院秘书处为检送广西省政府民国三十二年一至三月份工作报告与内政部往来文书

（1943.10.4–1943.11.26）

行政院秘书处致内政部通知单（1943.10.4）

内政部禁烟委员会致民政司函（1943.10.20）

内政部致行政院呈稿、广西省政府公函稿

（1943.11.26）

（一〇）行政院秘书处为检送广西省政府民国三十二年四至六月份工作报告与内政部往来文书

（1943.12.4–1944.2.7）

行政院秘书处致内政部通知单（1943.12.4）

内政部禁烟委员会致民政司函（1943.12.28）

内政部致行政院呈稿、广西省政府公函稿

（1944.2.7）（上）

第九十二卷

第九十三卷

工作计划

一　政府工作计划

（一）广西省政府为呈送该省民国三十七年上半年度中心工作计划及岁入岁出总概算书致中央设计局秘书处公函（1948.1）

（二）中国国民党广西省执行委员会为呈送本会民国三十年度工作计划与国防最高委员会往来文书（1941.3.17–1941.8.18）

广西省执行委员会致国防最高委员会代电（1941.3.17）

国防最高委员会致广西省执行委员会代电稿（1941.3.31）

国防最高委员会秘书厅致中央设计局公函稿（1941.3.31）

广西省执行委员会致国防最高委员会代电（1941.8.5）

国防最高委员会致广西省执行委员会代电稿（1941.8.18）

国防最高委员会秘书厅致中央设计局公函稿（1941.8.18）

（三）广西省政府驻渝办事处为检送本府第四十七期施政摘要报告致国防最高委员会报告（1941.9.3）

（四）广西省政府民国三十二年度施政计划（上-1）

第九十四卷

（五）广西省政府民国三十二年度施政计划（上-2）（1943）

（六）广西省政府民国三十二年度施政计划（中）（1943）

（七）广西省政府民国三十二年度施政计划（下）（1943）

第九十五卷

二　动委会及各业工作计划

（一）广西省动员委员会为呈送该会民国三十一年度工作计划大纲与国防最高委员会往来函电（1942.2）

广西省动员委员会致国防最高委员会代电（1942.2）

国防最高委员会致广西省动员委员会代电稿（1942.2.23）

国防最高委员会秘书厅致中央设计局党政工作考核委员会公函稿（1942.2.23）

（二）广西工业复员计划（1945）

（三）广西省农业复员计划（1945）

（四）广西省合作事业复员计划（1945.7）

（五）广西省交通复员计划（1945）

第九十六卷

县政组织与新县制

（一）行政院为审核广西省政府呈送该省县各级组织纲要实施计划案与内政部等往来函件（1940.3.28–1940.4.13）

行政院秘书处致内政部等通知（1940.3.28）

内政部所属签呈（1940.4.5）

行政院致内政部训令（1940.4.13）

（二）内政部为核议广西省县各级组织纲要实施计划进度表草案与行政院等往来函件（1940.11.23–1941.2.15）

广西省政府致内政部咨（1940.11.23）

内政部警政司致民政司函（1940.12.30）

内政部地政司致民政司函（1941.1.7）

内政部致行政院呈稿（1941.1.18）

行政院致内政部指令（1941.2.5）

内政部致广西省政府咨稿（1941.2.15）

（三）内政部为查复广西各县实施新县制情形与行政院等往来函件（1941.3–1941.5.21）

广西省政府致内政部代电（1941.3）

广西省政府致内政部代电（1941.4）

内政部致广西省政府代电稿（1941.4.14）

行政院致内政部通知（1941.5.4）

内政部致广西省政府咨稿、行政院秘书处公函稿（1941.5.21）

（四）内政部为核复广西省民国二十九年十月至民国三十年七月实施新县制报告与行政院等往来函件（1941.4.4–1941.12.27）

行政院致内政部通知（1941.4.4）

内政部致广西省政府咨稿（1941.4.26）

行政院致内政部通知（1941.4.30）

内政部致广西省政府咨稿、行政院秘书处公函稿（1941.5.21）

行政院致内政部通知（1941.5.23）

行政院致内政部通知（1941.6.17）

内政部致广西省政府咨稿、行政院秘书处公函稿（1941.7.5）

行政院致内政部通知（1941.7.15）

内政部致广西省政府咨稿、行政院秘书处公函稿（1941.8.12）

行政院致内政部通知（1941.8.22）

内政部致广西省政府咨稿、行政院秘书处公函稿（1941.9.17）

广西省政府致内政部咨（1941.9.30）

广西省政府致内政部咨（1941.10.18）

广西省政府致内政部咨（1941.11.22）

内政部致广西省政府咨稿、行政院呈稿（1941.12.27）

（五）广西省民国三十二年度实施县各级组织纲要报告（1943）

（六）广西省政府为呈报该省民国三十六年度县政建设实施方案与内政部往来文书（1946.12–1947.3.14）

广西省政府致内政部代电（1946.12）

内政部致行政院秘书处公函稿（1947.3.14）

第九十七卷

会议汇刊

广西省政府为检寄《广西省三十五年度地方行政会议汇刊》致外交部公函（1947.4.26）

广西省政府委员会会议录

（一）广西省政府为送该府委员会民国三十年度会议录致内政部咨（1941.4.17–1941.7.25）

广西省政府为送该府委员会民国三十年度三月会议录致内政部咨（1941.4.17）

广西省政府为送该府委员会民国三十年度四月会议录致内政部咨（1941.5.19）

广西省政府为送该府委员会民国三十年度五月会议录致内政部咨（1941.6.21）

广西省政府为送该府委员会民国三十年度六月会议录致内政部咨（1941.7.25）

第九十八卷

（二）广西省政府为送该府委员会民国三十一年度会议录致内政部咨（1942.4.6–1942.9.2）

广西省政府为送该府委员会民国三十一年度二月会议录致内政部咨（1942.4.6）

广西省政府为送该府委员会民国三十一年度三月会议录致内政部咨（1942.4.17）

广西省政府为送该府委员会民国三十一年度四月会议录致内政部咨（1942.5.25）

广西省政府为送该府委员会民国三十一年度五月会议录致内政部咨（1942.6.20）

广西省政府为送该府委员会民国三十一年度六月会议录致内政部咨（1942.7.24）

广西省政府为送该府委员会民国三十一年度七月会议录致内政部咨（1942.9.2）

（三）广西省政府委员会民国三十二年度会议录

广西省政府委员会民国三十二年度一月会议录

广西省政府委员会民国三十二年度三月会议录

广西省政府委员会民国三十二年度四月会议录

广西省政府委员会民国三十二年度五月会议录

广西省政府委员会民国三十二年度六月会议录

广西省政府委员会民国三十二年度七月会议录

广西省政府委员会民国三十二年度九月会议录

广西省政府委员会民国三十二年度十月会议录

（四）广西省政府委员会民国三十四年度会议录

广西省政府委员会民国三十四年度一月会议录

广西省政府委员会民国三十四年度二月会议录

广西省政府委员会民国三十四年度三月会议录

广西省政府委员会民国三十四年度四月会议录

广西省政府为送该府委员会民国三十四年度五月份会议录致内政部咨（1945.6.23）

图文精粹

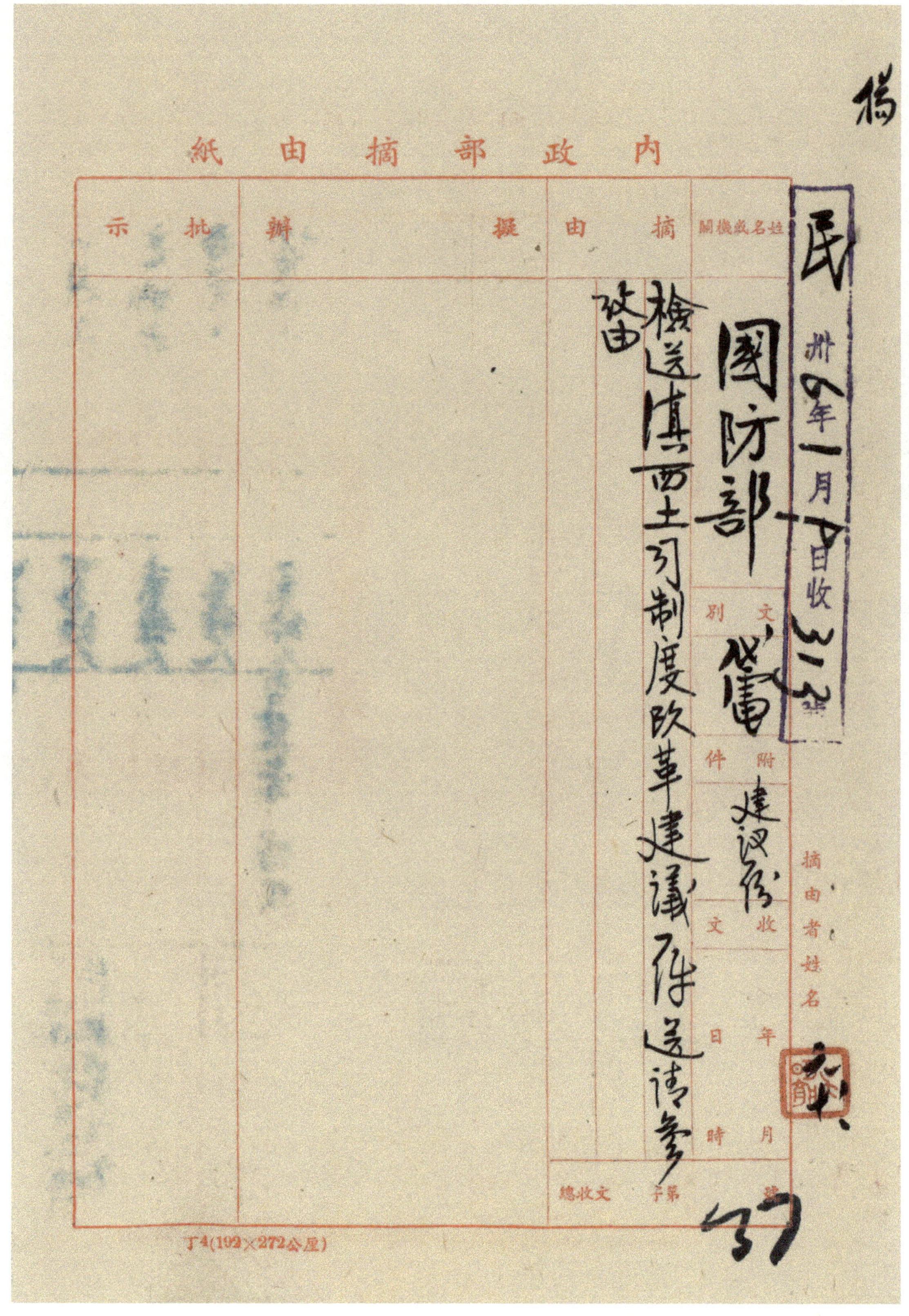

内政部摘由紙

姓名或機關	國防部
文别	代電
附件	建议
收文年月日時	
摘由	檢送滇西土司制度改革建議,除送請參照由
擬辦	
批示	

民卅八年一月十七日收 313 號

總收文字第 號

摘由者姓名

丁4(192×272公厘)

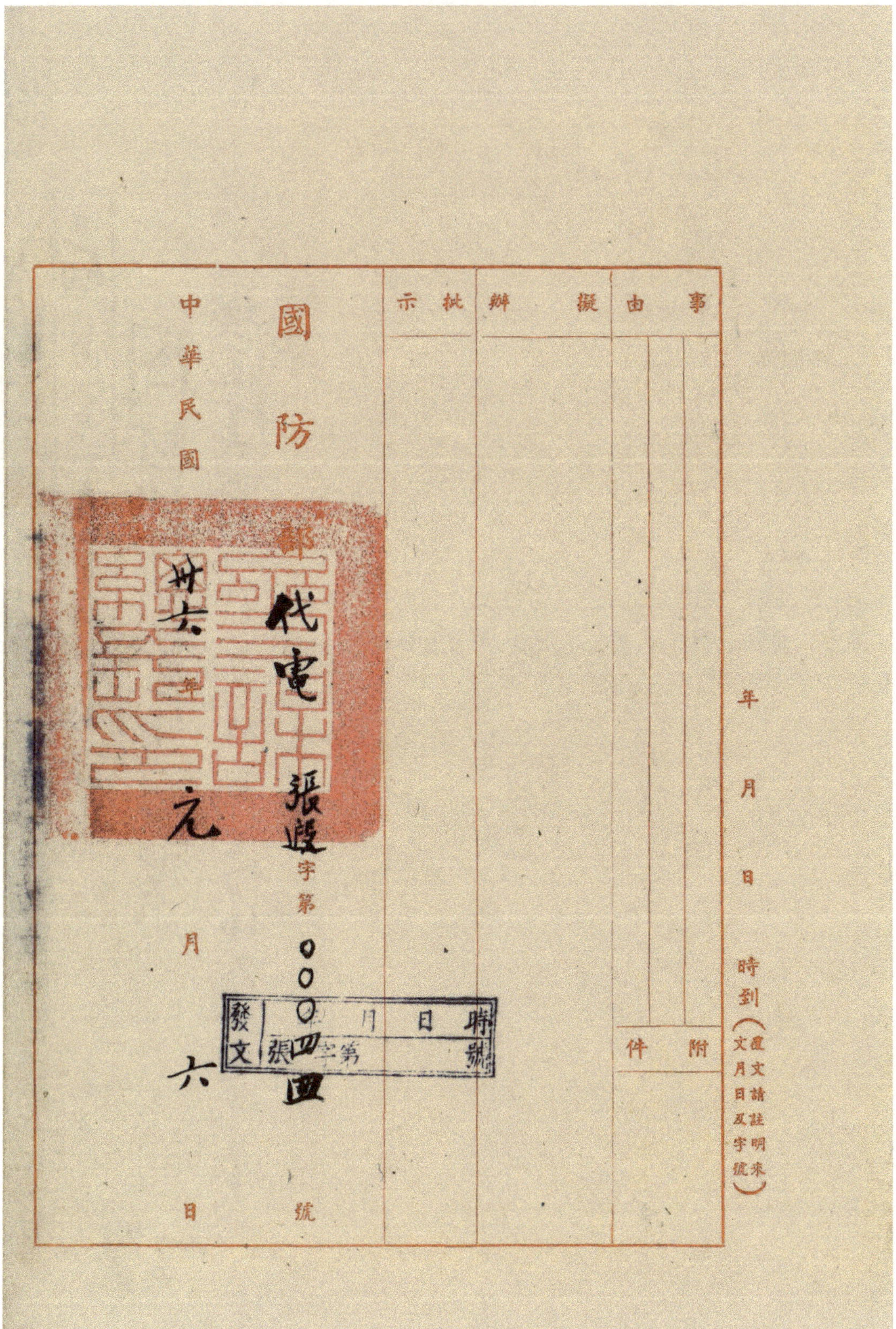

事由

擬辦

批示

附件

年　月　日　時到（覆文請註明來文月日及字號）

國防部代電

張嵠字第〇〇〇四四號

中華民國卅六年元月六日

發文　張四字第　號　時　月　日

内政部公鑒：據雲南警備總司令報呈之滇西土司制度改革建議一種，尚屬針對現時情勢，按照實地需要而擬具，相應檢附原件送請參考為荷。國防部（卅六）子奐張翠 附滇西土司制度改革建議一件

校對譚 卓

滇西土司制度改革建議

一、前言

滇西地域遼闊，人种複雜，西與緬甸，北界印緬，接界處南至孟心坡、片馬、騰龍等西疆，鎮康、卡瓦山、滄源、公明山，長達千餘里，計種族有擺夷、蒲人、阿昌、傈僳人、哈喇、緬人、卡瓦、崩龍等廿三种。上述地区人民均受土司統制，土司行政機構完全獨立，兼之交通阻塞，文化低落，不但訓政未實行，即國家觀念亦極淡漠。抗戰期間，逃避兵役，勝利以後，包庇私煙走私，種種均致阻撓政令之推行，妨碍社会之進化，茲將土司制度之沿革、土司之現状及其武力、卡瓦山王子之現状以及改革之意見分述于后，用供參攷採擇。

行政院

35.9.50000

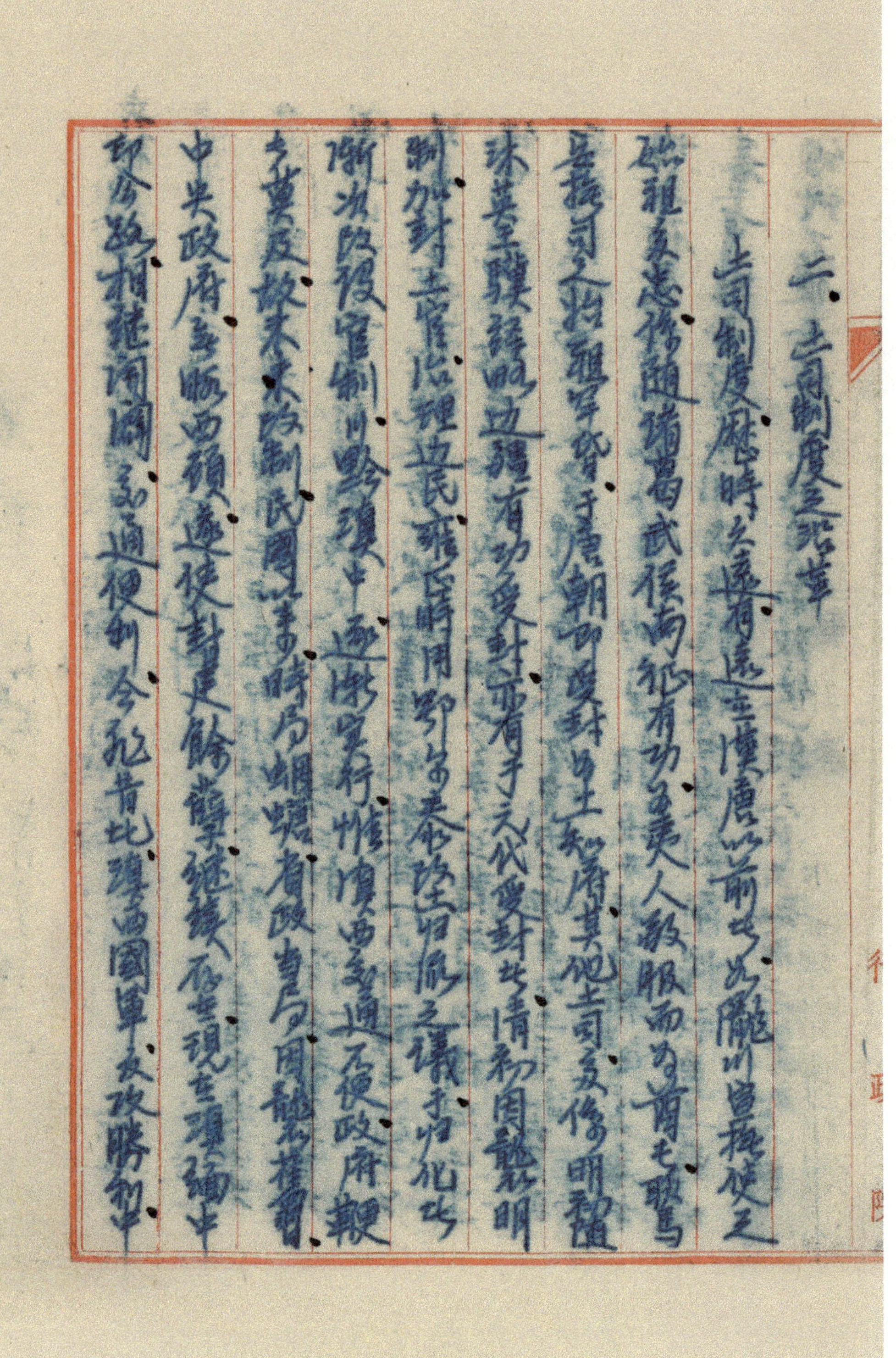

二、土司制度之沿革

土司制度，歷時久遠，肇自漢唐以前，如羈縻州，置羈使之始祖，及宋儂智高亂，武襄南征，有功之夷人，敕賜首長，照長官司之類，迨至元朝，受封世土知府，其他土司，及修明，指揮等職，銜明邊疆有功，受封，亦有子孫代襲封，迄清初因襲明制，加封土官，治理邊民，雍正時用鄂爾泰改土歸流之議，歸化之漸次改設官制，川黔滇中，邊陲實行，惟滇西邊遠，不便政府鞭長莫及，故未改制，民國以來時局蝸擾，有政首，同離棄權，中央政府，多臨西頭邊，使封建殘餘孽，繼續存在，現在邊疆中仰命，數相繼開闢，交通便利，今非昔比，為建國軍，政攻勝利中央转威，隔入边陲，致有土司边民均有内附之心。

三、土司现状及武力统计

现滇西边区尚有芒市、猛卯、班洪等十余大土司，及泸水域五小土司。土司署行政组织大概可分为二种：（一）除世袭土官外，设长太爷总揽政务，下设秘书、书记、师爷（即乡镇长）、保长（即保甲长）。（二）设秘书总揽其成，下设科长多人，与县行政机构同。此土司礼设师爷一二人管理政务，杂务繁琐，境内土地多为土司私有，人民均为佃农，除纳粮外，并年纳门户捐一项，平时苛杂亦多，负担綦重，惟民智未开，民性朴实，甘受剥削，榨取无已，县政组织不健全，政令不能贯彻，致使一般人民只知有土司，不知有县局

35.9.50000

三千土司武力，大者拥枪千余枝，小者亦数十枝（详附表二），啸聚
散矣，惟勇往直前之气概，当亦溢于言行也。

四、卡瓦山区域

卡瓦山位滇省西南角，清朝称为顺宁府属边外，即今之
孟定土司以南，南卡江下游以北，东接耿马、猛角董、募及孟连
诸土司地，西以怒江与木邦、孟艮等为界，为滇缅未定界区，山岭起
伏，数至横广数十里之平原，种族复杂，依山聚族而居，数十
百户为一寨，寨有头目，合数寨或数十寨有酋长，自立为王，不相统
属，故有百余王之称，其中较大者仅有班洪、班弄、绍兴等五处。
人口共约十七万，拥枪三千余枝至一二百枝不等，该区种族亦极复

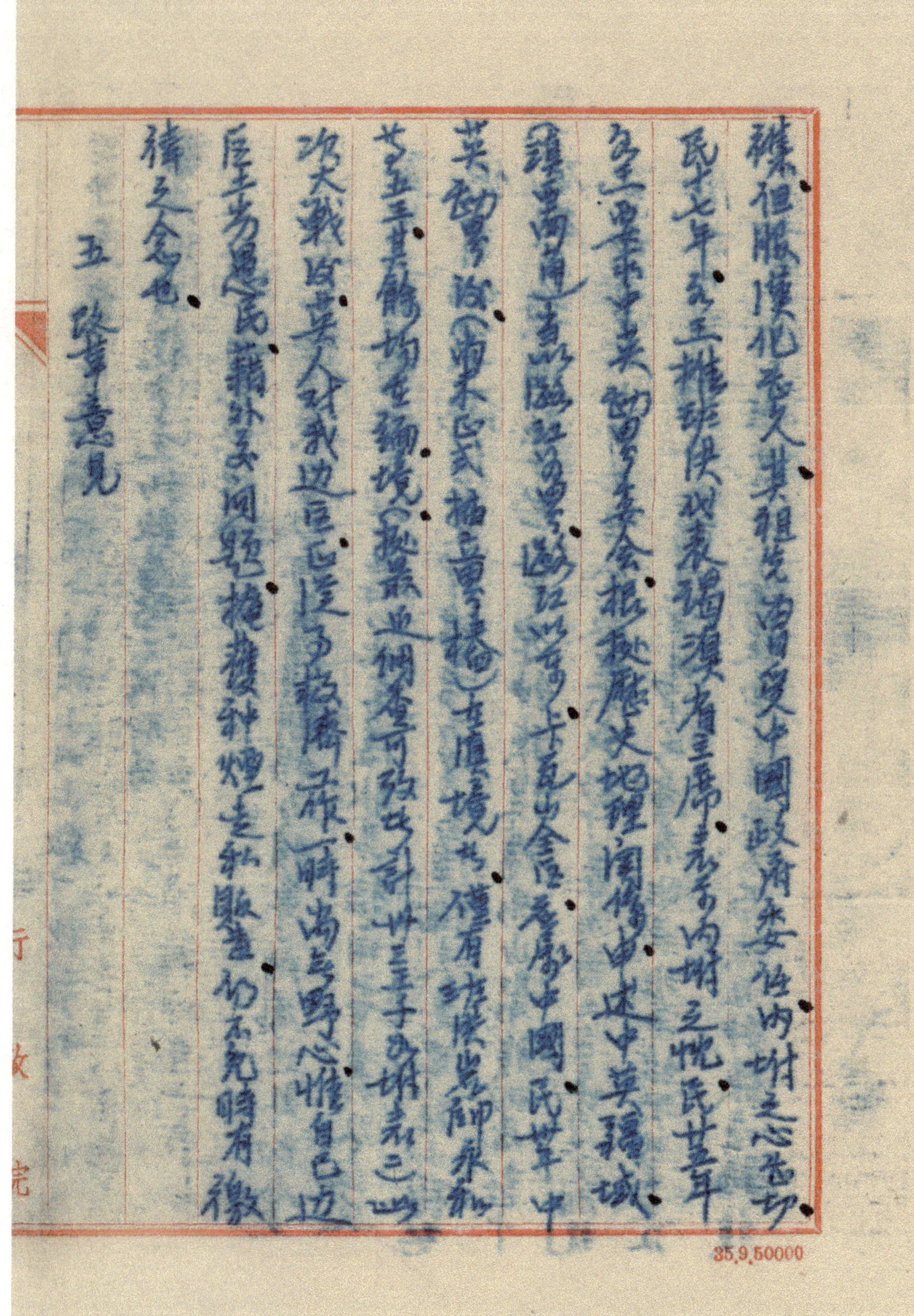

殊，但服从化。查其人其祖先，曾受中国政府委任，内附之心甚切。民十七年至三十[illegible]年，班洪代表瑞[illegible]者至[illegible]，呈请内附之忱。民廿五年至三十四年，中英勘界委会根据历史地理阐明申述中英疆域（滇西南段）[illegible]界，[illegible]江以[illegible][illegible]江以[illegible]，[illegible]，属中国。民廿年中英勘界后（[illegible]插立界椿），在该境内，仅有班洪[illegible]永和廿五年，其余均在缅境（按照[illegible]可称廿三年之[illegible]）。此次大战后，英人对我边区[illegible][illegible]，一时尚无野心，惟自己边区土司恐怕民籍外务问题，掩护种烟走私，[illegible]仍不免时有[illegible][illegible]之念也。

五 [illegible]意见

土司制度，实为封建残余，盖其拥兵自卫，阻挠政令，擅
行闭关自守，惟我独尊，有碍社会进化，甚至视土地为私有，尤其违背
三民主义之原则，针对时代环境需要，有改革必要。兹拟具改
两点，用怀柔操纵。（甲）断然改而施，以适当兵力分驻边区各地，广
除土司制度，设置县局，强化各级行政机构，但行政人员与驻
军各级长官部队，尤特重慎选，方能使土民悦服，而收安抚怀柔
之效。（乙）仿照英对缅甸办法，保全现有土司地位，以终其身，土司死
后即取消，其后代子孙不得继承。在此过度期间，凡土司所辖
各增设县局或乡镇长，本创及复及之原则，以军事为安定力，政
治为推动力，经济为支援力，文化教育为普遍深入之固定力，兹

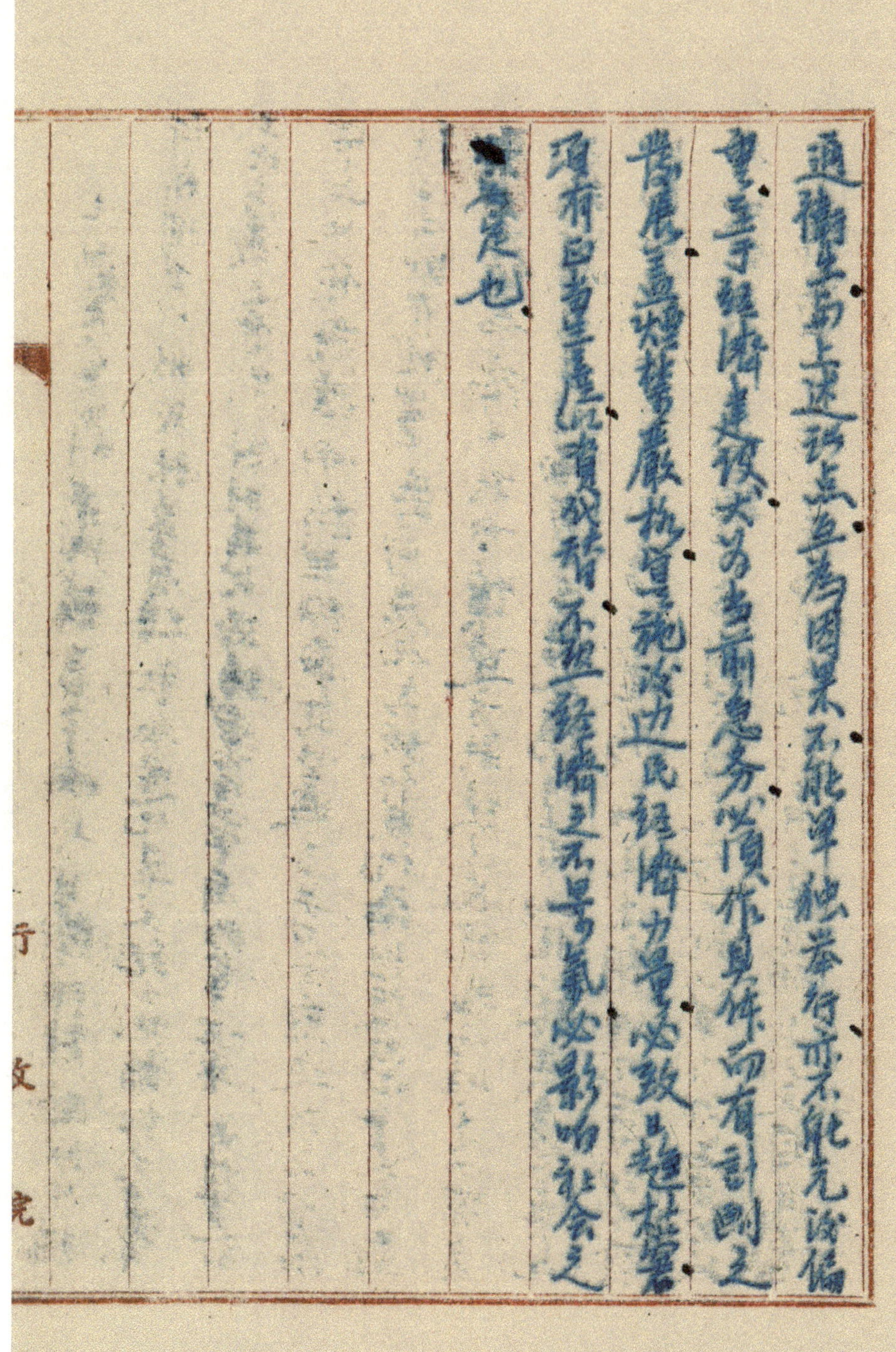
通、衛生為上述諸点，並為因果，不能單獨舉行，亦不能完成偏
重。至于經濟建設，尤為當前急務，必須作具体而有計劃之
發展。並嚴禁煙苗，推進施政，邊民經濟力量必致日趨枯窘，
須有自当生產以資代替，不然，經濟上不景氣，必影响社会之
安寧是也。

滇西区土司调查表

土司名称	姓名	年龄	户数人数	武器	备考
芒市土司官	方克胜	四二	一万三千三户	轻机枪四挺 步枪廿五枝	操实权者为其秘书 则归一方
遮放土司	杨文炳	四五	三千余户	步枪三百余枝	有执政统御能力 无民族国家观念
猛板土司	罕富民	[illegible]	一千余户	步枪五千余枝	能力平庸
班洪总管	胡中华	三五	二千余户	步枪一百余枝	无此种之能力
猛卯安抚使	衎景泰	二一	一万七千余户	轻机枪一挺 步枪廿五枝	热心教育 且有骨气
陇川宣抚使	多永安	三六	一万三千余户	步枪百余枝 机枪十余挺 一百余枝	文字欠佳 尚通
耿马宣抚司	罕裕卿	四三	三万余户	步枪二千余枝	机智多谋
孟定土司	罕万贤	二〇	千余户	步枪百余枝	无此等能力

行政院

35,9,50000

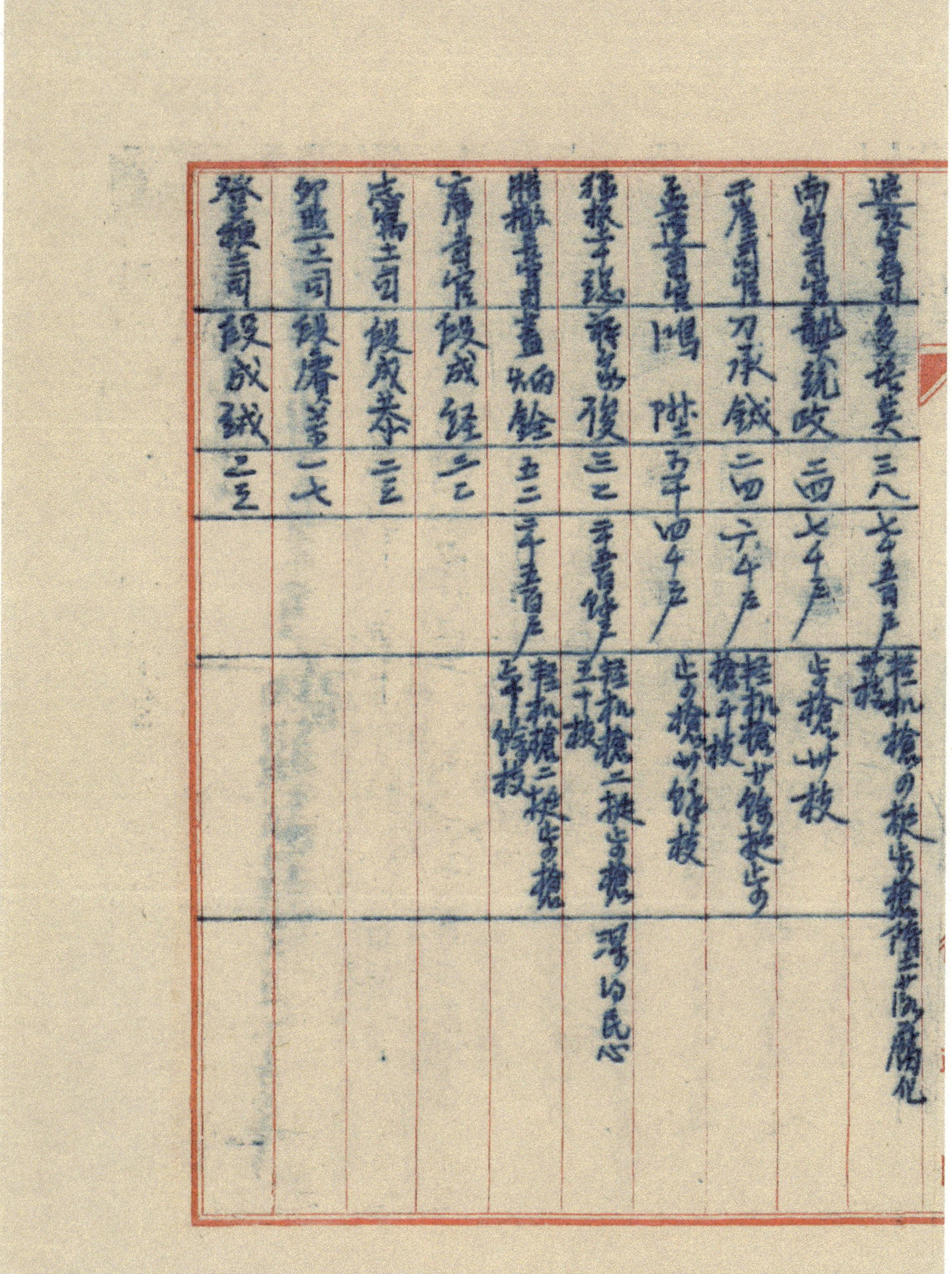

遮放副宣抚司	多[illegible]英	三八	七千五百户	轻机枪四挺步枪[illegible]三千[illegible]枝	[illegible]腐化
南甸宣抚司	龚绶	四〇	七千户	步枪卅枝	
干崖宣抚司	刀承钺	二四	六千户	轻机枪廿余挺步枪千枝	
盏达副宣抚司	思鸿陞	二〇	四千户	步枪卅余枝	
[illegible]安抚司	[illegible]复	三二	三千五百余户	轻机枪二挺步枪五十枝	深得民心
腊撒长官司	盖[illegible]铨	五二	二千五百户	轻机枪二挺步枪三千余枝	
户撒长官司	段成经	二二			
[illegible]土司	段成恭	三三			
[illegible]土司	线广[illegible]	一七			
登埂土司	段成钺	二三			

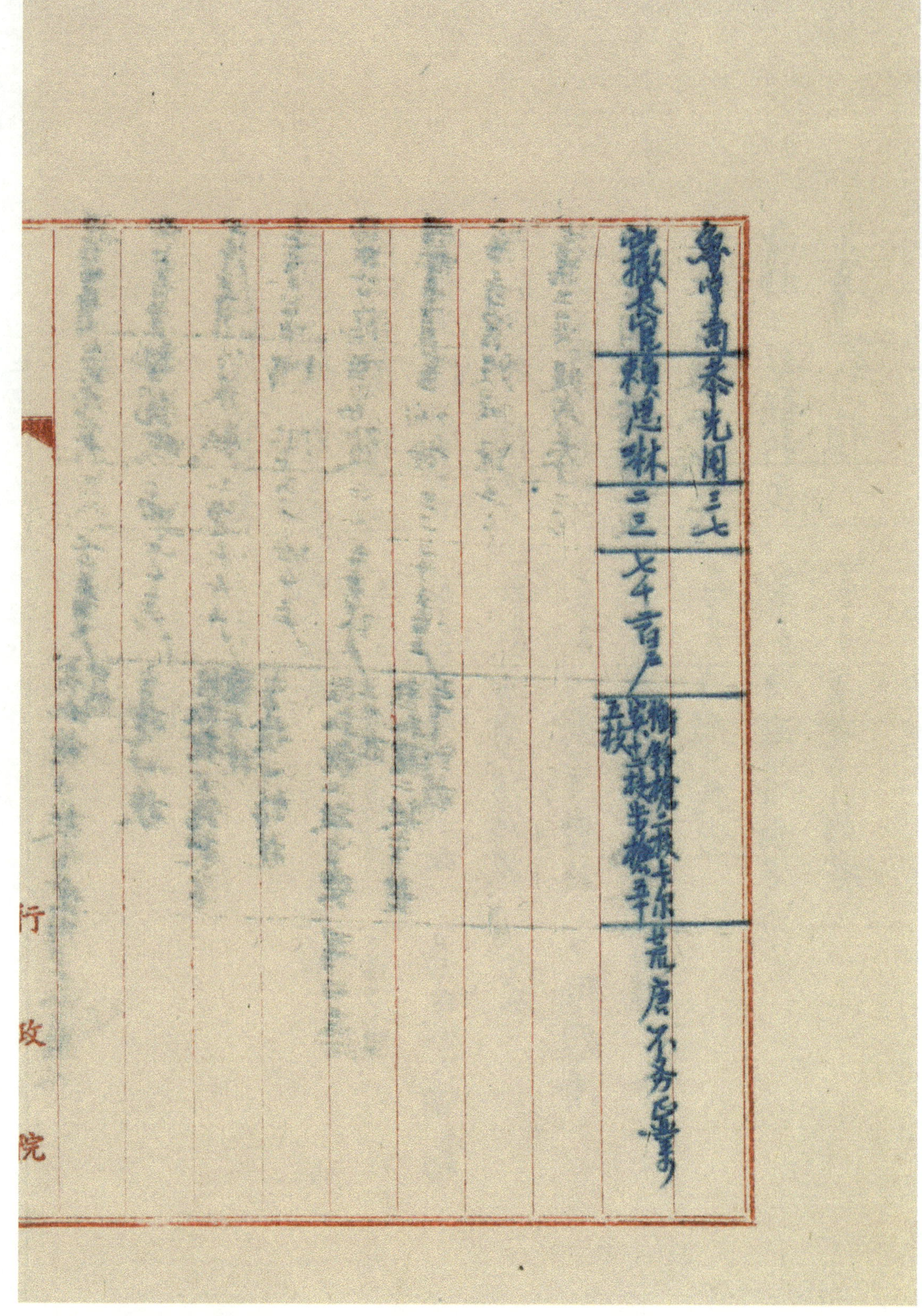

行政院

卡瓦山区调查表

土司名称	姓名	年龄	所辖人数	武装	附注
绍兴王	岩猛	五二	一三〇〇〇	步枪七百余枝	意志不坚
绍帕王	鸭康	三四	五〇〇〇	步枪七百余枝	易受他人煽动
永和王	邦猛	四〇	五〇〇〇	步枪七百余枝	人全右
班洪王	胡[illegible]禄	四二	一五〇〇	步枪五百余枝	头脑颇清
尼民王	胡[illegible]	三六	五〇〇〇	步枪五百余枝	可报
塔田王	赵奔	五六	二〇〇〇	步枪千余枝	
曼梯王	赵龙梯	二七	一五〇〇	步枪四百余枝	
西盟王	[illegible]猛		三〇〇〇	步枪千余枝	

行政院

亞國王	囯三		壹千餘人	步槍七百餘枝
班洪王			一三〇〇	步槍二百餘枝
永弄王	囯	閏四〇	三五〇〇	步槍二百餘枝
班況王	坤	彩三五	三五〇〇	步槍五百餘枝
慶仲王	良	雅九三	五〇〇〇	步槍七百餘枝
班踏王	唐	亞三八	二〇〇〇	步槍一百餘枝
永邑王	囯	下三三	二〇〇〇	步槍六百餘枝
敢覺王	趙	本昊	二〇〇〇	步槍七百餘枝
業東王	趙	步相五二	一三〇〇	步槍二千五百餘枝
允恩王	趙	振幸四	壹萬餘人	步槍八百餘枝

归繳第四子房

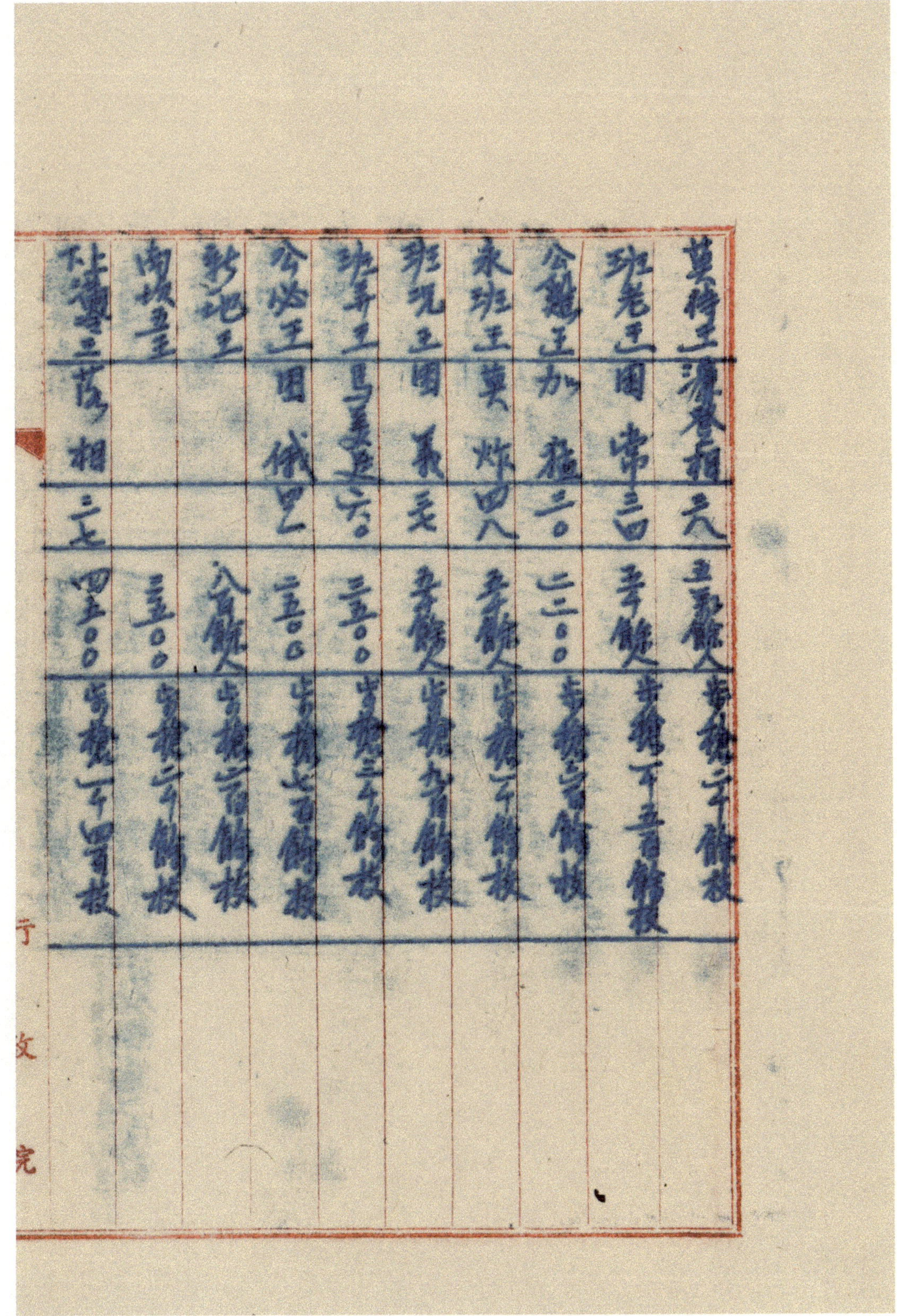

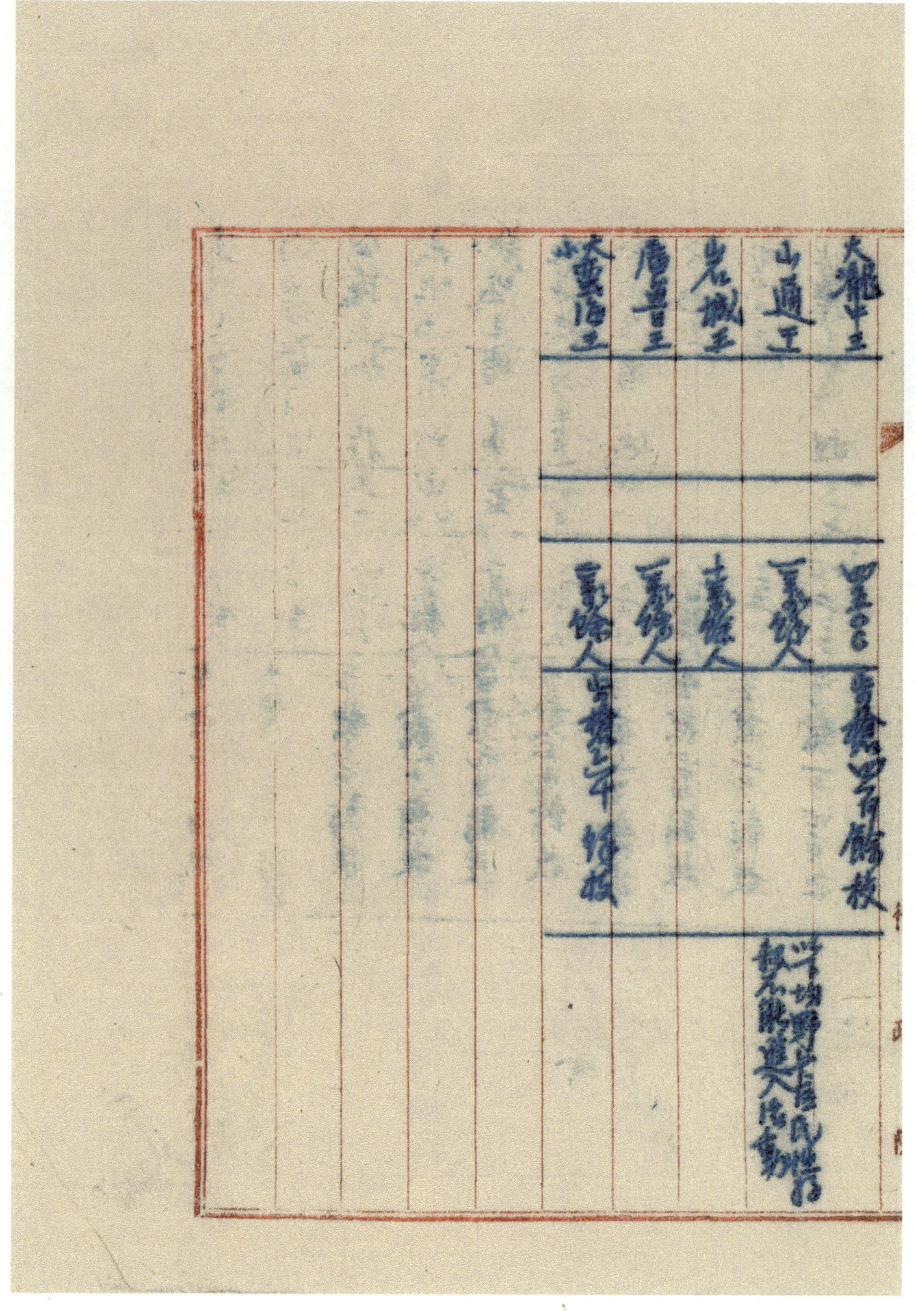

檔

行政院交辦議案件通知單

民　卅六年二月七日收　3212

案由	主席交下雲南何警備總司令呈擬西南土司制度改革建議
附件	抄附主席原代電及附件各一份

右案奉

院長諭：交內政部國防部及雲南省政府核議

除分行外

相應通知

內政部

行政院秘書長　蔣夢麟

中華民國卅六年二月　日發京机字第1614號

中華民國卅六年二月五日

二六八

35.7. 20000

258

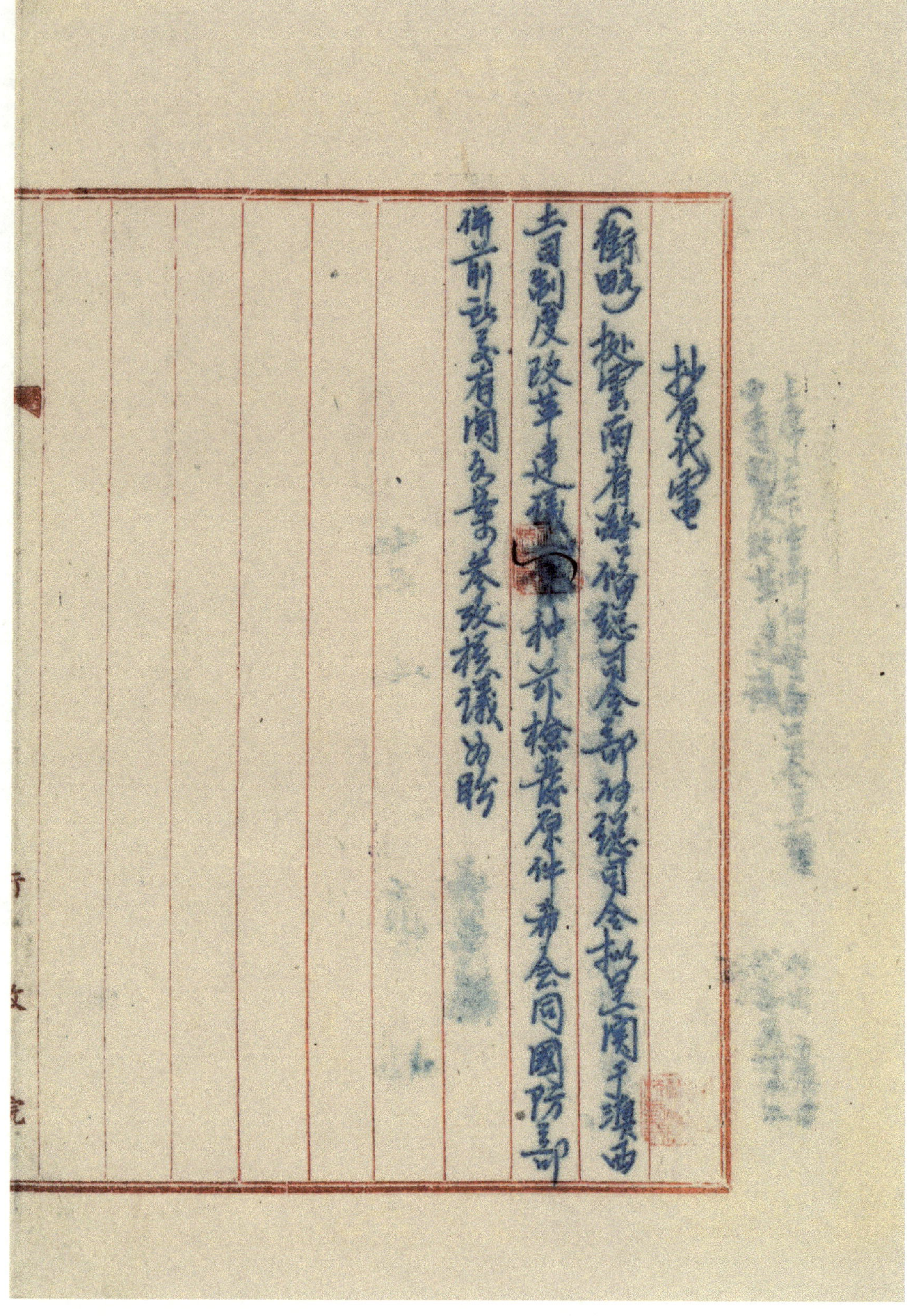

抄原代電

（銜略）據雲南省警備總司令部副總司令撰呈關於滇西土司制度改革建議一种，并檢齊原件，希會同國防部併前發及有關各案參考核議為盼

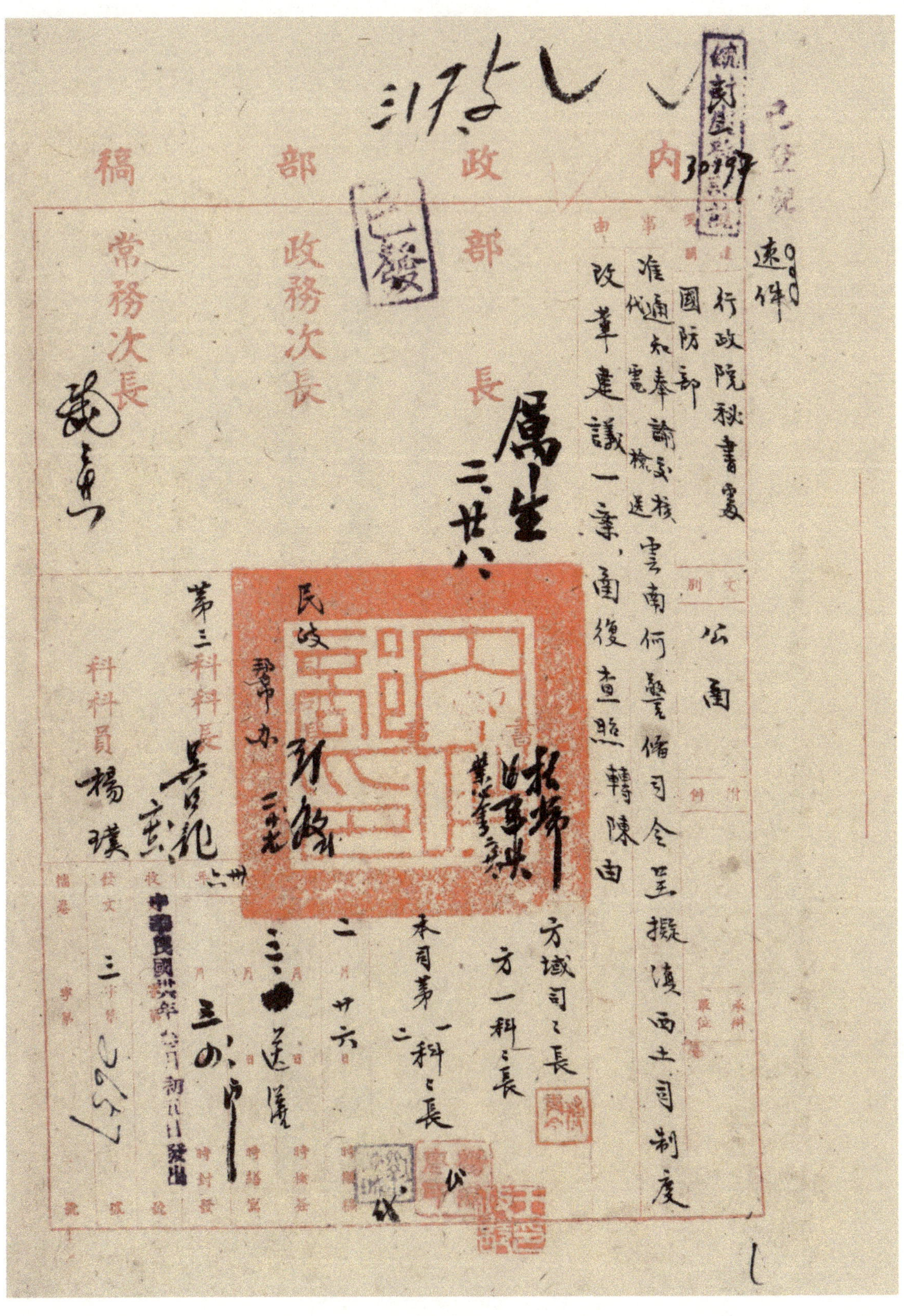

内政部稿

速件

事由：准行政院秘書處代電通知奉諭檢送國防部核雲南何警備司令呈擬滇西土司制度改革建議一案，函復查照轉陳由

文別：公函

部長

政務次長

常務次長

方域司司長

方一科科長

本司第二科科長

第三科科長

科員 楊璞

中華民國卅六年 月 日發出

公函

准

貴處本年二月五日，京機一字第一六一六號通知單，以奉主席交下雲南省何警備司令呈、擬「滇西土司制度改革建議」一案，奉諭：「交內政部、國防部及雲南省政府核議」等因；附抄原代電及附件各一份，通知到部。查此案並准國防部電送參考。經核原建議改革意見(甲)，「斷然改土歸流」辦法，因影響徹底，但際此國家多故，邊境待安之時，權衡緩急，仍應慎重處理，以免窒礙。(乙)「仿照英對緬甸辦法」，步驟自較穩健，但必待各現存土司，陸續死亡，始可全部歸流，又不無河清難俟之感！本部經鄭重考慮，似可飭由雲南省政府斟酌實際情形，妥擬具體計劃，循序漸進，逐步實施，庶於積極整頓之中，仍寓兼顧事實之意。

奉交前因，所擬是否有當？除函復

丁4(192×272公厘)會印

國防部查照外，復請

查照轉陳。

此致

行政院秘書處、

公　函

准

貴部本年一月六日，張遐字第四四號子魚

代電，以據雲南[省]警備司令呈擬「滇西土

司制度改革建議」一種，檢附原件，請秦

改。等由；查此案並准行政院秘書處通知，

丁4（192×272公厘）會學

文

貴本西部及雲南省政府核議，経核原建

議改革意見（甲）ニ〇〇云（照前函抄至）仍寫兼顧

事實之意，除函復行政院秘書處查照

轉陳外，相應復請

查照。

此致

國防部、

監印夏潤之

丁4（192×272公厘）會卯

查警察总署所簽意見，将雲南省对汛督辦公署改組為國境警察局一節，前經方域司簽註滇西干崖土司刀承鉞等通敵叛國案內有：「按滇緬邊區，並無对汛督辦公署之設置」等語，故原意見後段未照録，謹註明。

二月廿六日

内政部便箋

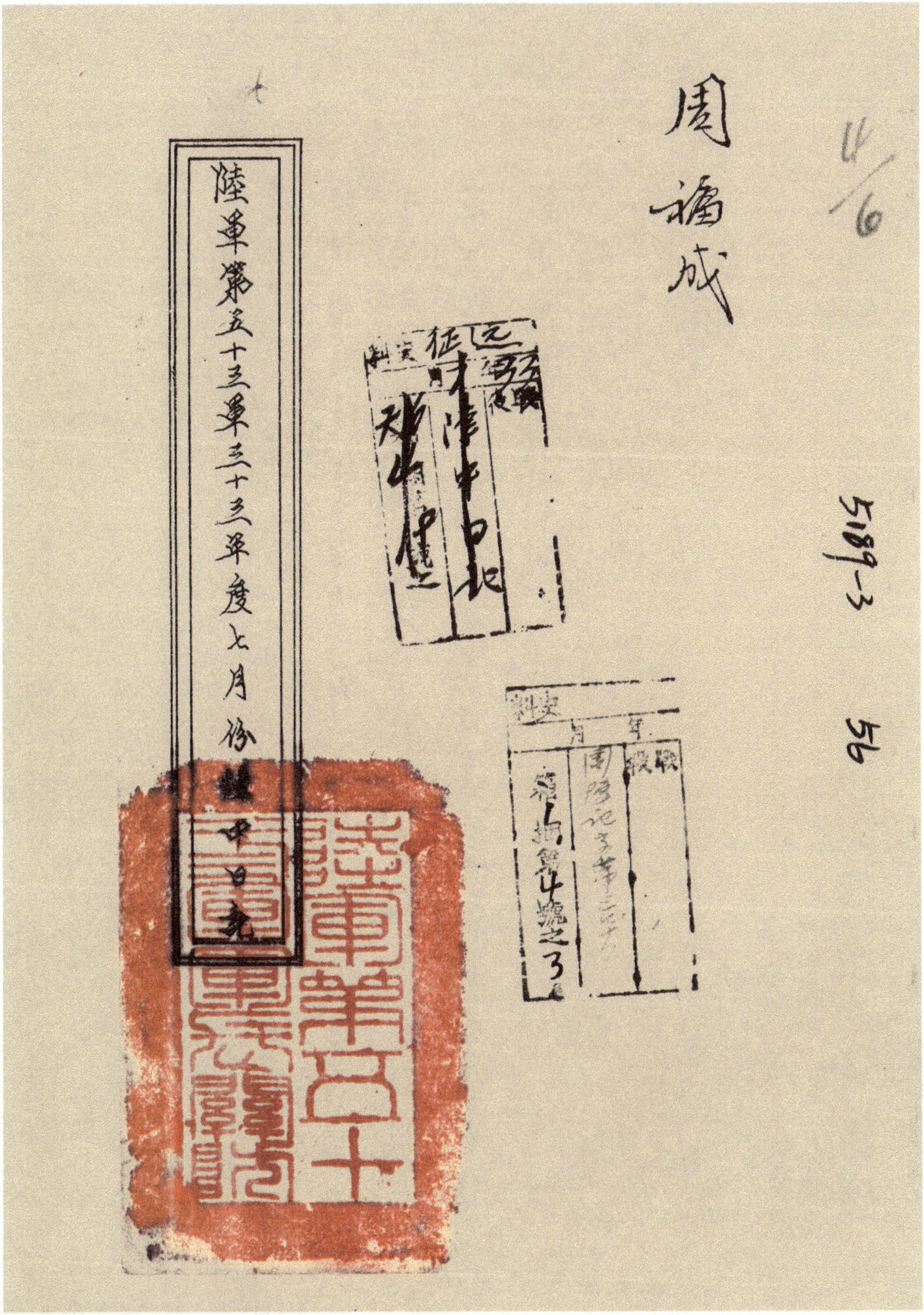

周福成

4/6

5189-3

56

陸軍第五十三軍三十三年度七月份

陸軍第五十三軍民國三十三年七月份陣中日記

七月一日　星期六　月齡五月十一日　記於楊廠坡

一、天候：晴

二、部隊位置：

軍部指揮所位於楊廠坡（前進指揮所於大竜井

特務營於楊廠坡附近

搜索營於竜堂豹子洞小新寨附近担任側背警戒

山砲兵營（欠二、三連）於閘上，第二、三連配屬一一六師隨師行動

戰防砲營於老營街待命

工兵營於竜江橋附近

通信營於小寨附近

輜重兵團於大魚塘附近

第一一六師師部於打苴街附近

第一三〇師為軍預備隊，待防務交替五十四軍後暫位於姜家寨附近

第三四七團於打苴街橫寨附近

第三四八團展開於河頭及5130高地

第三〇二師之一部位於水寨東附近

第三八八團於橄欖寨附近另一連進佔磌瀉

第三八九團於江苴附近

第三九〇團到達水寨東附近

重迫砲營位於江苴附近第四連配屬三六師

野戰第一院駐長坡頭第二院駐龍江橋

三、重要電文要旨：

(1)命令：

一、午東午燕智電趙師長(一)三四八團歸師直轄三四六團移交五十四軍防務後改為軍預备隊經河頭至磌瀉集結待命(二)各部隊位置隨時報軍

二、午東燕智電三四六團張團長　寄該團改為軍預备隊待防務移交五十四軍後即經三家村、姜家寨、大寨、河頭於冬晚到達磌瀉附近集結待命前進時顧慮鳳山之敵

三、午東午燕智電三八八團劉代團長　寄著該團以一營兵力即驅逐芹菜

5189-3　58

塘陡坡寺附近之敵而佔領之右翼與三四八團已達雲鳳山東側地區
四、午東午燕電一三〇師王代師　寄該師三八八團以一營兵力即驅逐芹菜塘陡坡寺附近之敵而佔領之已達令該團仰即知照

(2)報告：
一、午東酉燕智電總司令霍　寄(一)三四六團(三)四八團歸師建制三四六團改為預備隊(二)三四八團展開河頭及迤南地師部及三四七團位於打苴街橫寨附近(四)零師(乙)三八九團之三八八團位於橄欖寨附近一連進佔慎灣師部及三九〇團到達水井龍附近(三)暫預備隊之三四六團待防務移交五十四軍後暫位於姜家寨附近三八九團位於江苴護關

四、情況：
一、敵情
1、芹菜塘黃坡各有敵百餘名
2、雲鳳山有敵二三百名
3、大董及上猛連各有敵千餘名
二、友軍情況：

我右翼五四軍準備接我三四六團之防務

五、其他：

一、由江直街增援三婢坡花蓋帶有左輪手槍一支正嚴訊中

二、口令：普通：船舶　特別：獨斷專行

七月二日　星期日　月齡五月十二日　記於楊嚴坡

一、天候：下午雨

二、部隊位置：

軍部及直屬隊同前

第二六師之部推進老大關

第三四六團於劉家巷孫家山附近

第三四七團於河頭及幽高地

第三四八團改佔丟鳳山

第一三零師之部進駐龍江橋附近

第三八八團主力於橄欖寨一部進佔芹菜塘

第三八九團於江直附近

第三九團到達龍江橋附近
重迫砲營同前
戰野第一二院同前
三、重要電文要旨：
(1)命令：
丶午東午蕪智電 王代師長 密午東辰蕪智及午冬蕪智兩電計達
(一)據報騰城區及外圍共約有敵三四千砲十餘門其主力似在來鳳寺
及騰衝城娘娘廟高山寺之線其機動部隊似控置於綺羅練大董附
近(二)着該師三九團迅速進出龍江橋西岸以一部佔領老棒街及袁家
坡附近對南嚴密戒備以掩左側之安全(三)三八團須迅將芹菜塘陝坡之
敵驅逐後即進吳邑黄坡附近準備會攻寨(四)希於發動攻勢時以有力部
隊監視大董上下綺羅之敵并須選定陣地構築工事相機攻略之以牽制
該方面之敵使主力作戰容易爲要
(2)報告：
丶午東辰蕪智電總司令霍 密據三六師趙師長冬辰電話報稱敵人

在來鳳山之頂凹凸及高山寺一帶約二三百名据守我三四八團於本（三）日拂曉利用大雨濃霧乘敵不备而攻擊之刻已將高山寺及凹凸之山頂完全佔領殘敵向董庫娘之法軍等轉讓關

四、情況：

1、騰衝外圍之敵共約二千

2、緒羅綫大董敵約千二三百名似為敵機動部隊

五、友軍情況：

我右翼友五四軍先頭部隊已抵來鳳寺山脚

六、其他：

口令：普通：緊張　特別：驅逐敵人

七月三日　星期一日　月齡五月十三日　記於楊廠坡

一、天候：下午雨

二、部隊位置：

軍部及直屬部隊（欠通信營）同前

通信營推進高視槽

第三六師々部於老大門附近
第三〇六團於大竹填附近
第三〇七團於塆加高地
第三〇八團於河頭及零鳳山之高山寺廟門前附近
第三零師々部於龍江橋附近
第三六八團之第一營已佔領栗坡村南家寨黃坡之村落向羅汗坪以南地區前進中
第三六九團曹位於江背於明(四)日向龍江橋前進
第三七〇團於黃江橋附近
重迫砲營同前
野戰第二院同前
三、重要電文要旨々
(1) 命令々
下午江亥燕電三四六團孫團長　密午江酉燕電計達該團於明(四)早由現集結地出發逕向芹菜塘以西地區前進限支晚前到達具報為要

二、午江申燕智電王代師長 密午江辰午江子兩電悉三八八團王力即推進芹菜塘附近該師部及三九零團王力迅至橄欖寨觀音堂附近為要

三、午江酉燕智電趙王兩師長及直屬各部隊長 密奉總司令霍午冬侍電開各部隊作戰艱苦情形經詳呈 委座核示茲奉 委座已數度參電開該部官兵艱辛作戰至為念念尚希激勵所部克服萬難以竟全功至所缺兵額已分呈政部迅速撥補補充等因特電知照

(2)報告、

一、午江申燕智電 總司令霍 密頃一三零師王代師長理寒午江午權電稱迤龍芹菜塘之敵已被我三八八團第一營擊退繼進攻當面之敵將基鳳山㘭南側高地莫比村南龍寨大鷹山之線少數敵人驅逐並佔領該地謹聞

四、情況、

1、黃坡有敵三十餘名被我擊退

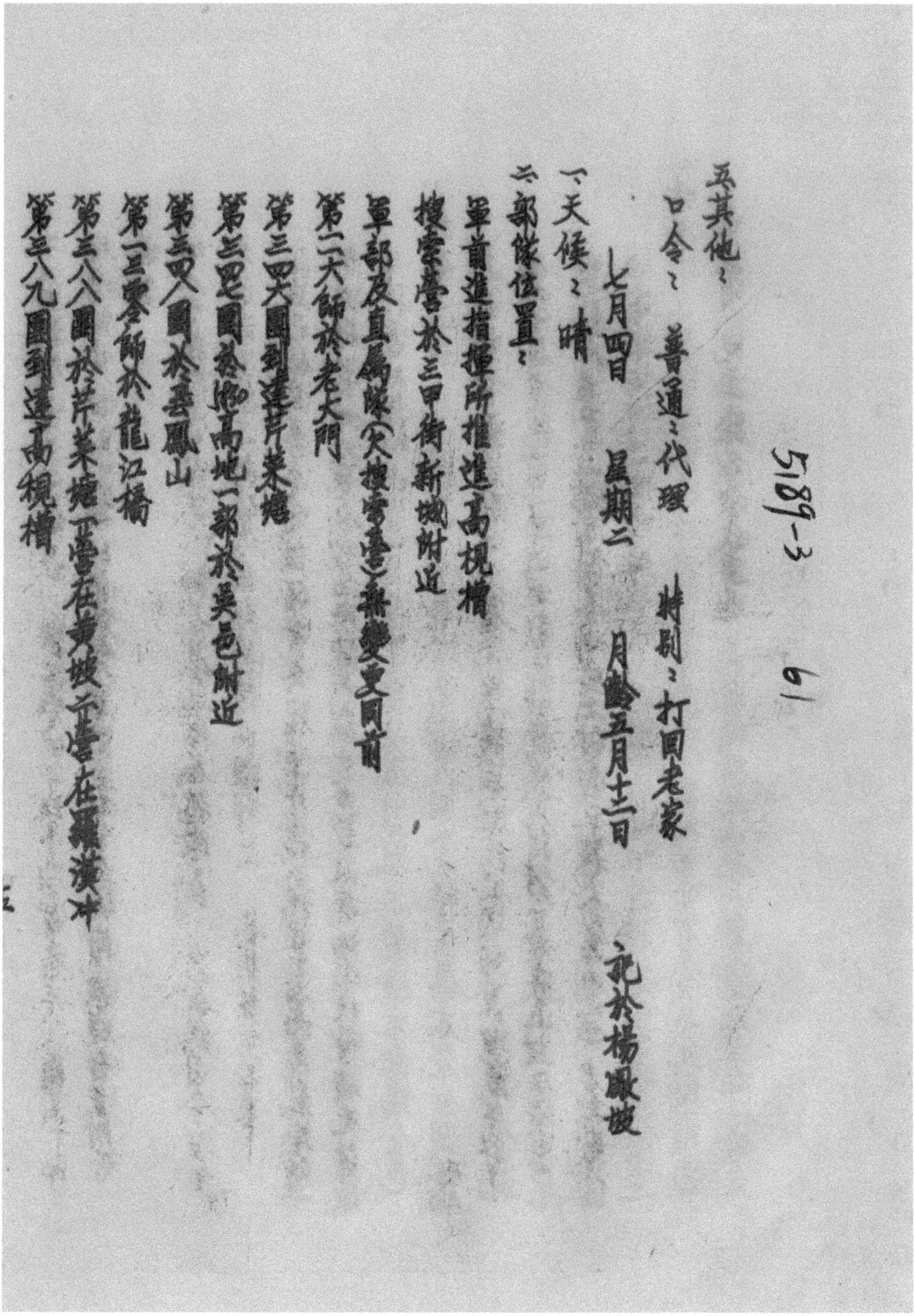

5189-3　61

五其他：

口令：普通：代理　特別：打回老家

七月四日　星期二　月齡五月十二日　記於楊家坡

六天候：晴

七部隊位置：

軍前進指揮所推進高枧槽

搜索營於三甲街新城附近

軍部及直屬隊（欠搜索營）無變更同前

第一六師於老大門

第三四六團到達芹菜塘

第三四七團於鄉高地一部於吳邑附近

第三四八團於雲鳳山

第一三零師於龍江橋

第三八八團於芹菜塘二營在黃坡三營在羅漢坪

第三八九團到達高枧槽

第三九〇團主力正渡江中
重迫砲營第三連配屬一三〇師第四連配屬二六師其餘無變更
野戰第二醫院同前
三、重要電文要旨
(1) 命令
一、午支辰熊智命令趙王兩師長 寅命令(一)敵情如貴官所知五四軍
迭逐將[illegible]高地及來鳳山來鳳寺今要點攻佔後切實掃蕩城外殘敵
与五四軍之作戰地境為馬頭山大寨董鳳山之鳳宇董屋(不含)滿金邑
繞羅綺蘇家營何家寨[illegible]高地黃八洞水之線以上屬本軍但圖攻騰
衝城時各部隊互取連絡不受地境限制(二)一三六師(欠三〇六團)配屬山砲
第一連重迫砲第四連及第二野戰醫院以一營固守飛鳳山主力即由善東
壩經黃坡向大董攻擊而佔領之並繼續掃蕩悅家濟滿金邑間地區
之敵該師攻佔指定之地點後与五四軍協同即對騰衝城圍攻而佔領之
(三)一三〇師(師部推進至陝坡寺欠三八八團附第三〇營及欠三八九團)附三四
大團(配屬三八八團第三營)師高射機槍連山砲兵第三連及重迫砲第三

速）該團進佔馬鞍山上猛連東西之線阻敵增援確實截斷騰龍公路破壞
敵之交通通信并在羅漢冲附近對北佔領陣地防止騰城之敵南竄西方皆
構築堅固工事挽守之另以三九〇團之一營佔領東家坟壹芳附近陣地防止三
甲街方向敵之奇襲兩團之戰鬥地境為5740高地丁字路至邦弄相連之線
上屬三四六團（四）兩師之作戰地境為楊漢坡寺羅漢冲瓦房營何家寨之
線上屬一三〇〇師以上各項希遵辦具報為要

（2）報告：

一、午支午蕪智電　總司令電　為報部署由——概同午支辰蕪智命令

四、情况：

大董已無敵蹤騰衝東門外有敵砲三門

五、其他：

口令：　普通：集合　特別：保險機

七月五日　星期三　月齡五月十五日

記於楊廠坡

六、天候：雨

七、部隊位置：

軍部及直屬部隊無変更
第二六師々部於老大門
第三四六團向孫(?)莊前進中
第三四七團於四〇高地以南地區為師預备隊
第三四八團主力守飛鳳山一二營為該團預备隊位於東北村三營已攻倪家嶺
大董
第一三零師々部於龍江橋
第三八八團於甘莊菜塘
第三八九團於龍江橋
第三九零團第一營於東家坡高乃之線其餘為師預备隊
重迫砲營及野戰一二院均同前
三、重要電文要旨
(乙)報告：
一、午後兩点智電 總司令覆 為報本日部隊駐地位置由
四、敵情：

〻據由騰衝城内逃出之鍾縣長稱敵為一四八聯隊殘餘三千餘人有死守騰城之准备

五、其他〻

口令〻　普通〻　操誌　特別〻　陣中日記

七月六日　星期四日　月齡五月十六日　記於楊家坡

〻天候〻晴

六、部隊位置〻

軍部及直屬隊　同前

第一一六師〻部進駐羅扁堡

第三四六團佔領上猛連

第三四七團於雲鳳山大董附近

第三四八團於倪家鋪附近

第一三〇師〻部及各團位置無變更

重迫砲營及野戰第一醫院位置無變更

七、重要命令要旨〻

(1)命令、

1、午魚兩電 王師長 着該師部迅速渡江西至指定位置為要

(2)報告、

1、午辰蒸智電（司令長官衛） 密午江誠須雷奉志攘趙師長报稱丟鳳山山頂有敵二三百名我三四八團以第二、三兩營於東日夜利用大雨濃霧乘敵不备出敵意表攻奪之已於拂曉將該敵擊潰而佔領該地等情

謹聞

四其他、

1、令、 普通、 姿勢 特別、 機敏行動

七月七日 星期五 月齡五月十七日 記於楊歐坡

1、天候、晴

2、部隊位置、

軍部及直屬部隊 同前

第二六師々部於羅鳥堂

第三四六團佔頭馬壘上猛連

第三四七團於河頭飛鳳山大董附近
第三四八團於吳邑倪家鋪附近与滿金邑之敵苦戰中
第一三零師々部於鐵坡寺附近
第三四八 三八九 三九零團 同前
重炮砲營及野戰第一六院 同前
三、重要電文要旨：
(1) 命令：
1、午魚午燕智電 趙王兩師長 密奉總司令霍午魚午信戰電開
奉長官衛午東午藏金電開茲變更兩集團軍之作戰地境為桃石
渡新城三甲街洛龍川江至福六口騰川章鳳街南坎之線線上屬左集
團等因着五十三軍与宋集團之作戰地境改為上述之線特電知照
四、友軍情況：
松山方面經我軍連日攻擊敵傷亡慘重刻殘敵仍據一山頭頑抗
我第八軍已參加松山方面之戰斗
五、其他：

口令：普通：成仁　时别：顾虑全局　託於楊嚴坡

七月八日　星期六　月齡五月十八日

一、天候：晚微雨

二、部隊位置：

各部隊駐地均同前

三、重要電文要旨：

(1)命令：

一、午齊申燕電　趙師長　密三八八團（欠第六營）歸該師長指揮

二、午齊酉燕智電　三八九團魏團長　密該團留一營守备黄川江東岸

地區，其餘渡江推進至楊櫳寨附近

(2)報告：

一、午齊未燕智電　總司令霍　密复午魚午信禮電均

四、情況：

據報敵一部向八莫撤退，刻騰衝城内尚有敵二千餘人，砲數門，正構

工事中

5189-3　65

五、其他：

口令：普通：操場　特別：保顧土

七月九日　星期日　月齡五月十九日　記於楊厰坡

下、天候：下午雨

六、部隊位置：

軍部及直屬各隊　同前

第二六師部於吳邑

第三四六　三四七　三四八團同前

第一三零師部於小馬場

第三八八團於黃坡

第三八九團推進5921高地附近

第三九零團仍佔領東家坡壽乃之綫

重迫砲營及野戰一二院　同前

三、重要電文要旨：無

四、友軍情況：

我右翼吳五十四軍一九八師進佔來鳳山山腳

五 其他：

口令：普通：活躍　特别：攻擊精神

七月十日　星期一　月齡五月二十日　記於楊厰坡

下 天候：雨

軍部及直屬隊(欠山砲營)同前

山砲營第一二連配屬二〇大師位於黄庫附近第三連配屬三四大團位於下

猛連以南地區

第二大師ノ部於吳邑

第三四大團一部佔領龍頭街其餘未動

第三四七團一部佔領雲鳳山主力攻佔鎮綺羅白心、洞坪各地

第三四八團一部攻佔新尘邑其餘未動

第一三零師於小馬場

第三八八團進至長洞河邊附近

第三八九團一部控制龍江橋附近主力推進(52)高地之胡椒嶺

5189-3　66

第三九军全团一部本动主力推吴邑
重炮砲营配属三六师位於满金邑
野战第一院推进吴邑第二院推进上云

三、重要电文要旨：

(1)命令：

一、军部於明(十三)日五时三十分出发经江𡨃、杨寨向马皇井前进
二、行军序列按特务营第一连军部各处通信营之顺序
三、於明(十三)日早六时在杨寨村南端集合完了听号音前进

此令

四、其他：

口令：普通：要顾　特别：战斗配备

七月十二日　星期二　月　当日十二日　记於马皇井

一、天候：晴

二、部队位置：

军部及特务营通信营於马皇井附近

其餘各部隊位置均無變動

三、重要電文要旨：

(1)命令：

1、命令軍部各處及特務營通信營於明(十三)日晨六時續向上六附近前進

(2)報告：

1、午真酉吳智雷總司令電　宥(一)二大師(欠三四大團附三八團(欠第三營)三四七團)一部佔領飛鳳山主力佔領綺羅田心附近三四八團於本(十二)日早八時開始攻擊至午後六時將中湖全邑完全佔領其餘各部隊位置均無變動詳圖

四、友軍情況：

我左翼第十一集團軍佔領龍陵以北之卯及弘兩高地

我右翼第五十四軍方面無變化

五、其他：

口令：普通：切記　特別：信號箱

七月十二日　星期三　月齡五月二十二日　記於上雲

一、天候：晴

二、部隊位置：

軍部及特务營通信營於上云附近

其餘各部隊均無變動

三、重要電文要旨：無

四、其他：

口令：普通：嘉興　特别：行軍警戒

七月十三日　星期四　月齡五月二十三日　記於上云

一、天候：雨

二、部隊位置：

軍部及直屬各部隊（欠輜重團）於前同

輜重團推進水寨龍附近

第二六師各部推進黃坡

其餘各部隊均未動

三、重要電文要旨：

(1)命令：

一、午元燕智電 各部隊長 各處長 查三四六團於午東在飛鳳山高山寺一帶夜襲敵人出敵意表當將該地完全佔領經呈奉長官薛午齊戰馬芴電開三四八團團長毛定奎第一營營長韓清理第三營營長段頫剛着各記大功一次第六連連長着記升等因特電知照并轉飭知照

四、其他：

一、令：普通：報紙 特別：有線聯

七月十四日 星期五 月齡五月二十四日 記於上云

一、天候：晴

二、部隊位置：

軍部於上云附近 （前進指揮所於赤土坡）

特務營於上云附近

搜索營在郛樓附近

山砲營同前

5189-3　　89

戰防砲營由本營街向前移動中
工兵營於下猛連黃泥克
通信營於上云附近
輜重團於新寺附近
第十一大隊一部於黃坡
其餘各部隊均集變更動
三、重要電文要旨：
(1)命令：
1、午寒酉參智電　王代師長　密本部司令官午元酉信參代電開查為
確實阻敵增援使攻擊容易之目的(一)着敵第十三軍參師派大(一)團進出於龍川右
岸三甲街至騰龍橋之線截斷以一營(欠連)佔領蚌乃以一連佔領毛弄
以一營佔領騰龍橋以一連佔領三甲街及其西南各渡口川江右岸偵察警戒
挑選精兵組織挺進十數組對通敵要道派探搜索擇敵圖部及其餘部隊位
於黃泥克附近(二)為塞上下猛連間隙各處仍須派有力部隊佔領陣地並加
強據點工事以上各處工事應星夜趕築限迅速完成繪圖具報並與新三元師

切取連絡為要等因。肯三九軍團以一部進佔三甲街及其西南各沿龍川江
右岸佈防，梁河搆築工事守備，其兩團之戰鬥地境為上下寨、拱新
寨、朝陽村、馬鹿塘各西端相連之綫，綫上屬三九軍團，配合務須確切
聯絡為要

二、午後某時蔣智富電 趙師長 密。智命字第九號命令計達，關於改騰
城時之連絡信號已由方軍長規定，仰知照

(乙)報告：

(一)午後某時某智電 總司令霍 密。(一)二六師各部位置無變更。(二)三六師
(欠三八八團)(欠第二營)及三八九團附三四六團山砲第三連工兵第三連三四六團配三
八八團第二營佔領馬鹿塘，主力推進黃泥坡，正督促進龍頭街，並以一部推進
壽乃三九軍令團進佔新寨丙弄三甲街之綫(四)軍部及各部隊之三八九團位於胡[illegible]
廣一部控置於龍川江東岸，謹聞

四、敵情：

據美連絡組司徒德上校稱，敵向芒市增加汽車百餘輛，炮克車三十餘輛，
確否待證

5189-3　69

五、其他：

口令：普通、打靶　特别、不勢延

七月十五日　星期六　月齡五月二十五日　記於上云

一、天候：下午雨

二、部隊位置：

軍部及其屬隊　同前

第二十六師及各團　同前

第三零師及三八八、三八九團　同前

第三九零團進佔新寨西弄三甲街前哨之線

重迫砲營及野戰第一二院　同前

三、重要電文要旨：

(1)命令：

一、午調回點電　趙師長　着戰防砲第一連及工兵第一連配屬該師

四、其他：

口令：普通、記功　特別、抗戰必勝

七月十六日　星期日　月齡五月二十六日　記於上云

一、天候：雨

二、部隊位置：均無變更

三、重要電文要旨：

(八)報告：

午銑申蒸智電，總司令寓　密本軍銑日各部隊位置同刪日

四、其他：

本月劉副團長甲三率各部幹部赴後方接訓新兵

口令：普通　兵站　特別　被彈面

七月十七日　星期一　月齡五月二十七日　記於上云

一、天候：晴

二、部隊位置：無變動

三、重要電文要旨：

(1)命令

一、智命字第十號命令各部隊長○綜合各方情報困守騰城及來鳳山敵

县多不过千五百人飛之兩集團軍以主力先行消滅來鳳山之敵而佔領之
同時以一部抗攻城垣五四軍以預二師三六師攻佔來鳳山合圍縣城以一九八師
抗攻城垣(三)軍即以主力先行掃蕩來鳳山東麓各據點後繼攻佔來鳳寺以
大部佔領龍川江右岸一帶掩護軍左側背之安全(五)二十六師(三四六團)歸還建
制配屬山砲兵營(欠第一連)重迫砲第二營(欠一連)戰防砲第一連工兵第一連及第一野
戰醫院先攻佔來鳳山東麓各據點後繼攻來鳳寺之敵而佔領之砲兵須
於本(七)月十九日夜間前或對光畢與五十四軍之作戰地境為下綺羅來
鳳寺南門附近中心點北東門(東門偏五四軍)[illegible]之戰鬥線上屬該師
(四)三軍各師(欠三八八團(欠第一營))配屬山砲兵第三連工兵第一連仍遵照午寒酉
熟智電指示之任務與二十集團軍整智電指示之部署者實施之(五)攻擊開始日
期定於本(七)月二十日拂曉軍與五四軍各師切取連絡(六)三八八團(欠第一營)
為軍預備隊位置於洞坪附近(七)各部糧彈及通信諸準備統限十九日以前
完了(八)攻城部署另令之(九)余本寺前軍指揮所右令

四其他之

口令之 普通之 升級 特別之 心地光明

七月十八日　星期二　月龄五月二十八日　记于上云

一、天候：晴

二、部队位置：

军部及直属队　同前

第二六师部于黄坡

第三四六团于上骑罗街生邑

第三四七、三四八团　同前

第一三七师部于小马场

第三八八团进驻南甸附近

第三八九团于新寨两弄三甲街关坪及龙川江右岸地区

第三九〇团于蚌乃、龙头街、黄泥充、马[illegible]冬合附近

重迫炮营于中满金邑

第一医院于英邑，第二院推进至赤土铺

三、重要电文要旨：

(1)命令：

589-3　71

下午巧酉燕智電　各師長、各團長　軍直屬各部隊長　為規定官長服裝与士兵同由

(2)報告﹕

下午巧酉燕智電　總司令電　為報本(十八)日各部駐地位置具由

四、其他﹕

口令﹕　普通﹕要點　特別﹕最後關頭

七月十九日　星期三　月齡五月二十九日　記杏上云

一、天候﹕　雨

二、部隊位置﹕均同前

三、重要電文要旨﹕

(1)命令﹕

下午皓燕代電　各部隊長　據總部電話本集團軍所得戰利品不得私自捺送必須呈繳希遵照等語特電知照

(2)報告﹕

下午皓酉燕智電　總司令電　為報本(十九)日各部隊位置具与巧日同

四、情况：
一、敌情：南坎于十日增敌千余
二、友军情况：常绍群游击队活动于盈西南向一带地区
五、其他：
口令：普通：功劳　特别：勿吸烟
七月二十日　星期四　月龄：六月一日　记于上云
一、天候：雨
二、部队位置：
军前进指挥所推进黄坡
其余各部队　同前
三、重要电文要旨：
(1)报告：
一、午哿申无智电　总司令霍　密　前奉宇第一六一号命令奉悉，兹将第一九六师部署列下：(一)第三四八团附重迫炮第一营(欠第三连)、战防炮第一连(欠一排)、工兵第一连为右翼队，展开于中满金邑东西之线，向上满金邑攻击，确实占领后即协

5189-3　72

同左翼兵隊向南門外東街全仁街中間地區攻擊（二）第三四大團附重迫砲第二連戰防砲一排高射槍連師工兵連為左翼兵隊展開於新生邑上綺羅之線向朱鳳山攻擊而佔領之（三）第三四七團為預備隊位於大董附近（四）山砲兵營（欠第三連）於董庫山佔領陣地（五）第一野戰医院於吳邑開設護闈

四、其他：

口令：普通：野外　特別：後方勤務

七月二十日　星期五　月齡六月二日　記於上云

一、天候：大雨

二、部隊位置：

軍部及特務營通信營駐上云附近

軍前進指揮所於黄坡

搜索營到達丙弄附近

山砲營第一二連於董庫附近第三連於騰龍橋

戰防砲營第二連隨二大師行動

工兵營　同前

輜重團 同前

第一六師部及各團 同前

第一三零師部進駐唷尚各團同前

重炮營於中滿金邑附近

第一野戰医院於吳邑

第二野戰医院於森土鋪

三、重要電文要旨：無

四、其他：

口令：普通：臥倒 特別：空軍戰

七月二十三日 星期六 月齡六月三日 記癸上云

一、天候：大雨

二、部隊位置：無變動

三、重要電文要旨：

(1)報告：

一、午養辰燕智電 總司令霍 密據佟團長報稱南句附近游擊

5189-3 73

隊組織頗雜扰民派粮如盜似匪不守紀律請另他移以免与本軍混淆
等情經辦轉令該隊移駐南甸以免混淆本軍管轄為禱

四友軍情况、
據報我土集團軍克復松山

五其他、
口令、普通、 方法 特別、單隊區分

七月廿三日 星期日 月齡六月四日 記於上云

一天候、陰
二部隊位置、均同前
三重要電文要旨、
(1)命令、
午樓西燕智電 王代師長 搜索營長 客着搜索營(欠騎兵一排)
即歸(三零)師指揮
四其他、
口令、普通、讚堂 特別、上刺刀

七月二十四日　星期一　月齡六月五日　記於上云

一、天候：晴

二、部隊位置：与前同

三、重要電文要旨：無

四、其他：

口令：普通：報告　特別：機動性

七月二十五日　星期二　月齡六月六日　記於上云

一、天候：雨

二、部隊位置：

搜索營於芒棒街三甲街附近整頓

其餘均同前

三、重要電文要旨：無

四、情況：

本日因大雨傾盆前方無大進展

五、其他：

5189-3　74

口令：普通：探捍　特别：眼光远大

七月二十六日　星期三　月龄六月七日　记於上云

一、天候：晚雨

二、部队位置：

军部及直属队　同前

第一〇六师之一部於黄坡

第三四六团向米凤山攻击中

第三四七团　同前

第三四八团完全佔领上端金邑进抵花牌楼一部突进邻辦衙门

第一三〇师及全团　同前

第一二医院　同前

军夷砲营　同前

三、重要电文要旨：

(1)报告：

午后西藏智雷总司令鉴　密(一)三四八团於本日十二时许乘我方飞机

连续轰炸之后即开始攻击与敌在满金邑发生激烈巷战刻已完全占领满金邑并续进花牌楼（二）三四六团已攻近敌来凤寺之铁丝网外护关

四情况：

一、敌情：今日经我猛攻敌伤亡约百余名

二、友军：我预二师已将来凤山之1300高地完全攻克

五其他：

上午我司令长官及美参谋长道恩来龙来腾冲上空视察战况

口令：　青道：血战　　特别：发动机

七月二十七日　　星期四　　月龄六月八日　　记于上云

一、天候：下午雨

二、部队位置：

第三四六团进占松坡来凤寺

第三四七团推下满金邑倪家铺附近

第三四八团进占花牌楼及帮办衙门

其他均同前

5189-3 75

三、重要電文要旨：

(1)報告：

午威西樵智電報 司令長官衛 總司令霍 密(一)二大師於感日晨開始攻擊三四八團於午後五時將花牌樓完全佔領以一部於午後六時將稅務司完全佔領三四六團於午後四時將來鳳寺完全攻佔並向板橋籃林檢及步檢等戰利品甚多(二)三四七團推進滿金邑附近(三)一三一師各部隊位置無變更證明

四、其他：

口令：普通：左翼 特别：能理解

七月二十八日 星期五 月齡九日 記於上云

一、天候：晴

二、部隊位置：

軍部及直屬部隊 同前

第二大師部及三四七團 同前

第三四六團及三四八團均已進進騰衝城墻

第一三零師各部隊　同前

重迫砲營及第一二區隊　同前

三、重要電文要旨：

(1)報告：

午儉酉燕智電報　司令長官衛　總司令霍　(一)三四八團於儉辰開始攻擊後至未時相繼攻佔東南城角左右之一二保街沙水巷涼水巷工商會大理會館等處現進至距城墻約百公尺(二)三四六團於同時開始攻擊至申時相繼攻克大五四保街省立中學海關等處現進至距城墻約百公尺處而敵對峙護閘

四、其他：

口令：善道：影响　特別：主動地位

七月廿九日　星期六　月齡六月十日　記於上云

一、天候：雨

六、部隊位置：

軍部及直屬隊　同前

第一二六師及三四七團 同前

第三四六團由東門至帮辦衙門之綫攻城

第三四八團由帮辦衙門至南門之綫攻城

第一三零師部駐哨高

第三八八 三九零團 同前

第三八九團進駐大董為軍預备隊

重砲營及一二医院 同前

三、重要電文要旨

(1)報告

午燕西燕智電報 總司令霍 密(甲)一二六師變更部署如下(1)

三四六團轉移由東門至帮辦衙門之綫担任攻城(2)三四八團右由帮辦衙門東

南城角至南門以東之綫担任攻城(3)三四七團為師預备隊位置於下滿

金邑倪家鋪附近(乙)三八九團為軍預备隊位於大董(丙)一三零師(欠三八八團)

位置無變動謹聞

四、其他

口令：普通：勤務　特別：第一線

七月三十日　星期日　月齡六月十一日　記於上云

一、天候：陰

二、部隊位置：均同前

三、重要電文要旨：無

四、敵情：

據報騰衝城内敵四五千，其司令官為藏重康美

五、其他：口令：普通：轉移　特別：勝利屬我

七月三十一日　星期一日　月齡六月十二日　記於上云

一、天候：雨

二、部隊位置：均同前

三、重要電文要旨：無

四、情况：無大變化

五、其他：口令　普通　特別

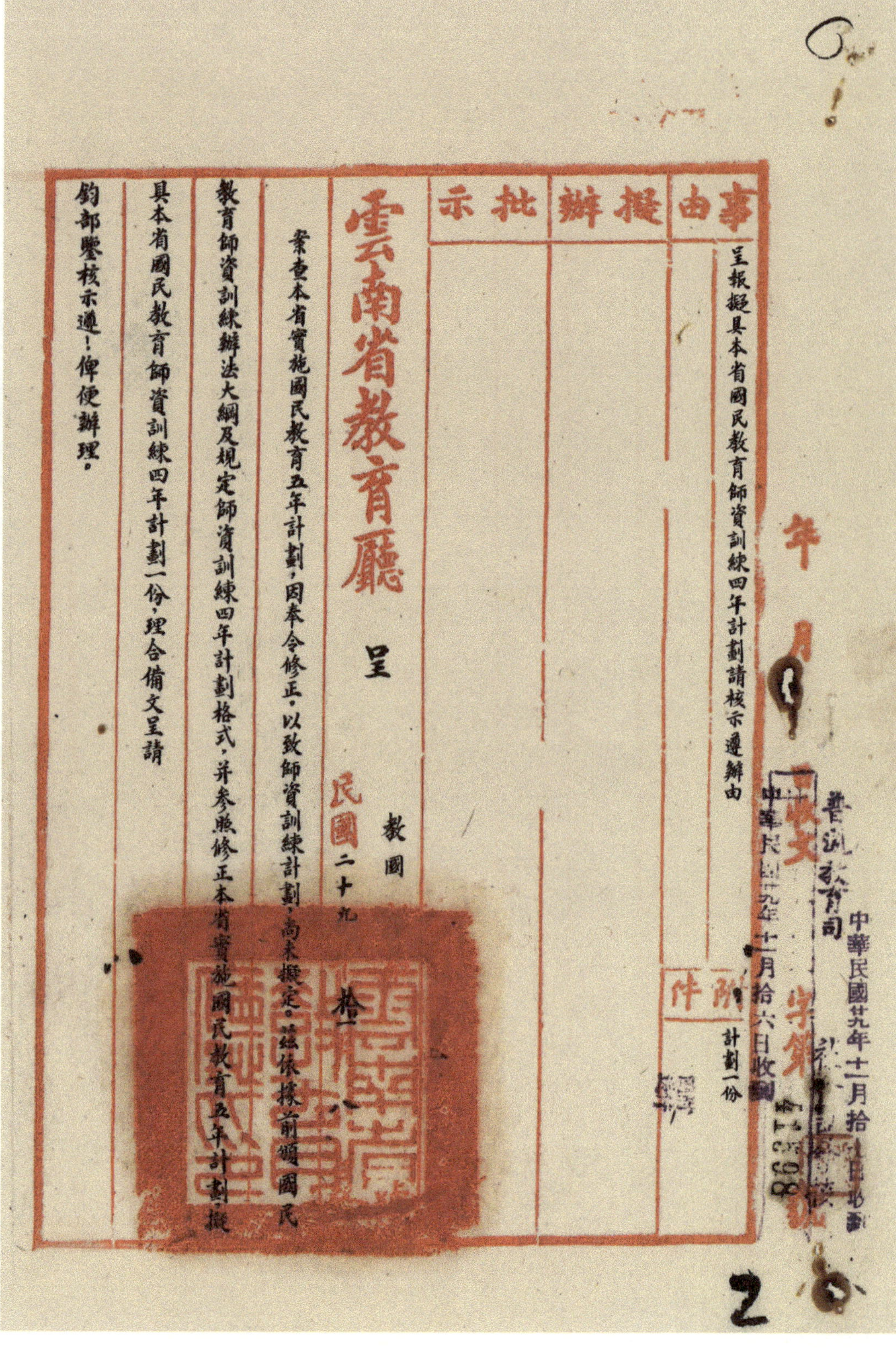

事由：呈報擬具本省國民教育師資訓練四年計劃請核示遵辦由

附件：計劃一份

擬辦

批示

雲南省教育廳 呈

教國 民國二十九 拾一

案查本省實施國民教育五年計劃，因奉令修正，以致師資訓練計劃，尚未擬定。茲依據前頒國民教育師資訓練辦法大綱及規定師資訓練四年計劃格式，并參照修正本省實施國民教育五年計劃，擬具本省國民教育師資訓練四年計劃一份，理合備文呈請

鈞部鑒核示遵！俾便辦理。

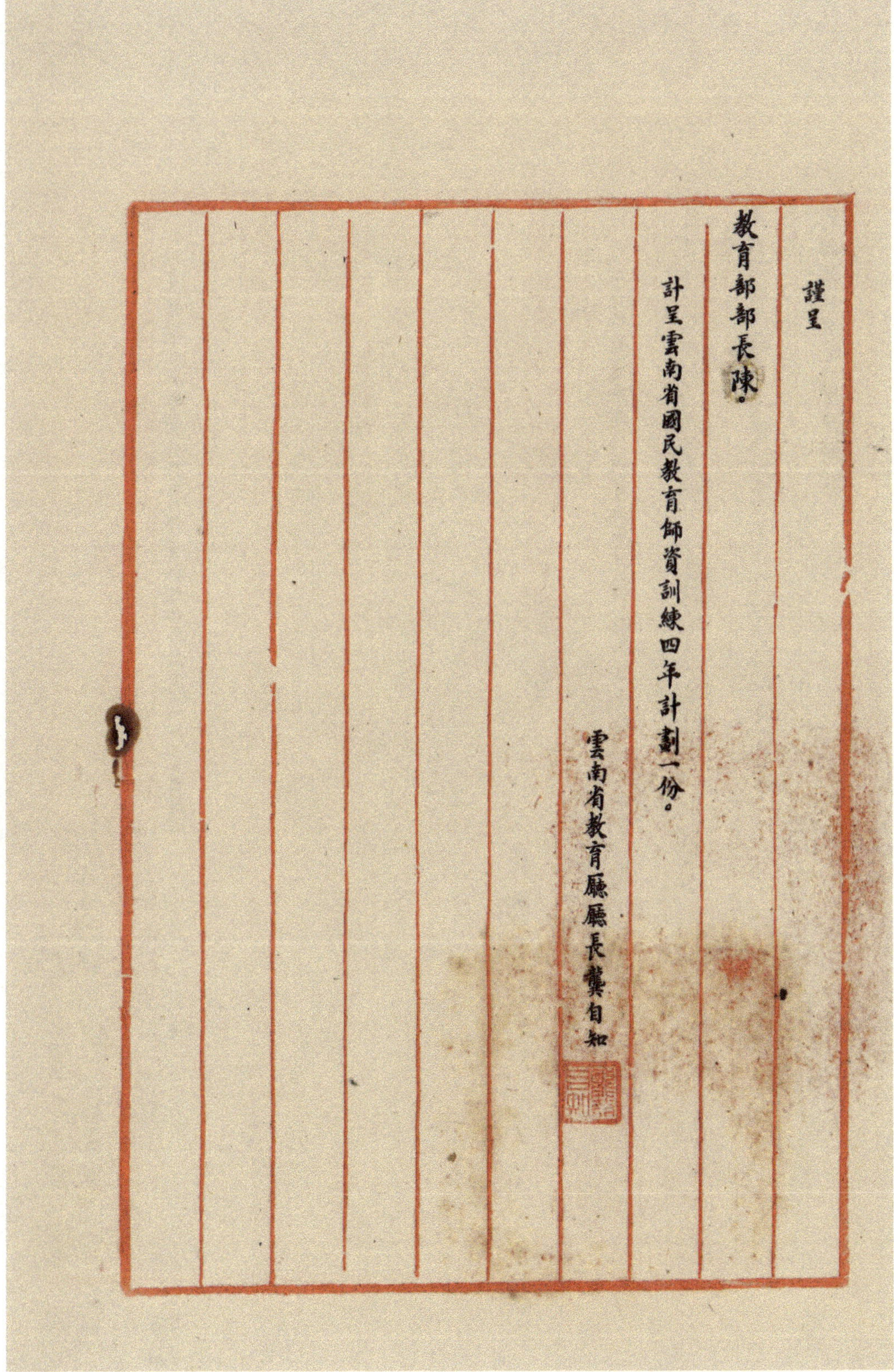

謹呈

教育部部長陳。

計呈雲南省國民教育師資訓練四年計劃一份。

雲南省教育廳廳長龔自知

雲南省國民教育師資訓練四年計劃

雲南省國民教育師資訓練四年計劃

甲 總述

一、五年普及國民教育所需師資總數：四二、〇〇〇人。

(一)中心學校一、五〇〇所，平均每所校長或教員兼校長一人，專任教員五人，以六人計，共需九、〇〇〇人。

(二)國民學校一六、五〇〇所，校長由教員兼任，平均每所兼任校長一人，教員一人，以二人計，共需三三、〇〇〇人。

本省因小學合格師資，甚感缺乏，故逐年所需師資數，均取最低限度之估量，以期便於按期訓練。

二、小學教員總登記人數約二五、〇〇〇人。(小學教員總登記，現正辦理中，其資格統計表，俟後補報。）

三、檢定合格小學教員總數：五、〇〇〇人。（資格統計未，俟後補報。）

四、檢定不合格小學教員總數：二〇、〇〇〇人。

五、在職及擬任之代用教員總數：一七、〇〇〇人。

六、除現有合格教員外，應行訓練師資總數：七〇、三九〇人。（四年累計，代用教員之進修訓練。）

七、師範學校校數及班級數：

（一）原有師範學校十所，共四十級，五年内畢業學生：二、五四〇人。

（二）第一年平均每所增設六個學級，第二年平均每所再增六個學級，五年内畢業學生：二、九八〇人。

以上原有及新增師範學校畢業生，第一年六六〇人，第二年六六〇人，第三年一、六〇〇人，第四年二、六〇〇人，共計五、五二〇人，合如上數。此外尚有第五年繼續畢業二、六〇〇人，五年內共合畢業八、一二〇人。

八、簡易師範學校簡師班學級數：

（一）原有簡易師範學校二七所，三〇級，五年內畢業學生一、五〇〇人。

（二）第一年增二三所，連原有學校增設一七〇級，第二年平均每所再增二個學級，五年內畢業學生二、五〇〇人。

以上原有及新增簡師學校簡師班畢業學生第一年五〇〇人，第二年五〇〇人，第三年五〇〇人，第四年二、五〇〇人，共計四、〇〇〇人，合如上數。此外尚有第五年繼續畢業四、〇〇〇人，五年內共合畢業八、〇〇〇人。

九、特別師範科班級數：

(一)本省設有體育師範學校一所，計四級，藝術師範學校一所，計四級，造就專科教員人才，其他無特別師範科之設置，五年内畢業學生約五〇〇人。

(二)增設班級（無）

十、簡易師範科學級數：

(一)原有中學附辦簡師科二五級，五年内畢業學生五、〇〇〇人。

(二)第一年增設一五級，第二年再增二〇級，五年内畢業學生四、二五〇人。

以上原有及新增簡師科畢業生第一年一、二五〇人，第二年二、〇〇〇人，第三年三、〇〇〇人，第四年三、〇〇〇人，共計九、二五〇人，合如上數。此外尚有第五年繼續畢業三、〇〇〇人，五年内共合畢業一二、二五〇人。

十一、擬設國民教育師資進修班二〇〇班，調訓人數：二〇、五〇〇人。（四年累計）

十二、擬設國民教育師資短期訓練班五〇〇班，調訓人數：四九、八九〇人。（四年累計）

十三、擬設初中三年級師訓科目三班，修習學生人數估計一、一〇〇人。

十四、繼續登記及檢定合格教員人數：約計二八、〇〇〇人。

十五、最近五年小學畢業生：六五〇、六八〇人。中等學校畢業生：二、四七〇人，除師範生外，多數升學或就他業。

十六、最近三年離職教員人數：六、九七二人，約百分之十。

十七、師資訓練經費數：二二、九六二、五七〇元

(一)師範學校經費數：五、二三〇、〇〇〇元，百分之二三。

1、原有學校四年經費數：一、四四〇、〇〇〇元，

2、增設學校及班級四年經費數：三、七八〇、〇〇〇元。

(二)簡易師範學校經費數：九、九〇〇、〇〇〇元。百分之四三。

1、原有學校四年經費數：一、〇八〇、〇〇〇元。

2、增設學校及班級四年經費數八、八二〇、〇〇〇元。

(三)特別師範科經費數：二八八、〇〇〇元。百分之〇一五。

1、原有班級四年經費數：二八八、〇〇〇元。

2、增設班級四年經費數：(無)

(四)簡易師範科經費數：一、九八〇、〇〇〇元。百分之一〇。

1、原有班級四年經費數：九〇〇、〇〇〇元。

2、增設班級四年經費數：一、〇八〇、〇〇〇元。

（五）進修班四年經費數：九二二、五〇〇元。百分之〇四。

（六）短期訓練班四年經費數：二、二四五、〇五〇元。百分之一〇。

（七）設置初中三年級師資科目四年經費數：四九、五〇〇元。

（八）暑期講習會四年經費數：一〇〇、〇〇〇元。

（九）師範生全公費待遇四年所需經費數：九八六、〇〇〇元

（十）清寒優秀師範生四年獎學金：一、二七二、五二〇元。每班六名。

十八、上項經費之籌集：

（一）原有師資訓練經費數：二、六九五、〇二〇元。

（二）自行增籌師資訓練經費數：一〇、一三三、七七五元。

（三）擬呈請中央補助經費數：一〇、一三三、七七五元。

說明：本計劃係依據本省國民教育五年計劃擬定，但訓練師資及其經費數目，概以四年計算，其第五年訓練師資及所需經費，尚未計列在內。又關於經費一項，除原師資訓練經費外，擬照五年計劃由省方自籌半數，呈請中央補助半數。

乙、分年計劃

第一年

一、本年所需師資數：一六、〇〇〇人

1、中心學校一、〇〇〇校，需師資六、〇〇〇人。

2、國民學校五、〇〇〇校，需師資一〇、〇〇〇人。

3、離職教員及不合格教員補充人數約一、六〇〇人。

本年每中心學校小學部，應辦足六班以上，民教部應辦足二班以上。每國民學校小學部應辦足二班以上，民教部辦足一班以上。則所需師資數，當在一、六〇〇人以上，茲各為年平均計劃方便起見，故仍列為中心學校六人，國民學校二人，其不敷之數，擬以原有教師暫行代用，而加緊其進修訓練。

二、登記及檢定合格之教員人數：：七、五一〇人。

1、中心學校教員二、七六〇人。

2、國民學校教員四、七五〇人。

三、代用教員人數：：一一、〇〇〇人。

1、中心學校代用教員三、二四〇人。

2、國民學校代用教員五、二五〇人。

四、除登檢定合格教員及代用教員外，本年應行補充師資數。

1、應補充之中心學校教員七、〇〇〇人。

2、應補充之國民學校教員五、二五〇人。

3、離職教員及不合格教員應行補充人數：：一、六〇〇人。

五、本年補充師資之來源

1、師範學校畢業生六六〇人。

2、簡師學校畢業生五〇〇人。

3、特别師範科畢業生一〇〇人。

4、簡易師範科畢業生一、二五〇人。

5、設置國民教育師資進修班

1、三〇班

2、由國民教育分區視導員辦事處主辦。

3、就國教分區視導員辦事處所在地之省縣立師範學校或簡師學校設班辦理，全省計二十個分區

4、抽調在職或擬任之代用教員三、〇〇〇人。

6、設置國民教育師資短期訓練班

(1)八〇班

(2)由國教分區視導員辦事處主辦。

(3)就國教分區視導員辦事處所在地之省縣立師範學校或簡師學校設班辦理，全省計二十個分區。

(4)受訓人數八、〇〇〇人。

(5)調訓擬任之國教師資，訓練期間，三月至六月。

六、本學年度終了時合格教員約百分之三十。

七、下年所需之師資訓練班級。

1、增設師範學校班級

(1)增設六〇班級。

(2)招生三、〇〇〇人。

(3)設班地点及校名：：省立昆華師範學校，昆華女子師範學校，瀘西師範學校，鎮南師範學校，大理女子師範學校，保山師範學校，思茅師範學校，

2、增設簡易師範學校班級

鶴慶師範學校，宣威鄉村師範學校，石屏師範學校。

(1)增設一〇〇班級。

(2)招生五、〇〇〇人。

(3)設班地点及校名：：省立玉溪簡師學校，佛海簡師學校，大姚簡師學校

祥雲簡師學校，大闗簡師學校，箇舊簡師學校，小壩女子簡師學校，
𤃩江簡師學校，祿勸縣立簡師學校，昆陽縣立簡師學校，晉寧縣立簡
師學校，河西縣立簡師學校，彌勒縣立簡師學校，永善縣立簡師學校，
建水縣立簡師學校，瀾滄縣立簡師學校，車里縣立簡師學校，永平縣立
簡師學校，龍陵縣立簡師學校，洱源縣立簡師學校，西疇縣立簡師學校
江川縣立簡師學校，麻栗坡區立簡師學校，華甯縣盤溪區立簡師學校，
彌勒縣虹溪區立簡師學校，易門縣立簡師學校，巍山縣立簡師學校，
新平縣立簡師學校，尋甸縣立簡師學校，永仁縣立簡師學校，牟定
縣立簡師學校，鳳儀縣立簡師學校，雲龍縣立簡師學校，蒙化縣立簡
師學校，廣南縣立簡師學校，通海縣立簡師學校，寧洱縣立簡師學校

景谷縣立簡師學校，昌寧縣立簡師學校，嵩明縣立簡師學校，宜良縣立簡師學校，羅平縣立簡師學校，羅次縣立簡師學校，劍川縣立簡師學校，廣通縣立簡師學校，綏江縣立簡師學校，鎮康縣立簡師學校，激江縣立簡師學校，華坪縣立簡師學校，彌渡縣立簡師學校。

3、增設特别師範科

(1) 二班。

(2) 一〇〇人。

(3) 就原有省立昆華體育師範學校及藝術師範學校各招生一班。

4、增設簡易師範科

(1) 增設一五班。

(2)招生乂五〇人。

(3)設科地点及校名：省立武定初級中學，會澤初級中學，鹽興初級中學，景東初級中學，曲靖中學，開廣中學，騰越中學，順甯中學，永勝初級中學。

5、舉辦國民教育師資進修班

(1)五〇班

(2)國教分區視導員辦事處主辦。

(3)就國教分區視導員辦事處設班辦理。

(4)抽調在職及擬任之代用教員五、〇〇〇人。

6、舉辦國民教育師資短期訓練班。

(1)一二〇班。

(2)國教分區視導員辦事處主辦

(3)就國教分區視導員辦事處設班辦理。

(4)受訓人數：一二、五九〇人。(累計)

(5)調訓擬任之國教師資，訓練三月至六月。

7、設置初級中學三年級師資訓練科目

(1)設置二二班

(2)預計修習師資科目學生一一〇〇人。

八舉辦暑期講習會及函授學校

1、暑期講習會

(1)由師範分區各省立師範學校主辦。

(2)就各師範學校所在地舉辦，全省計分九個師範區。

(3)講習人數約一、八〇〇人，就現任小學教員及代用教員輪流抽調。

(4)講習期間半月至一月

(5)由各分區考核，呈教育廳核定執行。

2、函授學校

本省因交通不便，情形特殊，函授學校，擬不舉辦。

九、本年度所需師資訓練經費數

(一)師範學校經費數：九〇〇、〇〇〇元。

1、原有學校經費三六〇、〇〇〇元。

2、增設班級經費五四〇、〇〇〇元。

(二)簡易師範學校經費數：一、八〇〇、〇〇〇元。

1、原有學校經費二〤〇、〇〇〇元。

2、增設學校及班級經費一、五三〇、〇〇〇元。

(三)特別師範科經費數：〤二〇、〇〇〇元。

1、原有班級經費：〤二〇、〇〇〇元。

2、增設班級經費（無）

(四)簡易師範科經費數：三六〇、〇〇〇元。

1、原有班級經費二二五、〇〇〇元。

2、增設班級經費一三五、〇〇〇元。

(五)進修班經費數：一三五、〇〇〇元。

(六)短期訓練班經費數：三六〇、〇〇〇元。

(七)設置初中三年級師訓科目經費：一五一、七五〇元。

(八)暑期講習會經費：二五、〇〇〇元。

(九)師範生全公費待遇經費：一〇、六〇〇元。

(十)清寒優秀師範生獎學金經費：二三〇、四〇〇元。

十八、上項經費之籌集

(一)原有師資訓練經費三六〇、七五〇元。

(二)自行籌增師資訓練經費一、七七七、五〇〇元。

(三)擬請中央補助經費一、七七七、五〇〇元。

第二年

一、本年所需師資數：二五、〇〇〇人。

1、中心學校一、五〇〇所，（累計）需師資九、〇〇〇人。

2、國民學校八、〇〇〇所（累計）需師資一六、〇〇〇人。

3、離職教員及不合格教補充人數約二、〇〇〇人。

二、登記及檢定合格之教員人數：一〇、七七〇人。

1、中心學校教員三、五二〇人。

2、國民學校教員七、二五〇人。

三、代用教員人數：

1、中心學校代用教員六、二四〇人。

2、國民學校代用教員一一、二五〇人。

四、除登記檢定合格教員及代用教員外，本年應行補充之師資数

1、應補充之中心學校教員五、四八〇人。

2、應補充之國民學校教員八、七五〇人。

3、離職教員及不合格教員應行補充人数二、〇〇〇人。

五、本年補充師資之來源

1、師範學校畢業生六六〇人。

2、簡師學校畢業生五〇〇人。

3、特別師範科畢業生一〇〇人。

4、簡易師範科畢業生二、〇〇〇人。

5. 設置國民教育師資進修班
(1) 五〇班。
(2) 由國教分區視導員辦事處主辦。
(3) 就國教分區視導員辦事處設班辦理。
(4) 抽調在職及擬任之代用教員五、〇〇〇人。
6. 設置國民教育師資短期訓練班
(1) 一二〇班
(2) 由國教分區視導員辦事處主辦。
(3) 就國教分區視導員辦事處設班辦理。
(4) 受訓人數：(累計)一二、五九〇人。

（5）調訓擬任之國教師資，訓練三月至六月。

六、本學年度終了時合格教員約百分之四三。

七、下年所需師資之訓練班級

1、增設師範學校班級

師範學校，照第二年辦法辦理，保持十所，一六〇級，學生八、〇〇〇人。

不再推廣，俟實施五年終了時，另案計劃。

2、增設簡易師範學校班級

簡易師範學校在第三年各校各級實習生實習期間，繼續收生，仍保持五〇所，三〇〇學級，學生一五、〇〇〇之設置。

3、增設特別師範科班級

特别師範科，仍照原有八學級設置，學生四〇〇人。

4、增設簡易師範科班級

簡易師範科、就原有學校、繼續招生六〇學級、學生三、〇〇〇人。

5、舉辦國民教育師資進修班

(1) 六〇班

(2) 由國教分區視導員辦事處主辦。

(3) 就國教分區視導員辦事處設班辦理。

(4) 抽調在職及擬任之代用教員六、〇〇〇人。

6. 舉辦國民教育師資短期訓練班

(1) 一五〇班

(2)由國教分區視導員辦事處主辦。

(3)就國教分區視導員辦事處設班辦理。

(4)受訓人數(累計)一四·四七〇人。

(5)調訓擬任之國教師資訓練三月至六月。

7.設置初中三年級師資訓練科目

(1)設置二二班

(2)預計修習師資科目學生一、一〇〇人。

八、舉辦暑期講習會及函授學校

1.暑期講習會

(1)由師範分區各省立師範學校主辦。

(2)就各師範學校所在地舉辦。

(3)講習人數約二·〇〇〇人、就現任小學教員及代用教員輪流抽調。

(4)講習期間、半月至一月。

(5)由各分區考核、呈教育廳核定執行。

2、函授學校(無)

九、本年度所需師資訓練經費

(一)師範學校經費一·四四〇·〇〇〇元。

1、原有學校經費三六〇·〇〇〇元。

2、增設班級經費一·〇八〇·〇〇〇元。

(二)簡易師範學校經費二·七〇〇·〇〇〇元。

1、原有學校經費二七〇、〇〇〇元。

2、增設學校及班級經費二、四三〇、〇〇〇元

（三）特別師範科經費七二、〇〇〇元。

1、原有班級經費七二、〇〇〇元。

2、增設班級經費（無）

（四）簡易師範科經費五四〇、〇〇〇元。

1、原有班級經費二二五、〇〇〇元。

2、增設班級經費三一五、〇〇〇元。

（五）進修班經費二二五、〇〇〇元。

（六）短期訓練班經費五六六、五五〇元。

雲南省教育廳

（七）設置初中三年級師訓科目經費一一、二五〇元。

（八）暑期講習會經費二五、〇〇〇元。

（九）師範生全公費待遇經費二七、〇〇〇元。

（十）清寒優秀師範生獎學金經費三四七、〇四〇元。

十、上項經費之籌集

（一）原有師資訓練經費四八二、二九〇元。

（二）自行籌增師資訓練經費二、七三五、七七五元。

（三）擬請中央補助經費二、七三五、七七五元。

第三年

一、本年所需師資數：三一、〇〇〇人。

1、中心學校一、五〇〇所、需師資九、〇〇〇人。

2、國民學校一一、〇〇〇所、需師資二二、〇〇〇人。

3、離職教員及不合格教員補充人數二、五〇〇人。

二、登記及檢定合格之教員人數：一五、九七〇人。

1、中心學校教員五、二二〇人。

2、國民學校教員一〇、七五〇人。

三、代用教員人數：一五、〇三〇人。

1、中心學校代用教員三、七八〇人。

2、國民学校代用教員一一、二五〇人。

四、除登記檢定合格教員及代用教員外，本年應行補充之師資數：

1、應行補充之中心学校教員三、七八〇人。

2、應行補充之國民学校教員一一、二五〇人。

3、離職教員及不合格教員應行補充人數二、五〇〇人。

五、本年補充師資之來源：

1、師範学校畢業生一、六〇〇人。

2、簡師学校畢業生　五〇〇人。

3、特別師範科畢業生一〇〇人。

4、簡易師範科畢業生　三、〇〇〇人。

5、設置國民教育師資進修班

(1)六〇班

(2)由國教分區視導員辦事處主辦。

(3)就國教分區視導員辦事處設班辦理。

(4)抽調在職及擬任之代用教員六、〇〇〇人。

6、設置國教師資短期訓練班

(1)一五〇班

(2)由國教分區視導員辦事處主辦。

(3)就國教分區視導員辦事處設班辦理。

(4)受訓人數：一四、四七〇人。

（5）調訓擬任之國教師資訓練三月至六月。

六、本學年度終了時合格教員約百分之五一。

七、下年所需師資之訓練班級。

1、增設師範學校班級

師範學校、照第三年辦法辦理、保持一〇所、一六〇級、學生八〇〇〇人、不再推廣、俟實施五年終了時、另案計劃。

2、增設簡易師範學校班級

簡易師範學校在第四年各校各級實習生實習期間、繼續招生、仍保持五〇所、三〇〇學級、學生一五、〇〇〇人之設置。

3、增設特别師範科班級

特別師範科、仍照原有八學級設置、學生四〇〇人。

4、增設簡易師範科班級、仍就原有學校、繼續招生六〇學級，學生三、〇〇〇人。

5、舉辦國民教育師資進修班。

(1)六〇班。

(2)由國教分區視導員辦事處主辦。

(3)就國教分區視導員辦事處設班辦理。

(4)抽調在職及擬任之代用教員六、五〇〇人。

6、舉辦國民教育師資短期訓練班。

(1)一五〇班

(2)由國教分區視導員辦事處主辦。

(3)就國教分區視導員辦事處設班辦理。

(4)受訓人數：二一四、八三〇人。

(5)調訓擬任之國教師資訓練三月至六月。

7、設置初中三年級師資訓練科目

(1)設置二二班。

(2)預計修習師資科目學生一一、一〇〇人。

八、舉辦暑期講習會及函授學校

1、暑期講習會

(1)由師範分區各省立師範學校主辦。

(2)就各師範學校所在地舉辦。

(3)講習人數:二五〇〇人。就現任小學教員及代用教員輪流抽調。

(4)講習期間:半月至一月。

(5)由各分區考核,呈教育廳核定執行。

2、函授學校(無)

九、本年度所需師資訓練經費。

一師範學校經費一、四四〇、〇〇〇元。

(1)原有學校經費三六〇、〇〇〇元。

(2)增設班級經費一、〇八〇、〇〇〇元。

（二）簡易師範學校經費二七〇、〇〇〇元。

1、原有學校經費二七〇、〇〇〇元。

2、增設學校及班級經費二、四三〇、〇〇〇元。

（三）特别師範科經費七二、〇〇〇元。

1、原有班級經費七二、〇〇〇元。

2、增設班級經費（無）

（四）簡易師範科經費五四〇、〇〇〇元。

1、原有班級經費二二五、〇〇〇元。

2、增設班級經費三一五、〇〇〇元。

（五）進修班經費二七〇、〇〇〇元。

(六)短期訓練班經費六五一、一五〇元。

(七)設置初中三年級師訓科目經費一一、二五〇元。

(八)暑期講習會經費二五、〇〇〇元。

(九)師範生全公費待遇經費二七、〇〇〇元。

(十)清寒優秀師範生獎學金經費三四七、〇四〇元。

十八、上項經費之籌集。

(一)原有師資訓練經費四八二、二九〇元。

(二)自行籌增師資訓練經費二、八〇〇、五七五元。

(三)擬請中央補助經費二、八〇〇、五七五元。

第四年

一、本年所需師資數：三七、〇〇〇人。

1.中心學校一、五〇〇所需師資九、〇〇〇人。

2.國民學校一四、〇〇〇所需師資二八、〇〇〇人。

3.離職教員及不合格教員補充人數三、〇〇〇人。

二、登記及檢定合格之教員人數：二三、一七〇人。

1.中心學校教員七、九二〇人。

2.國民學校教員一六、二五〇人。

三、代用教員人數二二、八三〇人。

1.中心學校代用教員一、〇八〇人。

2、國民學校代用教員一、七五〇人。

四、除登記檢定合格教員及代用教員外，本年應行補充之師資數

1、應行補充之中心學校教員一、〇八〇人。

2、應行補充之國民學校教員二、七五〇人。

3、離職教員及不合格教員應行補充人數二、五〇〇人。

五、本年補充師資之來源

1、師範學校畢業生二、六〇〇人。

2、簡師學校畢業生二、五〇〇人。

3、特別師範科畢業生一〇〇人。

4、簡易師範科畢業生三、〇〇〇人。

5、設置國民教育師資進修班

(1)六〇班。

(2)由國教分區視導員辦事處主辦。

(3)就國教分區視導員辦事處設班辦理。

(4)抽調在職及擬任之代用教員六、五〇〇人。

6、設置國民教育師資短期訓練班

(1)一五〇班。

(2)由國教分區視導員辦處主辦。

(3)就國教分區視導員辦事處設班辦理

(4)受訓人數：一四、八三〇人。（累計）

(5)調訓擬任之國教師資訓練三月至六月。

六、本學年度終了時合格教員約百分之六二。

七、下年所需師資之訓練班級

下年所需師資之訓練班級，依照本省國民教育五年計劃，應仍照第四年辦法辦理。本計劃係照四年計算，餘從畧。

八、舉辦暑期講習會及函授學校

1.暑期講習會

(1)由師範分區各省立師範學校主辦。

(2)就各師範學校所在地舉辦。

(3)講習人數二三、〇〇〇人。就現任小學教員及代用教員輪流抽調。

(4)講習期間、半月至一月。

2、益設學校(無)

九、本年度所需師資訓練經費

(一)師範學校經費一、四四〇、〇〇〇元。

1.原有學校經費三六〇、〇〇〇元。

2、增設班級經費一、〇八〇、〇〇〇元。

(二)簡易師範學校經費二、七〇〇、〇〇〇元。

1. 原有學校經費二七○、○○○元

2. 增設學校及班級經費二、四三○、○○○元。

(三) 特別師範科經費七二、○○○元。

1. 原有班級經費七二、○○○元。

2. 增設班級經費(無)

(四) 簡易師範科經費五四○、○○○元。

1 原有班級經費二二五、○○○元。

2 增設班級經費三一五、○○○元。

(五) 進修班經費二九二五○○元。

(六) 短期訓練班經費六六七、三五○元。

（七）設置初中三年級師訓科目經費一、二五〇元。

（八）暑期講習會經費二五、〇〇〇元。

（九）師範生全公費待遇經費二七、〇〇〇元。

（十）清寒優秀師範生奬學金經費三四七、〇四〇元。

十八、上項經費之籌集

（一）原有師資訓練經費四八二、二九〇元。

（二）自行籌增師資訓練經費二、八一九、九二五元。

（三）擬請中央補助經費二、八一九、九二五元。

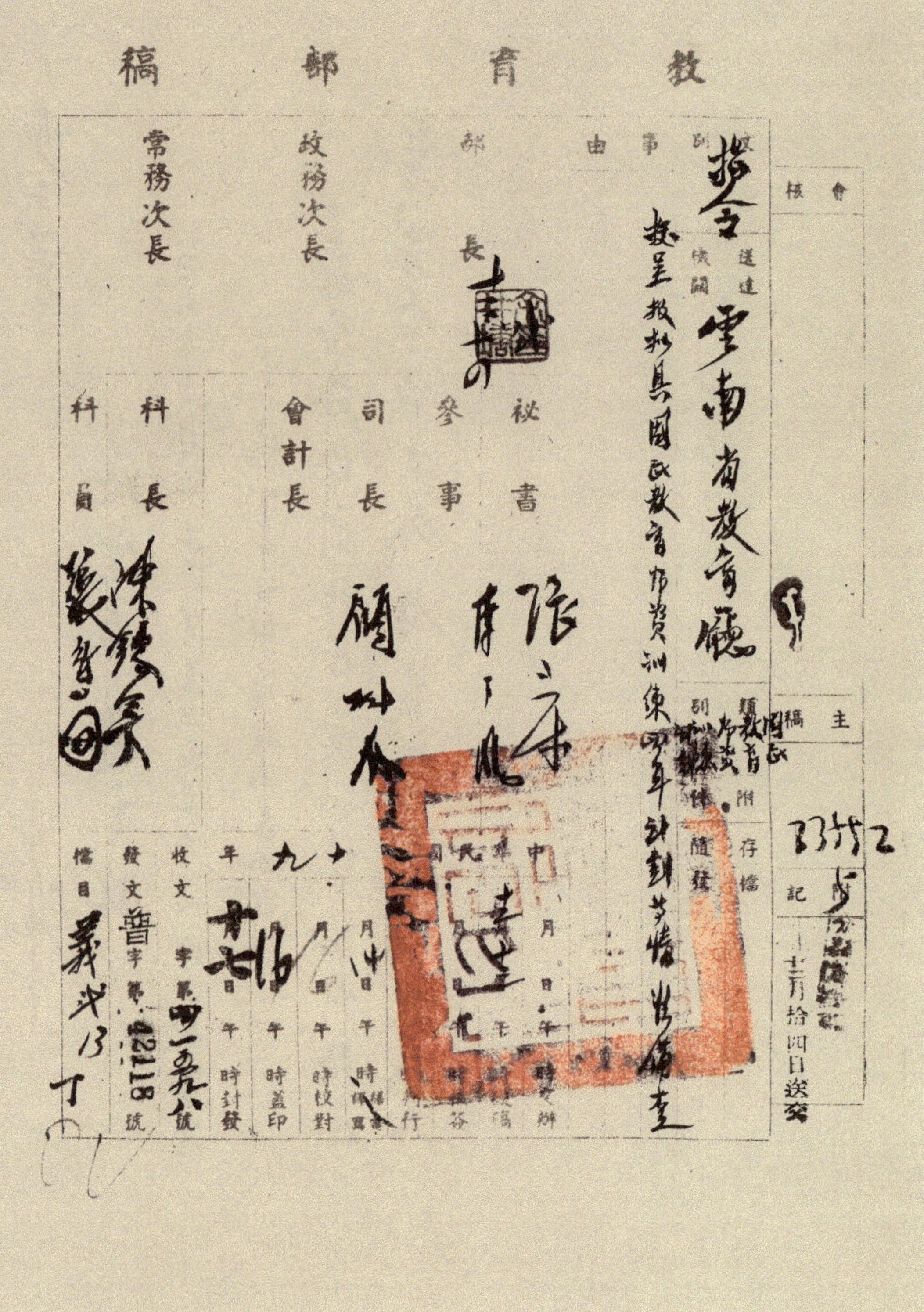

教育部稿

文別	指令
送達機關	雲南省教育廳
事由	
部長	
政務次長	
常務次長	
秘書	
參事	
司長	
會計長	
科長	
科員	
主稿	
附件	
存檔	
會核	
記	十二月拾四日送來
收文	字第 號
發文	普字第42118號
檔目	

年 月 日 午 時 交辦
年 月 日 午 時 擬稿
年 月 日 午 時 繕寫
年 月 日 午 時 校對
年 月 日 午 時 蓋印
年 月 日 午 時 封發

指令　字第　号

令云南省教育厅

二十九年十一月呈一件，为呈报抄具本省国民教育师资训练五年计划请核示遵由。

呈件均悉。除关于师资训练经费部份应俟另令饬遵外，余准备查。此令。

部长　陈

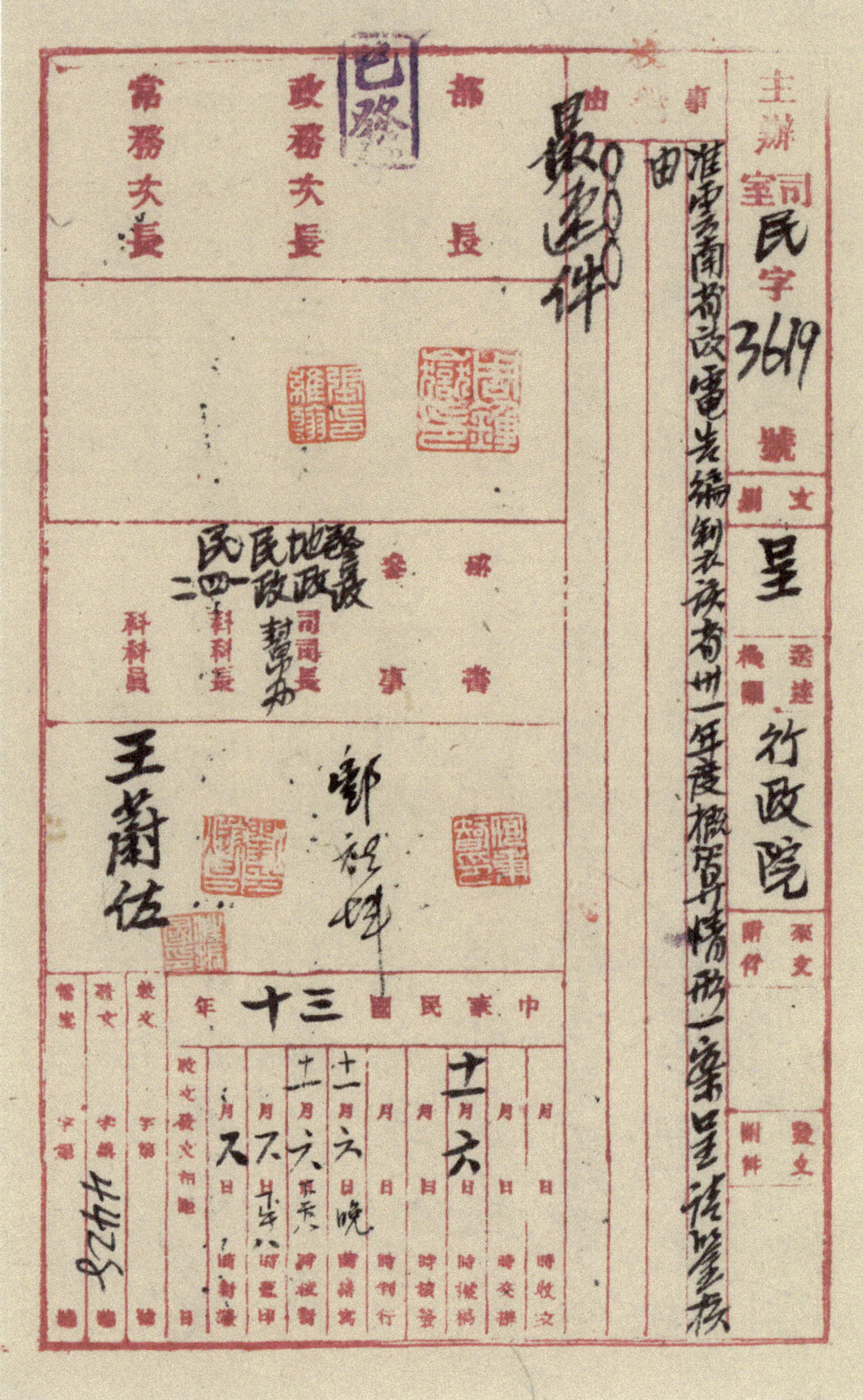

主辦司室 民字3619號

文別 呈

送達機關 行政院

來文附件

發文附件

事由 准雲南省政電告編制本省卅一年度概算情形一案呈請鑒核

最速件

部長

政務次長

常務次長

秘書

參事

司長 民政司長

科長 地政科長

科員 民二〇一 幫辦

鄭□姓

王蘭佐

中華民國三十年

十二月六日 時收文

十一月六日 時擬辦

十一月六日晚 時送核

十一月六日 時判行

月不日 時繕寫

月 日 時校對

月 日 時蓋印

月不日 時封發

文別 字號

發文 字第44728號

收文 字號

檔案 字號

呈

案准雲南省政府酉川办機電，以雲南三十一年度概算已造具付郵，滇省歲收自改征後田賦約六七千萬元，其他各項收入約共三萬々元，所造滇省三十一年度概算數尚不及半數，所有舉办户籍申振地價充實警察等经費，請一併列入等由；准此，查該省府造三十一年度概算當已到院，爰就本部主管事项，開列意見於下：

一、該省對於縣各級幹部之訓練，尚未開始，依照本部與中央訓練委員會所定之各省三年訓練計畫，該省於三十一年度應訓現任人員及非現任人員全部十分之四，計縣屬人員一萬一千九百五十二人，鄉鎮人員二萬一千三百零四人（保甲人員十三萬二千四百七十二人），該省三十一年度應列訓練經費如左：

（一）省訓練委員會經費　一三〇、〇〇〇元

（二）省訓練團經費　四七八〇、八〇〇元

（三）區訓練所經費　六、三九〇、三〇〇元

以上三項共合計一一三九一、一〇〇元（該省應補助各

縣訓經費八一〇、五二七元未列在內）

二、該省政府民政廳在三十一年度內應增

設户政科，其組織依本部所定標準應設

科長技正各一人，薦任，科員技士各五人，委任，督導員五人，一人薦任，四人委任，依照文官官等官俸表最高級計薪，全年共支薪俸四八〇〇〇元，又办公費按照每人月支十元計算，全年共支二〇四〇元，督導費按每縣每年平均督導半月，每日以二十元計，薪共支三八四〇〇元，總共應列支八八四四〇元。又該省三十一年度應增設户政幹部訓練班訓練

佩二○字

所属各县市局户政人员，計每县调训二人，每人每月以二百元計，為三個月為六百元，連同实习经費二百元，每人共需八百元，該省一三八县應调训二五六人，共需二○四、八○○元，以上两项共應列支二九三、二四○元。

三、該省地價申报事业費，依照本部办理川康等省重要城市地價申报三十一年度经費概算書所列，計為七一九、五○○元。又該省地政事業日有進展，三十一年度應即成立省地政局，以為全省主管行政之機關，其行政經費每月一五〇〇〇元，全年合計一六〇，〇〇〇元，均應列入該省三十年度概算內。

四、該省於二十九年成立省警察訓練所，以來本部均按年撥補經費，以資倡導，并由本部派遣教務人員協助辦理，當茲積極實施新縣制之際，該省并擬於大理蒙自設立警察訓練所需要訓練警察幹部尤爲殷切，除由本部於三十一年度擬補助該所警察設備及教育經費七萬元外，該省應再列警察訓練經費三二五,〇〇〇元，以利警訓。又[illegible]該省三十一年度歲出概算中關於充實警察機構設備及辦理福利事業各項經費，業由本部擬訂專案呈 院，現仍照前案辦理，請領列支数目如次：

（一）充实省警务主管机构　一〇，〇〇〇元

（二）充实警察武器等设备　三八一，〇〇〇元

（三）办理警察福利事业　四〇，〇〇〇元

以上合计（三项共）　四三一，〇〇〇元

准电前由，理合将以上十万元呈请

鉴核示遵。谨呈

行政院

傳觀蓋章

中華民國　月　日

繕寫

校對

監印　監印段貢元

查雲南省地價申報業費，依照本部辦理川康等省重要城市地價申報卅一年度經費概算書所列，計為七一九，五〇〇元；又該省地政事業日有進展，卅一年度應即成立省地政局，以為全省主管行政之機關，其行政經常費每月一五〇〇〇元，全年合計一八〇，〇〇〇元，均應請列入該省卅一年度概算內。

此致

民政司

地政司簽　十一月六日

查云南省对於本部干部训练尚未开始，依照（本部与中央训练委员会订定之各省三年训练计划）该省於三十一年度应训现任人员及非现任人员全部十分之四，计开应训人员一万一千九百五十名（乡镇人员二万一千三百八十四人，保甲人员十二万二千四百七十六人），该省三十一年度应列训练经费如左：

一、省训练委员会经费　　一二〇、〇〇〇元

二、省训练团经费　　四、七八〇、八〇〇元

三、区训练班经费　　六、三九〇、三〇〇元

合计 一、二九一、二〇〇元

附注 该省府补助各县训练经费八一〇、五二七元未列在内关于户政经费：

云南省政府民政厅在卅一年度内应增设户政科，其组织依本省所定标准，应设科长以技正各一人，荐任，科员技士各五人，委任，督导员五人，一人荐任，四人委任，依照各省市待遇表最高级计薪，全年共支薪俸洋四八，〇〇〇元，又办公费按每人月支十元计算，全年支洋二，〇四〇元，督导费按每员每年平均督导半月，每日以二十元计算，共洋三八，四〇〇元，总共应列支洋八八，四四〇元。

又该省卅一年度应增设户政干部训练班，训

練所属各縣市局所人員，計每縣調訓二人，每人每月以二百計薪，三個月為六百元，連同實習結業二百元，每人共需洋八百元，該省一二八縣，應調訓二五六人，共需洋二○四，八○○元。

以上兩項共應列支洋二九三，二四○元。

速缮

雲南省

查雲南省於先年成立省警察訓練所以來，本部均按年撥補經費以資倡導，並由本部派遣教務人員協助辦理，亦頗積極。實施新縣制之際，該省并擬於大理縣自設立警察訓練分所，需要訓練警察辦御尤為殷切。除本部於三十一年度擬補助該所建築設備及教育經費七萬元之外，該省應再列建築訓練

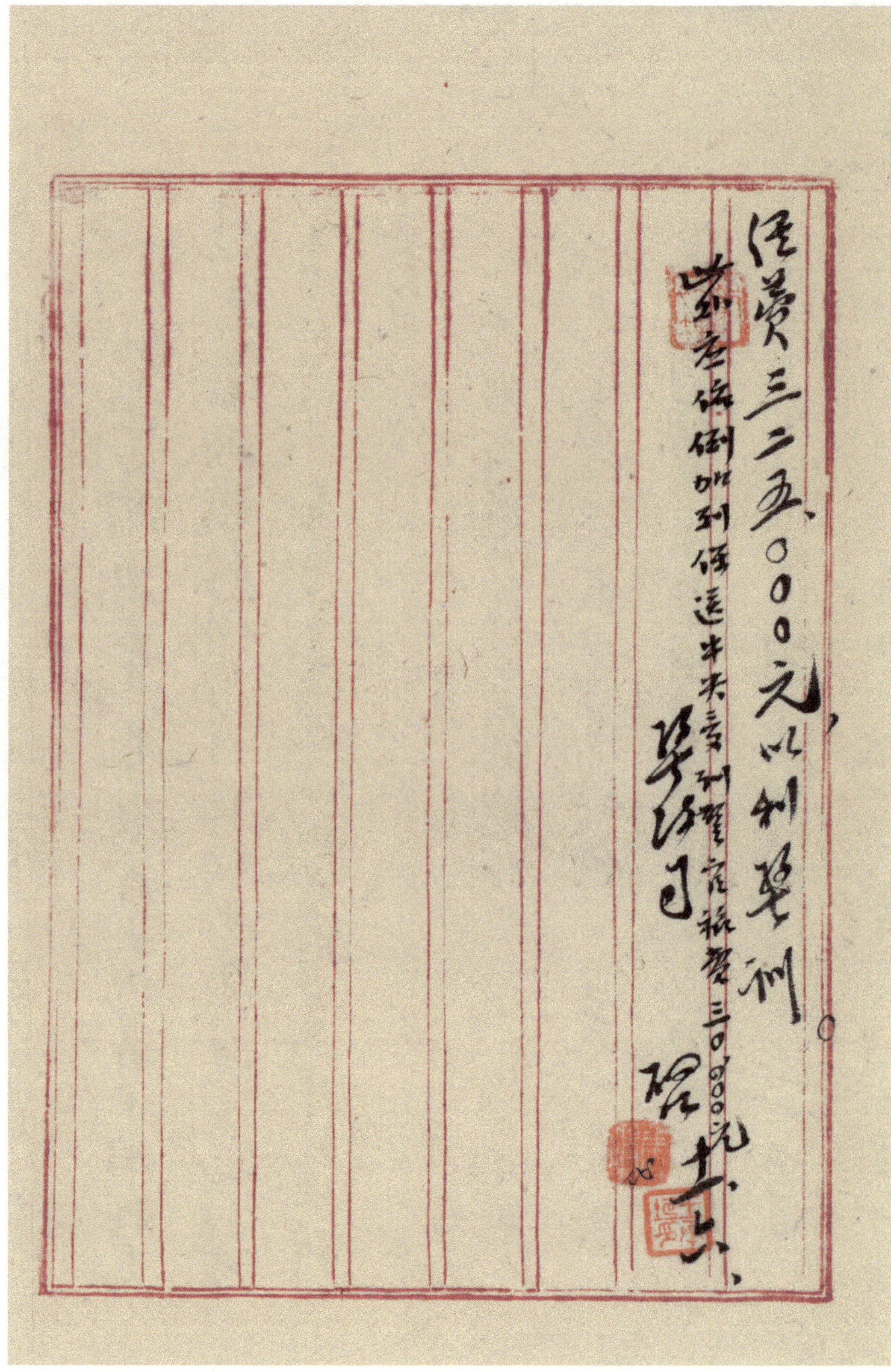
经费三二五〇〇〇元，以利琴训。
[illegible]三〇〇〇〇〇元。
[illegible]

速件

查云南省三十一年度岁出概算中关于充实警察机构设备及办理福利事业各项经费业由部拟订专案呈院现拟仍照前案办理计须列支数目如次

一、充实省警务处机构　一〇，〇〇〇元

六、充实警察武器并设备　三八一，〇〇〇

三、办理警察福利事业　四〇，〇〇〇

以上共计　四三一，〇〇〇

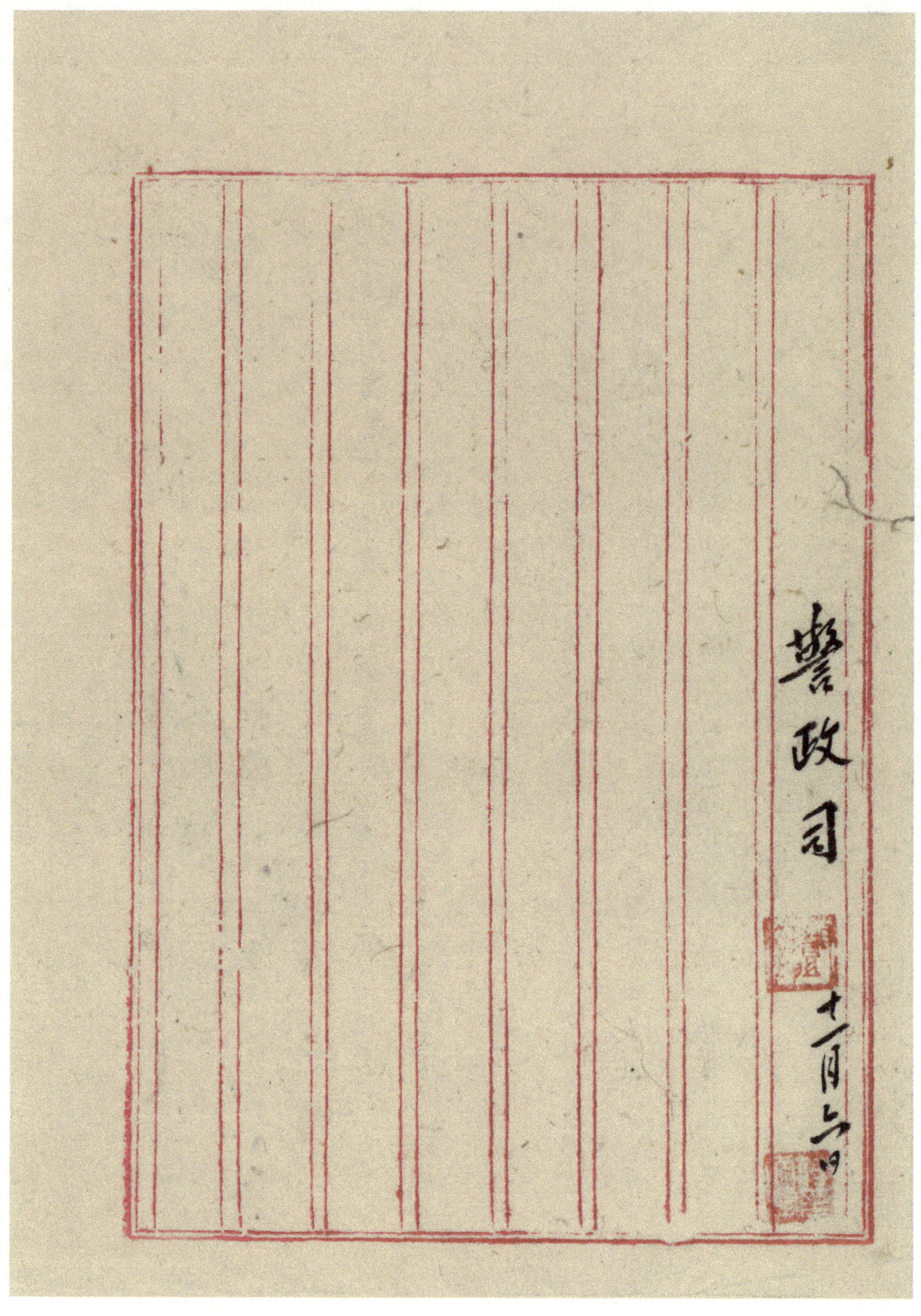
警政司
十一月六日

民國二十七年年報

(甲)重要改革及進行事項

(一)盐運使公署裁併管理局　雲南盐運使公署，前年曾迭奉部令裁併管理局，惟以地方情形稍有不同，致以稽延實行，經與雲南省政府等迭次妥商，乃於本年六月一日實現。其原有運署經管事務、均由管理局接管辦理，運署轄屬各場署場務所緝私關卡等，亦由原隸管理局管轄之各稅局及新組之稅警區隊，先後接收合併改組，管理局於接辦運署事務後，內部組織，即遵照「財政部盐務總局組織法」組設總務、會計、產銷、稅警四課；局以下於白井區設一場公署，轄白井、雲龍、喇雞、喬后、彌沙五場務所，於磨黑區設一場公署，轄按板、石膏、香盐、益香、鳳崗、

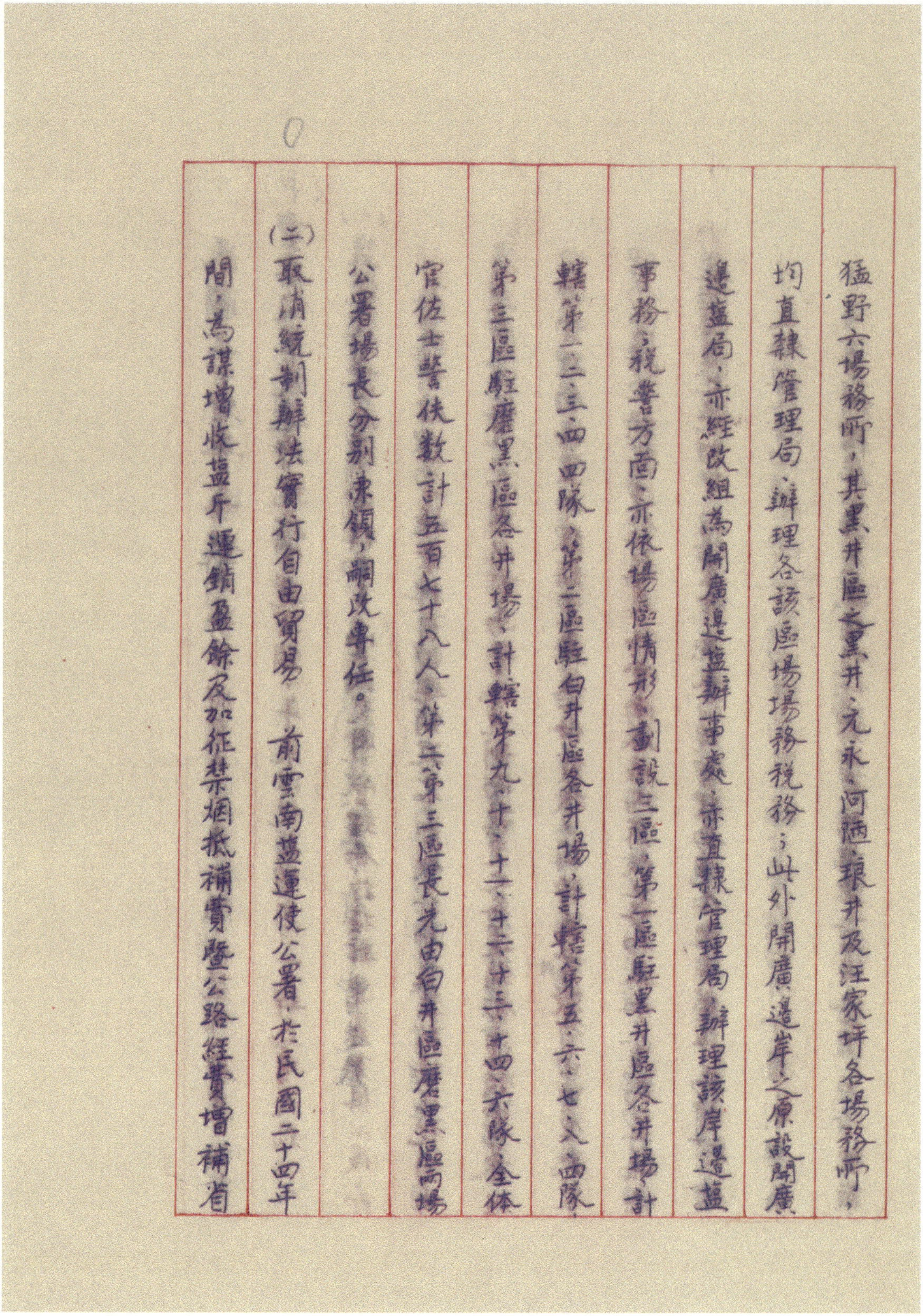

猛野六場務所，其黑井區之黑井、元永、阿陋、琅井及汪家坪各場務所，均直隸管理局，辦理各該區場場務稅務；此外開廣邊岸之原設開廣邊鹽局，亦經改組為開廣邊鹽辦事處，亦直隸管理局，辦理該岸邊鹽事務。稅警方面，亦依場區情形，劃設三區，第一區駐黑井區各井場，計轄第一、二、三、四四隊，第二區駐白井區各井場，計轄第五、六、七、八四隊，第三區駐磨黑區各井場，計轄第九、十、十一、十二、十三、十四六隊，全体官佐士警伕數計五百七十八人，第二、第三區長先由白井區磨黑區兩場公署場長分別兼領，嗣改專任。

（二）取消統制辦法實行自由貿易 前雲南鹽運使公署，於民國二十四年間，為謀增收鹽斤運銷盈餘及加征禁烟抵補費暨公路經費增補省用起見，實施盐務統制辦法，將黑井、元永、阿陋、白盐井、磨黑、按板、等六重要場區，統行官運官銷，年來以稅額增高，官辦各項支銷加大，以致銷情疲滯，囤積日多，官民交困。管理局於接辦運署事務以後，即取消統制辦法，一律實行自由運銷政策，嗣實行新盐法，就場征稅，自由貿易之先聲。所有以前為實施統制而設置之各運銷局、運銷處等組織，均於積存盐斤售銷完畢後一併裁撤。同時為貫徹自由貿易政策，防止操縱，調劑運銷起見，於雲南全區內商販最為集中，且為盐運集散總滙之昆明市，設置常平倉，由管理局運存常平盐，以為調劑銷市之樞紐。

(三)積極籌辦增產加運　抗戰以後，國內產盐最豐之沿海地帶，先後被敵蹂躪、產運均蒙阻碍，雲南為後方重心之一，井產蘊藏豐富，爰秉承中樞意旨積極籌辦增產加運。關於產之方面，除通飭黑井場就原有井硐督責其灶戶儘量產製外，以過去舉因產銷為數有限，採製均墨守陳規，管理局特就局內組設技術室，增聘技術員，從事于礦層地質之調查、硐路之整修、硐場水患之防範、煎製方法之改進等等技術方面之研究與實施，尤以黑井區內各井場距省市最近，運道亦最便捷，應定為初步增產之中心，因派技術員常川駐場督導進行，俾期迅見實效。現在計劃實行者，計有：(一)改善元永井採法通風，(二)提修現祇產礦之礦用硐，(三)提修現祇產滷之燈樓硐，(四)開發摩連硐，(五)提修陸元硐及小井房硐，(六)修理黑井場之東井大華、中興、豐樂各井硐。

關于運之方面，因爲定黑井區各井場爲初步增產之中心，此項增產鹽斤，尤有迅速運集省市存備濟銷外岸之必要，是經於運道中心之老哨地方設置黑井區鹽斤督運處，以爲專責籌辦移運黑區產鹽之機關，另於一平浪、楊話及羊老哨各設官倉一所，以爲存儲轉運之輔助機構，將來產銷需要增多時，再將上項組織續予擴大及推廣。

（四）購置載運鹽斤柴油汽車。滇省交通阻滯，向來鹽運，均藉馱馬或人工揹運，行旅而費貴。其黑井區各井場鹽，因臨通滇西公路，近來以馱馬人伕徵發頻仍，來源甚稀，需要亦切，索費愈貴，狡黠商人，遂更有以已到鹽斤，囤積居奇，促成鹽價之高漲。釜底抽薪，實需公備新式運輸工具，以便隨時濟運。且滇緬公路業已通車，俾區鹽亦可逐漸推行車運，都市所需滇鹽暢銷，更非有行駛載重之車輛不可。以此種種，乃呈請先行購撥柴油卡車十輛，每輛載重四公噸，業於本年十二月間先後到齊，併即開始實行載運矣。

(五)調整開廣邊岸鹽務　開廣邊岸，原轄文山、馬關、硯山、屏邊、西疇、廣南、富寧七縣及河口、麻栗坡兩對汛區。查該岸官鹽之來源有二：其一為借銷粵鹽，自剝隘地方進口，經富寧梓放辦事處梓放，年額計定二千担；又一為自磨黑場鹽運經元江轉運石屏，再東運至蒙自，然後分銷岸內各地。為調劑售價，誘導人民購食計，每担免征鹽股捐新幣六角。(折合國幣三角)管理局接辦運署事務後，關于該鹽之限制辦法，業予改正，對于該鹽侵銷國境，取絕對杜禁主義，以資維護國產銷市。其次蒙自、開遠、邱北三縣區，向歸正岸，以邊鹽既必須經過蒙自集散，自不無倒灌該三縣區充銷情弊，為便利管理運銷計，於本年九月起將該三縣一併劃歸關廣邊岸，復以該邊岸轄區既廣，與越南接壤地帶，又復荒僻窵遠，在未能充分實施管理機能以前，暫取包商認辦之過渡辦法，經核定由永興公司認辦，除貯銷之零鹽外，年認銷額三萬三千担，如有短虧，照諸全部稅捐。其由磨黑場運至蒙自鹽斤，因該線運道阻馬腳時虞缺乏，在未能改進運輸方法以前，為謀鹽運之不致告斷計，亦暫取包商承運之過渡辦法，經核定由寶威社余澤貽承辦，月額六千五百五十担，每担核定運費新幣十六元五角八分，在磨黑須發上腳新幣十一元五角（合國幣五七五元），加給折耗一斤；但因境內馬腳徵發頻繁，運費續有增漲，而自八月二十日起至十二月底，僅得抄運九千二百八十担，邊鹽來源既絀，鹽價大漲，鹽荒堪慮，管理局為顧全岸銷計，特自黑井區元永井場辦運鹽斤至昆明，轉由滇越鐵路載運濟銷，因得消弭邊岸鹽荒于無形。

（六）啓封蒙包課井整理欠課　雲南地處偏僻，井場散漫，除重要正井設置場公署或場務所管理外，其如地處邊遠，或產數微小，不便設官管理，暨有其他特殊情形之產鹽井硐，得經呈准招商包認煎銷數額，按繳課款，實行煎銷，但如認為足以妨碍正井，或有衝銷與其他情弊者，得隨時呈准予以封閉或改歸官辦。麼黑區屬蒙包課井，前因產量無多，且影響按板井銷岸，經由前運署呈准封閉，旋因前包課商紀星南欠課甚鉅，又其與新任景東包課井包課商馮朝樑柴薪糾紛無法解決，特准開後，仍由紀商承辦，認額年計二、五〇〇担，於包期内除按月解繳新課外，并將舊欠照數搭繳清楚，已呈准於本年十二月一日啓封，即以是日為紀商重新開始認辦日期。又景東包課井，在先亦為紀商認辦，因欠課甚鉅，由前運署飭由馮朝樑接辦，所有紀商任内已經辦備大量柴薪，亦經飭由馮商按值購用，其購價解抵紀商欠課，嗣以馮商接辦以後，應繳課款亦續有延欠，且與紀前商柴薪糾紛遷延無法解決，井務因以牽累，為顧全課款及清結懸案計，方呈准由該紀商先繳以前欠半數，于本年十月起，責成仍由紀商接辦，認額年計五、〇〇担，其餘欠課半數，一併搭繳至包期完了時清結。併以顧念該商解課責重，兼受匪患影響，收不敷支，因特案呈准將前規定最多產製茂愛井不得超過四千五百担、景東井不得超過八千担之限制，予以取締，准由該商儘量煎製，其超出四千五百担（茂愛井）及八千担（景東井）之溢煎鹽斤，以半數照新煎新銷之溢鹽，按照定章征收稅捐，作為「包井溢額鹽課」，其餘半數鹽斤，應徵之稅捐，撥抵該商應行搭繳之舊欠。

（七）封閉安樂及恢舊两包課井　查阿陋場屬之安樂包課井場，在滇省廣通縣境，距阿陋井約八公里，距元永井約十二公里，產滷年計不過約一千三百担，且滷質淡薄，含鹽量不過為百分之三，產鹽行銷地段為廣通縣及雙柏縣之一部，歷有暗中買正場偷漏之私硤及地灰加泡煎製情弊，其銷市亦多衝銷正場銷岸，妨碍銷征，故經呈准於本年七月一日實行封閉。又黑井場屬之积薪包課井場，在武定縣境，距黑井約二百里，距武定縣城亦百五十里，井硐分上下井，上井日產滷約百六十担，含鹽量為百分之二，日產鹽約三百斤，下井日產滷約百三十担，含鹽量為百分之二·五，日產鹽約三百五十斤，行銷地段為元謀、武定、姜驛各縣，亦時有私鹽黑井場灶丁及黑灰私硔，尋攙蒐情弊，且碍及元永黑井兩王場銷征，前運署委包商李永慶、孫继成包期屆滿後，初定由該舊商續包，但認包手續，延不遵辦，因自本年四月間取消包商制，改由署派員督煎督銷辦法，終以地處偏僻，亦鮮成效，至六月二十日而廢井，遂呈准於是年八月十一日實行封閉。

（八）公益賣之帶征與協濟會之組設　本年十月十五日奉令於行銷鹽斤隨

税帶征每担公益費國幣一角，專款存儲，備作收容戰區難童及救濟災民費用。即自今月十六日起分令各場區起征，併遵令將所有已税未運及存倉在途之鹽一律補征，專款存儲備用。又今年十月十六日，奉令以現在戰區日益擴大，各地難民災童待拯孔亟，各區應設立協濟委員會，辦理救濟保育事務。遵即着手籌備，遴員組織，於年底籌備就緒，指定主持總務經理會計各組委員及幹事等，於元旦正式成立雲南鹽務管理局協濟難民難童委員會，併擬於成立後，依照奉頒協濟難民難童辦法大綱暨工作計劃大綱及委員會辦事規程各規定，開始實際工作。

（九）勘定香鳳井場税警振變事件　過去駐場場警名額雖多，餉額殊薄，

待遇不足養廉，不無有裁私、包私、庇私等惡習，改編稅警之後，餉額比較提
高，而部勒加嚴，積重驟返，難免反感，且有被裁不良分子從中蠱惑，
故整理較費周章。雲南區原駐香鹽、益香、鳳崗各井場之前第一、二、三［第四中隊］
三分隊場警，自改編第十一、十二、十三各隊稅警後，態度曖昧，初不就範，
對于新委隊長，抗不服從，復假三場駐警聯作一氣，跋扈恣睢，經多方
慰勗，勉維大局，旋以駐鳳崗場第十三隊第二分隊長楊雲貴，警士長鄭
有邦、李順祥，抗命撤職，乘機煽惑，竟斯合駐香鹽場稅警於本年九
月八日夜間發動嘩變，劫持長官，搶掠課款，并戕害第十一隊第二分
隊長徐鶴齡、第十三隊第三分隊長馮世青二員，一時情勢嚴重。並有
入擾磨黑井之企圖，磨黑場署得訊後，即經函請有關各縣將四圍河道

封鎖，嚴密堵截，並請駐寗洱第二殖邊督辦派隊勦撫，一面徵集壯丁保衛磨黑井場，該叛警等，見各方環境惡劣，先放回刦持長官，後派代表隊長楊海清至益香場務所輸誠，願交所刦解課二萬餘元，並回原防服務，經會商結果，該叛警等暫由景鎮劃歸指揮官李希哲統率，即將所刦解課如數歸還，並發給各警於三個月薪餉之遣散費，一律遣散。再該叛警等在香鹽鳳崗兩場暴動時，駐益香場稅警亦擬乘機蠢動，幸已事前防範，未釀成為事實，事後因亦給資遣散，所有駐該場等稅警，均經從新招募組練，警衛職務，均得逐漸納入正軌，整飭就緒。

（十）員司更動撮要　雲南區本年份中因裁併運署，改組各級場務機關，及取消以前鹽務統制辦法，改行自由貿易政策等重大變更，故員司更動頗多，茲撮誌重要者如次：

五月，籌備接收鹽運使署及改組各級場務機關，核委人員計：

管理局産銷課課長沈祖堃（由視察員調任）；

管理局税警課課長倪冲；

白井區鹽場公署場長兼税警第二區區長賈魁元；

白鹽井場務所主任許鴻舉；

雲龍井場務所主任楊澤著；

喬后井場務所主任王嘉壽（代理）；

喇雞井場務所主任趙世纓；

彌沙井場務所主任王季華；

磨黑區鹽場公署場長兼稅警第三區區長李文祥；

石膏井場務所主任王洪治；

按板井場務所主任李祖泰；

香鹽井場務所主任郝　焜；

益香井場務所主任饒鈞德；

鳳崗井場務所主任鄭　昇；

猛野井場務所主任秦衍修；

里井區稅警區區長孫　旭（代理）；

里井場務所主任王肇岐；

元永井場務所主任顧　誠；

阿𨑨井場務所主任錢維藩；

琅井場務所主任王存孝；

汪家坪場務所主任姜運鈞。

六月，雲南鹽運使署裁併管理局，鹽運使李培炎卸職；原任各場務所主任

令調管理局及白井鹽場署辦事者，計：

前琅井場務所主任高用中、前彌沙場務所主任吳熙、前汪家坪場務

所主任段祚洛三人。

山東鹽金山鹽場公署場長程知恥，調任管理局視察員。

調派管理局課員楊毓中任新設開廣邊鹽辦事處主任。

八月，管理局總務課課長張景垣，調任四川管理局辦事，遺缺派視

察員程知恥兼任。

磨黑區鹽場公署場長兼稅警區區長李文祥資遣，遺缺以正在該區視察之管理局視察員程知恥暫代。

鄧岸區稅警第一區區長張振華，調任稅警第一區（黑井區）區長，原任代理區長孫旭，調任稅警第三區（磨黑區）區佐。

九月，派汪王科專司會[illegible]核事宜。

十月，調派兩淮區十二圩總放鹽官張孟久任磨黑區鹽場公署場長兼稅警第三區區長，原任暫代場長兼區長程知恥，回任管理局視察員兼總務課課長。

十一月，調派管理局副局長巴慶文前赴海防辦理運輸事宜。

調派兩浙區稅警第三區區長張錦堂，任稅警第三區（磨黑區）區長，

原任東區長馮孟久專任場長。

調派黑井場務所主任王摩岐任喬后場務所主任。

十二月，調派喬后場務所主任王嘉壽任阿陋場務所主任，原任阿陋場務所主任錢維藩調任新任黑井區鹽務督運處主任。

調派管理局課員劉裕第任昆明市官倉辦事處主任。

（十一）鹽務機關改組後稅銷均增加。本年六月一日由管理局接收鹽運使署、接辦行政事務，署屬各場署等，亦令與各稅局合併，分別改組為場公署或場務所。原有場警、緝私隊，亦經改編為稅警，組織整一，積弊革除，行鹽制度，亦由前之統制辦法改行自由貿易政策，商

民經營，復行活躍，以是稅銷均畧有增加。（見下列各統計圖表）

(十二)產銷征解總表

項目		本年份	上年份 數目	上年份 增	上年份 減	前三年平均 數目	前三年平均 增	前三年平均 減
(一)鹽產		八七五	九五九		八四	八九一		一六
(二)按照準單放鹽數	放鹽準單	八二八	八二二	六		八三〇		二
	轉運準單	無	無			無		
	移轉準單	一二	無	一二		無	一二	
	合計	八四〇	八二二	一八		八三〇	一〇	
(三)稅收		四、七八四	四、二六〇	五二四		四、六三四	一五〇	
(四)雜收		三四	六〇		二六	四五		一一

項目		1	2	3	4	5	6	7
（五）經費	稽核機關	二六四	二七二		八	二四五	一九	
	行政機關	六	一四五		一三九	一五二		一四六
	緝私機關	四六	無	四六		無	四六	
	合計	三一六	四一七		一〇一	三九七		八一
（六）撥付當地機關		三、六〇二	二、二五二	一、三五〇		三、二二四	三七八	
（七）匯解總局	養老金	五	二	三		三	二	
	總局經費攤額	九	七	二		一〇		一
	外債攤額	一一二	一一七		五	一二〇		八
	建設專款及整理費	三二八	五四	二七四		一八	三一〇	

（說明）

(一)表内所列担数，均以一千市担為单位，所列款数，均以國幣一千元為单位。

(二)税收欄内，二十六年份列為二八九四，其中包括「雜收」六〇，未經分别列明，今為明瞭「税收」與「雜收」数目起見，於二十七年份表内分别列明，則二十六年份税收為二八三四，再加進上年份前運署直接征解之抵補費、公路費、工程費，估計数一四二六在内，則二十六年份税收数應為四二六〇，以資比較。

(三)二十七年份税收欄内，職局實收数為三九一〇，加進二十七年一月至五月歸前運署直接征解之抵補費、公路費、工程費及衛生費等估計数五七四及前運署統制運銷期間存塩十五萬担，在接收行政以後完全銷完，其抵補費三十萬元，亦歸入計算，則二十七年份「税收」数為四七八四。

(十三)上表所列各數之增減原因

(子)產銷情形 本區本年份產數畧較去年份為減，其原因：(一)前鹽運使署辦理鹽斤統制辦法第四年，鹽銷更滯，存鹽愈多，灶戶以不堪新本積壓，消極減少煎製；(二)前運署於奉令歸併官理局之前後，以顧慮運銷局存鹽無法脫銷，竟於五月間令行各場灶戶停止煎製，少者十餘日，多者至匝月；(三)本年雨季中雨水之多，為近年來所罕見，若干井硐，均為洪水浸入，拉汲不及，以致無法工作，硔滷來源減少；(四)以徵兵及滇緬敘昆兩鐵路爭相招工，鹽工砂丁減少。至于銷數，則較去年份為增，其原因：(一)在六月一日以前，仍由前運署繼續統制運銷，以積槃日深，頹勢益著，故銷情極為疲滯，六月一日以後，取銷統制辦法，改行自由貿易，商人以柽桔既除，漸謀復業，其銷情遂得轉趨活躍；(二)緝私事務，自六月一日後，由前場警改組稅警負責，積弊漸除，私漏日減；(三)各場在本年下半年中，均先後設置零鹽店出售零鹽，一面場私滅除，一面將以前出售錙鹽平之鹽沙，售價歸入私囊者，改入公賬。

(丑)稅收情形 上表所列稅收數，已較去年份為增加，其原因：(一)隨鹽斤銷數增加而增加；(二)十月起奉令加徵每担鹽公益費國幣一角，稅率增加。

(寅)經費情形 上表所列機關經費數，較去年分所減甚多，其原因為自六月一日，鹽運使署遵令歸併管理局，所屬各場署場務所，亦與各税局合併改組為場公署或場務所，原有行政機關全部經費因以減除，而留用人員，因政試甄別，幷手續辦理需時，尚仍沿舊有待遇，故所減者多，而增者有限，兩抵遂呈激減狀態。

(乙) 圖表

(一) 謹編呈表件八種

第一種 產鹽數目統計表

第二種 甲項 歷年放鹽斤數目統計表
乙項 歷年各種不同稅率鹽斤統計增加表

第三種 稅款收入統計表

第四種 稅收統計表
雜項收入統計表

第五種 開支統計表

第六種機關員司統計表

第七種緝私成績統計表

第八種産地鹽價統計表
銷岸鹽價統計表

(二)護繪呈圖件六種

第一種各場秤放鹽數比較圖

第二種秤放鹽數分別銷岸比較圖

第三種秤放鹽數分別岸圖

第四種稅收數目分月比較圖

第五種稅收數目比較圖

第六種開支比較圖

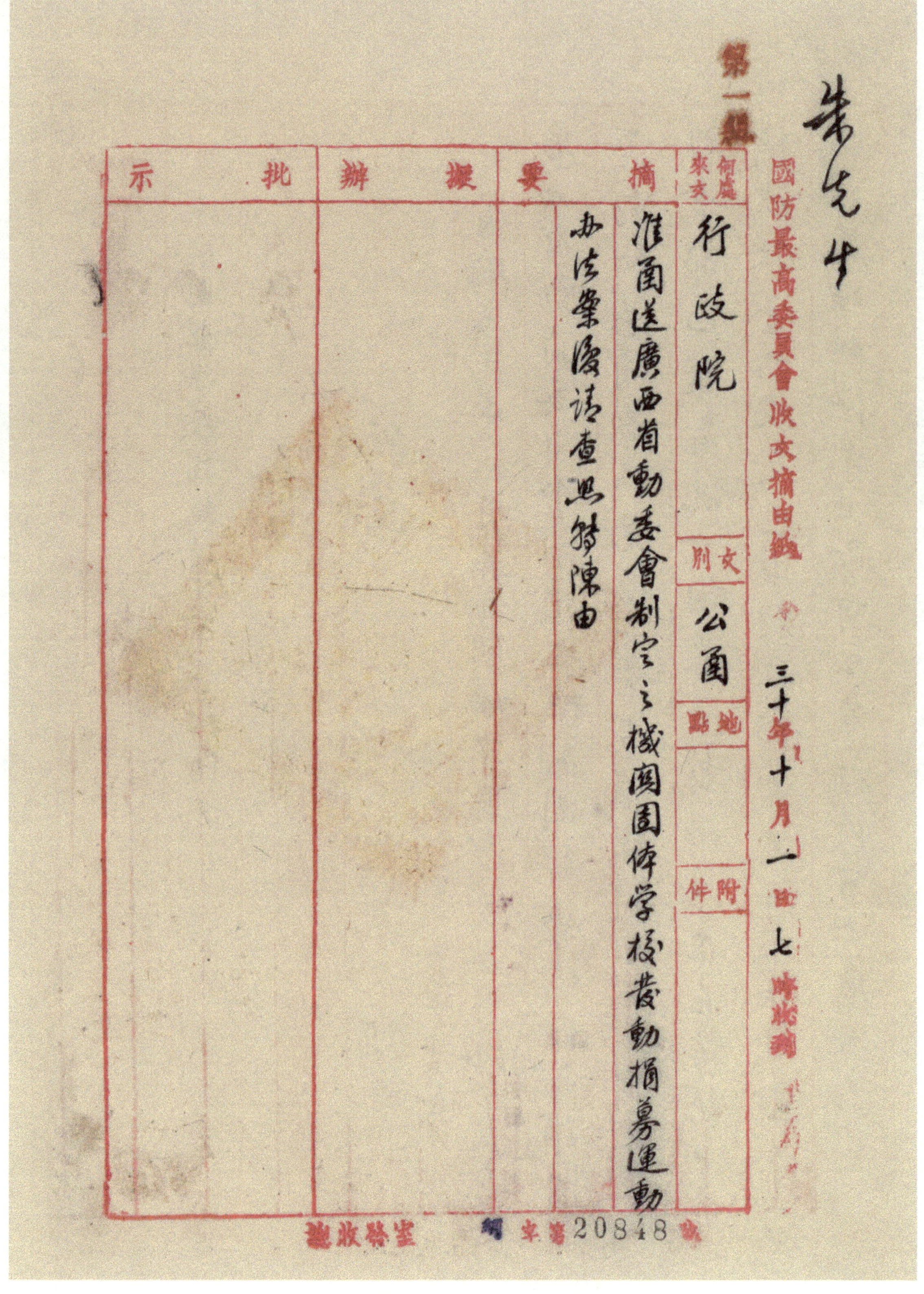

第一組

國防最高委員會收文摘由紙

三十年十月一日七時收到

何處來文	行政院
文別	公函
地點	
附件	

摘要	准函送廣西省動委會制定之機關團体学校發動捐募運動办法案請查照轉陳由
擬辦	
批示	

字第20848號

總收發室

事由：機關團體學校發動捐募運動辦法案

中華民國三十年　月　日收文　字　號

行政院公函

貴廳三十年八月五日國綱字第一八五五八號公函送廣西省動員委員會制定之機關團體學校發動捐募運動辦法請查核見復一案查捐款獻金運動之推行社會部已擬有統一捐募運動辦法正在核議中捐款獻金之收支已由財政部擬定統一捐款獻金收支處理辦法不日即可公布施行可毋庸另訂辦

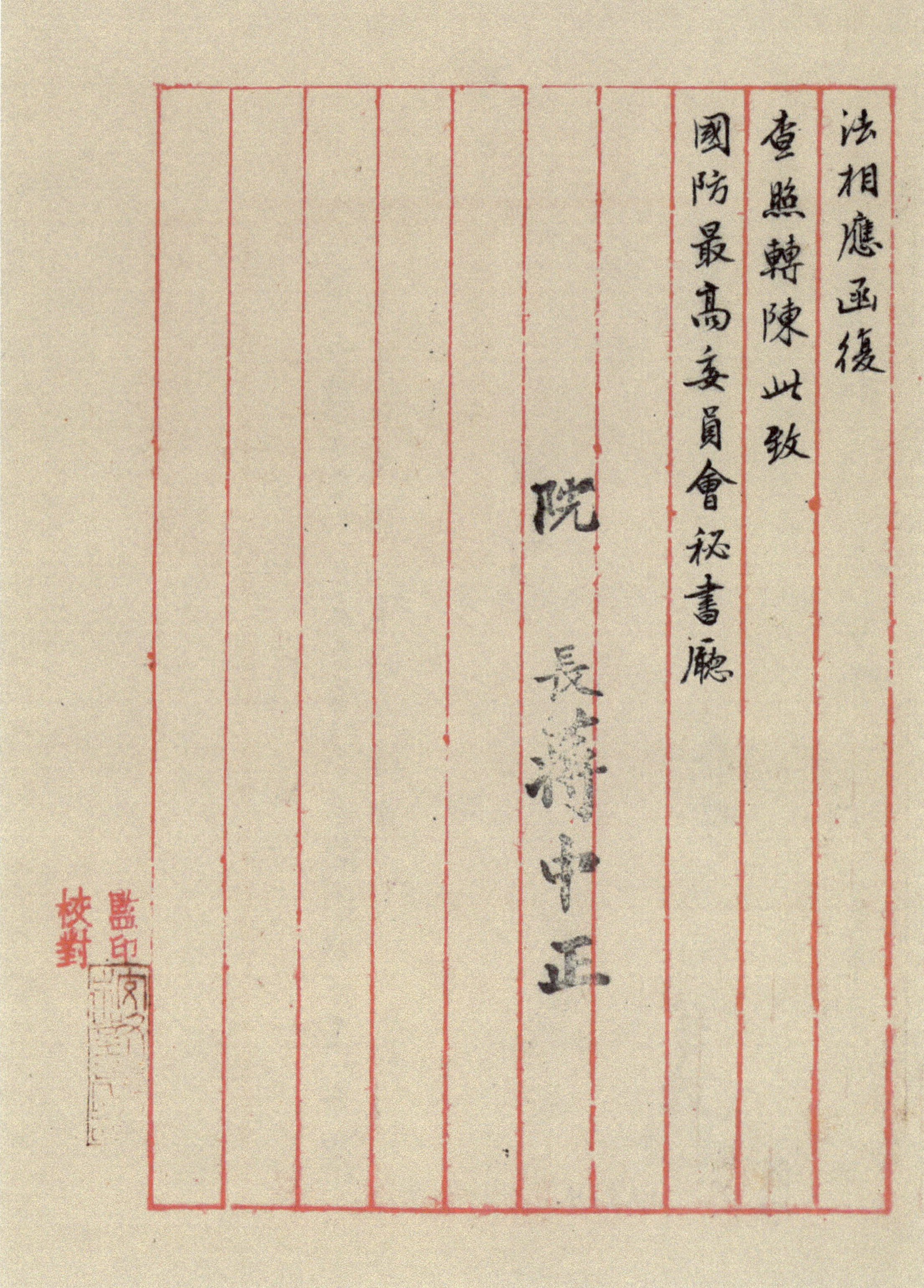
法相應函復
查照轉陳此致
國防最高委員會秘書廳
院長蔣中正
監印 校對

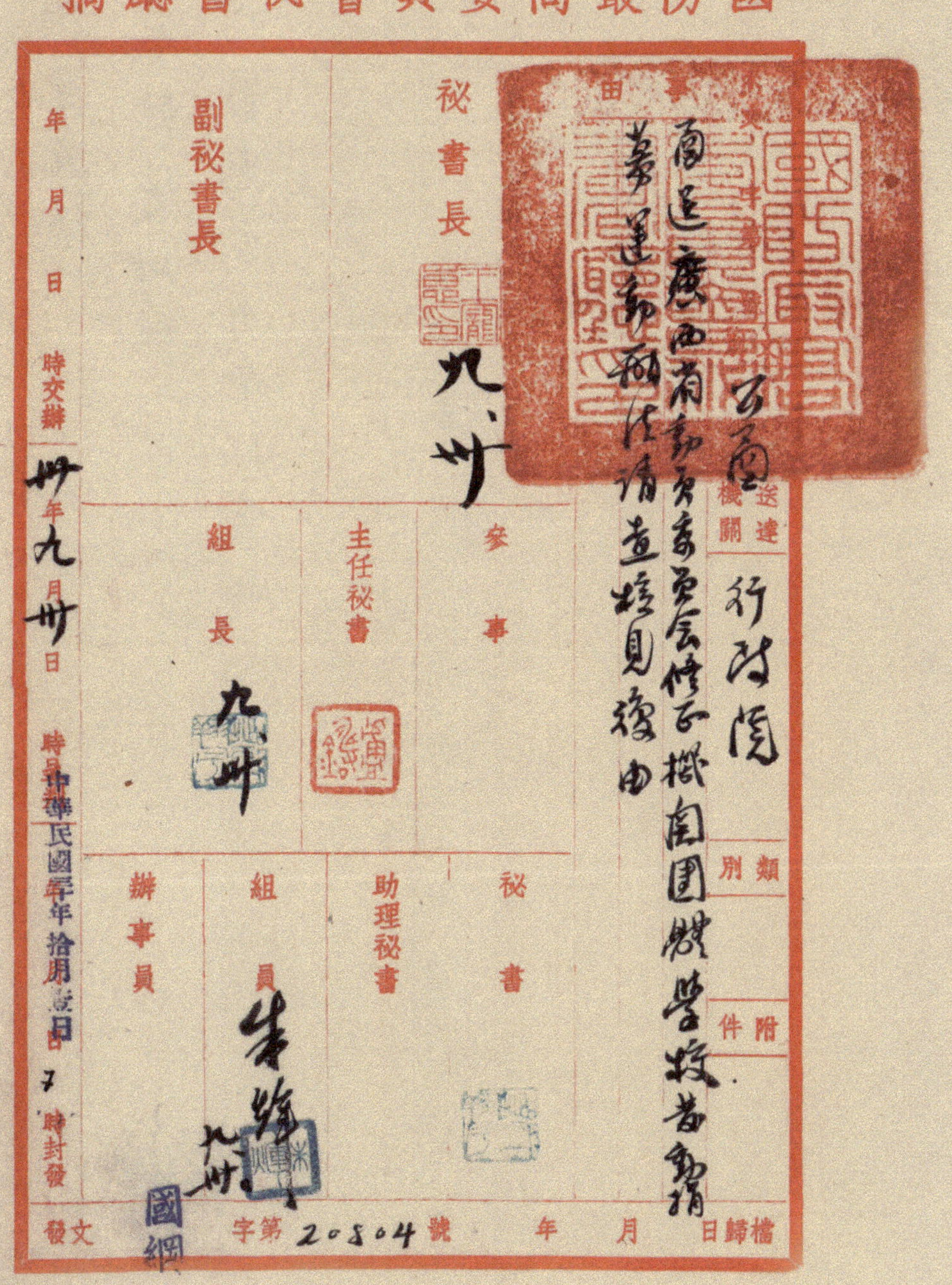

國防最高委員會秘書廳稿

秘書長	九、卅
副秘書長	
參事	
主任秘書	
組長	九、卅
秘書	
助理秘書	
組員	朱緯 九、卅
辦事員	
送達機關	行政院
事由	為送廣西省動員委員會修正機關團體學校當局捐募運動辦法請查核見復由
類別	
附件	

卅年九月卅日時交辦

中華民國卅年拾月壹日 7 時封發

發文 字第 20804 號

年 月 日歸檔

公函

奉　　字第　　號

交下廣西省勸學會巧代電呈送本年七八兩月份工作報告一案，查報告內附送有撫卹國難學校發動捐募運動辦法一份，業開捐募，相應鈔同原辦法，函請

貴院查核見覆，俾便轉陳鈞座為荷！

此致

行政院

附鈔送廣西省勸學會修正撫卹國難學校發動捐募運動辦法一份。

校對 王秉欽

機關團體學校發動捐募運動辦法 三十年六月廿日廣西省動員委員會第四八次會議通過

一、原則

1、凡機關團體學校向外公開募款者事前應先呈由各該主管機關詳細審查認可並轉報當地動員委員會（如在省會爲省動員委員會）核准後方得舉行但如爲主管機關者得逕呈動委會核辦否則當該機關得臨時制止之

2、前條之募款應以勞軍獻機救災等爲限

二、辦法

甲、關於演奏募款者

1、凡機關團體學校演奏募款者事前須將演奏劇目呈由主管機關核轉當地動委會（省會爲省動委會）核准方得舉行

2、凡演奏募款者不得用各種方式强派票券所有費用不得在募

款项下开支并须于演奏后一星期内将所获募款数目详列呈报
当地党务委会（省会为省党务委会）备核
乙、关于义卖募款者
人、凡义卖均应一律给予收据其收据由该发动之机关团体党校盖
印证明
见、义卖时不得强迫购买
又、义卖结束后一星期内详列数目呈报当地党务委会（省会为省党务委
会）审核外并应列单张贴或登报公布之

國防最高委員會秘書廳稿

秘書長	十、三
副秘書長	
參事	
主任秘書	
組長	
秘書	
助理秘書	
組員	十、三
辦事員	
年 月 日 時交辦	卅年十月三日
時呈判	民國卅年拾月四日
時封發	10
送達機關	廣西省動委会
類別	代電
附件	
事由	准行政院核發機關團體學校發動捐募運動辦法一案電達查照由
發文	國綱字第20848號
歸檔	年 月 日

(國綱)字第20846號

30年10月3日 14時45分 到秘書室

代電

廣西省動員委員会：前奉交下貴会動字第一〇〇號及第一二五號兩代電，呈送各月份工作报告，兩附省機関團體學校發動捐募運動辦法及修正辦法一案，經先後封函行政院核復，並電貴会查照在卷。茲准行政院勇柒字第一五一五五號函復節開：「查捐款獻金運動之推行，社会部已擬有統一捐募運動辦法，該可毋庸另訂辦法」等語；至對於監督各地勸募捐獻運

勤，前准行政院拟定整饬办法四项到厅，曾经转陈以国纲字第一八三二四号代电通饬遵行有案。亦可查照办理。准函前由，相应电达查照。国防最高委员会秘书厅支国纲

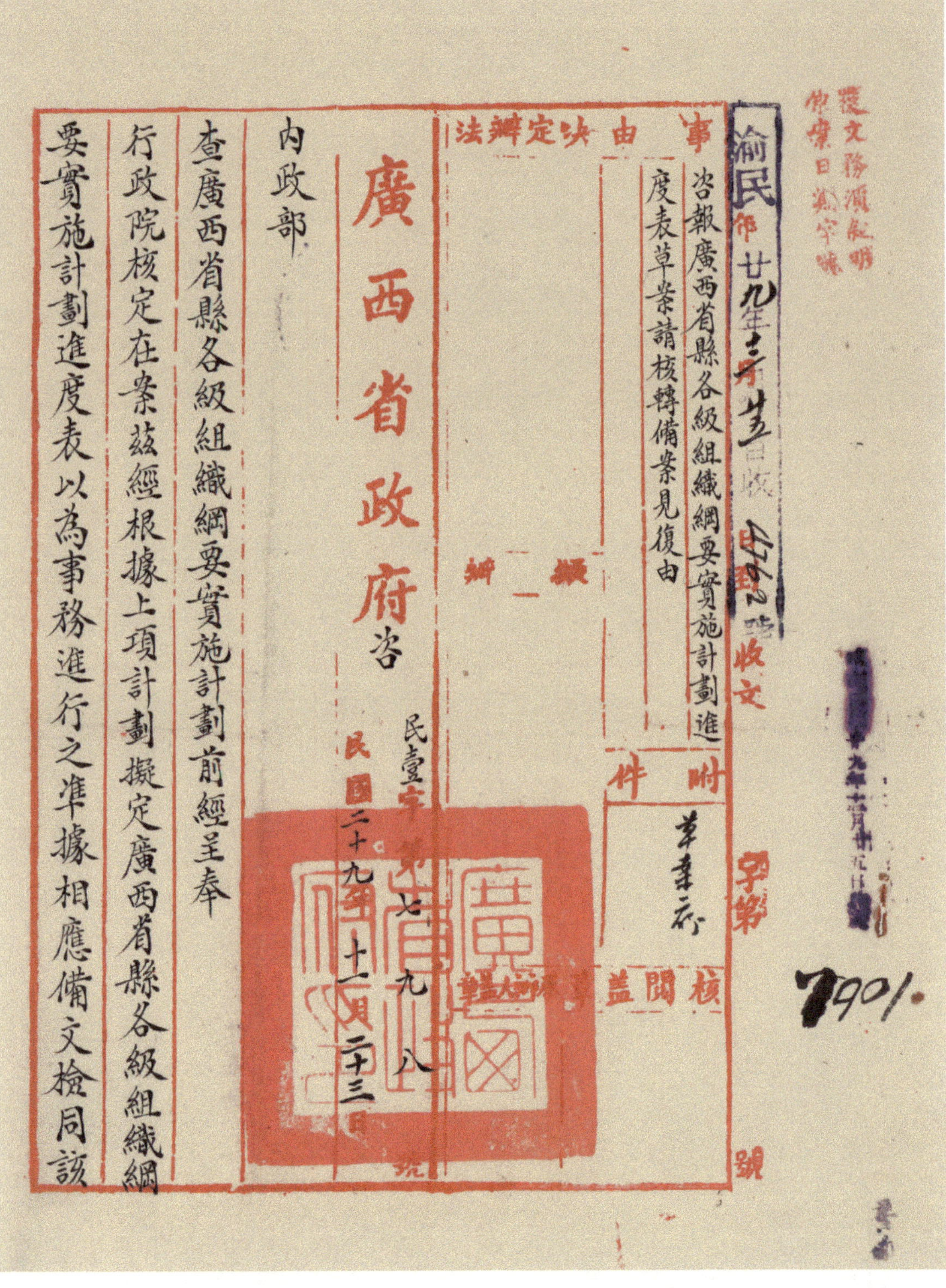
發文務須敘明收文日期字號

渝民 字 廿九年十二月廿五日收 第4462號收文

事由：咨報廣西省縣各級組織綱要實施計劃進度表草案請核轉備案見復由

附件：草案一份

辦法：

擬辦

核閱蓋章

字第 號

7901

廣西省政府咨

民壹字第七九九八號

民國二十九年十二月二十三日

內政部

查廣西省縣各級組織綱要實施計劃前經呈奉

行政院核定在案茲經根據上項計劃擬定廣西省縣各級組織綱

要實施計劃進度表以為事務進行之準據相應備文檢同該

表咨請
查核轉呈備案仍希
見復為荷此咨

計咨送廣西省縣各級組織綱要實施計劃進度表草案二份

主席黃旭初

監印黃鈞
校對李易爾

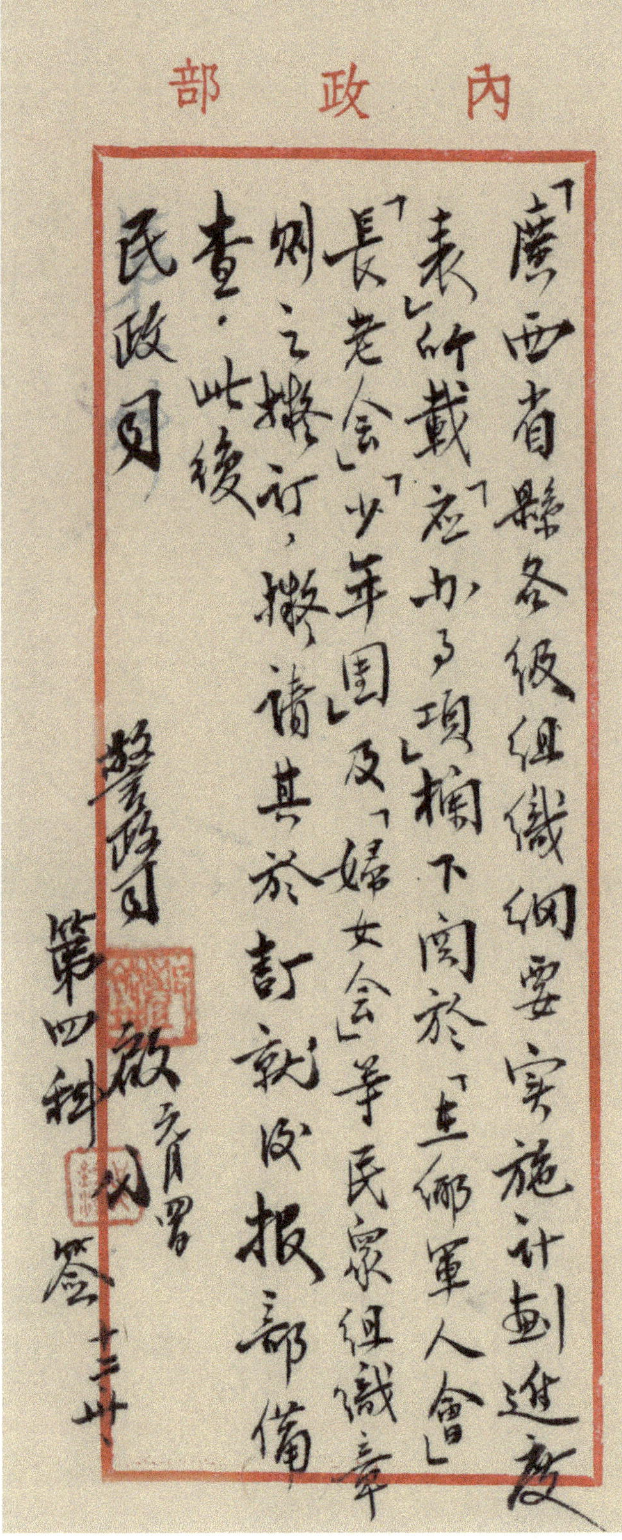

内政部

「廣西省縣各級組織綱要實施計劃進度表」所載應辦事項，摘下関於「土鄉軍人會」、「長老会」、「少年團」及「婦女会」等民衆組織章則之擬訂，擬請其於訂就後報部備查。此復

民政司

警政司 第四科 敬閱 六月四日 簽 十二、卅

核阅本案关于(壬)「整理全縣土地」部份本司意見

如次：

一、「用簡易方法实施初步測量」「整理全縣經界」应請

查照二十九年九月部咨各省「非常时期举办

土地測量办法原則」办理

二、「办理業權登記編成坵領户冊及户領坵冊」两項

簿冊名稱应請依照土地法改為地籍冊以符規定

右意見請

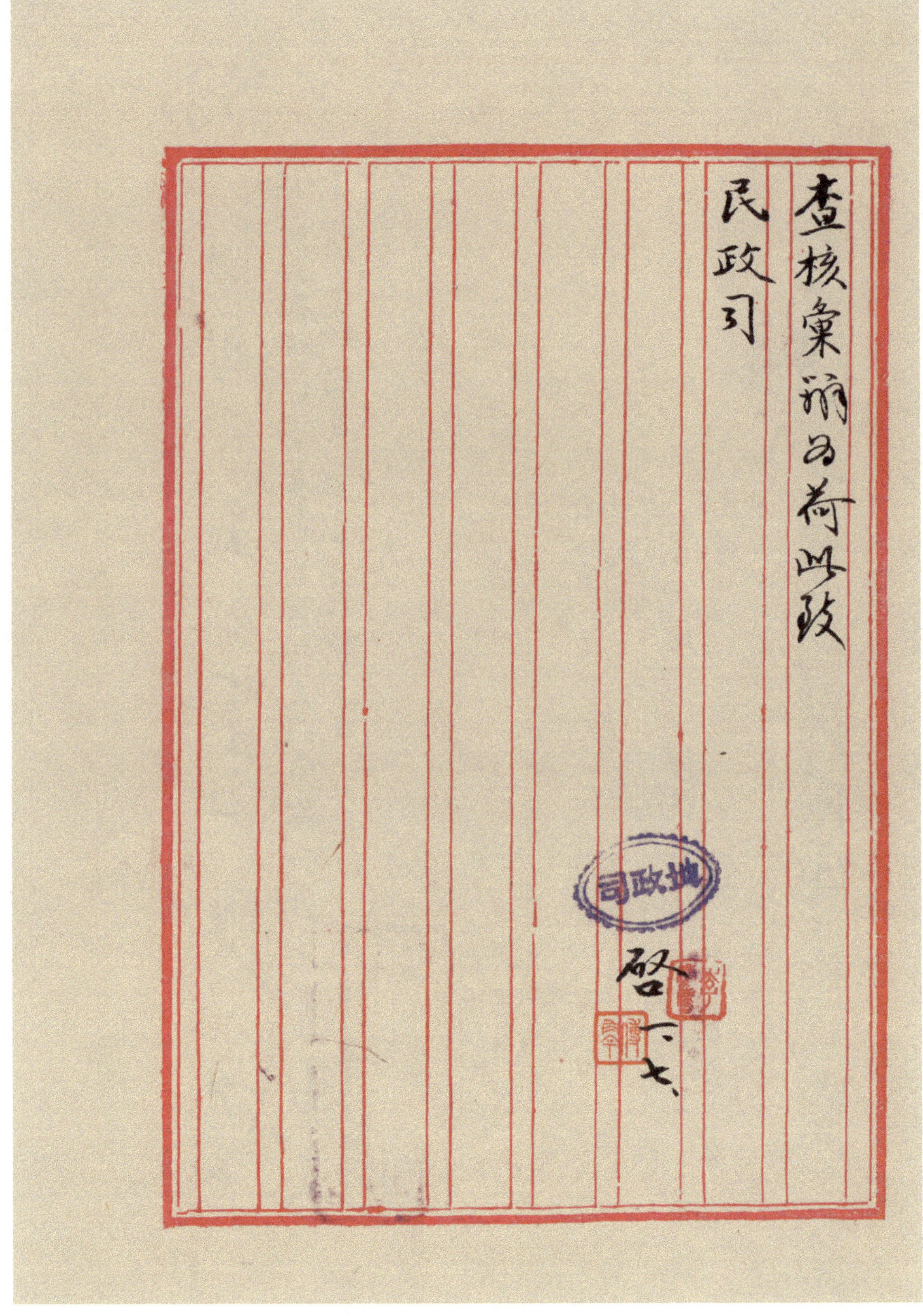
查核粱办〔辦〕 𠮷荷政〔以政〕

民政司

启十七

校對

主辦司室	民字 3011 號
文別	呈
送達機關	行政院
來文附件	進度表二份
發文附件	進度表乙份

事由：准廣西省政府咨送廣西省縣各級組織綱要實施計劃進度表，除查核轉呈外，請核示由

速件

部長

政務次長

常務次長

秘書

參事

地政司 民政司 司長

民三 民四 民二 科長

科員

中華民國三十年

收文	一月八日
擬稿	月 日 時
核稿	月 日 時
核簽	月 日 時
判行	月 日 時
繕寫	元月十〇日 時
校對	月 日 時
蓋印	元月十六日三時
封發	中華民國叁拾年壹月拾六日

收文 字第 號

發文 字第 2223 號

歸檔 字第 號

送繕 卅年一月十三日

13

呈

案准廣西省政府二十九年十一月二十三日民壹字第七九八号咨，檢送廣西省縣各級組織綱要實施計劃進度表，囑查核等由。到部。經核大致尚屬妥適，其有間應修正之處，開列如左：

(一)原表(壬)欄「整理全縣土地」部份，「用簡易方法實施初步測量」，應查照二十九年九月部咨各省「非常時期舉辦土地測量辦法」第六條辦理。

（二）原表（壬）欄、整理全縣土地部份二、辦理業權登記編訂坵鎮户冊及户鈔坵冊，此項簿冊名稱應請依照土地法改爲地籍冊，以符規定。

此外原表所列各項單行章則條例或方案等件，均應於擬定後咨報備查，並應隨時將各項辦理情形按照表列進度逐月報部查考。

其餘尚無不合，草擬已分別核訂，似可准予備案。是否有當，理合賫同原表呈請

鑒核示遵。謹呈
行政院
計檢賫送廣西省動員組織綱要實施計畫進度
表一份

傳觀蓋章
中華民國　年　月　日
繕寫
校對
監印

渝民册 年二月六日 中華民國三十年 月 日收文 字 號

事由：據呈賫廣西省縣各級組織綱要實施計劃進度表指令知照由

附件：表一份

行政院指令

令内政部

三十年一月十八日渝民字二三三號呈賫廣西省縣各級組織綱要實施計劃進度表由

呈件均悉。各省實施縣各級組織綱要之進度已包括於其實施計劃中，毋庸再訂進度表由院核定，又原擬飭其按月報告進度亦無必要，仰即

中華民國三十年貳月五日 2219

知照附件發還。此令。

计發還廣西省路各級組織綱要實施計劃進度表一份

院長蔣中正

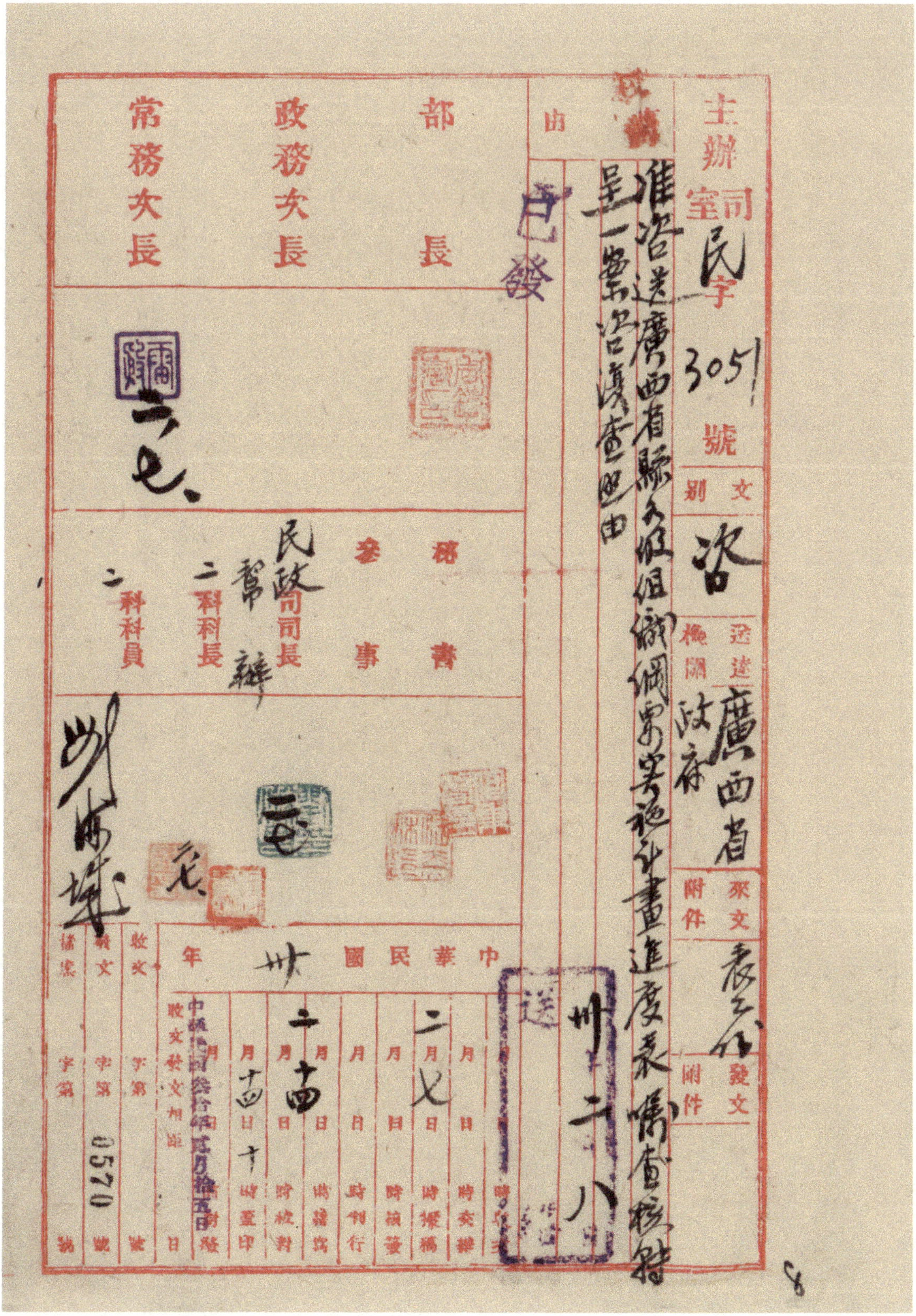

主辦司室	民字3051號
文別	咨
送達機關	廣西省政府
來文附件	表二份
發文附件	

由：准咨送廣西省縣各級組織綱要實施計畫進度表備查核轉呈一案咨復查照由

已發

部長	政務次長	常務次長
		一、七

秘書	參事	民政司司長	幫辦	二科科長	二科科員

中華民國 卅 年

收文 字第 號	中樞政府總收文 月 日	交辦 月 日 時	擬稿 二月七日 時	核簽 月 日 時	繕寫 月 日 時	校對 月 日 時	蓋印 十二月十四日十時	封發 月 日	歸檔
發文 字第0570號									
檔案 字第 號									

送 卅一 二 十八

咨

案查前准

貴省政府二十九年十二月廿三日民壹字第七九八号咨，檢送廣西省縣各級組織綱要實施計畫進度表，囑查核轉呈一案，經呈奉

行政院三十年二月五日勇壹字二三一九号指令：以各省實施縣各級組織綱要之進度，已包括於其實施計畫中，毋庸再訂進度表，由院核定、

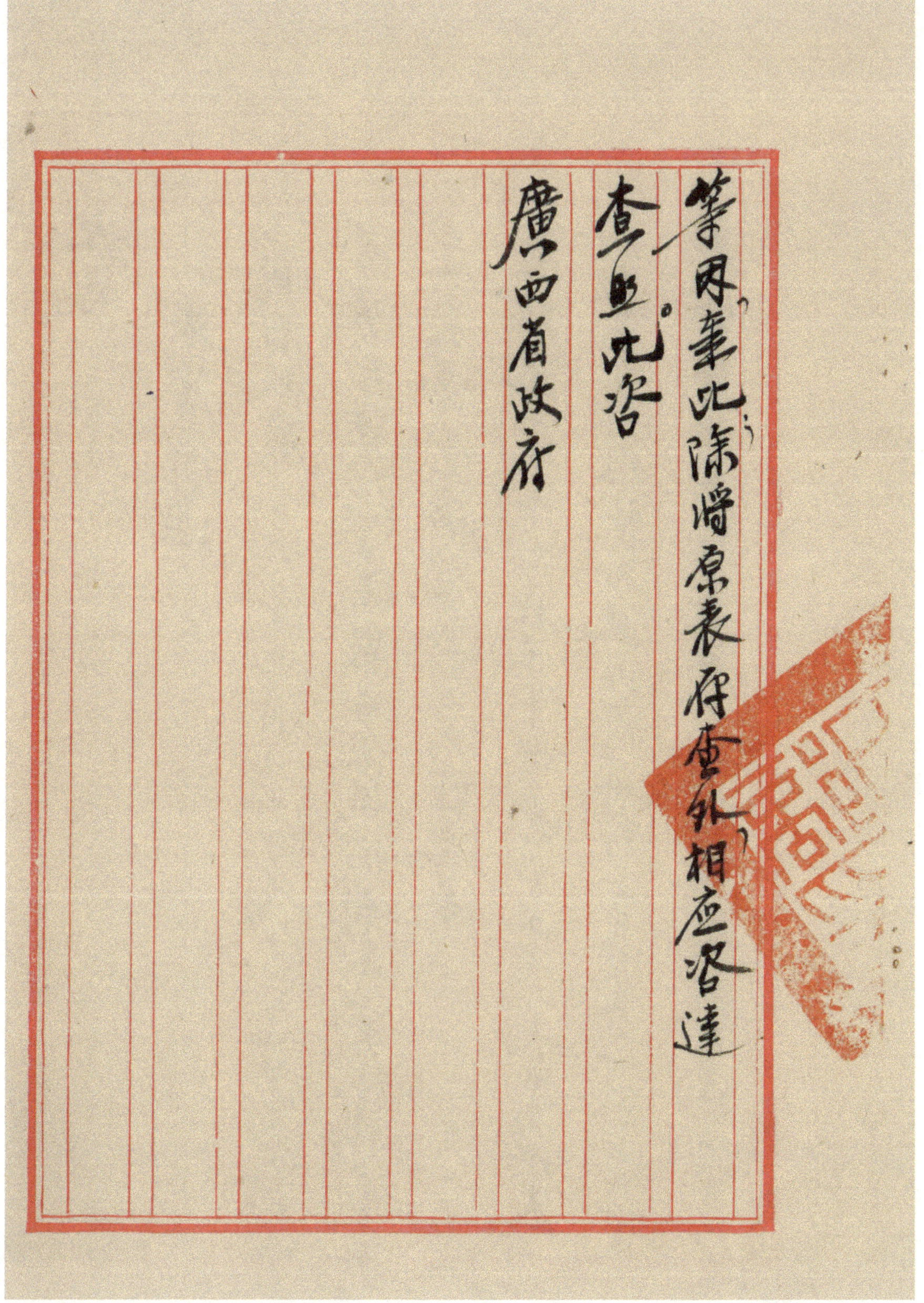
等因，奉此，除將原表存查外，相應咨達
查照。此咨
廣西省政府

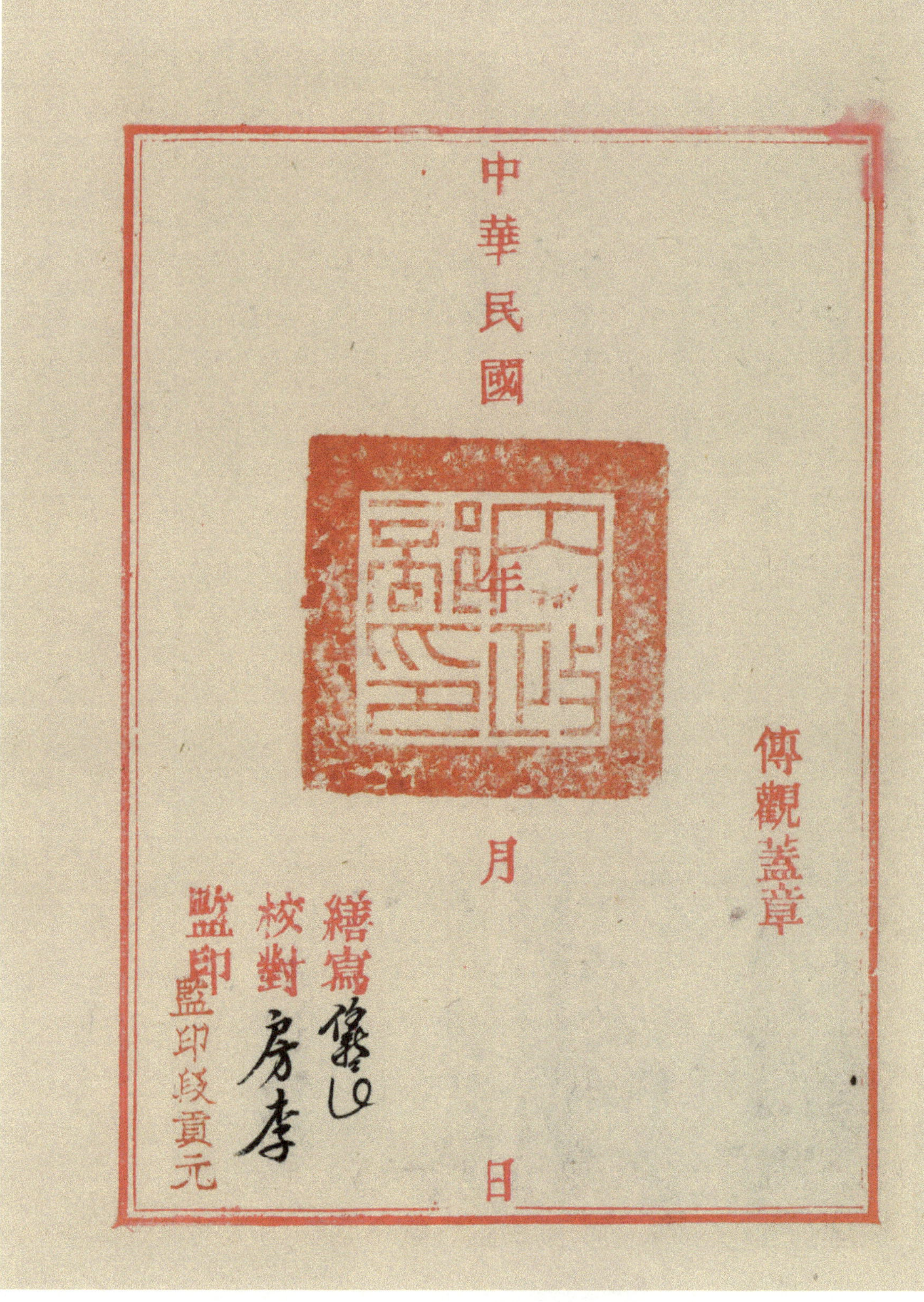
傳觀蓋章
中華民國　年　月　日
繕寫 傑山
校對 房李
監印 監印叚貢元